Studien zum ausländischen und internationalen Privatrecht

517

Herausgegeben vom

Max-Planck-Institut für ausländisches
und internationales Privatrecht

Direktoren:

Holger Fleischer und Ralf Michaels

Moses Wiepen

Digitalisierung und Lokalisierung im internationalen Gesellschaftsrecht

Eine verfahrens- und kollisionsrechtliche
Untersuchung zur Verortung von Gesellschaften im
grenzüberschreitenden Rechtsverkehr

Mohr Siebeck

Moses Wiepen, geboren 1996; Studium der Rechtswissenschaft an der Universität Bochum; 2020 Erste Prüfung; 2020–23 Wissenschaftlicher Mitarbeiter am Lehrstuhl für Bürgerliches Recht, Internationales Privatrecht und Rechtsvergleichung, Handels- und Wirtschaftsrecht; 2023 Promotion; Rechtsreferendariat am OLG Hamm.
orcid.org/0009-0004-3598-6137

ISBN 978-3-16-163284-6 / eISBN 978-3-16-163285-3
DOI 10.1628/978-3-16-163285-3

ISSN 0720-1141 / eISSN 2568-7441
(Studien zum ausländischen und internationalen Privatrecht)

Die Deutsche Nationalbibliothek verzeichnet diese Publikation in der Deutschen National-bibliographie; detaillierte bibliographische Daten sind über *http://dnb.dnb.de* abrufbar.

© 2024 Mohr Siebeck Tübingen. www.mohrsiebeck.com

Das Buch wurde von Gulde Druck in Tübingen auf alterungsbeständiges Werkdruckpapier gedruckt und gebunden.

Printed in Germany.

Vorwort

Die vorliegende Arbeit wurde im Sommersemester 2023 von der Juristischen Fakultät der Ruhr-Universität Bochum als Dissertation angenommen.

Literatur, Rechtsprechung und Gesetzgebung wurden bis Ende April 2023 ausgewertet.

Größter Dank gilt an erster Stelle meiner Doktormutter, Frau Prof. Dr. Renate Schaub, LL.M. (Univ. Bristol), für ihre Ermutigung und Unterstützung meiner wissenschaftlichen Ambitionen sowie insbesondere für die einwandfreie Betreuung meiner Dissertation in all ihren Stadien.

Herrn Prof. Dr. Markus Fehrenbach danke ich neben der zügigen Erstellung des Zweitgutachtens für seine Gesprächsbereitschaft.

Den Direktoren des Max-Planck-Instituts für ausländisches und internationales Privatrecht, Herrn Prof. Dr. Dr. h.c. Dr. h.c. Holger Fleischer, LL.M. (Univ. of Michigan), Dipl.-Kfm., und Herrn Prof. Dr. Ralf Michaels, LL.M. (Cambridge), danke ich für die Aufnahme in die Schriftenreihe. Für die Gewährung eines großzügigen Druckkostenzuschusses danke ich der Studienstiftung ius vivum.

Herzlicher Dank gebührt daneben denjenigen, die mich in meiner Promotionszeit inner- und außeruniversitär unterstützt haben, allen voran meinen Eltern und meinen Lehrstuhlkollegen.

Dortmund, im November 2023   *Moses Wiepen*

Inhaltsübersicht

Inhaltsverzeichnis

Abkürzungsverzeichnis

a.A.	andere(r) Ansicht
a.a.O.	am angegebenen Ort
ABl.	Amtsblatt der Europäischen Gemeinschaft(en)/Union
Abs.	Absatz
AcP	Archiv für die civilistische Praxis
AEUV	Vertrag über die Arbeitsweise der Europäischen Union
a.F.	alte Fassung
AG	Aktiengesellschaft, Die Aktiengesellschaft (Zeitschrift)
AGB	Allgemeine Geschäftsbedingungen
AktG	Aktiengesetz
Anh.	Anhang
Art(t).	Artikel
Aufl.	Auflage
BAG	Bundesarbeitsgericht
BB	Betriebs-Berater
Bd.	Band
BeckOGK	Beck'scher Online-Großkommentar
BeckOK	Beck'scher Online-Kommentar
BeckRS	Beck-Rechtsprechung
Begr.	Begründer
ber.	berichtigt
Beschl.	Beschluss
BeurkG	Beurkundungsgesetz
BGB	Bürgerliches Gesetzbuch
BGBl.	Bundesgesetzblatt
BGH	Bundesgerichtshof
BMJV	Bundesministerium der Justiz und für Verbraucherschutz
BR-Drs.	Bundesratsdrucksache
Brüssel I-VO	VO (EG) 44/2001 des Rates über die gerichtliche Zuständigkeit und die Anerkennung und Vollstreckung von Entscheidungen in Zivil- und Handelssachen v. 22.12.2000
Brüssel Ia-VO	VO (EU) 1215/2012 des Europäischen Parlaments und des Rates über die gerichtliche Zuständigkeit und die Anerkennung und Vollstreckung von Entscheidungen in Zivil- und Handelssachen v. 12.12.2012
bspw.	beispielsweise
BT-Drs.	Bundestagsdrucksache
BVerfG	Bundesverfassungsgericht
bzw.	beziehungsweise

CISG	United Nations Convention on Contracts for the International Sale of Goods, UN-Kaufrecht
COM	Europäische Kommission
COMI	centre of main interests (Mittelpunkt der hauptsächlichen Interessen)
DAF-V	Freundschafts-, Handels- und Schifffahrtsvertrag vom 29. Oktober 1954 zwischen der Bundesrepublik Deutschland und den Vereinigten Staaten von Amerika
DAO	Dezentrale Autonome Organsiation / Decentralized Autonomous Organization
DB	Der Betrieb
ders. / dies.	derselbe, dieselbe(n)
DigitalisierungsRL	RL (EU) 2019/1511 des Europäischen Parlaments und des Rates v. 20.06.2019 zur Änderung der RL (EU) 2017/1132 im Hinblick auf den Einsatz digitaler Werkzeuge und Verfahren im Gesellschaftsrecht
DiRUG	Gesetz zur Umsetzung der Digitalisierungsrichtlinie
DNotZ	Deutsche Notar-Zeitschrift
DS-GVO	VO (EU) 2016/679 des Europäischen Parlaments und des Rates v. 27.04.2016 zum Schutz natürlicher Personen bei der Verarbeitung personenbezogener Daten, zum freien Datenverkehr und zur Aufhebung der Richtlinie 95/46/EG
DStR	Deutsches Steuerrecht
DZWIR	Deutsche Zeitschrift für Wirtschafts- und Insolvenzrecht
eCommerceRL	RL 2000/31/EG des Europäischen Parlaments und des Rates v. 08.06.2000 über bestimmte rechtliche Aspekte der Dienste der Informationsgesellschaft, insbesondere des elektronischen Geschäftsverkehrs, im Binnenmarkt
ECPIL	European Commentaries on Private International Law
EG	Europäische Gemeinschaft(en)
EGBGB	Einführungsgesetz zum Bürgerlichen Gesetzbuche
Einl.	Einleitung
EMRK	Europäische Menschenrechtskonvention
et al.	et alii
EU	Europäische Union
EuGH	Gerichtshof der Europäischen Union
EU-GRCh	Charta der Grundrechte der Europäischen Union
EuGVÜ	Übereinkommen über die gerichtliche Zuständigkeit und die Vollstreckung gerichtlicher Entscheidungen in Zivil- und Handelssachen
EuInsVO	VO (EU) 2015/848 des Europäischen Parlaments und des Rates v. 20.05.2015 über Insolvenzverfahren
EuIPR	Europäisches Internationales Privatrecht
EuZPR	Europäisches Zivilprozessrecht
EuZVR	Europäisches Zivilverfahrensrecht
EuZW	Europäische Zeitschrift für Wirtschaftsrecht
EVÜ	Übereinkommen von Rom über das auf vertragliche Schuldverhältnisse anzuwendende Recht
EWG	Europäische Wirtschaftsgemeinschaft

EWGV	Vertrag zur Gründung der Europäischen Gemeinschaft
EWiR	Entscheidungen zum Wirtschaftsrecht
EWS	Europäisches Wirtschafts- und Steuerrecht
f. / ff.	folgende
Fn.	Fußnote
FS	Festschrift
GBO	Grundbuchordnung
gem.	gemäß
GeoblockingVO	VO (EU) 2018/302 des Europäischen Parlaments und des Rates v. 28.02.2018 über Maßnahmen gegen ungerechtfertigtes Geoblocking und andere Formen der Diskriminierung aufgrund der Staatsangehörigkeit, des Wohnsitzes oder des Ortes der Niederlassung des Kunden innerhalb des Binnenmarkts und zur Anwendung der Verordnungen (EG) Nr. 2006/2004 und (EU) 2017/2394 sowie der Richtlinie 2009/22/EG
Gesamthrsg.	Gesamtherausgeber
GesR	Gesellschaftsrecht
GG	Grundgesetz
GmbH	Gesellschaft mit beschränkter Haftung
GmbHG	Gesetz betreffend die Gesellschaften mit beschränkter Haftung
GmbHR	Zeitschrift für das Gesellschafts-, Unternehmens- und Steuerrecht
GPR	Zeitschrift für das Privatrecht der Europäischen Union
Großkomm	Großkommentar
GRUR	Gewerblicher Rechtsschutz und Urheberrecht
GRUR-RS	Gewerblicher Rechtsschutz und Urheberrecht Rechtsprechungssammlung
GVRZ	Zeitschrift für das gesamte Verfahrensrecht
GWR	Gesellschafts- und Wirtschaftsrecht
HGB	Handelsgesetzbuch
Hrsg.	Herausgeber
insb.	insbesondere
InsO	Insolvenzordnung
IntJLIT	International Journal of Law and Information Technology
IPR	Internationales Privatrecht
IPRax	Praxis des Internationalen Privat- und Verfahrensrechts
IPRG	Gesetz über das Internationale Privatrecht
i.S.d.	im Sinne der/s
i.V.m.	in Verbindung mit
IWRZ	Zeitschrift für internationales Wirtschaftsrecht
IZPR	Internationales Zivilprozessrecht
IZVR	Internationales Zivilverfahrensrecht
JURA	Juristische Ausbildung
jurisPR-BGHZivilR	juris Praxisreport BGH-Zivilrecht
JuS	Juristische Schulung
JZ	Juristenzeitung
Kap.	Kapitel
KCLJ	The King's College Law Journal
K&R	Kommunikation und Recht

KSzW	Kölner Schrift zum Wirtschaftsrecht
LG	Landgericht
lit.	litera
LLC	Limited Liability Company
Ltd	Limited
m. Anm.	mit Anmerkung
MMR	Zeitschrift für IT-Recht und Recht der Digitalisierung
MobilitätsRL	RL (EU) 2019/2121 des Europäischen Parlaments und des Rates v. 27.11.2019 zur Änderung der RL (EU) 2017/1132 in Bezug auf grenzüberschreitende Umwandlungen, Verschmelzungen und Spaltungen
MoMiG	Gesetz zur Modernisierung des GmbH-Rechts und zur Bekämpfung von Missbräuchen
MoPeG	Gesetz zur Modernisierung des Personengesellschaftsrechts
MUJLT	Masaryk University Journal of Law and Technology
MüKo	Münchener Kommentar
m.w.N.	mit weiteren Nachweisen
n.F.	neue Fassung
NJW	Neue Juristische Wochenschrift
NJW-RR	Neue Juristische Wochenschrift Rechtsprechungs-Report Zivilrecht
NK	Nomos Kommentar
Nr.	Nummer
NZA	Neue Zeitschrift für Arbeitsrecht
NZG	Neue Zeitschrift für Gesellschaftsrecht
NZV	Neue Zeitschrift für Verkehrsrecht
OHG	offene Handelsgesellschaft
OLG	Oberlandesgericht
RabelsZ	Rabels Zeitschrift für ausländisches und internationales Privatrecht
RDi	Recht Digital
RefE	Referentenentwurf
RegE	Regierungsentwurf
RIW	Recht der internationalen Wirtschaft
RL	Richtlinie
Rn.	Randnummer
Rom I-VO	VO (EG) 593/2008 des Europäischen Parlaments und des Rates v. 17.06.2008 über das auf vertragliche Schuldverhältnisse anzuwendende Recht
Rom II-VO	VO (EG) 864/2007 des Europäischen Parlaments und des Rates v. 11.07.2007 über das auf außervertragliche Schuldverhältnisse anzuwendende Recht
RRa	Reiserecht aktuell
Rs.	Rechtssache
S.	Satz, Seite
S.à.r.l.	Société à responsabilité limitée
SE-VO	VO (EG) 2157/2001 des Rates v. 08.10.2001 über das Statut der Europäischen Gesellschaft
TMG	Telemediengesetz

TranspR	Transportrecht
u. a.	unter anderem
UAbs.	Unterabsatz
UnionsmarkenVO	VO (EU) 2017/1001 des Europäischen Parlaments und des Rates v. 14.06.2017 über die Unionsmarke
Urt.	Urteil
USA	United States of America
v.	vom, von
v. a.	vor allem
VersR	Versicherungsrecht
vgl.	vergleiche
VO	Verordnung
Vorb.	Vorbemerkung
WM	Wertpapier-Mitteilungen, Zeitschrift für Wirtschafts- und Bankrecht
z.B.	zum Beispiel
ZD	Zeitschrift für Datenschutz
ZEuP	Zeitschrift für Europäisches Privatrecht
ZEV	Zeitschrift für Erbrecht und Vermögensnachfolge
ZfPW	Zeitschrift für die gesamte Privatrechtswissenschaft
ZGR	Zeitschrift für Unternehmens- und Gesellschaftsrecht
ZHR	Zeitschrift für das gesamte Handelsrecht und Wirtschaftsrecht
ZIP	Zeitschrift für Wirtschafsrecht
zit.	zitiert
ZPO	Zivilprozessordnung
ZVglRWiss	Zeitschrift für Vergleichende Rechtswissenschaft

Kapitel 1:

Grundlagen

A. Einleitung und Problemaufriss

I. Verwendung von Lokalisierungsmerkmalen

Betrachtet man die zahlreichen Rechtsquellen des Internationalen Wirtschafts-
rechts, erkennt man rasch die Fülle an Normen, die Streitparteien und deren
Rechtsverhältnisse lokalisiert wissen wollen. Diese Normen weisen diverse Unterschiede auf.

Schon im Hinblick auf die Rechtsnatur treten völkerrechtliche Regelungen[1]
neben solche des europäischen Rechts[2] und diese wiederum neben solche des
nationalen Rechts[3]. Ebenso bietet sich eine Differenzierung nach dem Rechts-
gebiet der Norm an, denn neben Normen internationalverfahrens- und interna-
tional-privatrechtlicher Natur reihen sich materiellrechtliche Regeln ein, wobei
die Einordnung dieser Normen teilweise umstritten ist.[4]

Weiterhin lassen sich Unterschiede bezüglich des Lokalisierungsobjekts
feststellen, denn der Gesetzgeber möchte teilweise den Sitz eines Gerichts,[5] teilweise den einer Behörde,[6] teilweise den Sitz eines oder mehrerer Verfahrens-
beteiligter ermittelt wissen.[7] Bei jenen Verfahrensbeteiligten kann es sich entweder um natürliche Personen oder um Personenzusammenschlüsse, juristische

---

[1] Bspw. Art. 1 Abs. 1 des Übereinkommens der Vereinten Nationen über Verträge über
den internationalen Warenkauf v. 11.04.1980, BGBl. 1989 II, S. 598 (CISG) „Niederlassung"; Art. 2 Unidroit-Übereinkommen über das internationale Factoring v. 28.05.1988,
BGBl. 1998 II, S. 173 (FactÜ) „Niederlassung".

[2] Bspw. Art. 4 Abs. 1 der VO (EU) 1215/2012 des Europäischen Parlaments und des Rates
über die gerichtliche Zuständigkeit und die Anerkennung und Vollstreckung von Entscheidungen in Zivil- und Handelssachen v. 12.12.2012, ABl. L 351, S. 1 (Brüssel Ia-VO) „Wohnsitz"; Art. 24 Nr. 2 Brüssel Ia-VO „Sitz"; Art. 2 der VO (EG) 2157/2001 des Rates v.
08.10.2001 über das Statut der Europäischen Gesellschaft (SE), ABl. L 294, S. 1 (SE-VO)
„Sitz sowie ihre Hauptverwaltung".

[3] §§ 13, 17 f., 19a ZPO; 7 ff. BGB; 106 HGB; 4a GmbHG; 5 AktG.

[4] Vgl. §§ 4a GmbHG, 5 AktG (siehe S. 36 ff.); anders die Klarstellung in §§ 1 Abs. 5, 2a
TMG.

[5] Art. 129 Abs. 3 der VO (EU) 2017/1001 des Europäischen Parlaments und des Rates v.
14.06.2017 über die Unionsmarke, ABl. L 154, S. 1 (UnionsmarkenVO); zur Schiedsgerichtsbarkeit Art. 18 VO (EU) 2015/848 des Europäischen Parlaments und des Rates v.
20.05.2015 über Insolvenzverfahren, ABl. L 141, S. 19 (EuInsVO).

[6] Art. 19 Abs. 2 UnionsmarkenVO.

[7] So die Anknüpfungen in den Rom I- und II-Verordnungen.

Personen beziehungsweise Gesellschaften handeln. Die Lokalisierung einer Gesellschaft wird der einer natürlichen Person an vielen Stellen gleichgesetzt, vgl. Artt. 63 Brüssel Ia-VO, 19 Abs. 1 UAbs. 1 Rom I-VO[8], 23 Abs. 1 UAbs. 1 Rom II-VO[9].

Zudem zeigen sich definitorische Unterschiede. Während beispielsweise der allgemeine Gerichtsstand einer Gesellschaft nach Art. 63 Abs. 1 Brüssel Ia-VO autonom bestimmt wird,[10] kommt es im Rahmen des ausschließlichen Gerichtsstandes des Art. 24 Nr. 2 Brüssel Ia-VO für die Bestimmung des Sitzes – derselben Gesellschaft – auf das (nationale) Internationale Gesellschaftsrecht des Forums an, dessen Kodifizierung man im deutschen Recht vergeblich sucht. Die Bestimmung des Wohnsitzes natürlicher Personen delegiert die Brüssel Ia-VO in Art. 62 Abs. 2 an das nationale Sachrecht[11] – beispielsweise §§ 7 ff. BGB für deutsche Gerichte (nicht deutsches Kollisionsrecht wie in Art. 24 Abs. 2 Brüssel Ia-VO) –, während der gewöhnliche Aufenthalt in den Rom-Verordnungen, wenn überhaupt, autonom definiert wird.[12]

Ebenso ist auf anknüpfungstechnische Unterschiede hinzuweisen, denn mit Art. 63 Abs. 1 Brüssel Ia-VO werden dem Rechtsanwender alternative Anknüpfungsmerkmale an die Hand gegeben, wohingegen die Bestimmung des anwendbaren Rechts nach den Rom-Verordnungen nur vom gewöhnlichen Aufenthalt abhängen kann.

Schließlich werden verschiedene Fragen mithilfe der Lokalisierung beantwortet. Es wird die Anwendbarkeit der Verordnungen, ein allgemeiner, besonderer oder ausschließlicher Gerichtsstand begründet oder das auf das Rechtsverhältnis anwendbare Recht ermittelt.

II. Auswahl der zu untersuchenden Lokalisierungsmerkmale

Die dargestellte – unter Umständen gar verwirrende – Vielzahl der Lokalisierungsmerkmale und -techniken, die das Internationale Zivilprozessrecht und Internationale Privatrecht prägt, erfordert eine Eingrenzung des Untersuchungsgegenstands. Erstens werden völkerrechtliche Regelungen wegen anderer Methoden der Rechtssetzung und -auslegung[13] weitestgehend ausgenommen. Verstärkt untersucht werden aber europäische Lokalisierungsnormen, angesichts

---

[8] VO (EG) 593/2008 des Europäischen Parlaments und des Rates v. 17.06.2008 über das auf vertragliche Schuldverhältnisse anzuwendende Recht, ABl. L 177, S. 6, ber. ABl. 2009 L 309, S. 87.

[9] VO (EG) 864/2007 des Europäischen Parlaments und des Rates v. 11.07.2007 über das auf außervertragliche Schuldverhältnisse anzuwendende Recht, ABl. L 199, S. 40, ber. ABl. 2012 L 310, S. 52.

[10] *Gottwald*, in: MüKoZPO, Art. 63 Brüssel Ia-VO Rn. 1; *Hess*, in: Schlosser/Hess, EuZPR, Art. 63 EuGVVO Rn. 2; *Stadler/Krüger*, in: Musielak/Voit, Art. 63 EuGVVO Rn. 1.

[11] *Geimer*, in: Geimer/Schütze, EuZVR, Art. 4 EuGVVO Rn. 23 ff.

[12] *Lurger*, in: v. Hein/Rühl, Kohärenz im Internationalen Privat- und Verfahrensrecht, S. 202 (205).

[13] Vgl. Artt. 30 ff. des Wiener Übereinkommens v. 23.05.1969 über das Recht der Verträge (WVK), BGBl. 1985 II, S. 926 ff.; *Junker*, IPR, § 2 Rn. 32.

der zunehmenden europäischen Vereinheitlichung des Internationalen Zivilprozessrechts und des Internationalen Privatrechts und des Anwendungsvorrangs des Unionsrechts.[14] Dabei wird insbesondere auch das Verhältnis von deutschem und europäischem Recht zu beleuchten sein, denn eine Verschachtelung von nationalem und europäischem Recht zeigt sich im Internationalen Gesellschaftsrecht im Rahmen des ausschließlichen Gerichtsstandes des Art. 24 Nr. 2 Brüssel Ia-VO, der auf nationales Kollisionsrecht zur Ermittlung des Sitzes verweist. Zweitens werden nur solche Sitze untersucht, die sich auf bestimmte Verfahrensbeteiligte (Parteien) beziehen, nämlich juristische Personen und Gesellschaften. Drittens findet schließlich eine Begrenzung der zu untersuchenden Rechtsquellen statt. Aufgrund ihrer Bedeutung für den Wirtschaftsverkehr wird sich die Arbeit schwerpunktmäßig mit der Brüssel Ia-VO sowie den Rom I/II-Verordnungen auseinandersetzen. Die Lokalisierung des Erfolgsorts gem. Art. 7 Nr. 2 Brüssel Ia-VO, bei der es – sofern die Gesellschaft Geschädigte und nicht Schädigerin ist – regelmäßig auf die Belegenheit des gesellschaftlichen Vermögens ankommt,[15] wird deshalb nicht untersucht. Ebenfalls wird die Lokalisierung des Vermögensgerichtsstands gem. § 23 ZPO hier nicht tiefergehend beleuchtet.[16]

III. Funktionsfähigkeit der Lokalisierung im Strukturwandel

Neben dem nicht kodifizierten Internationalen Gesellschaftsrecht werden die soeben eingegrenzten Normen der Brüssel Ia-, Rom I- und Rom II-VO auf ihre heutige Funktionsfähigkeit im Hinblick auf den fortschreitenden Strukturwandel überprüft. Unter Strukturwandel ist für die Zwecke dieser Arbeit die Zunahme der Digitalisierung geschäftlicher Kontakte und unternehmerischer Organisation[17] zu verstehen. Möglicherweise gebietet es dieser tatsächliche Wandel der Lebens- und Wirtschaftsumstände, Lokalisierungsmerkmale zeitgemäß und damit in neuer Weise auszulegen oder gar zukunftsfest neu zu kodifizieren. Dabei sind auch potenzielle Einflüsse neuer europäischer Regelungsvorschläge zu beachten.[18]

---

[14] *Britz*, NJW 2021, 1489 (1490); *Heiderhoff*, Europäisches Privatrecht, Rn. 32.

[15] *Wedemann*, in: v. Hein/Rühl, Kohärenz im Internationalen Privat- und Verfahrensrecht, S. 182 (191).

[16] Zur Frage, ob die Inhaberschaft einer Domain zum Vermögen gehört, *Bogdan/Maunsbach*, MUJLT 2009, 175 ff. (zur schwedischen Rechtslage).

[17] Dazu auch die Mitteilung der Kommission an das Europäische Parlament, den Rat, den Europäischen Wirtschafts- und Sozialausschuss und den Ausschuss der Regionen „Strategie für einen digitalen Binnenmarkt für Europa" v. 06.05.2015, COM(2015) 192 final, S. 3.

[18] Vorschlag für eine Verordnung des Europäischen Parlaments und des Rates zur Festlegung harmonisierter Vorschriften für Künstliche Intelligenz (Gesetz über Künstliche Intelligenz) und zur Änderung bestimmter Rechtsakte der Union (KI-VO), COM(2021) 206 final; Vorschlag für eine Verordnung des Europäischen Parlaments und des Rates über einen Binnenmarkt für digitale Dienste (Gesetz über digitale Dienste) und zur Änderung der RL 2000/31/EG (Digital Services Act), COM(2020) 825 final.

Gesellschaften digitalisieren sich und ihre Geschäftsmodelle immer weiter. Im Zuge der Digitalisierung haben sich Möglichkeiten zur Online-Zusammenarbeit entwickelt, wie beispielsweise die Plattform GitHub belegt. Darüber hinaus haben sich Dezentrale Autonome Organisationen (DAOs) etabliert, wie beispielsweise MetaCartel, die sich durch eine dezentrale Zusammenarbeit und Entscheidungsfindung auszeichnen:

> „We are global but remote first – While we have strongholds in the US and EU, we believe the best teams and builders can come from everywhere and anywhere. We welcome anyone from anywhere to join and be part of what we are doing. Video calls and telegram chats are the bread and butter of our community."[19]

Diese DAOs wollen sich häufig bewusst vom Staat und dessen Recht abgrenzen.[20] Rechtsfähigkeit als juristische Person kann diesen Gesellschaften mangels Registereintragung nicht zukommen.[21] Wie aber ist stattdessen mit ihnen umzugehen?

Die unternehmerische Digitalisierung hat auch der europäische Gesetzgeber erkannt und im Jahr 2018 deshalb das sogenannte „EU Company Law Package" beschlossen. Es besteht aus einer Digitalisierungs-[22] und einer Mobilitätsrichtlinie[23]. Die DigitalisierungsRL ermöglicht unter anderem europaweite Online-Gründungen bestimmter Kapitalgesellschaftsformen, sodass deren Gesellschafter nicht mehr an einem Ort zur Gründung zusammenkommen müssen.[24] Auch müssen sie ihr Unternehmen nicht an bloß einem oder überhaupt einem

---

[19] <https://web.archive.org/web/20211117040641/https://www.metacartel.org/> (zuletzt abgerufen: 19.04.2023).

[20] *Fleischer*, ZIP 2021, 2205 (2207); *Teichmann*, ZfPW 5 (2019), 247 (268).

[21] *Fleischer*, ZIP 2021, 2205 (2207); zu verschiedenen körperschaftlichen Organisationsmöglichkeiten *Mienert*, DAOs und Gesellschaftsrecht, S. 117 ff.

[22] RL (EU) 2019/1511 des Europäischen Parlaments und des Rates v. 20.06.2019 zur Änderung der RL (EU) 2017/1132 im Hinblick auf den Einsatz digitaler Werkzeuge und Verfahren im Gesellschaftsrecht, ABl. L 186, S. 80 (DigitalisierungsRL); in Deutschland durch das Gesetz zur Umsetzung der Digitalisierungsrichtlinie v. 05.07.2021 (DiRUG), BGBl. I, S. 3338 umgesetzt; zu praktischen Herausforderungen *Heckschen/Knaier*, NZG 2021, 1093 ff.; zum Referentenentwurf des BMJV *J. Schmidt*, ZIP 2021, 112 ff.

[23] RL (EU) 2019/2121 des Europäischen Parlaments und des Rates v. 27.11.2019 zur Änderung der RL (EU) 2017/1132 in Bezug auf grenzüberschreitende Umwandlungen, Verschmelzungen und Spaltungen, ABl. L 321, S. 1 (MobilitätsRL); in Deutschland durch das Gesetz zur Umsetzung der Bestimmungen der Umwandlungsrichtlinie über die Mitbestimmung der Arbeitnehmer bei grenzüberschreitenden Umwandlungen, Verschmelzungen und Spaltungen v. 04.01.2023, BGBl. I, Nr. 10 umgesetzt.

[24] Art. 13g DigitalisierungsRL; § 2 Abs. 3 GmbHG; *A. Berger/Brem*, GWR 2021, 413 (415) zu den häufig anders liegenden Gründerinteressen und progressiveren Alternativen; *Lieder*, NZG 2020, 81 (83); *ders.*, NZG 2018, 1081 ff.; *Omlor*, DStR 2019, 2544 (2546 ff.); *Schall/Günther/Lamsa*, in: Kindler/Lieder, European Corporate Law, Art. 13b RL (EU) 2017/1132 Rn. 6 f., Art. 13g RL (EU) 2017/1132 Rn. 14 zur bloß ausnahmsweisen physischen Präsenz der Gründer; *Teichmann*, GmbHR 2021, 1237 ff. zu verschiedenen deutschen und europäischen Aspekten der vorsorgenden Rechtspflege; *C. Weber*, Digitalisierung im Gesellschaftsrecht (2021). In Deutschland in § 16a Abs. 2 BeurkG für den Fall, dass durch Videoidentifikation Amtspflichten des Notars nicht sichergestellt werden können, umgesetzt.

physischen Ort betreiben. Sie können auch dezentral oder vollständig digitalisiert tätig werden. Unklar ist, wie eine Gesellschaft in Fällen lokalisiert werden soll, in denen keine physische Niederlassung oder gar kein Verwaltungssitz mehr benötigt wird und deshalb auch nicht existiert. Sofern die Gesellschafter keine eintragungspflichtige Gesellschaftsform wählen, verbindet sie nicht einmal der Registerort. Zwar sind für den Wirtschaftsverkehr besonders solche Gesellschaftsformen relevant, deren Gesellschafter nur beschränkt haften und deren Existenz deshalb in der Regel eine Registrierung voraussetzt. Es ist aber ebenso an Fälle zu denken, in denen sich die Gesellschafter gar keine Gedanken über die Rechtsform ihrer Gesellschaft machen oder sich gar der Existenz einer solchen Gesellschaft rechtlich nicht bewusst sind, etwa weil diese durch bloßes Zusammenwirken der Gesellschafter *ipso iure* entsteht. Diese Gesellschaften müssen für den Wirtschaftsverkehr aber nicht von geringerer Relevanz sein. Tradierte Prinzipien und einzelne Normen des Internationalen Zivilprozessrechts und des Internationalen Privatrechts stoßen hier an ihre Grenzen und sind gegebenenfalls sogar überholt. Jene Prinzipien bilden zunächst die Untersuchungsgrundlage.[25] In einem ersten Schritt werden diese deshalb herausgearbeitet (S. 6 ff.). Ausgangspunkt dabei ist das deutsche Kollisionsrecht. Soweit das Kollisionsrecht unionsrechtlich geprägt ist, wird dieses ebenso untersucht, denn Verordnungen der Europäischen Union haben allgemeine Geltung, das heißt, sie sind in all ihren Teilen verbindlich und gelten in den Mitgliedstaaten unmittelbar, Art. 288 Abs. 2 AEUV. Untersucht wird somit auch, ob sich Prinzipien des deutschen Kollisionsrechts im europäischen Kollisionsrecht wiederfinden. In einem zweiten Schritt wird anhand lokalisierender Normen überprüft, wie weit diese die Prinzipien zur Geltung bringen und, wenn nicht, ob jene Prinzipien überhaupt noch zeitgemäß sind. Denn auch diese unterliegen dem gesellschaftlichen und rechtlichen Wandel. Im Rahmen dessen werden etwaig konkurrierende Prinzipien miteinander abgewogen. Sollten sich Defizite offenbaren, werden Regelungsvorschläge für Anknüpfungen gemacht, die auch in einer digitalen Welt und Rechtsordnung die Rechtsprinzipien und -methodik wahren.

---

[25] Vgl. grundlegend zu Prinzipien, deren Gehalt, zum Umgang mit ihnen und ihrer Abgrenzung von Regeln *Alexy*, Theorie der Grundrechte, S. 71 ff.; siehe auch *Hess*, in: FS Lindacher, S. 53 (54 f.), der am Beispiel *actor sequitur forum rei* (siehe S. 10 f.) ein Prinzip als Ausdruck von übergeordneter Gerechtigkeit ansieht; zum Gehalt von international-privatrechtlichen Interessen *Kegel/Schurig*, IPR, S. 134 f.; zur gegenseitigen Beeinflussung von und zu Spannungsverhältnissen zwischen Prinzipien *Kohler*, in: FS Kronke, S. 253 (255); *Leible*, in: FS Jayme, S. 485 (488 f.) stellt vor allem auf die Verbreitung und Akzeptanz der Parteiautonomie ab, um sie als Prinzip anzuerkennen; zum Kollisionsfall mehrerer Maximen *Neuhaus*, Grundbegriffe des IPR, S. 170, der zwischen formalen und materialen Maximen differenziert, a.a.O., S. 160; zur Methodik des EuGH im Umgang mit Prinzipien *Pontier/Burg*, EU Principles, S. 5 ff.

B. Methodik, Prinzipien und Ziele des IZPR und IPR

I. *Gleichwertigkeit inländischer und ausländischer Rechtspflege*

Im deutschen Zivilprozessrecht gilt gem. § 328 ZPO und im europäischen Zivilprozessrecht gem. Art. 36 Abs. 1 Brüssel Ia-VO das Prinzip der Gleichwertigkeit der Rechtspflege.[1] Das heißt, Mitgliedstaaten erkennen EU-ausländische Gerichte im Grundsatz als genauso fähig wie die inländischen und damit auch deren Entscheidungen an.[2] Nur ausnahmsweise kann der *ordre public* überragenden inländischen Interessen Geltung verschaffen und die Anerkennung einer ausländischen Entscheidung versagen, Art. 36 Abs. 2 Brüssel Ia-VO.[3] Die Anerkennung einer Entscheidung bedeutet, dass die Wirkungen des Entscheidungsstaats auch im Anerkennungsstaat, den Art. 36 Brüssel Ia-VO adressiert, gelten (Wirkungserstreckung/prozessuales „Herkunftslandsprinzip"[4]).[5] Seit Inkrafttreten der Brüssel Ia-VO gilt die Wirkungserstreckung auch hinsichtlich der Vollstreckbarkeit einer Entscheidung, Art. 39 Brüssel Ia-VO, welche für den Gläubiger besonders relevant ist.[6] Diese Wirkungserstreckung fördert den internationalen Entscheidungseinklang, auf den noch einzugehen ist.[7] Das Vertrauen in die Gerichte eines anderen Staates wird durch Gegenseitigkeit verbürgt, so gilt das Anerkennungsgebot des Art. 36 Abs. 1 Brüssel Ia-VO nur für diejenigen Staaten, die in den Anwendungsbereich der Norm fallen, im nationalen Recht ist die Gegenseitigkeit als Voraussetzung für die Anerkennung in § 328 Abs. 1 Nr. 5 ZPO verbürgt.[8] Im Vordergrund dieser Untersuchung steht jedoch nicht das Anerkennungs-, sondern das Zuständigkeitsrecht, in dem es

---

[1] Die mit der Gleichwertigkeit verbundene Gegenseitigkeit, bspw. *Schack*, IZVR, Rn. 39, 43, betrifft weniger die internationale Zuständigkeit als die Anerkennung und Vollstreckung ausländischer Entscheidungen und ist deshalb für die vorliegende Untersuchung von untergeordneter Bedeutung.

[2] *Geimer*, IZPR, Rn. 2751.

[3] Vgl. Art. 45 Abs. 1 lit. a Brüssel Ia-VO; *Geimer*, IZPR, Rn. 2751; *Schack*, IZVR, Rn. 39; zum *ordre public Sujecki*, ZEuP 2008, 458 (460 ff.).

[4] *Hess*, EuZPR, Rn. 3.21.

[5] *C. v. Bar/Mankowski*, IPR, Bd. 1, § 5 Rn. 113–117 zu den einzelnen Urteilswirkungen; *Geimer*, in: Geimer/Schütze, EuZVR, Art. 36 EuGVVO Rn. 71; *Kropholler/v. Hein*, EuZPR, vor Art. 33 EuGVO Rn. 9; *E. Peiffer/M. Peiffer*, in: Geimer/Schütze, Internationaler Rechtsverkehr, Art. 36 VO (EU) 1215/2012 Rn. 13; *Stadler/Krüger*, in: Musielak/Voit, ZPO, Art. 36 EuGVVO Rn. 2; der Theorie der Wirkungserstreckung steht die der Wirkungsgleichheit gegenüber, nach der das ausländische Urteil wie ein inländisches zu behandeln ist, vgl. die Nachweise bei *M. Peiffer*, Grenzüberschreitende Titelgeltung in der EU, S. 76 ff.; vereinzelt werden diese Ansichten kumuliert, *Schack*, IZVR, Rn. 944.

[6] *Schack*, IZVR, Rn. 926; *Stadler/Krüger*, in: Musielak/Voit, ZPO, Art. 36 EuGVVO Rn. 2b.

[7] *E. Peiffer/M. Peiffer*, in: Geimer/Schütze, Internationaler Rechtsverkehr, Art. 36 VO (EU) 1215/2012 Rn. 14, siehe S. 15 f.

[8] *Geimer*, IZPR, Rn. 35.

keine Gegenseitigkeitsvorbehalte gibt.[9] Dennoch ist die Gleichwertigkeit der Rechtspflege auch für Zuständigkeitsfragen zu beachten.

II. Gleichwertigkeit inländischen und ausländischen Rechts

Das Prinzip der Gleichwertigkeit der Rechtspflege findet seine kollisionsrechtliche Entsprechung. Schon *Friedrich Carl von Savigny* forderte, ausländische Rechtsordnungen nicht herabzuwürdigen, sondern als gleichberechtigt neben der inländischen Rechtsordnung anzuerkennen.[10] Was in der globalisierten Welt heute als Grundsatz gilt, stellte im 17. Jahrhundert eine Ausnahme vom Grundsatz der Anwendung bloß des inländischen Rechts dar.[11] Nach der *comitas*-Doktrin war die Anwendung ausländischen Rechts jedoch überhaupt möglich und fußte auf einem ausnahmsweisen Entgegenkommen der Staaten.[12] *v. Savigny* prägt das moderne Internationale Privatrecht durch die Umkehr dieses Regel-Ausnahme-Verhältnisses bis heute maßgeblich,[13] denn der Grundsatz, dass ausländisches Recht angewendet werden kann, gilt bis heute fort.[14] Schließlich ist der Grundsatz der Gleichwertigkeit inländischen und ausländischen Rechts auch verfassungsrechtlich in Art. 3 GG verankert.[15]

III. Prozessrechtliches lex fori-Prinzip

Ein weiterer Grundsatz ist das vorherrschende *lex fori*-Prinzip bei der Anwendung des Verfahrens- und Internationalen Privatrechts, wonach von einem deutschen Gericht stets das deutsche Zivilprozessrecht und – wenigstens im Ausgangspunkt – das deutsche Kollisionsrecht angewendet wird (*forum regit processum*).[16] Dass Gerichte das Verfahrensrecht ihres Staates anwenden, wird einerseits mit dem damit verbundenen Pragmatismus, andererseits mit dem

---

[9] *Geimer*, IZPR, Rn. 35.
[10] *v. Savigny*, System, Bd. 8, S. 26 f.
[11] *Voet*, De statutis, S. 138 zum Grundsatz, S. 143 zum ausnahmsweisen Entgegenkommen gegenüber den Sitten eines Nachbarvolkes.
[12] *Voet*, De statutis, S. 143; zu weiteren Vertretern der niederländischen Schule des 17. Jahrhunderts *C. v. Bar/Mankowski*, IPR, Bd. 1, § 6 Rn. 31 ff.; zur Doktrin auch *Kegel/Schurig*, IPR, S. 175 f.; *Kropholler*, IPR, S. 12 f.; kritisch *C. L. v. Bar*, Theorie und Praxis des IPR, Bd. 1, S. 43, 53.
[13] *v. Savigny*, System, Bd. 8, S. 26 f.; *C. v. Bar/Mankowski*, IPR, Bd. 1, § 6 Rn. 53 ff.; *v. Hein*, in: MüKoBGB, Einl. IPR Rn. 19 f.; *Junker*, IPR, § 4 Rn. 21 ff.
[14] *Geimer*, IZPR, Rn. 38; *Junker*, IPR, § 5 Rn. 8.
[15] *Beitzke*, GG und IPR, S. 5.
[16] BGH Beschl. v. 03.04.2019 – VII ZB 24/17, NZG 2019, 710 (712) Rn. 26; Urt. v. 27.06.1984 – IVb ZR 2/83, NJW 1985, 552 (553); aktuell zitiert durch OLG Köln Beschl. v. 02.01.2018 – 2 Wx 269/17, ZEV 2018, 344 (346); *C. L. v. Bar*, Theorie und Praxis des IPR, Bd. 2, S. 357 ff.; *Brödermann/Rosengarten*, IPR/IZVR, Rn. 612; *Fogt*, in: FS Schack, S. 406 (411); *Geimer*, IZPR, Rn. 319; *Schack*, IZVR, Rn. 45; *Thole*, ZIP 2021, 2153 (2157) spricht vom „allseits anerkannten lex-fori-Prinzip des Internationalen Privatrechts"; *G. Wagner*, Prozeßverträge, S. 353 f.

öffentlich-rechtlichen Territorialitätsprinzip begründet,[17] soweit das (Internationale) Zivilprozessrecht als öffentliches Recht verstanden wird[18]. Teilweise wird auch die Rechtssicherheit oder die originäre Ausübung von Hoheitsrechten durch den Richter für die Geltung des Prinzips vorgebracht.[19] Nur ausnahmsweise kann ausländisches Prozessrecht von deutschen Gerichten herangezogen werden, wenn es zum einen eng mit dem zur Anwendung berufenen Sachrecht verzahnt ist und zum anderen auch als ausländisches Sachrecht qualifiziert werden könnte.[20] Die Prozessparteien können, anders als das anwendbare materielle Recht,[21] zwar nicht das Verfahrensrecht vor einem konkreten Gericht, jedoch das entscheidende Gericht und das damit einhergehende Verfahrensrecht wählen, soweit die Möglichkeit des *forum shoppings* eröffnet ist.[22]

Dieser Grundsatz wirkt sich nicht auf Bestimmung der internationalen Zuständigkeit aus, sodass auf das *lex fori*-Prinzip nicht oder nur am Rande zurückzukommen sein wird.

IV. Rechtssicherheit und Vorhersehbarkeit

Aus Erwägungsgrund 15 Brüssel Ia-VO ergibt sich, dass das europäische Zuständigkeitsregime rechtssicher und vorhersehbar ausgestaltet sein soll. Ebenso wie im Internationalen Zivilprozessrecht gilt im Internationalen Privatrecht das Ziel größtmöglicher Rechtssicherheit, Erwägungsgründe 16 Rom I-VO, 14 Rom II-VO.[23] Die Erwägungsgründe schränken die Rechtssicherheit doch jeweils zugunsten einer Einzelfallermittlung der engsten Verbindung ein. Was jedoch genau Rechtssicherheit ausmacht, definieren die Verordnungen nicht. Denkbare Parameter, um die Rechtssicherheit zu bestimmen, sind neben einfach zu ermittelnden Anknüpfungsmerkmalen auch besonders bestandskräftige Merkmale. Eventuell können auch weniger starre Lokalisierungsmerkmale rechtssicher sein. *Kropholler* sieht in der Abkehr von der Staatsangehörigkeit zugunsten des gewöhnlichen Aufenthaltsorts als Anknüpfungsmerkmal einen Verlust an Rechtssicherheit, da der gewöhnliche Aufenthalt flexibler als die Staatsangehörigkeit sei.[24] Ungeachtet der Frage, ob nun der gewöhnliche Aufenthalt oder die Staatsangehörigkeit das rechtssicherere Anknüpfungsmerkmal ist, verdeutlicht dies, dass die Wahl der Anknüpfungsmerkmale Auswirkungen auf die Rechtssicherheit haben kann. Jedenfalls würde dies voraussetzen, dass

---

[17] *Kegel/Schurig*, IPR, S. 1055 f.; vgl. *Klinke*, in: FS Kegel, S. 1 (5 f.) zum internationalen öffentlichen Recht; *Schack*, IZVR, Rn. 48; *Schütze*, IZPR/EuZPR, S. 32; *G. Wagner*, Prozeßverträge, S. 353 f.

[18] *Junker*, IZPR, § 1 Rn. 29; *Pichler*, Internationale Zuständigkeit, Rn. 310; *Schütze*, IZPR/EuZPR, S. 32; kritisch *Schack*, IZVR, Rn. 12, 945 sieht das IZPR weder dem zivilen noch dem öffentlichen Recht zugehörig an.

[19] *C. v. Bar/Mankowski*, IPR, Bd. 1, § 5 Rn. 75, 78; *Geimer*, IZPR, Rn. 323.

[20] *Geimer*, IZPR, Rn. 325; *Kropholler*, IPR, S. 595.

[21] Siehe S. 12 ff.

[22] *Abendroth*, Parteiautonome Zuständigkeitsbegründung, S. 31 f.

[23] *Kegel/Schurig*, IPR, S. 143; *Kropholler*, IPR, S. 30 f.

[24] *Kropholler*, IPR, S. 30 f.

eine möglichst hohe Beständigkeit des Anknüpfungsmerkmals ein Element der Rechtssicherheit ist.

Der Rechtssicherheit im Rahmen der Brüssel Ia-VO stünde ein *forum non conveniens*-Vorbehalt entgegen, mit dem sich grundsätzlich zuständige Gerichte für unzuständig erklären können, wenn sie der Ansicht sind, andere, ebenfalls zuständige Gerichte könnten den Rechtsstreit besser beurteilen.[25] Ein *forum non conveniens*-Vorbehalt ist deshalb im europäischen Zuständigkeitsrecht unzulässig.[26]

V. Anknüpfung des Rechtsverhältnisses und Prinzip der engsten Verbindung

Angeknüpft werden im Internationalen Zivilprozessrecht und Internationalen Privatrecht Anknüpfungsgegenstände beziehungsweise Sachverhalte. Ausgangspunkt der Anknüpfung ist also das Rechtsverhältnis. Das heißt, es wird geprüft, mit welchem Recht das Rechtsverhältnis am engsten verbunden ist.[27] *v. Savigny* schrieb insoweit auch vom Sitz eines Rechtsverhältnisses, den es zu lokalisieren gelte.[28] Wie das Rechtsverhältnis nach dem potenziell berufenen Recht materiell zu beurteilen ist, ist für die vorgeschaltete kollisionsrechtliche Frage ohne Belang.[29] Ermittelt wird also nicht das gerechteste, sondern das sachnächste Recht.[30] Das von *v. Savigny* begründete Prinzip gilt auch im Europäischen Kollisionsrecht.[31]

Methodisch kann die engste Verbindung eines Rechtsverhältnisses mit einer Rechtsordnung typisiert oder individuell bestimmt werden.[32] Dabei sind auch innerhalb der Typisierungen Abstufungen zu verzeichnen. Betrachtet man beispielsweise Artt. 4 Rom I-VO/Rom II-VO, enthalten die Abs. 1 Anknüpfungen, die typischerweise zu dem Recht führen, das mit der Materie die engste Verbindung aufweist (Regelanknüpfung). Gem. Abs. 3 ist jedoch auch eine

---

[25] EuGH Urt. v. 01.03.2005 – C-281/02 (*Owusu*), IPRax 2005, 244 (247) Rn. 37, 40; *Gottwald*, in: MüKoZPO, Vorb. Art. 1 Brüssel Ia-VO Rn. 5; *Mankowski*, in: Rauscher, EuZPR/EuIPR, Vorb. Art. 4 Brüssel Ia-VO Rn. 32 ff.; *Paulus*, in: Geimer/Schütze, Internationaler Rechtsverkehr, Vor Art. 4 VO (EU) 1215/2012 Rn. 32 f.; *Schütze*, IZPR/EuZPR, S. 68; *Würdinger*, in: FS Schack, S. 912 (915 f.).

[26] EuGH Urt. v. 01.03.2005 – C-281/02 (*Owusu*), IPRax 2005, 244 (248) Rn. 46; *Gottwald*, in: MüKoZPO, Vorb. Art. 1 Brüssel Ia-VO Rn. 5; *Mankowski*, in: Rauscher, EuZPR/EuIPR, Vorb. Art. 4 Brüssel Ia-VO Rn. 33; *Würdinger*, in: FS Schack, S. 912 (915 f.).

[27] *C. v. Bar/Mankowski*, IPR, Bd. 1, § 7 Rn. 92; *v. Hein*, in: MüKoBGB, Einl. IPR Rn. 57; *Junker*, IPR, § 5 Rn. 4; *Kropholler*, IPR, S. 16 f.; nur ausnahmsweise wird die Anknüpfung von einer Norm aus vorgenommen, dann wird von Sonderanknüpfungen gesprochen, vgl. zur Begriffsprägung *Wengler*, ZVglRWiss 54 (1941), 168 (211); *Zweigert*, RabelsZ 14 (1942), 283 (288 ff.); *Neuhaus*, Grundbegriffe des IPR, S. 43.

[28] *v. Savigny*, System, Bd. 8, S. 108.

[29] *v. Hein*, in: MüKoBGB, Einl. IPR Rn. 30.

[30] *Junker*, IPR, § 5 Rn. 7; *Kropholler*, IPR, S. 25; *Neuhaus*, Grundbegriffe des IPR, S. 43.

[31] *Franke*, Das IPR der europäischen Verordnungen und Drittstaatsverträge, S. 27; *M. Weller*, in: Weller, Europäisches Kollisionsrecht, Rn. A 117.

[32] *Junker*, IPR, § 5 Rn. 11.

Anknüpfung an ein anderes als das typisierte Recht möglich, „wenn eine offensichtlich engere Verbindung zu einem anderen [...] Staat" besteht. Dadurch wird – wie auch von den Erwägungsgründen 16 S. 2 Rom I-VO, 14 S. 3 Rom II-VO gefordert – in restriktiv auszulegenden Fällen eine Abweichung von der typisierten zur individuell bestimmten engsten Verbindung ermöglicht.[33] Zwischen diesen beiden Arten von Klauseln befinden sich „typisierte Ausweichklauseln", die insbesondere in der Rom II-VO eine Abweichung von der Regelanknüpfung, jedoch trotzdem in typisierter Art und Weise, eine engere Verbindung aufspüren sollen, vgl. Art. 4 Abs. 2 Rom II-VO.[34] Diese können ebenso wie Regelanknüpfungen durch spezielle Ausweichklauseln korrigiert werden.[35]

Deutlich wird erstens ein Spannungsverhältnis zwischen typisierten Anknüpfungen zugunsten der Rechtssicherheit einerseits und der Bestimmung des Rechts mit der konkret engsten Verbindung andererseits. Zweitens zeigt sich ein Unterschied zum Internationalen Zivilprozessrecht. Während es dort keinen *forum non conveniens*-Einwand, der an das mit der Sache am engsten verbundene Gericht verweisen würde, gibt,[36] kann im Kollisionsrecht durchaus ein an sich, typisiert begründetes anzuwendendes Recht zugunsten eines enger mit dem Rechtsverhältnis verbundenen Rechts ersetzt werden. Es ist also zu beachten, in welcher Art Klausel (Regelanknüpfung oder Ausweichklausel) welches Lokalisierungsmerkmal verwendet und welche Funktion damit verfolgt wird.

VI. Actor sequitur forum rei

Im (Internationalen) Zivilprozessrecht gilt der Grundsatz *actor sequitur forum rei*, welcher in ganz Europa anerkannt ist und nach dem der Kläger dem Gerichtsstand des Beklagten zu folgen, ihn also an dessen Wohnsitz zu verklagen hat.[37] Dies schützt den Beklagten (*favor defensoris*), der sich einem einseitig durch den Kläger initiierten Eingriff in den status quo ausgesetzt sieht, denn der Kläger begründet durch seine Klage ein prozessuales Rechtsverhältnis zum

---

[33] *C. v. Bar/Mankowski*, IPR, Bd. 1, § 7 Rn. 93; *Kropholler*, IPR, S. 26 f.; *Remien*, in: Leible/Unberath, Rom 0-Verordnung, S. 223 ff.; *v. Savigny*, System, Bd. 8, S. 121 hat bereits Schwächen zu strikter Typisierung formuliert; *Wendelstein*, in: Soergel, BGB, Vor Art. 1 Rom-II-VO Rn. 20.

[34] *Schwemmer*, Anknüpfungsprinzipien, S. 193 f.

[35] *Rühl*, in: BeckOGK Rom II-VO, Art. 4 Rn. 103, 106, Stand: 01.12.2017; *Wendelstein*, in: Soergel, BGB, Art. 4 Rom-II-VO Rn. 76.

[36] *Geimer*, in: Geimer/Schütze, EuZVR, Art. 4 EuGVVO Rn. 70; *Mankowski*, in: Rauscher, EuZPR/EuIPR, Vorb. Art. 4 Brüssel Ia-VO Rn. 33; *ders.*, in: FS Heldrich, S. 867 (870).

[37] EuGH Urt. v. 11.11.2020 – C-433/19 (*Ellmes Property Services*), IPRax 2021, 273 (274) Rn. 21; Urt. v. 13.07.2000 – C-412/98 (*Group Josi Reinsurance Company*), NJW 2000, 3121 (3121 f.) Rn. 35 zum EuGVÜ; Erwägungsgrund 15 Brüssel Ia-VO; *Buchner*, Kläger- und Beklagtenschutz im IZVR, S. 18 zum EuGVÜ; *Geimer*, in: Geimer/Schütze, EuZVR, Art. 4 EuGVVO Rn. 11, 19; *Junker*, IZPR, § 5 Rn. 18 f.; *Kropholler/v. Hein*, EuZPR, Art. 2 EuGVO Rn. 1 zur Brüssel I-VO; *Paulus*, in: Geimer/Schütze, Internationaler Rechtsverkehr, Art. 4 VO (EU) 1215/2012 Rn. 2; *v. Savigny*, System, Bd. 8, S. 72; *G. Wagner*, in: Lutter, Europäische Auslandsgesellschaften, S. 223 (235 f.).

Beklagten.[38] Ausnahmen von diesem Grundsatz, etwa die Schaffung besonderer oder ausschließlicher Gerichtsstände, bedürfen einer Rechtfertigung.[39] Diese Rechtfertigung kann sich aus einer besonderen Sach- oder Beweisnähe des Gerichts zum Streit*gegenstand* ergeben.[40] Auf eine der Streit*parteien* zielen Gerichtsstände ab, die strukturell schwächer eingeschätzte Parteien schützen sollen.[41] Im Europäischen Zivilprozessrecht müssen diese Ausnahmen auch für den Beklagten vorhersehbar sein.[42] Da diese Gerichtsstände dem Kläger ein Wahlrecht einräumen,[43] der allgemeine Gerichtsstand bleibt neben besonderen weiterhin bestehen, sind sie als klägerfreundlich (*favor actoris*) anzusehen. Schließlich dürfen die Ausnahmen vom Grundsatz *actor sequitur forum rei* nicht überhandnehmen oder sich gar vervielfältigen, da ansonsten nicht nur die rechtssichere Bestimmung des zuständigen Gerichts gefährdet wäre, sondern auch einander widersprechende Entscheidungen drohen würden.[44] Hier wird also eine Wechselwirkung mit dem bereits dargelegten Prinzip der Rechtssicherheit deutlich.[45]

Es offenbart sich also eine Interessenabwägung bei der Normierung der internationalen Zuständigkeit, bei der auch verfassungsrechtliche Erwägungen, insbesondere der Justizgewährungsanspruch und das Recht auf ein faires Verfahren, zu beachten sind.[46]

VII. Parteiautonomie und subjektive Anknüpfung

1. Internationales Privatrecht

Bei der Parteiautonomie[47] handelt es sich um ein international-privatrechtliches Grundprinzip.[48] Die Parteiautonomie ist das kollisionsrechtliche Pendant zur

---

[38] *C. Berger*, in: Informatik 2001, S. 1002 (1005); *Geimer*, in: Geimer/Schütze, EuZVR, Einl. EuGVVO Rn. 76 ff.; *Junker*, IZPR, § 7 Rn. 2; *Schack*, IZVR, Rn. 243; kritisch *Buchner*, Kläger- und Beklagtenschutz im IZVR, S. 94; *Schröder*, Internationale Zuständigkeit, S. 235 ff.; *Spellenberg*, IPRax 1981, 75 (76 f.) auch zum besonderen Gerichtsstand des Erfüllungsorts.

[39] *H.-J. Ahrens*, in: FS v. Bar, S. 1 (5); *C. Berger*, in: Informatik 2001, S. 1002 (1005);

[40] Erwägungsgründe 15 S. 2, 16 S. 1 Brüssel Ia-VO; *G. Wagner*, in: Lutter, Europäische Auslandsgesellschaften, S. 223 (236 f.).

[41] Vgl. Artt. 11 Abs. 1 lit. b, 18 Abs. 1 Alt. 2, 21 Abs. 1 lit. b Brüssel Ia-VO; *Geimer*, in: Geimer/Schütze, EuZVR, Einl. EuGVVO Rn. 83 ff.; *G. Wagner*, in: Lutter, Europäische Auslandsgesellschaften, S. 223 (237 f.).

[42] Erwägungsgrund 16 S. 2 Brüssel Ia-VO.

[43] *Geimer*, in: Geimer/Schütze, EuZVR, Einl. EuGVVO Rn. 81.

[44] EuGH Urt. v. 19.02.2002 – C-256/00 (*Besix*), NJW 2002, 1407 (1408) Rn. 27; *G. Wagner*, in: Lutter, Europäische Auslandsgesellschaften, S. 223 (238 ff.).

[45] Siehe S. 8 f.

[46] *Geimer*, in: FS Schwind, S. 17 ff.

[47] Zur Begriffsklärung und -abgrenzung von der *Privat*autonomie *C. v. Bar/Mankowski*, IPR, Bd. 1, § 7 Rn. 67; *Kropholler*, IPR, S. 292 f.

[48] Vgl. Erwägungsgründe 11 Rom I-VO, 31 S. 1 Rom II-VO; EuGH Urt. v. 17.10.2013 – C-184/12 (*Unamar*), EuZW 2013, 956 (958) Rn. 49; *Bogdan*, MUJLT 2009, 219 (221); *v. Hein*, in: MüKoBGB, Einl. IPR Rn. 35; *Junker*, IPR, § 5 Rn. 17; *Looschelders*, in:

materiellrechtlichen Privatautonomie.[49] Sie unterscheiden sich aber dadurch, dass innerhalb eines anwendbaren Rechts nicht durch Vereinbarung *privat*autonom von zwingendem Recht, wohl aber *partei*autonom von einer ganzen Rechtsordnung und damit auch von deren zwingenden Regelungen zugunsten einer anderen Rechtsordnung (freilich dann unter Einschluss von deren zwingenden Regeln) abgewichen werden kann.[50] Im Falle einer Rechtswahl erfolgt die Anknüpfung nicht anhand von objektiven Anknüpfungsmerkmalen, sondern anhand der subjektiven Parteivereinbarung über das anwendbare Recht.[51]

Ihren historischen Ursprung hat die Parteiautonomie im Kollisionsrecht der vertraglichen Schuldverhältnisse, vgl. Art. 3 Rom I-VO, sie ist mittlerweile aber darüber hinaus auch in anderen Kollisionsrechtsdisziplinen fester Bestandteil, wie ein Blick in Art. 14 Rom II-VO beweist.[52]

Die Parteiautonomie erfährt zudem grundrechtlichen Schutz. Auf nationaler Ebene – am Beispiel Deutschlands – gewährt Art. 2 Abs. 1 GG, auf europäischer Ebene Art. 16 EU-GRCh[53] den Schutz der freien Rechtswahl.[54] Dieser Grundrechtsschutz wird teilweise bestritten, da die zitierten Normen nur die materiellrechtliche Privatautonomie schützen würden, die Rechtswahlfreiheit aber jenes materielle Recht überschreite.[55] Jedoch ist unklar, weshalb der Schutzbereich der Grundrechte, die jeweils auch keine explizite privatautonome Vertragsfreiheit in sich kodifiziert tragen, die Freiheit der Rechtswahl nicht schützen sollten. Art. 2 Abs. 1 GG gewährt vielmehr einen umfassenden, lückenlosen Grundrechtsschutz.[56] Gegen einen Grundrechtsschutz wird weiter

---

Staudinger, BGB, Einl. IPR Rn. 157, Stand: 31.12.2022; *Mankowski*, in: Magnus/Mankowski, ECPIL, Art. 3 Rome I Regulation Rn. 1 f., Art. 14 Rome II Regulation Rn. 1; *Rauscher*, IPR, Rn. 70 f.

[49] *Leible*, in: FS Jayme, S. 485 (485).

[50] *Junker*, IPR, § 6 Rn. 44 f.; *Kegel/Schurig*, IPR, S. 654 f.; vgl. auch *Kohler*, in: FS Kronke, S. 253 (254 f.); *Kropholler*, IPR, S. 293, 295; *Leible*, in: FS Jayme, S. 485 (485).

[51] Für eine nur indirekte Wahl des anwendbaren Rechts durch die entsprechende Beeinflussung der objektiven Anknüpfungsmerkmale noch *C. L. v. Bar*, Theorie und Praxis des IPR, Bd. 2, S. 4-6. Das ist im Kern auch die Aussage der später dargestellten Gründungstheorien.

[52] *C. v. Bar/Mankowski*, IPR, Bd. 1, § 7 Rn. 67, 71; *Basedow*, RabelsZ 75 (2011), 32 (32 f.); *Junker*, IPR, § 6 Rn. 46; *Kropholler*, IPR, S. 294; *Mankowski*, in: FS Heldrich, S. 867 (890); *Mincke*, IPRax 1985, 313 (313).

[53] Charta der Grundrechte der Europäischen Union, ABl. 2000 C 364, S. 1.

[54] *Abendroth*, Parteiautonome Zuständigkeitsbegründung, S. 30; *Basedow*, RabelsZ 75 (2011), 32 (57 f.) geht gar von natur- bzw. menschenrechtlichem Schutz der Parteiautonomie aus; *Kroll-Ludwigs*, Parteiautonomie im europäischen Kollisionsrecht, S. 212 ff., 243 ff., 301 f.; *Kropholler*, IPR, S. 296; *Looschelders*, in: Staudinger, BGB, Einl. IPR Rn. 158, Stand: 31.12.2022; *Lüttringhaus*, IPRax 2014, 146 (149 f.); *Mankowski*, in: Magnus/Mankowski, ECPIL, Art. 3 Rome I Regulation Rn. 4; *Nappenbach*, Parteiautonomie im IntGesR, S. 91.

[55] *Schmitz*, Rechtswahlfreiheit, S. 74 f.

[56] *Dreier*, in: Dreier, GG, Art. 2 Abs. 1 Rn. 28; *Di Fabio*, in: Maunz/Dürig/Herzog/Scholz, GG, Art. 2 Abs. 1 Rn. 12; *Lang*, in: BeckOK GG, Art. 2 Rn. 2 f., Stand: 15.02.2023.

vorgebracht, die die Parteiautonomie garantierenden Normen fänden keine Anwendung, wenn sich die Parteien gerade gegen diese Rechtsordnung entscheiden und sich damit selbst des Schutzes berauben.[57] Dieses Argument verkennt, dass die Parteien nicht eine gesamte Rechtsordnung für anwendbar oder nicht anwendbar vereinbaren. Das öffentliche Recht, dem die freiheitsbegründenden Artt. 2 Abs. 1 GG, 16 EU-GRCh zweifelsohne zuzuordnen sind, folgt dem nichtdisponiblen Territorialitätsprinzip[58] und gilt deshalb ungeachtet einer Parteivereinbarung über das anzuwendende Recht in einer zivilrechtlichen Angelegenheit. Auch aus verhaltensökonomischer Perspektive ist die Gewährung von Parteiautonomie in weiten Teilen geboten, da sie einen freien Wettbewerb der Rechtsordnungen ermöglicht und den Parteien freistellt, die für sie nutzenstiftende Rechtordnung zu wählen.[59] Gegen den Grundrechtsschutz der Parteiautonomie ist deshalb nichts einzuwenden. Auf europäischer Ebene kommt schließlich hinzu, dass die Parteiautonomie auch der Verwirklichung des Binnenmarktes dient, indem sie das wirtschaftliche Tätigwerden im Binnenmarkt fördert,[60] und sich aus den europäischen Grundfreiheiten ableiten lässt.[61] Entsprechend wurde das Prinzip der Parteiautonomie sowohl in europäischen als auch nationalen Rechtsakten kodifiziert.[62] Ob es aber einer Kodifikation der Parteiautonomie für ihre Geltung bedarf, ist unklar.[63] Sollte dies so sein, hätte die Parteiautonomie nur dort Geltung, wo sie durch das Internationale Privatrecht den Parteien gewährt wird. Während dies für den gesellschaftsexternen Verkehr, insbesondere in den Artt. 3 Rom I-VO, 14 Rom II-VO, geschehen ist, ist im Internationalen Gesellschaftsrecht, maßgeblich für gesellschaftsinterne Beziehungen, nichts dergleichen kodifiziert. Zu beachten ist aber, dass das gesamte Internationale Gesellschaftsrecht nicht kodifiziert ist. Es wäre widersinnig, müsste man die Möglichkeit der subjektiven Anknüpfung zur Ermittlung des anwendbaren Rechts kodifizieren, während objektive Anknüpfungen nicht positivrechtlich geregelt sind. Unter Beachtung der nachfolgend dargelegten Ansätze wird geprüft, inwieweit die nicht kodifizierte Parteiautonomie in einem nicht kodifizierten Teilbereich des Internationalen Privatrechts zu beachten ist.

---

[57] *Schmitz*, Rechtswahlfreiheit, S. 75.
[58] *v. Bar/Mankowski*, IPR, Bd. 1, § 4 Rn. 63 ff. mit Kritik am Begriff; für das Beispiel des Prozessrechts als Teildisziplin des öffentlichen Rechts *Rosenberg/Schwab/Gottwald*, Zivilprozessrecht, § 6 Rn. 2.
[59] *Ungerer*, RabelsZ 86 (2022), 1 (15 ff.).
[60] *S. Arnold*, IPRax 2022, 13 (16); *v. Hein*, in: MüKoBGB, Einl. IPR Rn. 37.
[61] *Kroll-Ludwigs*, Parteiautonomie im europäischen Kollisionsrecht, S. 263 ff., 302; *Leible*, in: FS Jayme, S. 485 (501 ff.).
[62] Artt. 3 Rom I-VO, 14 Rom II-VO; *Staudinger*, AnwBl 2008, 8 (9).
[63] Für eine positivrechtliche Begründung *C. v. Bar/Mankowski*, IPR, Bd. 1, § 7 Rn. 78; (rechtstheoretisch) *Hegel*, Philosophie des Rechts, § 211; für eine freiheitsrechtliche Begründung, die zwar zur Geltung kodifiziert werden muss, *Abendroth*, Parteiautonome Zuständigkeitsbegründung, S. 30 f.; *Basedow*, RabelsZ 75 (2011), 32 (57) sieht in der Parteiautonomie ein „vorstaatliche[s] subjektive[s] Recht des Einzelnen"; *Kropholler*, IPR, S. 295 f.; *Looschelders.*, in: Staudinger, BGB, Einl. IPR Rn. 159, Stand: 31.12.2022; *Mankowski*, in: Magnus/Mankowski, ECPIL, Art. 3 Rome I Regulation Rn. 4, 8.

Teilweise wird die Parteiautonomie (in europäischen Verordnungen) nur dort für zulässig erachtet, wo der Kollisionsrechtsgeber sie ausdrücklich erlaubt, die Kollisionsregeln also dispositiv sind, wobei diese Regel selbst nicht ausdrücklich angeordnet sei, sondern sich durch Auslegung ergebe.[64] Dies scheint in der Pauschalität zweifelhaft. Da die Parteiautonomie wie erläutert ein international-privatrechtliches Grundprinzip beziehungsweise einen „Wert an sich"[65] darstellt, bedarf es im Grundsatz keiner Rechtfertigung, weshalb sie in einer besonderen international-privatrechtlichen Teildisziplin (beispielsweise dem Internationalen Gesellschaftsrecht) Anwendung finden sollte. Vielmehr müssen Stimmen, die eine potenzielle Nichtanwendbarkeit postulieren, ihre Ansicht begründen, weshalb jenes tragende Prinzip des Internationalen Privatrechts ausnahmsweise keine Anwendung finden sollte. Aufgrund des grundrechtlichen Schutzes bedarf es zur Geltung der Parteiautonomie keiner positivrechtlichen Kodifikation. Doch selbst wenn eine Kodifikation für die Geltung der Parteiautonomie erforderlich sein sollte, wäre der entsprechende Normgeber zu einer solchen Kodifizierung angehalten.

Funktional dient die Parteiautonomie als Mittel zur Ermittlung der engsten Verbindung, wenn die rechtswählenden Parteien ein bestimmtes Sachrecht als das bedeutsamste für ihre Beziehung ansehen; dies fällt ihnen leichter, da sie sich, anders als der Kollisionsrechtsgeber, nicht typisiert, sondern hinsichtlich eines konkreten Rechtsverhältnisses für das ihrer Ansicht nach geeignetste Recht entscheiden.[66] Eine vereinbarte Rechtswahl erhöht zudem die Vorhersehbarkeit, da sich das auf das Rechtsverhältnis anzuwendende Recht rechtssicher und im Vorhinein bestimmen lässt.[67]

Die Möglichkeit der Rechtswahl stößt dort an ihre Grenzen, wo Rechte oder Interessen Dritter beziehungsweise der Allgemeinheit berührt werden, sodass beispielsweise Schutzvorschriften zugunsten schwächerer Parteien,[68] Eingriffsnormen oder der *ordre public* ungeachtet einer Rechtswahl Anwendung finden.[69]

---

[64] Zur Frage, ob das Kollisionsrecht als Ganzes disponibel ist, *Flessner*, RabelsZ 34 (1970), 547 ff.; *Kropholler*, IPR, S. 295; *Mansel*, in: Leible/Unberath, Rom 0-Verordnung, S. 241 (266 f.).

[65] *Kroll-Ludwigs*, Parteiautonomie im europäischen Kollisionsrecht, S. 301.

[66] *S. Arnold*, IPRax 2022, 13 (16); *Coester-Waltjen*, JZ 2017, 1073 (1075); einschränkend vom bloß angemessenen Recht sprechend *Geisler*, Engste Verbindung im IPR, S. 79 f.; *Kropholler*, IPR, S. 296; *Lehmann*, in: FS Spellenberg, S. 245 (247); *Mankowski*, in: Magnus/Mankowski, ECPIL, Art. 3 Rome I Regulation Rn. 3 f.; insb. da „Obligationen kaum einen räumlichen Bezug haben", *Mincke*, IPRax 1985, 313 (316); a.A. *Kegel/Schurig*, IPR, S. 653 „Verlegenheitslösung".

[67] Erwägungsgrund 31 S. 1 Rom II-VO; *Basedow*, RabelsZ 75 (2011), 32 (57); *Kropholler*, IPR, S. 296 f.; *Mankowski*, in: Magnus/Mankowski, ECPIL, Art. 3 Rome I Regulation Rn. 11.

[68] Vgl. Erwägungsgründe 23 Rom I-VO, 31 S. 4 Rom II-VO.

[69] *Coester-Waltjen*, JZ 2017, 1073 (1076 f.); *v. Hein*, in: MüKoBGB, Einl. IPR Rn. 38; *Kropholler*, IPR, S. 297 f.

2. Internationales Zivilprozessrecht

Auch bei der Bestimmung der (international) zuständigen Gerichte wird den Parteien eine individuelle Vereinbarung zugebilligt, vgl. § 38 ZPO, Art. 25 Abs. 1 Brüssel Ia-VO.[70] Hier drückt sich wieder das Prinzip der Parteiautonomie aus, sodass weitgehend auf die Ausführungen zum Internationalen Privatrecht verwiesen werden kann.[71] Da die Möglichkeit zur parteiautonomen Auswahl der zuständigen Gerichte so verbreitet ist, wird sie teilweise schon dem (Völker-)Gewohnheitsrecht zugerechnet.[72] Ebenso wie bei der Rechtswahl werden schwächere Parteien geschützt, vgl. Artt. 15, 19, 23 Brüssel Ia-VO. Auch eine ausschließliche Zuständigkeit gem. Art. 24 Brüssel Ia-VO kann, vornehmlich zum Schutze öffentlicher Interessen,[73] mit einer Gerichtsstandsvereinbarung nicht überwunden werden.

VIII. Internationaler Entscheidungseinklang

Ebenfalls auf *v. Savigny* zurückzuführen ist das Interesse – bei *Zweigert* gar „Endziel"[74] – an einem internationalen Entscheidungseinklang. Zweck des internationalen Entscheidungseinklangs ist es, hinkende Rechtsverhältnisse zu verhindern, indem derselbe Sachverhalt von den Gerichten aller betroffenen Rechtsordnungen nach demselben Recht entschieden wird.[75] Mögliche Instrumente zur Erreichung dieses Ziels sind im Rahmen des Internationalen Privatrechts die Gestattung von Rück- beziehungsweise Weiterverweisungen[76] oder die Vereinheitlichung des Kollisionsrechts.[77] Daneben kann gar materielles

---

[70] Erwägungsgrund 19 Brüssel Ia-VO; nicht hingegen Vereinbarungen über prozessrechtliche Pflichten des Richters, *Schack*, IZVR, Rn. 57.

[71] Siehe S. 12 ff.; darüber hinaus *Coester-Waltjen*, in: FS Heldrich, S. 549 (550 ff.) zu verschiedenen Einflussmöglichkeiten der Parteien; *Magnus*, in: Magnus/Mankowski, ECPIL, Art. 25 Brussels Ibis Regulation Rn. 1, 5; *Mankowski*, in: FS Heldrich, S. 867 (890 f.), der auch die Schiedsfähigkeit von Rechtsstreitigkeiten der Parteiautonomie zurechnet; *Maultzsch*, in: v. Hein/Rühl, Kohärenz im Internationalen Privat- und Verfahrensrecht, S. 153 (160); *Schack*, IZVR, Rn. 57.

[72] *Ungerer*, RabelsZ 86 (2022), 1 (16).

[73] *Kropholler*, IPR, S. 626.

[74] *Zweigert*, in: FS Raape, S. 35 (35).

[75] *Junker*, IPR, § 5 Rn. 31 f.; *Kegel/Schurig*, IPR, S. 139 f.; *Nietner*, Internationaler Entscheidungseinklang, S. 7; *Rauscher*, IPR, Rn. 56; *v. Savigny*, System, Bd. 8, S. 27; *Schack*, IZVR, Rn. 260.

[76] *v. Hein*, in: Leible/Unberath, Rom 0-Verordnung, S. 341 (348); *ders.*, in: MüKoBGB, Art. 4 EGBGB Rn. 25; *Kegel/Schurig*, IPR, S. 140 f.; *v. Sachsen Gessaphe*, in: BeckOGK EGBGB, Art. 4 Rn. 36, Stand: 01.03.2023; kritisch *Rauscher*, IPR, Rn. 61.

[77] Vgl. jeweils Erwägungsgründe 6 Rom I-/Rom II-VO. Die Verordnungen enthalten deshalb auch Sachnormverweisungen, vgl. Artt. 20 Rom I-VO, 24 Rom II-VO; *Brödermann/Wegen*, in: Prütting/Wegen/Weinreich, BGB, Vorb. Rom I-VO Rn. 1 „unionsweiter Entscheidungseinklang"; *Looschelders*, in: Staudinger, BGB, Einl. IPR Rn. 254, Stand: 31.12.2022; *Neuhaus*, Grundbegriffe des IPR, S. 53 f., 57 ff.; *Rauscher*, IPR, Rn. 147; *Schack*, IZVR, Rn. 132.

Recht vereinheitlicht werden.[78] Auch ausschließliche gerichtliche Zuständigkeiten können einander widersprechende Entscheidungen verhindern, da in diesen Fällen nur ein Gericht über die Sache entscheiden kann.[79] Da im Zuständigkeitsrecht aber neben Ordnungsinteressen auch solche der Prozessparteien treten, weshalb konkurrierende und nicht ausschließliche Gerichtsstände die Regel
sind, ist das Ziel des internationalen Entscheidungseinklangs vornehmlich mit
den Instrumenten des Internationalen Privatrechts zu erreichen.[80] Nur dadurch
kann auch die Parteiautonomie zur Geltung kommen, da sich andernfalls die
Parteien nicht sicher sein können, dass ihre Rechtswahl von verschiedenen Gerichten respektiert wird.[81] Andernfalls würde es zu einem Wettlauf zu den Gerichten kommen, die ungeachtet der vorherigen Vereinbarung das dem Kläger
günstigere (Kollisions-)Recht anwenden.[82] Jedoch führen Litispendenzregelungen wie die Artt. 29 ff. Brüssel Ia-VO dazu, dass nicht verschiedene Gerichte
über denselben Streitgegenstand entscheiden, was bis zur Grenze des Miss-
brauchs[83] der Litispendenzregeln die internationale Entscheidungsharmonie
fördert.[84] Eine vollständige internationale Harmonisierung ist jedoch unrealis-
tisch, sodass im Lichte des internationalen Entscheidungseinklanges lediglich
versucht werden kann, einander international widersprechende Entscheidungen
auf ein Minimum zu reduzieren.[85]

IX. Europäischer Entscheidungseinklang

Zwar befasset sich *v. Savigny* in seinen Ausführungen zum internationalen Entscheidungseinklang mit dem deutschen Recht, die grundsätzlichen Prinzipien
und Methoden (wenngleich nicht die einzelnen Anknüpfungsmerkmale) gelten
jedoch auch im europäischen Kollisionsrecht fort.[86] Dieses vollzieht die Anknüpfung ebenfalls von dem zugrundliegenden Sachverhalt her[87] und behandelt
in- wie ausländische Rechtsordnungen gleich.[88] Der internationale Entscheidungseinklang ist schließlich auch auf Ebene des europäischen Internationalen
Privatrechts bezweckt, da er zum Funktionieren des europäischen

---

[78] Vgl. beispielsweise CISG; *Rauscher*, IPR, Rn. 148.
[79] *Mankowski*, in: FS Heldrich, S. 867 (870 f.).
[80] *Mankowski*, in: FS Heldrich, S. 867 (869 ff.).
[81] *Flessner*, RabelsZ 34 (1970), 547 (563).
[82] *Flessner*, RabelsZ 34 (1970), 547 (563).
[83] Vgl. dazu *Bogdan*, Scandinavian Studies in Law 51 (2007), 89 (92 ff.); *Geimer*, in: Ge-
imer/Schütze, EuZVR, Art. 29 EuGVVO Rn. 121 ff.
[84] *Mankowski*, in: FS Heldrich, S. 867 (871 f.).
[85] *Schack*, IZVR, Rn. 260.
[86] Jeweils Erwägungsgründe 6 Rom I-/Rom II-VO; *Franke*, Das IPR der europäischen
Verordnungen und Drittstaatsverträge, S. 25 f.; *v. Hein*, in: MüKoBGB, Einl. IPR Rn. 40,
Art. 4 EGBGB Rn. 25.
[87] *v. Hein*, in: MüKoBGB, Einl. IPR Rn. 40.
[88] *v. Hein*, in: MüKoBGB, Einl. IPR Rn. 5 m.w.N.

Binnenmarkts beiträgt.[89] Auch die Interessen, die der internationale Entscheidungseinklang fördert, insbesondere Rechtssicherheit, Gleichheit, Vermeidung von überbordendem *forum shopping* und die Durchsetzbarkeit gerichtlicher Entscheidungen, gelten auf europäischer Ebene.[90] Im Ergebnis ist das Interesse am Entscheidungseinklang auch auf europäischer Ebene gegeben und bei Rechtsetzung und -anwendung zu beachten.

X. Innerer Entscheidungseinklang

Neben den internationalen und den europäischen Entscheidungseinklang tritt das Ordnungsinteresse an innerer Entscheidungsharmonie. Dies verlangt die widerspruchsfreie Lösung eines Lebenssachverhalts innerhalb einer Rechtsordnung.[91] Im Rahmen des gesellschaftlichen Tätigwerdens ist ein solcher Lebenssachverhalt beispielsweise in der Haftung einer Gesellschaft wegen einer Pflichtverletzung eines Gesellschaftsorgans gegenüber einem Dritten zu sehen. Führten sodann die Kollisionsregeln für den Anspruch gegenüber dem Dritten und die Kollisionsregeln für einen etwaigen Regressanspruch der Gesellschaft gegen das pflichtwidrig handelnde Organ zu verschiedenen anwendbaren Rechtsordnungen, wäre eine einheitliche Behandlung eines Lebenssachverhalts und damit der innere Entscheidungseinklang gefährdet.

XI. Gleichlauf von Forum und Ius

Einige Normen sollen einen Gleichlauf zwischen Zuständigkeit (Forum) und anwendbarem Recht (Ius) herstellen.[92] Unklar ist, ob dieser Gleichlauf von Forum und Ius nur punktuell gerechtfertigt ist[93] oder er sich gar zu einem allgemeinen Prinzip entwickelt hat.[94] Ein solcher Gleichlauf von Forum und Ius kann auf zwei Wegen hergestellt werden. Entweder die internationale Zuständigkeit orientiert sich am anwendbaren Recht (*forum legis*)[95] oder das anwendbare Recht an der internationalen Zuständigkeit (*lex fori in foro proprio*).[96]

    Gegen einen strengen Gleichlauf spricht zuerst die Unabhängigkeit von Internationalem   Zivilprozessrecht   und   Internationalem   Privatrecht

---

[89] Art. 82 Abs. 2 AEUV; *Franke*, Das IPR der europäischen Verordnungen und Drittstaatsverträge, S. 25; *v. Hein*, in: MüKoBGB, Einl. IPR Rn. 7.

[90] *Nietner*, Internationaler Entscheidungseinklang, S. 19 ff.

[91] *Kegel/Schurig*, IPR, S. 141.

[92] Vgl. S. 99 f. zu Art. 24 Nr. 2 Brüssel Ia-VO; zum Erbrecht *Dutta*, in: MüKoBGB, Vorb. Zu Art. 4 EuErbVO Rn. 2 f.; *ders.*, in: FS Kronke, S. 51 (52 ff., 55 f., 56 f.) zu kollisionsrechtlichen, zuständigkeitsrechtlichen und anerkennungsrechtlichen Mechanismen zur Herstellung des Gleichlaufs von Forum und Ius (jedoch vor allem in Bezug auf Status-, Erb- und Familienrecht); *M.-P. Weller*, in: Leible/Unberath, Rom 0-Verordnung, S. 293 (299 ff.).

[93] *Dutta*, in: FS Kronke, S. 51 (59 f.).

[94] *M.-P. Weller*, in: Leible/Unberath, Rom 0-Verordnung, S. 293 (304) „Trend im Europäischen Kollisionsrecht".

[95] *Neuhaus*, Grundbegriffe des IPR, S. 424 ff.

[96] *Würdinger*, RabelsZ 75 (2011), 102 (104).

beziehungsweise die „Kollisionsrechtsblindheit" des Internationalen Zivilprozessrechts.[97] Ein genereller Gleichlauf, der auf eine ausschließliche Anwendung
der materiellen *lex fori* hinausliefe, ist einerseits nicht interessengerecht und
würde andererseits die Bestimmung des anwendbaren Rechts allein an die Zuständigkeit des Gerichts koppeln, sodass das eigentliche Anliegen des Kollisionsrechts in das Recht der internationalen Zuständigkeit verlagert, nicht aber
gelöst würde.[98] Insbesondere im Vertrags- und Deliktsrecht, wie es Gegenstand
der Rom I- und II-VO ist, würde dies zu überbordendem *forum shopping* führen.[99] Aufgrund bestehender Litispendenzregelungen im europäischen Recht
und dem darin immanenten Prioritätsprinzip käme es zu einem Wettlauf der
Beteiligten zu dem ihnen günstigen Recht.[100] Dies ist im Sinne des internationalen Entscheidungseinklangs zu vermeiden.[101] Die Bestimmungen der Brüssel Ia-, Rom I- und Rom II-VO sollen zwar im Einklang stehen,[102] verfolgen
jedoch unterschiedliche Konzepte und schützen unterschiedliche Interessen: So
steht im Internationalen Zuständigkeitsrecht der Beklagtenschutz (*actor sequitur forum rei*),[103] im Internationalen Privatrecht das Prinzip der engsten Verbindung[104] im Vordergrund.[105] Auch liegen beiden Rechtsgebieten unterschiedliche Gerechtigkeitsverständnisse zugrunde.[106] Dementsprechend ist die Anknüpfung im Internationalen Zivilprozessrecht und im Internationalen Privatrecht unterschiedlich. Während das europäische Kollisionsrecht für Beteiligte
materieller Rechtsbeziehungen vornehmlich an das Merkmal des gewöhnlichen
Aufenthalts anknüpft, ist im Rahmen der Brüssel Ia-VO grundsätzlich der
Wohnsitz der Prozessparteien maßgeblich (wobei durchaus zufällig sein kann,
wer Kläger und wer Beklagter ist).[107] Dies bedeutet bei Auseinanderfallen der
Merkmale bei einem der Beteiligen des Prozesses oder dem dem Prozess zu-
grundeliegenden Rechtsverhältnis auch ein mögliches Auseinanderfallen von
zuständigen Gerichten und dem von ihnen anzuwendenden Recht. Auch der

---

[97] *Geimer*, in: Geimer/Schütze, EuZVR, Einl. EuGVVO Rn. 146 ff.; *Kohler*, IPRax 1992,
277 (281); *Mankowski*, RabelsZ 82 (2018), 576 (599); *Pichler*, Internationale Zuständigkeit,
Rn. 367; *Würdinger*, RabelsZ 75 (2011), 102 (104).

[98] *Fogt*, in: FS Schack, S. 406 (408); *v. Hein*, in: MüKoBGB, Einl. IPR Rn. 3; vgl. dazu
auch *H.-J. Ahrens*, in: FS v. Bar, S. 1 ff.

[99] Zu familienrechtlichen Konstellationen *Dutta*, in: FS Kronke, S. 51 (59); *v. Hein*, in:
MüKoBGB, Einl. IPR Rn. 3.

[100] Artt. 29 ff. Brüssel Ia-VO; *Geimer*, in: Geimer/Schütze, EuZVR, Art. 29 EuGVVO
Rn. 14 f.; *Mankowski*, in: FS Heldrich, S. 867 (871 f.); *Stadler/Krüger*, in: Musielak/Voit,
ZPO, Art. 29 EuGVVO Rn. 1.

[101] *Nietner*, Internationaler Entscheidungseinklang, S. 21 f.

[102] Jeweils Erwägungsgründe 7 Rom I-/Rom II-VO.

[103] Siehe S. 10 f.

[104] Siehe S. 9 f.

[105] *Köck*, Die einheitliche Auslegung der Rom I-, Rom II- und Brüssel I-Verordnung,
S. 121 ff.; *Würdinger*, RabelsZ 75 (2011), 102 (106 ff.).

[106] *Pichler*, Internationale Zuständigkeit, Rn. 367.

[107] *Dutta*, in: FS Kronke, S. 51 (51); *Mankowski*, in: FS Heldrich, S. 867 (875, 878 ff.,
880 f.); *Würdinger*, RabelsZ 75 (2011), 102 (112).

Zweck der Anknüpfung ist unterschiedlich. Mehrere Gerichte, sofern sie angerufen werden, können nach Ermittlung der kollisionsrechtlichen *lex fori* dasselbe materielle Recht auf einen Rechtsstreit anwenden; nicht aber sollte ein Gericht mehrere materielle Rechtsordnungen nebeneinander auf ein Rechtsverhältnis anwenden.[108] Dies mag bei einer bloß teilweisen Rechtswahl oder der Sonderanknüpfung von Eingriffsnormen im Einzelfall zwar anders sein, den Regelfall sollte dies dennoch nicht bilden. Dies relativiert das Bedürfnis nach einem strengen Gleichlauf von Forum und Ius. Insbesondere konkurriert das Interesse an Gleichlauf von Forum und Ius mit dem Interesse an internationalem Entscheidungseinklang, da letzterer nur dann verwirklicht wird, wenn verschiedene Gerichte dasselbe Recht anwenden würden, nicht aber jeweils ihre *lex fori*. Nur wenn eine ausschließliche Zuständigkeit besteht, kann auch im Lichte des internationalen Entscheidungseinklangs die gleichlaufende *lex fori* Anwendung finden.[109] Da aber ohnehin keine anderen Gerichte entscheiden, ist der internationale Entscheidungseinklang dann allein der ausschließlichen Zuständigkeit, nicht dem gleichlaufenden Recht zu verdanken.

Ein Gleichlauf von Forum und Ius vereinfacht – ganz pragmatisch – die Rechtsanwendung, denn die zuständigen Richter können ihr „Heimrecht" anwenden, was ihnen in der Regel besser gelingt als die Anwendung ausländischen Rechts.[110] Müssen die Richter kein ausländisches Recht anwenden, senkt dies die Transaktionskosten, da die Ermittlung ausländischen Rechts entfällt (in Deutschland gem. § 293 ZPO).[111] Die Verwendung derselben Anknüpfungsmerkmale, sowohl im Zuständigkeits- als auch im Kollisionsrecht, welche zu einem Gleichlauf von Forum und Ius führt, kann zudem nicht nur dazu führen, dass das Recht mit der engsten Verbindung zur Anwendung kommt, sondern dass auch die Gerichte mit der größten Sach- oder Beweisnähe mit der Entscheidung des Rechtsstreits beschäftigt werden.[112] Dies ist im europäischen Recht zum Beispiel in den Artt. 7 Nr. 2 Brüssel Ia-VO, 4 Abs. 1 Rom II-VO (*lex loci delicti commissi*) kodifiziert worden, nach denen – zumindest auch – das Gericht am Ort des schädigenden Ereignisses beziehungsweise das Recht des Staates, in dem der Schaden eingetreten ist, berufen werden. Soweit man sich dem verfahrensrechtlichen *lex fori*-Prinzip anschließt,[113] kann ein Gebot von Gleichlauf von Forum und Ius dort geboten sein, wo materielles Recht und Verfahrensrecht nach der *lex fori* eng miteinander verwoben sind.[114] Auch wenn der Gesetzgeber bestimmte Teile des materiellen Rechts besonders schützen

---

[108] *Basedow*, in: v. Hein/Rühl, Kohärenz im Internationalen Privat- und Verfahrensrecht, S. 3 (15 f.); *Mankowski*, in: FS Heldrich, S. 867 (868 f.); *Würdinger*, RabelsZ 75 (2011), 102 (108 f.).
[109] Siehe S. 15 f.
[110] *Dutta*, in: FS Kronke, S. 51 (57 f.); *Flessner*, RabelsZ 34 (1970), 547 (549 f.); *Fogt*, in: FS Schack, S. 406 (407 f.).
[111] *Dutta*, in: FS Kronke, S. 51 (57).
[112] *Dutta*, in: FS Kronke, S. 51 (57).
[113] Siehe S. 7 f.
[114] *Dutta*, in: FS Kronke, S. 51 (58).

möchte, kann er internationales Zuständigkeits- und Kollisionsrecht dahingehend koordinieren, dass die Gerichte seines Staates nach seinem Recht entscheiden.[115] Schließlich können Entscheidungen nach der *lex fori* nicht den *ordre
public* des Forums verletzen.[116] Jedoch ist dafür gerade die Anwendung des positiven oder negativen *ordre public* des Forums vorgesehen, eine generelle Anwendung der *lex fori* ist hingegen nicht gerechtfertigt.[117]

Im Ergebnis ist der Gleichlauf von Forum und Ius kein grundsätzliches Prinzip, das überall zu realisieren wäre. Vielmehr kommt es auf die jeweilige Materie an, ob ein Gleichlauf von zuständigem Gericht und anwendbarem Recht
wegen der materiellen oder tatsächlichen Eigenheiten geboten ist.

---

[115] *Basedow*, in: v. Hein/Rühl, Kohärenz im Internationalen Privat- und Verfahrensrecht,
S. 3 (16).
[116] *Dutta*, in: FS Kronke, S. 51 (58).
[117] *Dutta*, in: FS Kronke, S. 51 (58 f.).

Kapitel 2

Die Lokalisierung der Gesellschaft in ihren internen Rechtsverhältnissen

In verschiedenen Normen im europäischen Zuständigkeits- und Kollisionsrecht sind Anknüpfungsmerkmale kodifiziert, die eine Lokalisierung der Gesellschaft voraussetzen. Diese Anknüpfung ist dann erforderlich, wenn nicht alle Merkmale einer Gesellschaft an einem Ort belegen sind, also Satzungssitz, der tatsächliche Sitz der Hauptverwaltung und/oder andere Merkmale, wie eine (Haupt-)Niederlassung oder der Aufenthalt der Gesellschafter, in verschiedenen Staaten belegen sind. Neben europäische Normen treten deutsche Normen sowie das nichtkodifizierte deutsche Internationale Gesellschaftsrecht als besondere Materie des Internationalen Privatrechts, auf das das europäische Recht teilweise verweist.

Um Gesellschaften auch in Zukunft angemessen lokalisieren zu können, müssen einerseits rechtliche Vorgaben des Unionsrechts beleuchtet und respektiert werden. Andererseits müssen Lokalisierungsvorschriften den modernen tatsächlichen Umständen Rechnung tragen. So werden zuerst Vorgaben der Niederlassungsfreiheit herausgearbeitet und im Anschluss innerhalb dieses rechtlichen Rahmens Lokalisierungsaspekte vor dem Hintergrund der zunehmenden Digitalisierung von Gesellschaften analysiert.

Entgegen der praktischen Handhabe wird im Folgenden zunächst das Kollisionsrecht der Gesellschaften und erst sodann das Zuständigkeitsrecht thematisiert. Dies ist der Regelungstechnik des geltenden Zuständigkeitsrechts geschuldet, da dieses teilweise die Lokalisierung einer Gesellschaft nach dem Kollisionsrecht voraussetzt.[1]

A. Gesellschaftsinterne Rechtsverhältnisse im Kollisionsrecht

Mangels europäischer Harmonisierung des Kollisionsrechts[2] bestimmt das nationale Internationale Gesellschaftsrecht der Mitgliedstaaten das anwendbare

---

[1] Vgl. S. 101 ff.
[2] Artt. 1 Abs. 2 lit. f Rom I-VO, 1 Abs. 2 lit. d Rom II-VO.

Gesellschaftsrecht für gesellschaftsrechtliche Sachverhalte mit Auslandsberührung.[3]

I. Fehlende Kodifikation des Internationalen Gesellschaftsrechts

Nicht nur im europäischen, sondern auch im nationalen deutschen Kollisionsrecht ist das Internationale Gesellschaftsrecht bislang nicht kodifiziert worden. Initiativen zur Kodifikation, meist zugunsten der Gründungstheorie, sind bislang stets gescheitert.[4] Lediglich bilateral konnten sich einige Staaten auf die Anwendung der Gründungstheorie durch Staatsverträge einigen.[5] Das Internationale Gesellschaftsrecht der EU-Mitgliedstaaten wird durch die Rechtsprechung des EuGH weitgehend beeinflusst.[6] Im Folgenden werden die verschiedenen Ausprägungen und Anknüpfungsmomente der Sitz- und Gründungstheorie als Kollisionstheorien[7] dargestellt.[8] Diese werden auf ihre Leistungsfähigkeit, insbesondere im Hinblick auf die zunehmende Digitalisierung und ihre Vereinbarkeit mit Unionsrecht, untersucht. Sollten sich Defizite identifizieren lassen, werden Vorschläge für eine angemessene europäische Regelung entwickelt.

II. Vorgaben des Unionsrechts

Aufgrund der Normenhierarchie ist das europäische gegenüber dem deutschen Recht vorrangig anzuwenden.[9] Unmittelbare Geltung haben in Deutschland und allen anderen Mitgliedstaaten deshalb die primärrechtliche Niederlassungsfreiheit sowie sekundärrechtliche Verordnungen, wie beispielsweise die Brüssel Ia-

---

[3] *Ego*, in: MüKoAktG, EuAktR, B. Rn. 197.

[4] *Groupe européen de droit international privé*, Proposal on Regulation X in the Law Applicable to Companies and Other Bodies (3rd Draft) (GEDIP-Proposal); Vorschlag des Europäischen Rates für eine Harmonisierung des europäischen Gesellschaftsrechts im Stockholmer Programm, ABl. v. 04.05.2010 C 115, S. 1 (13); RefE des BMJV für ein Gesetz zum Internationalen Privatrecht der Gesellschaften, Vereine und juristischen Personen v. 07.01.2008 (<https://rsw.beck.de/docs/librariesprovider5/rsw-dokumente/referentenentwurf-igr.pdf?sfvrsn=af3fe75c_2>; zuletzt abgerufen: 19.04.2023); Vorschlag des Deutschen Rates für IPR v. 09.02.2006, in: *Sonnenberger*, Vorschläge und Berichte zum IntGesR, S. 7 ff.; zum EWG-Übereinkommen über die gegenseitige Anerkennung von Gesellschaften und juristischen Personen v. 29.02.1968 (BGBl. 1972 II, S. 369 (370 ff.)) *Schack*, IZVR, Rn. 304.

[5] Z.B. für US-amerikanische Gesellschaften gem. Art. XXV Abs. 5 S. 2 des Freundschafts-, Handels- und Schifffahrtsvertrags vom 29.10.1954 zwischen der Bundesrepublik Deutschland und den Vereinigten Staaten von Amerika (BGBl. 1956 II, S. 488 ff.; DAF-V); *C. v. Bar/Mankowski*, IPR, Bd. 2, § 7 Rn. 103; *Herdegen*, Int. Wirtschaftsrecht, § 16 Rn. 3, 13 ff.; Übersicht der Staatsverträge in *Kindler*, in: MüKoBGB, Int. HGR Rn. 331 ff.

[6] Siehe S. 22 ff.

[7] Zum Begriff auch *Teichmann*, ZGR 40 (2011), 639 (677).

[8] S. 34 ff. zur Sitztheorie und S. 48 ff. zur Gründungstheorie.

[9] *Calliess*, Staatsrecht III, § 8 Rn. 11 ff.; *Gröpl*, Staatsrecht I, Rn. 854 f.; *Ipsen/Kaufhold/Wischmeyer*, Staatsrecht I, § 3 Rn. 14; in Bezug auf die Niederlassungsfreiheit *Kieninger*, ZEuP 2018, 309 (315).

/Rom I-/Rom II-VO.[10] Bedeutend für unionsansässige Gesellschaften ist zudem die Rechtsprechung des EuGH, die EU-mitgliedstaatliche Gerichte beachten müssen, Art. 267 AEUV. Diese Vorgaben gilt es nicht nur bei der Auslegung der *lex lata* zu berücksichtigen, sondern auch dann, wenn neue Wege und Normen zur Lokalisierung von Gesellschaften und der damit einhergehenden Bestimmung von internationaler Zuständigkeit und anwendbarem Recht vorgeschlagen werden.

1. Geltungsbereich der Niederlassungsfreiheit

a) Persönlicher Geltungsbereich

Auf die Niederlassungsfreiheit können sich in persönlicher Hinsicht nur solche Gesellschaften berufen, die in den Anwendungsbereich des Art. 54 AEUV fallen und damit den natürlichen Personen und ihrer Niederlassungsfreiheit gleichgestellt werden. Der EuGH urteilt dazu Folgendes:

„In Ermangelung einer einheitlichen unionsrechtlichen Definition der Gesellschaften, denen die Niederlassungsfreiheit zugute kommt, anhand einer einheitlichen Anknüpfung, nach der sich das auf eine Gesellschaft anwendbare Recht bestimmt, ist die Frage, ob Art. 49 AEUV auf eine Gesellschaft anwendbar ist, die sich auf die dort verankerte Niederlassungsfreiheit beruft, ebenso wie im Übrigen die Frage, ob eine natürliche Person ein Staatsangehöriger eines Mitgliedstaats ist und sich aus diesem Grund auf diese Freiheit berufen kann, daher eine Vorfrage, die beim gegenwärtigen Stand des Unionsrechts nur nach dem geltenden nationalen Recht beantwortet werden kann. Nur wenn die Prüfung ergibt, dass dieser Gesellschaft in Anbetracht der in Art. 54 AEUV genannten Voraussetzungen tatsächlich die Niederlassungsfreiheit zugute kommt, stellt sich die Frage, ob sich die Gesellschaft einer Beschränkung dieser Freiheit i.S.d. Art. 49 AEUV gegenübersieht […].“[11]

In der Literatur stoßen diese Ausführungen teilweise auf Kritik.[12] Eine eigenständige Definition der Gesellschaft findet man jedoch selten.[13] Deutlich wird, dass der persönliche Anwendungsbereich nicht durch das Unionsrecht selbst, sondern delegiert durch das mitgliedstaatliche Recht bestimmt wird. Dass die Bestimmung nach dem *gegenwärtigen* Stand des Unionsrechts nicht möglich sei, kann als Auftrag an die Rechtswissenschaft und den europäischen Normgeber verstanden werden, jenes für die Zukunft harmonisiert zu regeln.

---

[10] *Calliess*, Staatsrecht III, § 8 Rn. 1–6.

[11] EuGH Urt. v. 29.11.2011 – C-371/10 (*National Grid Indus*), ZIP 2012, 169 (170 f.) Rn. 26; auch in Urt. v. 12.07.2012 – C-378/10 (*Vale*), ZIP 2012, 1394 (1395) Rn. 28.

[12] Im Sinne einer autonomen alternativen Anknüpfung *Kieninger*, ZEuP 2018, 309 (315).

[13] Vgl. aber zum Kollisionsrecht *Thölke*, in: Münchener Handbuch des Gesellschaftsrechts, Bd. 6, § 1 Rn. 28 ff.; *ders.*, Die Entstehungssitztheorie, S. 100 ff.; *Wedemann*, RabelsZ 75 (2011), 541 ff., dazu S. 73 ff.

b) Sachlicher Geltungsbereich

In den sachlichen Geltungsbereich der Niederlassungsfreiheit fallen

„alle Maßnahmen, die den Zugang zu einem anderen Mitgliedstaat als dem Sitzmitgliedstaat und die Ausübung einer wirtschaftlichen Tätigkeit in jenem Staat dadurch ermöglichen oder auch nur erleichtern, dass sie die tatsächliche Teilnahme der betroffenen Wirtschaftsbeteiligten am Wirtschaftsleben des letztgenannten Mitgliedstaats unter denselben Bedingungen gestatten, die für die inländischen Wirtschaftsbeteiligten gelten."[14]

Bei allen derartigen Maßnahmen, die in den persönlichen Geltungsbereich fallende Gesellschaften adressieren, ist eine (ungerechtfertigte) Verkürzung dieser Garantie zu prüfen.

2. *Differenzierung nach Zuzugs- und Wegzugsfällen*

Die Literatur sowie die Rechtsprechung unterscheiden zwischen Zuzugs- und Wegzugsfällen.[15] Dieser Unterscheidung hat sich implizit auch der nationale Gesetzgeber angeschlossen, wenn er den Wegzug einer deutschen Gesellschaft durch Verlegung des tatsächlichen Verwaltungssitzes ins Ausland duldet,[16] jedoch keine Regelungen für den Zuzug ausländischer Gesellschaften schafft. Hinter den Konstellationen verbergen sich verschiedene Perspektiven der Situation, in der eine Gesellschaft ihren tatsächlichen Sitz in einen anderen Staat verlegt, ihren Satzungssitz allerdings am Gründungsort belässt. Maßgebend für die Betrachtung aus Zuzugs- oder Wegzugsperspektive ist also ein Auseinanderfallen von Satzungs- und realwirtschaftlichem Sitz. Aufgrund der einheitlichen Beurteilung wird hier nicht danach unterschieden, ob die Gesellschaft ihre hauptsächliche Geschäftstätigkeit im Wege der primären oder sekundären Niederlassungsfreiheit verlagert.[17] Unter einem Zuzugsfall ist die Perspektive des aufnehmenden Staates zu verstehen. Aus Perspektive des Gründungsstaats spricht man gegensätzlich von einem Wegzugsfall.

a) Zuzugsfälle

Der EuGH hat judiziert, dass Gesellschaften, die in einem EU-Mitgliedstaat gegründet worden sind und dort auch ihren satzungsmäßigen Sitz behalten, bei einer Verlegung ihres tatsächlichen Sitzes in einen anderen Mitgliedstaat vom aufnehmenden Staat anzuerkennen sind, das heißt dort entsprechend dem Recht des Gründungsstaats rechtsfähig und damit parteifähig sind.[18] Eine etwaige

---

[14] EuGH Urt. v. 13.12.2005 – C-411/03 (*Sevic*), ZIP 2005, 2311 (2312) Rn. 18.

[15] EuGH Urt. v. 05.11.2002 – C-208/00 (*Überseering*), ZIP 2002, 2037 (2042 f.) Rn. 61–73.

[16] §§ 4a GmbHG, 5 AktG, 706 S. 2 BGB n.F.

[17] A.A. deutsche und italienische Regierung in EuGH Urt. v. 30.09.2003 – C-167/07 (*Inspire Art*), ZIP 2003, 1885 (1890) Rn. 85.

[18] EuGH Urt. v. 05.11.2002 – C-208/00 (*Überseering*), ZIP 2002, 2037 (2044 f.) Rn. 82, 94; so schon Jahrzehnte vor Existenz der EU oder ihrer Vorgänger *C. L. v. Bar*, Theorie und

Pflicht zur Neugründung der Gesellschaft im Aufnahmestaat käme der Negierung der Niederlassungsfreiheit gleich.[19] Ebenso dürfen keine Anforderungen an die zuziehende Gesellschaft gestellt werden, die das Gründungsrecht ebenjener Gesellschaft nicht kennt, wie etwa Mindestkapitalregelungen oder persönliche Haftung der Geschäftsführer.[20] Betreffen nationale Regelungen hingegen nicht die Gründung, Niederlassung oder Rechtsfähigkeit einer zuziehenden Gesellschaft, sondern die Tätigkeit der Gesellschaft, greifen sie nicht in die Niederlassungsfreiheit ein, selbst wenn bei deren Missachtung eine persönliche Haftung der Geschäftsführer droht.[21] Das Personal zuziehender Gesellschaften ist unabhängig von der Rechtsform der Gesellschaft in das nationale Sozialsystem des aufnehmenden Staates zu integrieren, da die Niederlassungsfreiheit der Gesellschaft andernfalls mittelbar verletzt würde.[22] Auch eine Verschmelzung oder Umwandlung einer mitgliedstaatlichen Gesellschaft auf beziehungsweise in eine inländische Gesellschaft ist von der Niederlassungsfreiheit umfasst.[23]

Die Gründe für das Auseinanderfallen von Satzungssitz und Geschäftstätigkeit sind im Lichte der Niederlassungsfreiheit bis zur Grenze des Betrugs irrelevant.[24] Die Wahl eines gründerfreundlichen Gesellschaftsrechts zur Gründung der Gesellschaft in Umgehung bestimmter Gründungsvorschriften des Staates, in dem anschließend die Haupttätigkeit ausgeführt wird, stellt keinen *Miss*brauch, sondern den *Ge*brauch der Niederlassungsfreiheit dar.[25] Gleiches gilt

---

Praxis des IPR, Bd. 1, S. 303 ff., welcher Scheinauslandsgesellschaften aber nach dem Recht des tatsächlichen, nicht des satzungsmäßigen Sitzes behandeln will, a.a.O. S. 162 f.; *Ego*, in: MüKoAktG, EuAktR, B. Rn. 234.

[19] EuGH Urt. v. 05.11.2002 – C-208/00 (*Überseering*), ZIP 2002, 2037 (2044) Rn. 81.

[20] EuGH Urt. v. 30.09.2003 – C-167/07 (*Inspire Art*), ZIP 2003, 1885 (1891) Rn. 105 betrifft die Errichtung einer Zweigniederlassung.

[21] EuGH Urt. v. 10.12.2015 – C-594/14 (*Kornhaas*), ZIP 2014, 2468 (2470) Rn. 25–28.

[22] EuGH Urt. v. 10.07.1986 – Rs. 79/85 (*Segers*), NJW 1987, 571 (571 f.) Rn. 14 f.

[23] Zur Umwandlung EuGH Urt. v. 12.07.2012 – C-378/10 (*Vale*), ZIP 2012, 1394 (1395) Rn. 24; auf Sekundärrechtsakte, wie die MobilitätsRL, komme es für die Reichweite der Niederlassungsfreiheit nicht an, EuGH a.a.O. Rn. 38. Zur Verschmelzung EuGH Urt. v. 13.12.2005 – C-411/03 (*Sevic*), ZIP 2005, 2311 (2312) Rn. 16; die RL 2005/56/EG des Europäischen Parlaments und des Rates v. 26.10.2005 über die Verschmelzung von Gesellschaften aus verschiedenen Mitgliedstaaten, ABl. L 310, S. 1 sei zwar hilfreich für die Verwirklichung der Niederlassungsfreiheit, jedoch keine Voraussetzung für letztere, EuGH a.a.O. Rn. 26. Die Judikatur des EuGH reiche vielmehr weiter, *Habersack/Verse*, Europäisches Gesellschaftsrecht, § 8 Rn. 59.

[24] EuGH Urt. v. 30.09.2003 – C-167/07 (*Inspire Art*), ZIP 2003, 1885 (1890 f.) Rn. 95; Urt. v. 09.03.1999 – C-212/97 (*Centros*), ZIP 1999, 438 (439) Rn. 17; Urt. v. 10.07.1986 – Rs. 79/85 (*Segers*), NJW 1987, 571 (572) Rn. 16.

[25] EuGH Urt. v. 25.10.2017 – C-106/16 (*Polbud*), ZIP 2017, 2145 (2147) Rn. 40; Urt. v. 30.09.2003 – C-167/07 (*Inspire Art*), ZIP 2003, 1885 (1891) Rn. 96, 138 f.; Urt. v. 09.03.1999 – C-212/97 (*Centros*), ZIP 1999, 438 (439) Rn. 18; Urt. v. 10.07.1986 – Rs. 79/85 (*Segers*), NJW 1987, 571 (572) Rn. 16; insofern statt von der Rechts*um*gehung von der Rechts*er*gehung sprechend *Guski*, Rechtsmissbrauch als Paradoxie, S. 330, 379 ff.

für eine Gestaltung zur Erreichung einer möglichst geringen Steuerlast,[26] auch
bei natürlichen Personen.[27]

Nationale Maßnahmen, die in die Niederlassungsfreiheit eingreifen, können
gem. Art. 52 AEUV oder aufgrund zwingender Gründe des Allgemeinwohls
gerechtfertigt sein.[28] Zwingende Gründe des Allgemeinwohls können sich etwa
aus dem Schutz der Gläubiger, Minderheitsgesellschafter, Arbeitnehmer oder
des Fiskus ergeben.[29] Zudem muss die Maßnahme in nicht diskriminierender
Weise angewendet werden, zur Erreichung des zwingenden Grunds des Allgemeinwohls geeignet sein und darf nicht über das Erforderliche zur Erreichung
jenes Ziels hinausgehen (*Gebhard*-Formel).[30] Dies ist unter Einhaltung des
Äquivalenz- und Effizienzgrundsatzes bei einer grenzüberschreitenden Umwandlung der Fall, wenn sich die Zielgesellschaft nach dem nationalen Gesellschaftsrecht des Zuzugsstaats konstituieren muss, da sie als rechtliches Gebilde
von jenem nationalen Recht abhängt.[31]

b) Wegzugsfälle

Anders als in den bereits erörterten Sachverhalten hat der EuGH in Sachen entschieden, in denen der Gründungsstaat Rechtsfolgen an die Verlegung des tatsächlichen Sitzes ins Ausland knüpft. Der EuGH erkennt die Bedeutung der
Niederlassungsfreiheit an und auch, dass es mit ihr unvereinbar wäre, würden
Mitgliedstaaten ihren Staatsangehörigen oder den nach ihrem Recht gegründeten Gesellschaften einen Wegzug in einen anderen Mitgliedstaat verbieten.[32]

---

[26] EuGH Urt. v. 25.10.2017 – C-106/16 (*Polbud*), ZIP 2017, 2145 (2148) Rn. 63; Urt. v. 29.11.2011 – C-371/10 (*National Grid Indus*), ZIP 2012, 169 (176) Rn. 84; Urt. v. 12.09.2006 – C-196/04 (*Cadbury Schweppes*), ZIP 2006, 1817 (1818, 1820) Rn. 36 f. mit Verweis auf Centros, a.a.O. Rn. 50.

[27] EuGH Urt. v. 11.03.2004 – C-9/02 (*de Lasteyrie du Saillant*), NJW 2004, 2439 (2440) Rn. 51.

[28] EuGH Urt. v. 12.09.2006 – C-196/04 (*Cadbury Schweppes*), ZIP 2006, 1817 (1819) Rn. 47; Urt. v. 13.12.2005 – C-411/03 (*Sevic*), ZIP 2005, 2311 (2312 f.) Rn. 23, 28; Urt. v. 30.09.2003 – C-167/07 (*Inspire Art*), ZIP 2003, 1885 (1892) Rn. 107; Urt. v. 05.11.2002 – C-208/00 (*Überseering*), ZIP 2002, 2037 (2045) Rn. 92; Urt. v. 09.03.1999 – C-212/97 (*Centros*), ZIP 1999, 438 (441) Rn. 32; Urt. v. 10.07.1986 – Rs. 79/85 (*Segers*), NJW 1987, 571 (572) Rn. 17; *Reber/Kröger*, in: Schwerdtfeger, Gesellschaftsrecht, Kap. 4 Rn. 16.

[29] EuGH Urt. v. 25.10.2017 – C-106/16 (*Polbud*), ZIP 2017, 2145 (2148) Rn. 54; Urt. v. 12.07.2012 – C-378/10 (*Vale*), ZIP 2012, 1394 (1396) Rn. 39; Urt. v. 13.12.2005 – C-411/03 (*Sevic*), ZIP 2005, 2311 (2313) Rn. 28; Urt. v. 05.11.2002 – C-208/00 (*Überseering*), ZIP 2002, 2037 (2045) Rn. 92.

[30] EuGH Urt. v. 12.09.2006 – C-196/04 (*Cadbury Schweppes*), ZIP 2006, 1817 (1819) Rn. 47; Urt. v. 13.12.2005 – C-411/03 (*Sevic*), ZIP 2005, 2311 (2312 f.) Rn. 23, 29; Urt. v. 30.09.2003 – C-167/07 (*Inspire Art*), ZIP 2003, 1885 (1892) Rn. 133; Urt. v. 09.03.1999 – C-212/97 (*Centros*), ZIP 1999, 438 (441) Rn. 34; Urt. v. 30.11.1995 – C-55/94 (*Gebhard*), NJW 1996, 579 (581) Rn. 37, 39.

[31] EuGH Urt. v. 12.07.2012 – C-378/10 (*Vale*), ZIP 2012, 1394 (1397) Rn. 48–51.

[32] EuGH Urt. v. 29.11.2011 – C-371/10 (*National Grid Indus*), ZIP 2012, 169 (171) Rn. 35; Urt. v. 11.03.2004 – C-9/02 (*de Lasteyrie du Saillant*), NJW 2004, 2439 (2439) Rn. 42; Urt. v. 27.09.1988 – Rs. 81/87 (*Daily Mail*), JZ 1989, 384 (385) Rn. 15 f.

Dabei muss bei einer Verlegung des Satzungssitzes in einen anderen Mitgliedstaat nicht auch die tatsächliche Geschäftstätigkeit dort aufgenommen werden.[33]

Auch leichtere Behinderungen, die zwar nicht die Existenz eines Rechtssubjekts erschüttern, die Niederlassung an anderem Orte aber, etwa infolge steuerlicher Konsequenzen, unattraktiv machen, sind mit der Niederlassungsfreiheit unvereinbar.[34] Sollte eine Gesellschaft durch eine Tochtergesellschaft in einem anderen Mitgliedstaat tätig werden, um aufgrund eines dort niedrigeren Steuerniveaus ihre Steuerlast zu optimieren, greift eine Regelung des Staates, in dem die Muttergesellschaft ansässig ist, die auch die Gewinne der ausländischen Tochtergesellschaft besteuert, in die Niederlassungsfreiheit der Muttergesellschaft ein.[35] Gleiches gilt, wenn eine Gesellschaft, die ihren tatsächlichen Verwaltungssitz in einen anderen Mitgliedstaat verlegt, nicht realisierte Wertzuwächse versteuern muss, während Gesellschaften, die ihren Sitz innerhalb des Mitgliedstaates verlegen, nur realisierte Wertzuwächse versteuern müssen.[36] Zudem liegt ein Eingriff in die Niederlassungsfreiheit vor, wenn ein durch Verlegung des Satzungssitzes in einen anderen Mitgliedstaat beabsichtigter Rechtsformwechsel im Wegzugsstaat an eine Liquidation der bisherigen Gesellschaft gekoppelt wird.[37]

Mangels Harmonisierung des europäischen Gesellschaftsrechts leitet sich die rechtliche Existenz einer Gesellschaft aber von einer nationalen Rechtsordnung ab.[38] Da die nationalen Rechtsordnungen unterschiedliche Voraussetzungen an die nach ihrem Recht gegründeten Gesellschaften stellen, knüpft der Schutzbereich der Niederlassungsfreiheit alternativ an verschiedene Merkmale an.[39] Die nationalen Unterschiede der Beibehaltung der Rechtspersönlichkeit einer wegziehenden Gesellschaft müssen legislativ und nicht mithilfe des AEUV (damals noch EWG-Vertrag) gelöst werden.[40] Der Niederlassungsfreiheit kann also nicht das Recht auf einen existenzwahrenden Wegzug entnom-

---

[33] EuGH Urt. v. 25.10.2017 – C-106/16 (*Polbud*), ZIP 2017, 2145 (2147) Rn. 41–43, räumt auch mit anderslautenden Interpretationen vorheriger Urteile auf.

[34] EuGH Urt. v. 29.11.2011 – C-371/10 (*National Grid Indus*), ZIP 2012, 169 (171) Rn. 36; Urt. v. 11.03.2004 – C-9/02 (*de Lasteyrie du Saillant*), NJW 2004, 2439 (2439 f.) Rn. 43–45.

[35] EuGH Urt. v. 12.09.2006 – C-196/04 (*Cadbury Schweppes*), ZIP 2006, 1817 (1819) Rn. 42.

[36] EuGH Urt. v. 29.11.2011 – C-371/10 (*National Grid Indus*), ZIP 2012, 169 (172) Rn. 37.

[37] EuGH Urt. v. 25.10.2017 – C-106/16 (*Polbud*), ZIP 2017, 2145 (2147 f.) Rn. 49, 51.

[38] EuGH Urt. v. 12.07.2012 – C-378/10 (*Vale*), ZIP 2012, 1394 (1395) Rn. 27; Urt. v. 27.09.1988 – Rs. 81/87 (*Daily Mail*), JZ 1989, 384 (385) Rn. 19.

[39] EuGH Urt. v. 25.10.2017 – C-106/16 (*Polbud*), ZIP 2017, 2145 (2146) Rn. 34; Urt. v. 16.12.2008 – C-210/06 (*Cartesio*), ZIP 2009, 24 (29) Rn. 106; Urt. v. 27.09.1988 – Rs. 81/87 (*Daily Mail*), JZ 1989, 384 (385) Rn. 20 f.

[40] EuGH Urt. v. 27.09.1988 – Rs. 81/87 (*Daily Mail*), JZ 1989, 384 (385) Rn. 21, 23; bestätigt in Urt. v. 16.12.2008 – C-210/06 (*Cartesio*), ZIP 2009, 24 (29 f.) Rn. 108 f., 114.

men werden.[41] Der Wegzugsstaat kann sein nationales Recht nicht einer Umwandlung in eine Rechtsform des Zuzugsstaats entgegenhalten.[42]

Es zeigt sich also eine unterschiedliche Behandlung natürlicher Personen und
Gesellschaften in der Judikatur des EuGH zur Niederlassungsfreiheit. Während
eine Gleichstellung von Gesellschaften mit natürlichen Personen mit der Folge,
dass auch für Gesellschaften Wegzugskonstellationen von der Niederlassungsfreiheit geschützt wären, für einige wegen Art. 54 AEUV geboten erscheint,[43]
halten andere zusammen mit dem EuGH dagegen (Geschöpfthese).[44]

Beschränkungen der Niederlassungsfreiheit aus der Wegzugsperspektive,
sollte diese von der Niederlassungsfreiheit geschützt sein, können ebenfalls
nach Art. 52 AEUV oder durch die *Gebhard*-Formel gerechtfertigt werden.[45]
Nicht zu den rechtfertigenden Gründen gehören allerdings Steuerausfälle eines
Staates, in dem eine Muttergesellschaft ansässig ist, deren Tochtergesellschaf-
ten sich in Staaten niedergelassen haben, in denen die Steuerlast geringer aus-
fällt.[46] Nur wenn eine rein künstliche Gestaltung zur Steuerumgehung verhindert wird, was bei Ausübung einer wirklichen wirtschaftlichen Tätigkeit im
Aufnahmemitgliedstaat abzulehnen ist,[47] kann eine Besteuerung der Muttergesellschaft auch für Gewinne der Tochtergesellschaft mit der Niederlassungsfreiheit konform sein.[48] Die Besteuerungsbefugnis der Mitgliedstaaten als solche ist jedoch, soweit sie verhältnismäßig ausgestaltet ist, grundsätzlich ein zu-
lässiger Grund für Beschränkungen, etwa eine Schlussrechnung bei Aufgabe
der tatsächlichen Geschäftstätigkeit in einem Mitgliedstaat nach Wegzug.[49] Ein
Recht auf einen steuerneutralen Wegzug enthält die Niederlassungsfreiheit
nicht.[50]

---

[41] EuGH Urt. v. 16.12.2008 – C-210/06 (*Cartesio*), ZIP 2009, 24 (29) Rn. 110; Urt. v.
27.09.1988 – Rs. 81/87 (*Daily Mail*), JZ 1989, 384 (385 f.) Rn. 24.

[42] EuGH Urt. v. 16.12.2008 – C-210/06 (*Cartesio*), ZIP 2009, 24 (29) Rn. 111 f.

[43] *C. v. Bar/Mankowski*, IPR, Bd. 2, § 7 Rn. 37; *Frenzel*, EWS 2008, 130 (134); *Klei-
nert/Probst*, NJW 2004, 2425 (2427 f.); *Teichmann*, ZIP 2006, 355 (357); *M.-P. Weller*,
DStR 2004, 1218 (1219 f.); *Wilhelmi*, JZ 2009, 409 (411 f.).

[44] EuGH Urt. v. 16.12.2008 – C-210/06 (*Cartesio*), ZIP 2009, 24 (29) Rn. 110; *Eidenmüller*, ZIP 2002, 2233 (2243); *ders./Rehm*, ZGR 33 (2004), 159 (177 f.) insb. dort Fn. 78;
Knapp, DNotZ 2005, 723 (729).

[45] EuGH Urt. v. 25.10.2017 – C-106/16 (*Polbud*), ZIP 2017, 2145 (2148) Rn. 52; Urt. v.
29.11.2011 – C-371/10 (*National Grid Indus*), ZIP 2012, 169 (172) Rn. 42; Urt. v. 11.03.2004
– C-9/02 (*de Lasteyrie du Saillant*), NJW 2004, 2439 (2440) Rn. 49; *Wilhelm*, Kapitalgesellschaftsrecht, Rn. 144.

[46] EuGH Urt. v. 12.09.2006 – C-196/04 (*Cadbury Schweppes*), ZIP 2006, 1817 (1820)
Rn. 49.

[47] EuGH Urt. v. 12.09.2006 – C-196/04 (*Cadbury Schweppes*), ZIP 2006, 1817 (1820)
Rn. 54 f.

[48] EuGH Urt. v. 12.09.2006 – C-196/04 (*Cadbury Schweppes*), ZIP 2006, 1817 (1821)
Rn. 65.

[49] EuGH Urt. v. 29.11.2011 – C-371/10 (*National Grid Indus*), ZIP 2012, 169 (173)
Rn. 46, 50 ff.

[50] EuGH Urt. v. 29.11.2011 – C-371/10 (*National Grid Indus*), ZIP 2012, 169 (174)
Rn. 62.

c) Zwischenergebnis: Keine bestimmte Theorie geboten

Aus dem zuvor Ausgeführten ergibt sich, dass die Mitgliedstaaten bezüglich der Gründung und Auflösung einer im EU-/EWR-Ausland gegründeten Gesellschaft die Niederlassungsfreiheit zu beachten haben.[51] Daraus folgt, dass bezüglich dieser Aspekte nicht ein anderes als das Gründungsrecht angewendet werden darf.[52] Der EuGH selbst hat sich keiner der vertretenen Theorien angeschlossen und keine bestimmte Theorie für zwingend anwendbar gehalten.[53] Er stellt klar, dass grundsätzlich sowohl die Sitz- als auch die Gründungstheorie von den Mitgliedstaaten verfolgt werden kann,[54] denn in seiner Rechtsprechung prüft der EuGH nur die Vereinbarkeit nationaler Kollisionsnormen mit dem Primärrecht, schafft jedoch keine neuen, eigenständigen Kollisionsnormen.[55] Lediglich, wenn es geboten sein sollte, ein einheitliches Gesellschaftsstatut zu bilden, wäre ein Gebot zur Anwendung der Gründungstheorie anzunehmen,[56] da zumindest die Gründungsvorschriften für EU-/EWR-Gesellschaften dem Recht des Gründungsorts zu entnehmen sind. Mit anderen Worten: *Wenn* ein Einheitsstatut zu bilden sein sollte, käme ein solches nur nach der Gründungstheorie in Betracht.

3. Vorgaben zur Einheitslösung

Die Ausprägungen der Sitz- und Gründungstheorie des deutschen Internationalen Gesellschaftsrechts werden ganz überwiegend als Einheitslösung vertreten, das heißt, ihnen zufolge ist eine Gesellschaft in allen gesellschaftsrechtlichen Fragen einem Statut unterworfen. Dieses Vorgehen wurde vereinzelt kritisiert,[57] ist aber dennoch vorherrschend.[58] Fraglich ist, ob sich dem Unionsrecht ein

---

[51] EuGH Urt. v. 29.11.2011 – C-371/10 (*National Grid Indus*), ZIP 2012, 169 (171) Rn. 30; Urt. v. 16.12.2008 – C-210/06 (*Cartesio*), ZIP 2009, 24 (29) Rn. 112.

[52] *Teichmann*, ZGR 40 (2011), 639 (679).

[53] Auch *Behme*, Rechtsformwahrende Sitzverlegung, S. 228 ff. und *Wendehorst*, in: FS Heldrich, S. 1071 (1086) erkennen in der Niederlassungsfreiheit der Gesellschaften keine versteckte Kollisionsnorm; *Ego*, in: MüKoAktG, EuAktR, B. Rn. 255; *G. H. Roth*, Vorgaben der Niederlassungsfreiheit, S. 52.

[54] EuGH Urt. v. 29.11.2011 – C-371/10 (*National Grid Indus*), ZIP 2012, 169 (171) Rn. 27; Urt. v. 16.12.2008 – C-210/06 (*Cartesio*), ZIP 2009, 24 (29) Rn. 105, 110; *Lang/Orttmann*, in: BeckOK GmbHG, IntGesR Rn. 17, Stand: 01.03.2023.

[55] Vgl. *C. v. Bar/Mankowski*, IPR, Bd. 2, § 7 Rn. 76 sehen einen faktischen Zwang zu einem Systemwechsel hin zur Gründungstheorie (dennoch keine Kollisionsnorm); *Kindler*, in: MüKoHGR, Int. HGR Rn. 146 ff.

[56] *C. v. Bar/Mankowski*, IPR, Bd. 2, § 7 Rn. 76; vgl. *Knaier*, GmbHR 2018, 607 (611).

[57] *Grasmann*, System des IntGesR, Rn. 615 ff.

[58] *Brödermann/Wegen*, in: Prütting/Wegen/Weinreich, BGB, IPR-Anh. 4 Rn. 9; *Großfeld*, in: Staudinger, BGB, IntGesR Rn. 1, Rn. 249 ff. nimmt nur für Sitztheorie Einheitslösung an (dagegen zurecht *Behrens/Hoffmann*, in: Habersack/Casper/Löbbe, GmbHG, Einl. Rn. B 84 (dort Fn. 299)); *Hausmann*, in: Reithmann/Martiny, Internationales Vertragsrecht, Rn. 6.1; *Kindler*, in: MüKoBGB, Int. HGR Rn. 6, 524; *Müller*, in: BeckOGK AktG, § 1 Rn. 106 f., Stand: 01.01.2023; *Rabel*, Conflict of Laws II, S. 3; *Servatius*, in: Henssler/Strohn, GesR,

Gebot der Einheitslösung entnehmen lässt. Sollte dies zu verneinen sein, schließt sich die Frage an, ob künftige nationale oder europäische Kollisionsnormen dennoch die Einheitslösung verfolgen sollten; bejahendenfalls ist die Reichweite des einheitlichen Gesellschaftsstatuts von Bedeutung. Wegen niederlassungsrechtlicher Implikationen der EuGH-Rechtsprechung müsste, so ein Teil der Literatur, zumindest gegenüber mitgliedstaatlich errichteten Gesellschaften, ein einheitliches Gesellschaftsstatut nach dem Gründungsrecht verfolgt werden.[59]

a) Vorgaben aus dem Primärrecht

Der primärrechtlichen Rechtsprechung des EuGH ist bislang kein Gebot dahingehend zu entnehmen, dass das nationale Internationale Gesellschaftsrecht als Einheitslösung ausgestaltet sein müsste, um nicht unionsrechtswidrig zu sein. Gem. Art. 49 Abs. 1 S. 2 AEUV sind Beschränkungen „der Gründung" verboten. Dies spricht bei streng wörtlicher Auslegung dafür, dass Angelegenheiten außer der Gründung nicht den Schutz der (sekundären) Niederlassungsfreiheit genießen.[60] Zudem judizierte der EuGH, die Frage, unter welchen Voraussetzungen sich Gesellschaften konstituieren müssen, um überhaupt in den Anwendungsbereich der Niederlassungsfreiheit zu gelangen, sei mangels europäischer Harmonisierung nach nationalem Gründungsrecht zu bestimmen.[61] Dabei erwähnte er nur in *Cartesio* eine „einheitliche[…] Anknüpfung, nach der sich das auf eine Gesellschaft anwendbare Recht bestimmt", ohne eine solche einheitliche Anknüpfung jedoch für geboten zu halten.[62] Nach dieser Auffassung würden nur unmittelbar die Gründung betreffende Fragen „einheitlich" nach dem Recht des Gründungsstaates zu beurteilen sein. Übrige Rechtsinstitute, wie die Insolvenzverschleppungs- und Existenzvernichtungshaftung, Kapitalerhaltungsvorschriften, möglicherweise auch das Mitbestimmungsrecht beträfen nicht die Gründung, sondern das operative Handeln der Gesellschaft und beschränkten die Niederlassungsfreiheit deshalb nicht beziehungsweise könnten nach der *Gebhard*-Formel gerechtfertigt werden.[63] Eine solche Rechtfertigung hat der EuGH im *Kornhaas*-Verfahren, in dem die Anwendung von § 64 Abs. 2 S. 1 GmbHG a.F.[64] auf eine EU-ausländische Gesellschaft infrage stand, gar

---

Int. GesR Rn. 4; *M.-P. Weller*, in: MüKoGmbHG, Einl. Rn. 419 f.; *Wiedemann*, Gesellschaftsrecht, Bd. 1, S. 776; *ders.*, Gesellschaftsrecht, Bd. 2, S. 50.

[59] Vgl. *Schanze/Jüttner*, AG 2003, 30 (33 f.).

[60] *Teichmann*, ZGR 40 (2011), 639 (680).

[61] EuGH Urt. v. 12.07.2012 – C-378/10 (*Vale*), ZIP 2012, 1394 (1395) Rn. 28; Urt. v. 29.11.2011 – C-371/10 (*National Grid Indus*), ZIP 2012, 169 (170 f.) Rn. 26; Urt. v. 16.12.2008 – C-210/06 (*Cartesio*), ZIP 2009, 24 (29) Rn. 109.

[62] EuGH Urt. v. 16.12.2008 – C-210/06 (*Cartesio*), ZIP 2009, 24 (29) Rn. 109.

[63] *Altmeppen/Wilhelm*, DB 2004, 1083 (1088 f.).

[64] Jetzt § 15b InsO, vgl. Gesetz zur Fortentwicklung des Sanierungs- und Insolvenzrechts (Sanierungs- und Insolvenzrechtsfortentwicklungsgesetz – SanInsFoG) v. 22.12.2020, BGBl. I, S. 3526.

nicht geprüft.[65] Da diese Vorschrift nicht an Modalitäten der Gesellschaftsgründung anknüpfe, dürfe diese nationale Vorschrift auch einer Gesellschaft entgegengehalten werden, die in den Anwendungsbereich der Niederlassungsfreiheit fällt.[66] Dies hat zur Konsequenz, dass neben Normen des Gründungs- auch Normen des Sitzstaats auf eine Gesellschaft anwendbar sind, ohne dass dies gegen die Niederlassungsfreiheit verstieße.

Zudem spricht auch die Differenzierung von Zuzugs- und Wegzugsfällen gegen ein Erfordernis eines einheitlichen Gesellschaftsstatuts, da eine solche bei einem zwingenden Einheitsstatut keinen Sinn ergäbe. Während Gesellschaften, die nach einem anderen mitgliedstaatlichen Recht gegründet wurden, unter Beibehaltung ihrer Existenz ihren tatsächlichen Verwaltungssitz in einen anderen Mitgliedstaat verlegen (also dort zuziehen) können müssen,[67] besteht kein Zwang, dass der Gründungs-Mitgliedstaat der sitzverlegenden (also wegziehenden) Gesellschaft eine solche Verlegung des tatsächlichen Verwaltungssitzes frei von Konsequenzen erlauben muss.[68]

Eine primärrechtliche Pflicht zur Einheitslösung kann der Niederlassungsfreiheit sowie der diesbezüglichen Rechtsprechung des EuGH, die nur eine Unvereinbarkeitskontrolle mit der Niederlassungsfreiheit darstellt,[69] somit nicht entnommen werden.[70]

b) Vorgaben aus dem Sekundärrecht

Weiter wird untersucht, ob sich aus dem europäischen Sekundärrecht, namentlich dem zuständigkeitsrechtlichen Art. 24 Nr. 2 Brüssel Ia-VO und den Bereichsausnahmen der Rom I-VO und der Rom II-VO, Vorgaben zur Einheitslösung ergeben.

aa) Europäisches Zuständigkeitsrecht

Da das nationale Gesellschaftskollisionsrecht im Rahmen des Art. 24 Nr. 2 Brüssel Ia-VO unmittelbar Relevanz erfährt, könnte sich aus den Gründen und Zwecken dieser ausschließlichen Zuständigkeitsregel eine Vorgabe für ein einheitliches nationales Gesellschaftsstatut ergeben.

In systematischer Hinsicht ist zunächst zu beachten, dass der Anwendungsbereich des Art. 24 Nr. 2 Brüssel Ia-VO aufgrund seines Ausnahmecharakters

---

[65] Siehe zur primärrechtlichen Einordnung der *Kornhaas*-Entscheidung *Bombe*, Die Abgrenzung von Gesellschafts- und Insolvenzstatut im Lichte des Kornhaas-Urteils des EuGH, S. 131 ff.

[66] EuGH Urt. v. 10.12.2015 – C-594/14 (*Kornhaas*), ZIP 2014, 2468 (2470) Rn. 28.

[67] EuGH Urt. v. 30.09.2003 – C-167/07 (*Inspire Art*), ZIP 2003, 1885 (1890 f.) und Urt. v. 09.03.1999 – C-212/97 (*Centros*), ZIP 1999, 438 (440) zur sekundären Niederlassungsfreiheit; Urt. v. 05.11.2002 – C-208/00 (*Überseering*), ZIP 2002, 2037 (2041 ff.) zur primären Niederlassungsfreiheit; *Christ*, Ltd. und S.à.r.l., S. 250.

[68] Siehe S. 26 ff.

[69] *Altmeppen*, in: FS Röhricht, S. 3 (14 f.).

[70] *Altmeppen*, IWRZ 2017, 107 (109 f.); *Ego*, IWRZ 2019, 243 (247, 249 f.).

als ausschließliche Zuständigkeitsregel eng auszulegen ist,[71] was gegen über-obligatorische Auslegungsleitlinien für andere Bereiche spricht. Gegen ein Gebot zur Einheitslösung spricht zudem, dass der ausschließliche Gerichtsstand nur für bestimmte organisatorische Binnenstreitigkeiten eröffnet ist. Andere gesellschaftsrechtliche Streitigkeiten werden nicht erfasst, sodass in Art. 24 Nr. 2 Brüssel Ia-VO durchaus eine Differenzierung zu erkennen ist. Außerdem ist die regelungstechnische Delegation an nationales Kollisionsrecht zur Bestimmung des Sitzes zu bedenken. Diese kann dahingehend verstanden werden, dass eine unionsrechtliche Bindung nicht geboten ist. Zwar müssen die Mitgliedstaaten die Grundfreiheiten beachten und auch nationales Recht am Maßstab des Sekundärrechts auslegen, die Zurückhaltung des Verordnungsgebers, der keine autonome Bestimmung geschaffen hat, muss jedoch an dieser Stelle ebenso berücksichtigt werden.

Zudem geht es lediglich um die Eröffnung eines Gerichtsstandes, nicht um die Anwendbarkeit einer bestimmten Rechtsordnung. Diese Gerichtszuständigkeit hängt gerade vom Internationalen Gesellschaftsrecht ab, delegiert also die Entscheidung an das Kollisionsrecht. Ein Rückschluss von der Zuständigkeit zurück auf das an der Stelle entscheidende Kollisionsrecht muss daher ausscheiden.

Schließlich stellt die Lokalisierung der Gesellschaft das Anknüpfungsmerkmal dar, während die betreffenden Streitigkeiten den Anknüpfungsgegenstand bilden, was ebenfalls dagegen spricht, hier Wechselwirkungen zu beachten. Eine differenzierende Anknüpfung einzelner gesellschaftsrechtlicher Fragen – insbesondere solcher der Binnenorganisation – ist bei Erreichung der zuständigkeitsrechtlichen Ziele vor dem Hintergrund des Art. 24 Nr. 2 Brüssel Ia-VO möglich.

bb) Europäisches Kollisionsrecht

Eine Kodifizierung des Internationalen Gesellschaftsrechts ist auf europäischer Ebene nicht erfolgt. Aus dem Anwendungsbereich des harmonisierten europäischen Kollisionsrechts für vertragliche und außervertragliche Schuldverhältnisse hat der europäische Verordnungsgeber

„Fragen betreffend das Gesellschaftsrecht, das Vereinsrecht und das Recht der juristischen Personen, wie die Errichtung durch Eintragung oder auf andere Weise, die Rechts- und Handlungsfähigkeit, die innere Verfassung und die Auflösung von Gesellschaften, Vereinen und juristischen Personen sowie die persönliche Haftung der Gesellschafter und der Organe für die Verbindlichkeiten einer Gesellschaft, eines Vereins oder einer juristischen Person[.]"[72]

ausgenommen.

Aus den umfassenden Bereichsausnahmen in den Rom-Verordnungen könnte geschlossen werden, dass der Verordnungsgeber das Innenverhältnis

---

[71] Siehe S. 98 f.
[72] Art. 1 Abs. 2 lit. f Rom I-VO; gilt mit Erweiterungen für Rechnungsprüfer auch nach Art. 1 Abs. 2 lit. d Rom II-VO.

einer Gesellschaft[73] nicht als schuldrechtlich-dispositiv anerkennt, da durch die Ausnahme von der Rom I-VO die Möglichkeit der Rechtswahl nach Art. 3 Abs. 1 S. 1 Rom I-VO nicht eröffnet ist. Darüber hinaus könnte die Bereichsausnahme auch eine zwingende Entscheidung zur Einheitslösung implizieren, da eben gesellschaftsorganisatorische Streitigkeiten *einheitlich* ausgenommen werden. Dafür wird teilweise der Zweck der Bereichsausnahme, nämlich die Verhinderung eines Auseinanderreißens miteinander eng verbundener Rechtsmaterien, angeführt.[74] Betrachtet man hingegen die Historie der Bereichsausnahme, ist auch an die Vorgängerregelung in Art. 1 Abs. 2 lit. e EVÜ[75] zu denken, aus der gesellschaftsrechtliche Fragen ausgenommen wurden, da die Europäische Gemeinschaft damals die Kodifizierung eines europäischen Kollisionsrechts für Gesellschaften beabsichtigte, auch in Anbetracht der Komplexität des Gesellschaftsrechts.[76] Vorgaben, wie dieses Internationale Gesellschaftsrecht ausgestaltet sein sollte, wurden nicht gemacht. Vielmehr dient die Bereichsausnahme heute zur Negativabgrenzung: die vom Gesellschaftsstatut erfassten Materien fallen nicht unter das Vertragsstatut oder das der außervertraglichen Schuldverhältnisse.[77] Dies hängt zunächst aber davon ab, was das Internationale Gesellschaftsrecht für sich beansprucht. Der EuGH subsumiert „ausschließlich die organisatorischen Aspekte" unter die Bereichsausnahme.[78] Teilweise wird weitergehend gefordert, dass Drittinteressen, also Interessen über den Kreis der Gesellschafter hinaus, betroffen sein müssen.[79] Ein Zwang zur Einheitslösung kann aus den Bereichsausnahmen jedenfalls nicht geschlossen werden. Ganz im Gegenteil: eine Interpretation dahingehend, dass im europäischen Recht wohl zwischen Innen- und Außenverhältnis zu differenzieren ist, scheint ebenso möglich. Konsequenterweise würde dieses Verständnis aber gerade im Außenverhältnis Parteiautonomie ermöglichen (da Rom I-VO anwendbar), im Innenverhältnis wohl aber nicht, beziehungsweise nur in dem Umfang, wie sie das Internationale Gesellschaftsrecht vorsieht.

c) Stellungnahme

Im Ergebnis ist es unionsrechtlich *de lege lata* nicht geboten, im nationalen Internationalen Gesellschaftsrecht das Gesellschaftsstatut einheitlich zu bestimmen. Selbst wenn man ein solches Gebot annehmen sollte, wäre es nichts

---

[73] Wohl für eine mit Art. 24 Nr. 2 Brüssel Ia-VO kohärente Definition der erfassten Personenzusammenschlüsse *Paulus*, in: BeckOGK Rom I-VO, Art. 1 Rn. 116 m.w.N., Stand: 01.03.2023.

[74] *Paulus*, in: BeckOGK Rom I-VO, Art. 1 Rn. 115, Stand: 01.03.2023; *Thomale*, IPRax 2020, 18 (21).

[75] ABl. v. 31.10.1981 C 282, S. 1; BGBl. 1986 II, S. 809 (810 ff.).

[76] ABl. v. 31.10.1981 C 282, S. 1 (12 f.); *Paulus*, in: BeckOGK Rom I-VO, Art. 1 Rn. 115, Stand: 01.03.2023.

[77] *Paulus*, in: BeckOGK Rom I-VO, Art. 1 Rn. 113, Stand: 01.03.2023; *J. Schmidt*, in: BeckOGK Rom II-VO, Art. 1 Rn. 43, Stand: 01.03.2023.

[78] EuGH Urt. v. 08.05.2019 – C-25/18 (*Kerr*), NJW 2019, 2991 (2993) Rn. 33.

[79] *Reuter*, RIW 2019, 21 (28 f.); *Wedemann*, NZG 2021, 1443 (1444 f.).

als eine formale Betrachtungsweise, denn die Frage *wie weit* das Gesellschafts-statut reicht, wäre damit freilich noch nicht beantwortet und müsste für einzelne Rechtsverhältnisse individuell beantwortet werden.[80] Somit kann jeder Mit-gliedstaat sein Internationales Gesellschaftsrecht nach Belieben ausgestalten, soweit es mit der Niederlassungsfreiheit vereinbar ist. Ein Einheitsstatut ist da-bei unionsrechtlich nicht geboten. Konsequenterweise gilt dies auch für die Schaffung einer unionsautonomen Kollisionsregel *de lege ferenda*.

III. Sitztheorien

1. Kernaussage der Sitztheorie

In Deutschland wird traditionell die Sitztheorie vertreten, wonach das Recht des Ortes auf gesellschaftsrechtliche Fragen anwendbar ist, an dem die Gesellschaft ihren effektiven Verwaltungssitz hat.[81] Diese Verweisung ist entsprechend Art. 4 Abs. 1 EGBGB als Gesamtverweisung zu verstehen,[82] sodass auch das Internationale Gesellschaftsrecht des Staates, an dem die Gesellschaft ihren ef-fektiven Verwaltungssitz hat, anzuwenden und zu prüfen ist, ob es die Verwei-sung annimmt oder zurück- beziehungsweise weiterverweist.

2. Der effektive Verwaltungssitz als Anknüpfungspunkt

Kernfrage im Zusammenhang mit der Sitztheorie ist, wo der namensgebende Sitz einer Gesellschaft belegen ist. Wie dieser Sitz als Anknüpfungspunkt kon-

---

[80] Dazu *C. v. Bar/Mankowski*, IPR, Bd. 2, § 7 Rn. 152 ff.; *Kindler*, in: MüKoBGB, Int. HGR Rn. 524 ff.; *Thölke*, in: Münchener Handbuch des Gesellschaftsrechts, Bd. 6, § 1 Rn. 60.

[81] BGH Beschl. v. 22.11.2016 – II ZB 19/15, ZIP 2017, 421 (422) Rn. 21; Urt. v. 12.07.2011 – II ZR 28/10, NJW 2011, 3372 (3373) Rn. 16; auch schon Urt. v. 26.09.1966 – II ZR 56/65, NJW 1967, 36 (38); auch für die Frage der Beschwerdeberechtigung nach Artt. 19 Abs. 3, 93 Abs. 1 Nr. 4a GG BVerfG Beschl. v. 27.06.2018 – 2 BvR 1287/17, 2 BvR 1583/17, NJW 2018, 2392 (2393) Rn. 28; *C. L. v. Bar*, Theorie und Praxis des IPR, Bd. 1, S. 162 f.; *C. v. Bar/Mankowski*, IPR, Bd. 2, § 7 Rn. 115; *Ego*, in: MüKoAktG, EuAktR, B. Rn. 201; *Großfeld*, in: Staudinger, BGB, IntGesR Rn. 26 ff., 72; *Herdegen*, Int. Wirtschafts-recht, § 16 Rn. 5 f.; *Kindler*, in: MüKoBGB, Int. HGR Rn. 5, 458; *Reber/Kröger*, in: Schwerdtfeger, Gesellschaftsrecht, Kap. 4 Rn. 7, 20; *Thorn*, in: Grüneberg, BGB, Anh. zu Art. 12 EGBGB Rn. 1, 10; *M. Wolff*, IPR, S. 115 f.; umfassende rechtsvergleichende Be-standsaufnahme für EU-Mitgliedstaaten in *H.-J. Fischer*, NZG 2021, 483 (490 ff.); zu den öffentlichen Interessen *W.-H. Roth*, AcP 220 (2020), 458 (463 f.); zur Geschichte *Großfeld*, RabelsZ 38 (1974), 344 (358 ff.).

[82] *C. v. Bar/Mankowski*, IPR, Bd. 2, § 7 Rn. 297; *Behrens/Hoffmann*, in: Habersack/Cas-per/Löbbe, GmbHG, Einl. Rn. B 26; *Ebenroth/Eyles*, IPRax 1989, 1 (9); *Großfeld*, in: Stau-dinger, BGB, IntGesR Rn. 107 ff.; *Kindler*, in: MüKoBGB, Int. HGR Rn. 509 auch für Grün-dungstheorie; *Kropholler*, IPR, S. 574; *W.-H. Roth*, ZGR 43 (2014), 168 (172); *Thölke*, in: Münchener Handbuch des Gesellschaftsrechts, Bd. 6, § 1 Rn. 84; *Wiedemann*, Gesellschafts-recht, Bd. 1, S. 785.

kret zu bestimmen ist, ist teilweise unklar.[83] Nach Ansicht der Rechtsprechung liegt der Gesellschaftssitz am tatsächlichen Mittelpunkt der unternehmerischen Tätigkeit, mit anderen Worten an dem Ort, „an dem die grundlegenden Entscheidungen der Unternehmensleitung effektiv in laufende Geschäftsführungsakte umgesetzt werden"[84]. Dies wird teilweise mit dem Ort des Geschäftsbetriebs gleichgesetzt, der wiederum nicht immer eindeutig zu bestimmen ist.[85] Sofern die Gesellschaft international agiert, liege der Hauptsitz dort, wo die Mehrheit der Entscheidungen der Geschäftsführung getroffen werden.[86] Gem. § 706 S. 1 BGB n.F.[87] ist der „Sitz der Gesellschaft […] der Ort, an dem deren Geschäfte tatsächlich geführt werden (Verwaltungssitz)." Dadurch wird der effektive Verwaltungssitz legal definiert. Eine weitere Konkretisierung sei jedoch nicht möglich.[88] „Ist die Gesellschaft im Gesellschaftsregister eingetragen und haben die Gesellschafter einen Ort im Inland als Sitz vereinbart (Vertragssitz), so ist abweichend von Satz 1 dieser Ort Sitz der Gesellschaft.", § 706 S. 2 BGB n.F. Selbiges gilt auch für offene Handelsgesellschaften, Kommanditgesellschaften und Partnerschaftsgesellschaften, §§ 105 Abs. 2 HGB n.F., 161 Abs. 2 HGB n.F., 1 Abs. 4 PartGG n.F.[89] Die Möglichkeit eines Vertragssitzes schafft Rechtssicherheit sowie die Gleichstellung mit Kapitalgesellschaften, die schon seit der Schaffung der §§ 4a GmbHG, 5 AktG das Recht zur vertraglichen beziehungsweise satzungsmäßigen Bestimmung ihres Sitzes haben.[90] Vorausgesetzt wird jedoch, dass die Gesellschaft in einem Register eingetragen und der gewählte Vertragssitz im Inland belegen ist. Die nicht eingetragene BGB-Gesellschaft kann ihren Sitz also zukünftig nicht privatautonom bestimmen.[91] Zudem ändert der gewählte Vertragssitz nichts an der Maßgeblichkeit der tatsächlichen Hauptverwaltung im Sinne der Sitztheorie.

---

[83] Vgl. *Grasmann*, System des IntGesR, Rn. 105 ff., 348 ff.; *Hausmann*, in: Reithmann/Martiny, Internationales Vertragsrecht, Rn. 6.70 ff.; *Zimmer*, RabelsZ 67 (2003), 298 (300).

[84] BVerfG Beschl. v. 27.06.2018 – 2 BvR 1287/17, 2 BvR 1583/17, NJW 2018, 2392 (2393) Rn. 29; BGH Urt. v. 21.03.1986 – V ZR 10/85, NJW 1986, 2194 (2195); zurückzuführen auf *Sandrock*, in: Internationalrechtliche Probleme multinationaler Korporationen, S. 169 (238).

[85] Vgl. *Behrens*, RabelsZ 52 (1988), 498 (513).

[86] BVerfG Beschl. v. 27.06.2018 – 2 BvR 1287/17, 2 BvR 1583/17, NJW 2018, 2392 (2393) Rn. 29.

[87] Gesetz zur Modernisierung des Personengesellschaftsrechts (Personengesellschaftsrechtsmodernisierungsgesetz – MoPeG) v. 10.08.2021, BGBl. I, S. 3436 (3438).

[88] Gesetzentwurf der Bundesregierung v. 20.02.2021, Entwurf eines Gesetzes zur Modernisierung des Personengesellschaftsrechts (Personengesellschaftsrechtsmodernisierungsgesetz – MoPeG) (MoPeG-RegE), S. 143.

[89] MoPeG-RegE, S. 142.

[90] MoPeG-RegE, S. 143; *Noack*, NZG 2020, 581 (583).

[91] *Lieder/Hilser*, ZHR 185 (2021), 471 (473 f.).

3. Modifikation der Sitztheorie/Wechselbalgtheorie

Eine in Deutschland operierende ausländische Gesellschaft würde bei Anwendung deutschen Gesellschaftsrechts ob des *numerus clausus* der Gesellschaftsformen als rechtlich nicht existent beurteilt und könnte damit mangels Parteifähigkeit, § 50 Abs. 1 ZPO, nicht verklagt werden.[92] Diese insbesondere für die nach der Sitztheorie zu schützenden Gläubiger ungünstigen Rechtsfolgen wurden durch die Wechselbalgtheorie abgemildert.[93] Nach ihr wird der im Inland bestehende Zusammenschluss der Gesellschafter der ausländischen Gesellschaftsform zwar nicht in Form der ausländischen Rechtsform anerkannt, jedoch unter das deutsche Gesellschaftsrecht subsumiert und damit als BGB-Gesellschaft oder offene Handelsgesellschaft betrachtet, da diese Gesellschaftsformen ohne Registereintragung *ipso iure* entstehen können.[94]

4. Keine Aufgabe der Sitztheorie durch MoMiG und MoPeG

Teilweise wird die Aufgabe der Sitztheorie zugunsten der Gründungstheorie bei Kapitalgesellschaften durch das MoMiG[95] behauptet.[96] Die Änderung der §§ 4a GmbHG, 5 AktG hat dazu geführt, dass Satzungs- und Verwaltungssitz nicht mehr an einem Ort zusammenfallen müssen.[97] Eine ähnliche Regelung findet sich ab dem 01.01.2024 auch in § 706 S. 2 BGB n.F., welcher Personengesellschaften den Kapitalgesellschaften gleichstellt. Der Wortlaut der Normen verlangt, dass sich der gewählte Sitz im Inland befindet („im Inland", §§ 4a GmbHG, 5 AktG, 706 S. 2 BGB n.F.). Die Gesetzgebungsmaterialien legen nahe, dass der tatsächliche Verwaltungssitz im Gegensatz zum Satzungs- beziehungsweise Vertragssitz auch im Ausland belegen sein darf.[98]

Fraglich ist, ob und in welchem Umfang diesen Neuregelungen ein kollisionsrechtlicher Gehalt entnommen werden kann. Zunächst ist in den Regelungen kein generelles Anschließen an die Gründungstheorie zu erblicken. Eine Aus-

---

[92] OLG München Urt. v. 05.08.2021 – 29 U 2411/21 Kart, GmbHR 2021, 1152 (1154) Rn. 20; *Sandrock*, in: Internationalrechtliche Probleme multinationaler Korporationen, S. 169 (183 f.) auch dazu, dass nicht in jedem Staat nichtige Gesellschaften verklagt werden können (analog § 50 Abs. 2 ZPO).

[93] BGH Urt. v. 01.07.2002 – II ZR 380/00, NJW 2002, 3539 (3539 f.); vgl. *Christ*, Ltd. und S.à.r.l., S. 256; zu dennoch bestehenden Folgeproblemen, insb. für die Gläubiger, *Eidenmüller/Rehm*, ZGR 26 (1997), 89 ff.; *Gottwald*, in: MüKoZPO, Art. 63 Brüssel Ia-VO Rn. 5.

[94] BGH Urt. 27.10.2008 – II ZR 158/06, NZG 2009, 68 (70); OLG München Urt. v. 05.08.2021 – 29 U 2411/21 Kart, GmbHR 2021, 1152 (1154) Rn. 20; *Gottwald*, in: MüKo-ZPO, Art. 63 Brüssel Ia-VO Rn. 5, 8; *M.-P. Weller*, in: FS Goette, S. 583 (591 f.).

[95] Gesetz zur Modernisierung des GmbH-Rechts und zur Bekämpfung von Missbräuchen v. 23.10.2008, BGBl. I, S. 2026.

[96] *Fedke*, ZIP 2019, 799 (801); *M. Roth*, in: Hopt, HGB, Einl. Vor § 105 Rn. 29, § 106 Rn. 8 auch bei Personengesellschaften.

[97] BR-Drs. 354/07, S. 65; zur Vereinbarkeit dieser Regelungen mit der Niederlassungsfreiheit BGH Urt. v. 14.11.2017 – VI 73/17, NZG 2018, 259 (261) Rn. 25.

[98] BR-Drs. 354/07, S. 65; MoPeG-RegE, S. 143; *Bachmann*, in: GroßkommAktG, § 5 Rn. 17; *Goette*, DStR 2009, 128 (128); *Ringe*, in: K. Schmidt/Lutter, AktG, § 5 Rn. 1.

sage dazu, welches Recht insgesamt auf eine ausländische Gesellschaft Anwendung finden soll, enthalten weder die Gesetzgebungsmaterialien zum MoMiG[99] noch die zum MoPeG[100].

Auch der Zweck der Neuregelungen spricht gegen einen vollständigen Anschluss an die Gründungstheorie. Für EU-ausländische Gesellschaften folgt eine Anerkennungspflicht bereits aus der EuGH-Rechtsprechung.[101] Durch die Gesetzesänderung möchte der deutsche Gesetzgeber deutsche Gesellschaften mit solchen aus dem EU-Ausland gleichstellen, da EU-ausländische Gesellschaften in Deutschland anzuerkennen sind, nicht aber in Deutschland gegründete Gesellschaften, die keinen Sitz im Inland hatten, etwa weil sie ihren Sitz ins Ausland verlegt haben.[102] Eben jene Wegzugsbeschränkungen wurden hinsichtlich des existenziellen Schicksals der Gesellschaft im Wegzugsstaat vom EuGH noch nicht als mit der Niederlassungsfreiheit unvereinbar beurteilt.[103] Deshalb wurden Flexibilität und Mobilität deutscher Kapitalgesellschaften durch die Möglichkeit eines existenzwahrenden Wegzugs erhöht.[104]

Auch die Möglichkeit des existenzwahrenden Wegzugs lässt nicht zwingend auf einen generellen Anschluss an die Gründungstheorie schließen, denn der Sinn der Gesetzesänderungen zeigt sich gerade im Lichte der Sitztheorie. Einerseits bedürfte es der Regelungen des MoMiG und MoPeG nicht, wenn Deutschland der Gründungstheorie anhinge, da dieser ein Existenzverlust bei Wegzug fremd ist.[105] Andererseits ist das Verfolgen der Sitztheorie geradezu notwendig, um die Existenz der §§ 4a GmbHG, 5 AktG, 706 S. 2 BGB n.F. zu erklären.[106] Verlegt nämlich eine in Deutschland gegründete Gesellschaft ihren tatsächlichen Verwaltungssitz in einen Staat, der der Gründungstheorie anhängt, wird wegen der Sitztheorie als Gesamtverweisung auf deutsches Recht zurückverwiesen, Art. 4 Abs. 1 S. 2 EGBGB.[107] In diesem Fall kann nun deutsches Gesellschaftsrecht Anwendung finden, da die Gesellschaft sachrechtlich noch existiert. Zuvor wäre eine Gesellschaft wegen ihres Wegzugs als inexistent beurteilt worden und deutsches Gesellschaftsrecht hätte keine Anwendung mehr auf sie finden können,[108] obwohl sowohl die deutsche Ausgangsrechtsordnung (Sitztheorie als Gesamtverweisung) als auch die zurückverweisende Rechtsordnung des Staates, in dem die Gesellschaft ihren tatsächlichen Verwal-

---

[99] BGH Urt. 27.10.2008 – II ZR 158/06, NZG 2009, 68 (70).

[100] *Kindler*, ZfPW 8 (2022), 409 (414).

[101] Siehe S. 24 ff.

[102] BR-Drs. 354/07, S. 65.

[103] *Behrens/Hoffmann*, in: Habersack/Casper/Löbbe, GmbHG, Einl. Rn. B 56; siehe S. 26 ff.

[104] Gemeinsame Begründung für AG und GmbH BR-Drs. 354/07, S. 65, 118.

[105] Vgl. *Lieder/Hilser*, ZHR 185 (2021), 471 (478 ff.) zur Geltung der Sitztheorie jedenfalls nach Inkrafttreten des MoMiG.

[106] *Lieder/Hilser*, ZHR 185 (2021), 471 (490 f.); *Schall*, ZIP 2020, 1443 (1448 f.).

[107] *Kindler*, in: MüKoBGB, Int. HGR Rn. 828; *Koch*, ZHR 173 (2009), 101 (113 f.).

[108] *Koch*, ZHR 173 (2009), 101 (113, 114 f.) m.w.N.; *Lieder/Hilser*, ZHR 185 (2021), 471 (485 f.).

tungssitz hat (Gründungstheorie), im Ergebnis auf das gleiche kollisionsrecht-liche Ergebnis hinauslaufen: die Anwendung deutschen Gesellschaftsrechts.[109] Diese kollisionsrechtliche Wertung kann fortan nicht durch das Sachrecht kon-terkariert werden.

Für eine generelle Geltung der Gründungstheorie wurde mit §§ 4a GmbHG, 5 AktG, 706 S. 2 BGB bloß eine notwendige,[110] nicht aber eine hinreichende Bedingung geschaffen.[111]

Schließlich ist auch zu beachten, dass es sich bei den geänderten Regelungen um solche des materiellen Rechts handelt.[112] Materielles Recht ist jedoch erst dann anwendbar, wenn es vom Kollisionsrecht als anwendbar bestimmt wurde.[113] Diesen Anwendungsbefehl kann materielles Recht grundsätzlich nicht selbst enthalten,[114] weshalb den Regelungen teilweise sämtlicher kollisi-onsrechtlicher Gehalt abgesprochen wird.[115]

Zwischen den Extrempositionen (vollständiger Anschluss an Gründungstheo-rie einerseits, keine Auswirkungen auf das Kollisionsrecht andererseits) ver-mittelnd, sehen einige in §§ 4a GmbHG, 5 AktG, 706 S. 2 BGB n.F. eine „ver-steckte einseitige rechtsformspezifische Kollisionsnorm", das heißt eine impli-zite, nur für GmbHs und AGs und künftig auch eigetragene Personengesell-schaften geltende Norm, die nur im Falle des Wegzugs einer solchen in Deutschland gegründeten Gesellschaft die Frage beantwortet, ob deutsches Recht auch nach dem Wegzug auf sie Anwendung findet.[116] Dem ist insoweit beizupflichten, da die §§ 4a GmbHG, 5 AktG, 706 S. 2 BGB n.F. andernfalls

---

[109] *Koch*, ZHR 173 (2009), 101 (113 ff.).

[110] *Anliker*, Internationale Zuständigkeit bei gesellschaftlichen Streitigkeiten, S. 72 f.

[111] BGH Urt. v. 27.10.2008 – II ZR 158/06, NJW 2009, 289 (291) Rn. 22, zurückhaltend wegen des damals vom Deutschen Rat für Internationales Privatrecht angestoßenen Kodifi-kationsvorhabens des Internationalen Gesellschaftsrechts; *Kindler*, in: MüKoBGB, Int. HGR Rn. 5; *Nazari-Khanachayi*, WM 2020, 2056 (2059).

[112] *Kindler*, in: Bork/Schäfer, GmbHG, § 4a Rn. 24, 29; *ders.*, IPRax 2009, 189 (198); *Nazari-Khanachayi*, WM 2020, 2056 (2059); *Noack*, BB 2021, 643 (645); zur Differenzie-rung von Kollisions- und Sachrecht in Verbindung mit Weiter- bzw. Rückverweisungen *Ser-vatius*, in: Henssler/Strohn, GesR, Int. GesR Rn. 37, nach dem in den erfassten Fällen faktisch die Gründungstheorie Anwendung findet.

[113] *Hoffmann*, ZIP 2007, 1581 (1583).

[114] Vgl. *Kindler*, AG 2007, 721 (722); *Noack*, BB 2021, 643 (645); *M.-P. Weller*, in: MüKoGmbHG, Einl. Rn. 416; *ders.*, IPRax 2017, 167 (171); a.A. *Behrens/Hoffmann*, in: Ha-bersack/Casper/Löbbe, GmbHG, Einl. Rn. B 59 nach denen §§ 4a GmbHG, 5 AktG konse-quenterweise gesondert anzuknüpfen wären.

[115] *Kindler*, in: MüKoBGB, Int. HGR Rn. 286; *M.-P. Weller*, in: MüKoGmbHG, Einl. Rn. 416.

[116] *Behrens/Hoffmann*, in: Habersack/Casper/Löbbe, GmbHG, Einl. Rn. B 58, 60; *Heinze*, in: MüKoGmbHG, § 4a Rn. 107; *Hoffmann/Horn*, RabelsZ 86 (2022), 65 (69, 90); vgl. *Leit-zen*, NZG 2009, 728 (728); *Lieder/Hilser*, ZHR 185 (2021), 471 (490 f.); *G. H. Roth*, Vorga-ben der Niederlassungsfreiheit, S. 51 f.; *Schön*, ZHR 187 (2023), 123 (137); *Wicke*, GmbHG, § 4a Rn. 13; *ders.*, in: Grigoleit, AktG, § 5 Rn. 19.

gegenstandslos wären und damit die Ziele des Gesetzgebers obsolet würden.[117] Auch die Gesetzgebungsmaterialien stützen diese Ansicht, da der Gesetzgeber eine wegziehende Gesellschaft mit Vertragssitz im Inland „fest in der deutschen Rechtsordnung veranker[n]" möchte.[118] In Anbetracht des § 706 S. 2 BGB n.F. und der damit beabsichtigten Gleichstellung von Personen- und Kapitalgesellschaft lässt sich die beschriebene Rechtsformspezifität der Änderungen des MoMiG bezweifeln.

Eine allseitige Kollisionsnorm, die wie die Sitztheorie für inländische wie ausländische Gesellschaften gleichermaßen gilt,[119] liegt aber nicht vor, sodass die Änderungen des MoMiG und des MoPeG nicht die etablierte Sitztheorie ablösen können.[120] Jedenfalls findet seit dem MoPeG keine kollisionsrechtliche Differenzierung zwischen Personen- und Kapitalgesellschaften mehr statt. Bestehen bleibt aber die Spaltung zwischen EU-ausländischen und drittstaatlichen Gesellschaften, sowie innerhalb der ersten Fallgruppe zwischen Zuzugs- und Wegzugsfällen.

5. Stellungnahme zur Sitztheorie

a) Numerus clausus

Gegen die Sitztheorie spricht im Ausgangspunkt, möchte man die Existenz einer ausländischen Gesellschaft grundsätzlich anerkennen, dass nur die Rechtsordnung, nach deren Vorschriften die Gesellschaft in jener ausländischen Rechtsordnung gegründet wurde, Vorschriften bereithält, in denen Rechte, Pflichten und Organisationsfragen kodifiziert sind.[121] So hält etwa das deutsche Gesellschaftsrecht keine Normen für ausländische Gesellschaftsformen bereit.

Der Konflikt wird nur teilweise entschärft, denn Art. 24 Nr. 2 Brüssel Ia-VO führt dazu, dass nur diejenigen Gerichte überhaupt entscheiden, die sodann auch ihr eigenes Recht anwenden, da die Annahme der ausschließlichen Zuständigkeit vom Kollisionsrecht abhängt.[122] So müssen beispielsweise deutsche

---

[117] BT-Drs. 16/9737, S. 54 f.; MoPeG-RegE, S. 142 f.; vgl. *Hoffmann*, ZIP 2007, 1581 (1584 ff.); *Lieder/Hilser*, ZHR 185 (2021), 471 (491 f.).

[118] MoPeG-RegE, S. 144.

[119] *Assmann*, in: GroßkommAktG (4. Aufl.), Einl. Rn. 555; *Ego*, in: MüKoAktG, EuAktR, B. 204; *Kindler*, in: MüKoBGB, Int. HGR Rn. 509.

[120] BGH Urt. v. 27.10.2008 – II ZR 158/06, NJW 2009, 289 (291) Rn. 22; *C. v. Bar/Mankowski*, IPR, Bd. 2, § 7 Rn. 13; *Hausmann*, in: Reithmann/Martiny, Internationales Vertragsrecht, Rn. 6.10; *Heckschen/Nolting*, BB 2021, 2946 (2947); *Kindler*, in: MüKoBGB, Int. HGR Rn. 5; *ders.*, AG 2007, 721 (725) zum MoMiG; *ders.*, ZfPW 8 (2022), 409 (414 f.) zum MoPeG; *Ringe*, in: K. Schmidt/Lutter, AktG, § 5 Rn. 4; *M.-P. Weller*, in: MüKoGmbHG, Einl. Rn. 416 f.; *ders.*, IPRax 2017, 167 (171); a.A. *Behrens/Hoffmann*, in: Habersack/Casper/Löbbe, GmbHG, Einl. Rn. B 59; *Hoffmann*, ZIP 2007, 1581 (1586 f.); *ders./Horn* nunmehr wie hier vertreten RabelsZ 86 (2022), 65 (69 f.); *Lieder/Hilser*, ZHR 185 (2021), 471 (492); *Müller*, in: BeckOGK AktG, § 1 Rn. 114, Stand: 01.01.2023; *M. Roth*, in: Hopt, HGB, Einl. Vor § 105 Rn. 29.

[121] *F. A. Mann*, in: FS Wolff, S. 271 (282 f.).

[122] Ausführlich dazu S. 101 ff.

Gerichte in vielen Fällen nicht über Organisationsfragen einer US-amerikanischen LLC entscheiden. Auf eine ausschließliche Zuständigkeit der Gerichte des Staates, dessen Rechtsordnung anzuwenden ist (*forum legis*), können sich die Anhänger der Sitztheorie aber nicht verlassen. So wurde die Sitztheorie schon vertreten, bevor es den ausschließlichen Gerichtsstand des Art. 24 Nr. 2 Brüssel Ia-VO beziehungsweise dessen Vorgängerregelungen gab.[123] Auch heute bestehen weiterhin Diskrepanzen, wenn es zwar auf das Gesellschaftsstatut ankommt, nicht jedoch in den engeren, in Art. 24 Nr. 2 Brüssel Ia-VO bezeichneten Grenzen. Dann ist ein *forum legis* nämlich nicht sichergestellt. Sofern es im Internationalen Gesellschaftsrecht keinen vollständigen Gleichlauf von Forum und Ius gibt, steht der *numerus clausus*[124] der Sitztheorie entgegen, denn mangels Vorschriften für ausländische Gesellschaftsformen, würden die Gesellschaften inexistent oder als Gesellschaften anderer Rechtsformen beurteilt.

b) Ineffektive Durchsetzung inländischer Schutzstandards

aa) Schutzbedürftigkeit

Zudem wird die von Sitztheoretikern selbst proklamierte Wirksamkeit der Theorie zum Schutz der Interessen Schwächerer widerlegt. Mithilfe der Sitztheorie sollen die Interessen der Gläubiger, Arbeitnehmer und Minderheitsgesellschafter der Gesellschaft am besten geschützt werden.[125] Mit der objektiven Anknüpfung an den tatsächlichen Verwaltungssitz sollen missbräuchliche Satzungsgestaltungen, mittels derer die Gründer Schutzstandards des Sitzstaates umgehen könnten, verhindert werden.[126] Dabei ist wenigstens die Schutzbedürftigkeit von Vertragsgläubigern und (Minderheits-)Beteiligten an der Gesellschaft, die sich freiwillig und in der Regel auch in Kenntnis der Rechtsform in eine Beziehung zu einer nach ausländischem Recht gegründeten Gesellschaft bringen, zweifelhaft.[127] Gerade Aktionäre oder anderweitig in den Gesellschafterkreis aufgenommene Personen gehen eine besonders enge Bindung mit der Gesellschaft ein. Sie sehen die Gesellschaft nämlich nicht als Vertragspartner an, mit dem zwecks Güteraustauschs transagiert werden muss. Die Gesellschaft selbst ist vielmehr Grund, aus dem eine Beziehung von Gesellschafter zu Gesellschaft besteht. Zwar haben die Gründungsgesellschafter unter Umständen mehr Ein-

---

[123] BGH Urt. v. 26.09.1966 – II ZR 56/65, NJW 1967, 36 (38); *M. Wolff*, IPR, S. 115 m.w.N.

[124] Nach *Wiedemann*, Gesellschaftsrecht, Bd. 1, S. 73 herrscht der *numerus clausus* „überall".

[125] Vgl. *C. v. Bar/Mankowski*, IPR, Bd. 2, § 7 Rn. 107 ff.; *B. Schaub*, in: EBJS, HGB, Anh. § 12 Rn. 9 f.

[126] *Sandrock*, in: Internationalrechtliche Probleme multinationaler Korporationen, S. 169 (186 f.); *Wiedemann*, Gesellschaftsrecht, Bd. 1, S. 783 f.

[127] *C. v. Bar/Mankowski*, IPR, Bd. 2, § 7 Rn. 111; *Sandrock*, in: Internationalrechtliche Probleme multinationaler Korporationen, S. 169 (184 f.); von Schutzwürdigkeit ausgehend bspw. *Großfeld*, RabelsZ 31 (1967), 1 (24 ff.).

fluss auf das auf die Gesellschaft anwendbare Recht genommen,[128] neu in den Gesellschafterkreis eintretende Personen entscheiden sich jedoch aufgrund der bestehenden Eigenarten der Gesellschaft für oder gegen eine Beteiligung an ihr. Diese Eigenarten können sowohl ideeller wie auch kapitalistischer Natur sein und sich auf den Unternehmensgegenstand, aber auch auf den rechtlichen Rahmen der Gesellschaft beziehen, da die Wahl einer bestimmten Rechtsform und Anwendung eines bestimmten Rechts, insofern synergetisch, die Erreichung ideeller oder kapitalistischer Ziele erst ermöglicht oder vereinfacht.[129]

Vor mitgliedstaatlichen Gerichten gelten die Rom I-VO für vertragliche und die Rom II-VO für außervertragliche Schuldverhältnisse, deren Anknüpfungen nicht vom Gesellschaftsstatut abhängen und deshalb den Gläubigerschutz ungeachtet der gesellschaftsrechtlichen Anknüpfung gewährleisten. Es ist bloß wichtig, dass die Gläubiger auch einen partei- und prozessfähigen Anspruchsgegner haben, was wenigstens die Existenz der Gesellschaft erfordert, was insofern gegen die Anwendung der strengen Sitztheorie spricht.[130]

bb) Schutzmechanismus nicht treffsicher

Der Schutzgedanke der Sitztheorie soll dadurch realisiert werden, dass eine Anknüpfung an den tatsächlichen Verwaltungssitz die engste Verbindung der Gesellschaft zu einem Staat und dessen Recht herstelle.[131] In der globalisierten und digitalisierten Welt haben Gesellschaften Beziehungen zu diversen Personengruppen, deren Interessen die Anhänger die Sitztheorie schützen möchten. Jedoch ist zu beachten, dass Gesellschaften in verschiedenen Staaten niedergelassen sein und agieren können. Dann ist fraglich, ob und warum ausgerechnet das Recht des Ortes der Hauptverwaltung entscheidend für die Belange aller Stakeholder in verschiedenen Staaten sein sollte. Denn die Mehrzahl der Stakeholder muss nicht am Ort der Hauptverwaltung ansässig sein. Vielmehr kann sich die Mehrheit der Gläubiger, Minderheitsgesellschafter und Arbeitnehmer theoretisch auf jeweils andere Staaten verteilen.[132] Auch bei weniger internationalen Gesellschaften muss der Ort der Hauptverwaltung nicht zwangsläufig mit bedeutenden Tätigkeitsorten der Gesellschaft zusammenfallen.[133] Insoweit mutet es illusorisch an, mithilfe der Sitztheorie treffsicher die schutzwürdigen Interes-

---

[128] *Großfeld*, RabelsZ 31 (1967), 1 (24 f.).

[129] Im Ergebnis auch *Sandrock*, in: Internationalrechtliche Probleme multinationaler Korporationen, S. 169 (184 f.).

[130] *C. v. Bar/Mankowski*, IPR, § 7 Rn. 112; *Großfeld*, RabelsZ 31 (1967), 1 (33 f.) nimmt für Klagen *gegen* die Auslandsgesellschaft deshalb (analog) § 50 Abs. 2 ZPO Rechtsfähigkeit der beklagten Gesellschaft an.

[131] *Behrens*, in: Behrens, Die GmbH im internationalen und europäischen Recht, S. 5.

[132] *Behrens*, RabelsZ 52 (1988), 498 (513); *ders./Hoffmann*, in: Habersack/Casper/Löbbe, GmbHG, Einl. Rn. B 29 f.; *Wiedemann*, in: FS Kegel, S. 187 (199 f.); a.A. *Kindler*, in: MüKoBGB, Int. HGR Rn. 425.

[133] *Eidenmüller*, ZIP 2002, 2233 (2236, 2241).

sen der Stakeholder der Gesellschaft zu schützen.[134] Eine engere Verbindung der Gesellschaft zu einer Rechtsordnung könnte deshalb mit einer Anknüpfung an ein Gesellschaftsmerkmal anstelle einer Anknüpfung an die (zufällige) Verteilung der Stakeholder erreicht werden.

Doch ist nicht nur die beinahe willkürliche Fokussierung auf den Ort der Hauptverwaltung ungeeignet, das Schutzanliegen der Sitztheorie zu realisieren. Auch die Methode der Sitztheorie ist dazu ungeeignet, denn im Rahmen der Sitztheorie sind Rück- und Weiterverweisungen gem. Art. 4 EGBGB zu beachten.[135] Dies dient zwar dem internationalen Entscheidungseinklang,[136] inwieweit dies aber der Sitztheorie als Schutztheorie[137] dienlich ist, darf bezweifelt werden. Zudem gefährdet dies die Rechtssicherheit. Eine Weiterverweisung liegt vor, wenn eine in Staat A gegründete Gesellschaft ihren Verwaltungssitz in Staat B hat und ihre Existenz nun vor deutschen Gerichten infrage steht. Die von deutschen Gerichten angewendete Sitztheorie verweist auf das Recht des Sitzstaats B, einschließlich seines Internationalen Privatrechts. Folgt Staat B ebenfalls der Sitztheorie, nimmt er die Verweisung an und die Gesellschaft wird nicht anerkannt. Folgen die Staaten A und B hingegen der Gründungstheorie, so wird wegen der ausländischen Kollisionsregeln (der Staaten A und B) die Gesellschaft auch in Deutschland als existent anerkannt. Diese Entscheidung des Staats B sei von deutschen Gerichten zu respektieren.[138] Inwieweit hier dem Sitzstaat tatsächlich ein „Wächteramt"[139] zukommt, wenn er wegen Befolgens des Gründungstheorie gerade auf dieses Wächteramt (teilweise) verzichtet, darf bezweifelt werden. Jedenfalls bleibt der Forumsstaat so nicht „Herr im eigenen Hause" des Internationalen Gesellschaftsrechts, wie es von Sitztheoretikern gewünscht ist.[140] Dies ließe sich nur mit einem strengen Gleichlauf von Forum und Ius herstellen (vgl. Art. 24 Nr. 2 Brüssel Ia-VO), der der Sitztheorie selbst aber nicht immanent ist.

Eine weitere Schwäche offenbart sich in den Rückverweisungen. Diese liegen vor, wenn eine nach deutschem Recht gegründete Gesellschaft ihren tatsächlichen Verwaltungssitz in einen ausländischen Staat verlegt, der der Gründungstheorie folgt. Auch in diesem Fall wird zunächst das Kollisionsrecht des Sitzstaats berufen, welches wiederum auf (deutsches) Gründungsrecht zurückverweist, gem. Art. 4 Abs. 1 S. 2 EGBGB Sachrecht. Das führt zwar insofern

---

[134] *Behrens/Hoffmann*, in: Habersack/Casper/Löbbe, GmbHG, Einl. Rn. B 30; zweifelnd auch *Wiedemann*, Gesellschaftsrecht, Bd. 2, S. 49.

[135] Siehe die Nachweise unter Fn. 82.

[136] *Behrens*, in: Behrens, Die GmbH im internationalen und europäischen Recht, S. 5; *Lüderitz*, in: Soergel, BGB, Art. 10 Anh EGBGB Rn. 76; *B. Schaub*, in: EBJS, HGB, Anh. § 12 Rn. 8.

[137] *Leible*, in: FS Jayme, S. 485 (497).

[138] *Großfeld*, in: Staudinger, BGB, IntGesR Rn. 108 f.

[139] *Großfeld*, in: Staudinger, BGB, IntGesR Rn. 41; *Kindler*, in: MüKoBGB, Int. HGR Rn. 426.

[140] *Kropholler*, IPR, S. 576; diese Unstimmigkeiten erkennt auch *Mäsch*, RabelsZ 61 (1997), 285 (291), der ein ähnliches Beispiel bildet.

dazu, dass die Gesellschaft nicht schon durch das Kollisionsrecht inexistent wäre, wie wenn der Sitzstaat die Verweisung auf das Sitzrecht annehmen würde.[141] Nach dem früher anzuwendenden deutschen Sachrecht wäre die Gesellschaft aber dennoch nicht anzuerkennen gewesen, da ihr ein deutscher Sitz fehlte.[142] Diese Zufälligkeiten lassen sich nicht erklären, auch nicht mit den Argumenten der Sitztheoretiker. An dieser Stelle sind aber nun die Änderungen durch das MoMiG für Kapitalgesellschaften und das MoPeG für eingetragene Personengesellschaften[143] zu beachten, welche einer Gesellschaft ihren Wegzug fortan erlauben und ihr nicht mehr ihre Existenz entziehen.[144] Diese vor allem materiellrechtliche Änderung bringt im Lichte der Sitztheorie nun bessere Ergebnisse hervor. Wie bereits dargelegt, wurde die Sitztheorie aber nicht durch MoMiG oder MoPeG abgelöst. Vor dem Hintergrund der Trennung von Kollisions- und Sachrecht überzeugt die Zufälligkeit der kollisionsrechtlichen Ergebnisse dennoch nicht. Zudem sind nicht alle Zufälligkeiten eliminiert, denn nichtregistrierte Personengesellschaften können ihren Sitz nicht ins Ausland verlagern. Erachtet man die Sitztheorie aber als rechtsformunspezifisch, so spricht die neue Rechtslage aufgrund der (wohl nicht planwidrigen) Regelungslücken immer noch gegen die Sitztheorie.

Zu weiteren Zufälligkeiten kommt es im Übrigen auch aufgrund der uneinheitlichen Anwendung von Sitz- und Gründungstheorie, nicht nur in den europäischen Mitgliedstaaten. Diese Zufälligkeiten stehen der Rechtssicherheit oder einem (von der Sitztheorie intendierten) praktikableren Interessenausgleich entgegen.[145] Daran ändert auch die Rechtsprechung des EuGH nichts, da diese nur für mitgliedstaatlich gegründete Gesellschaften gilt, während drittstaatlich gegründete Gesellschaften, die ihren Sitz in einem Mitgliedstaat der Europäischen Union haben, nicht erfasst werden. Es sei überdies daran erinnert, dass der EuGH-Rechtsprechung keine Kollisionsnorm zu entnehmen ist.[146]

cc) Funktionsfähigkeit aufgrund fortschreitender Digitalisierung

Die Sitztheorie ist nicht imstande, die Herausforderungen der digitalisierten Welt zu bewältigen. Die Rechtsprechung hat schon vor einiger Zeit erkannt, dass es Gesellschaften gibt, die gar keinen tatsächlichen Sitz ihrer Hauptverwaltung haben, da sie ihre Geschäftsführung „fliegend" wahrnehmen; in solchen Fällen sei dann – entsprechend der Gründungstheorie – auf das Gründungsrecht abzustellen, damit die Gesellschaft international-privatrechtlich

---

[141] *Ego*, in: MüKoAktG, EuAktR, B. Rn. 204.
[142] OLG Hamm Beschl. v. 30.04.1997 – 15 W 91/97, ZIP 1997, 1696 (1697); *Großfeld*, in: Staudinger, BGB, IntGesR Rn. 93; a.A. *C. v. Bar/Mankowski*, IPR, Bd. 2, § 7 Rn. 301; *Ebenroth/Eyles*, IPRax 1989, 1 (9).
[143] Schon vor Erlass des MoPeG *M. Roth*, in: Hopt, HGB, Einl. Vor § 105 Rn. 29, § 106 Rn. 8.
[144] *Kindler*, in: MüKoBGB, Int. HGR Rn. 830.
[145] *Knobbe-Keuk*, ZHR 154 (1990), 325 (328).
[146] Siehe S. 29.

nicht schutzlos ist.[147] Dagegen hat sich die Literatur gestellt, nach der jede Gesellschaft einen Sitz habe, es aber bei dessen Ermittlung zu Beweisschwierigkeiten kommen könnte, die im Ergebnis nach den Regeln über die Darlegungs- und Beweislast aufzulösen seien.[148] Inwieweit damit aber den Schutzanliegen der Sitztheorie geholfen sein soll, ist nicht klar, zumal die Frage, wer beweispflichtig ist, von den teilweise zufälligen Parteirollen abhängt.[149] Anders als im judizierten Fall, wird die Digitalisierung nicht nur fliegende Modelle der Geschäftsführung begünstigen, sondern einen Schritt weiter führen, indem auf analoge Geschäftsführungen (zugunsten virtueller) gänzlich verzichtet werden kann. Nicht zuletzt offenbart die zunehmende Digitalisierung erhebliche Schwächen der Sitztheorie, denn es kann zur Gründung einer Gesellschaft kommen, ohne dass die Gründer überhaupt jemals an einem Ort zusammengekommen sind. In solchen Fällen kann nicht „ausnahmsweise" aufgrund von Beweisschwierigkeiten von der einen (Sitz-) zur anderen (Gründungstheorie) Anknüpfung übergegangen werden. Denn es ist schon nicht klar, welche Tatsachen konkret dargelegt und bewiesen werden müssten und ob dies überhaupt möglich ist. Es ist also unangebracht, weiter an der Sitztheorie festzuhalten.[150] Die Schwierigkeiten offenbaren, dass sich die Anwendung der Sitztheorie nicht im modernen, digitalisierten Rechtsverkehr zu behaupten vermag. Freilich stellt dieser Umstand auch die Gründungstheorie vor Herausforderungen, wenn bei einer digitalen Gründung unter Umständen kein Gründungsort mehr zu identifizieren ist.[151] Denkbar ist dies etwa für Personenzusammenschlüsse freiberuflich tätiger Personen, die sich digital kennengelernt haben und auch ihre Produkte oder Dienstleistungen nur digital anbieten und vertreiben. Auch DAOs lassen sich hier anführen.[152] Sollte die Gesellschaft also sowohl intern als auch extern nur digital agieren, ist eine Standortbestimmung nicht mehr rechtssicher möglich, wenn mehrere Gesellschafter aus verschiedenen Staaten zusammenkommen. Die Ermittlung des Gesellschaftssitzes nach der Sitztheorie wird bei zunehmender Digitalisierung der Willensbildung sowie auch des Geschäftsbe-

---

[147] OLG Frankfurt a.M. Urt. v. 23.06.1999 – 22 U 219/97, NZG 1999, 1097 (1098); *Hahn*, NZG 2022, 684 (694).

[148] *Borges*, RIW 2000, 167 (168 f.); *Hausmann*, in: Reithmann/Martiny, Internationales Vertragsrecht, Rn. 6.74 ff.; *Kindler*, EWiR 1999, 1081 (1082).

[149] *Hausmann*, in: Reithmann/Martiny, Internationales Vertragsrecht, Rn. 6.75; ähnlich auch *Kegel*, in: Anwendung ausländischen Rechts im IPR, S. 157 (183); *M. Mann*, in: Braegelmann/Kaulartz, Smart Contracts, Kap. 17 Rn. 26.

[150] A.A. *Hausmann*, in: Reithmann/Martiny, Internationales Vertragsrecht, Rn. 6.76.

[151] Zu den möglichen Anknüpfungspunkten der Gründungstheorie S. 49 ff.

[152] *Fleischer*, ZIP 2021, 2205 (2209); *Lehmann*, in: Omlor/Link, Kryptowährungen und Token, Kap. 5 Rn. 238 zur Lokalisierung nach der Gründungs- und Rn. 239 zur Lokalisierung nach der Sitztheorie; *M. Mann*, in: Braegelmann/Kaulartz, Smart Contracts, Kap. 17 Rn. 21, 24; *Mienert*, DAOs und Gesellschaftsrecht, S. 82 f., 88 f.; *ders.*, RDi 2021, 384 (386); *Spindler*, RDi 2021, 309 (314); *Simmchen*, MMR 2017, 162 (165); *Teichmann*, ZfPW 5 (2019), 247 (270); zur vergleichbaren Situation bei der Bestimmung des anwendbaren Rechts auf den Handel von Kryptowährungen *Wendelstein* RabelsZ 86 (2022), 644 ff.

triebs selbst also immer komplizierter bis unmöglich.[153] Nichts anderes gilt für die Wechselbalgtheorie, da sie nicht anders als die reine Sitztheorie lokalisiert, sondern nur andere Rechtsfolgen entstehen lässt. Die derzeitige allseitige und einheitliche Sitztheorie ist nicht mehr vertretbar.

dd) Pauschales Misstrauen ungerechtfertigt

Die Sorge, Gesellschafter könnten durch subjektive Wahl des Gründungsorts und nach der Gründungstheorie damit auch des Gründungsrechts Schutzstandards am späteren Tätigkeitsort umgehen, mag im Ansatz berechtigt sein. Die Sorge rechtfertigt jedoch keine protektionistische Grundanknüpfung. Es stehen allgemeine international-privatrechtliche Instrumente zur Verfügung, wie beispielsweise die Sonderanknüpfung von Eingriffsnormen oder der *ordre public*-Vorbehalt, die ein im Einzelfall unbilliges Ergebnis korrigieren können.[154] Gegenüber mitgliedstaatlich gegründeten Gesellschaften kann ein solcher Missbrauch jedenfalls nicht pauschal angenommen werden, nur weil eine Briefkastengesellschaft gegründet wurde, mit deren Hilfe Vorschriften, etwa zur Mindestkapitalaufbringung, umgangen werden sollen.[155] In anderen Situationen eröffnet die missbräuchliche Berufung auf das Gründungsrecht aber gar nicht erst den Anwendungsbereich der Niederlassungsfreiheit.[156]

Im Ergebnis ist festzuhalten, dass das Schutzanliegen der Sitztheorie zumindest in Teilen zweifelhaft ist. Ungeachtet dessen ist die Sitztheorie aber auch nicht dazu in der Lage, dieses Schutzanliegen treffsicher und mit den richtigen rechtlichen Instrumenten zu verwirklichen.

c) Verfassungswidrigkeit der Sitztheorie

Neben ihrer Ineffektivität spricht auch ihre Verfassungswidrigkeit gegen die Sitztheorie. Wie jede nationale Rechtsnorm müssen auch die Normen des Internationalen Privatrechts mit dem Grundgesetz vereinbar sein, Art. 1 Abs. 3 GG.[157] Da die Sitztheorie in die Parteiautonomie der Gesellschafter und damit deren Grundrechte gem. Art. 2 Abs. 1 GG dadurch eingreift,[158] dass sie die Entscheidung der Gründung nach einem bestimmten Recht nicht respektiert, muss

---

[153] *Scheuermann*, IZVR bei Verträgen im Internet, S. 24; zu allgemeinen Schwierigkeiten bei der Lokalisierung ders Verwaltungssitzes *F. A. Mann*, in: FS Wolff, S. 271 (284) sowie *Sandrock*, in: Internationalrechtliche Probleme multinationaler Korporationen, S. 169 (181 f.).

[154] *Kropholler*, IPR, S. 575; *Lieder/Hilser*, ZHR 185 (2021), 471 (500 f.); *M.-P. Weller*, in: FS Hommelhoff, S. 1275 (1287 f.).

[155] EuGH Urt. v. 09.03.1999 – Rs. C-212/97 (*Centros*), ZIP 1999, 438 (439); *M. Roth*, in: Hopt, HGB, Einl. Vor § 105 Rn. 29; siehe S. 23.

[156] *Kindler*, in: MüKoBGB, Int. HGR Rn. 434.

[157] BVerfG Beschl. v. 04.05.1971 – 1 BvR 636/68, NJW 1971, 1509 (1510 ff.); *C. v. Bar/Mankowski*, IPR, Bd. 1, § 4 Rn. 49; *Mankowski*, in: FS v. Bar, S. 225 (232).

[158] Siehe S. 12 ff. zum Schutz der Parteiautonomie durch Art. 2 Abs. 1 GG sowie *Beitzke*, GG und IPR, S. 16 f.

sie, um verfassungsrechtlich, insbesondere aus rechtsstaatlichen Erwägungen
(Art. 20 Abs. 3 GG), unbedenklich zu sein, entweder auf einer gesetzlichen
Grundlage oder vorkonstitutionellem Gewohnheitsrecht beruhen.[159] Mangels
Kodifikation scheidet die erste verfassungsmäßige Grundlage der Sitztheorie
aus.

Es handelt sich bei der Sitztheorie auch nicht um vorkonstitutionelles Recht,
das dem Grundgesetz nicht widerspricht, Art. 123 Abs. 1 GG. Unter „Recht" ist
auch Gewohnheitsrecht zu verstehen.[160] Um Gewohnheitsrecht darzustellen,
müsste die Sitztheorie nicht nur längerer, ständiger und gleichmäßiger Übung
unterliegen, sondern auch von allgemeiner Rechtsüberzeugung getragen werden, inhaltlich hinreichend präzise sein und heute noch als verbindlich anerkannt werden.[161] Jede dieser Voraussetzungen ist zumindest zweifelhaft. Ungeachtet der damaligen praktischen Übung war die Sitztheorie nie *allgemeine*
Rechtsüberzeugung.[162] Betrachtet man die vorkonstitutionelle Zeit (beziehungsweise die Zeit bis zum 07. September 1949),[163] war die Sitztheorie in Literatur und Rechtsprechung zwar durchaus und gegebenenfalls auch als herrschend anerkannt,[164] aber bei weitem nicht unbestritten, denn namhafte Stimmen wandten sich gegen sie.[165] Auch ist die Sitztheorie nicht hinreichend präzise, wie die Modifikationen der Sitztheorie zeigen.[166] Schließlich wird die
Sitztheorie heute nicht mehr als verbindlich anerkannt, da sich infolge der
Rechtsprechung des EuGH wenigstens ein gespaltenes Anknüpfungssystem
durchgesetzt hat, das gegenüber mitgliedstaatlich gegründeten Gesellschaften
deren Gründungsrecht berufen wissen möchte.[167] Aufgrund des MoMiG und
des MoPeG wird teilweise gar von einer völligen Abkehr von der Sitztheorie
gesprochen.[168] Im Ergebnis handelt(e) es sich bei der Sitztheorie nicht um Gewohnheitsrecht.[169] Teilweise wird zudem vertreten, dass vorkonstitutionelles

---

[159] BVerfG Beschl. v. 28.06.1967 – 2 BvR 143/61, NJW 1967, 2051 (2052); *Grasmann*,
System des IntGesR, Rn. 131 ff.

[160] BVerfG Beschl. v. 27.01.1976 – 1 BvR 2325/73, NJW 1976, 1309 (1310); *Giegerich*,
in: Maunz/Dürig/Herzog/Scholz, GG, Art. 123 Rn. 20; *Wittreck*, in: Dreier, GG, Art. 123
Rn. 20.

[161] BVerfG Beschl. v. 27.01.1976 – 1 BvR 2325/73, NJW 1976, 1309 (1310); Beschl. v.
28.06.1967 – 2 BvR 143/61, NJW 1967, 2051 (2052).

[162] So auch die Einschätzung von *Grasmann*, System des IntGesR, Rn. 140; *Loose*, Der
grenzüberschreitende Formwechsel von Kapitalgesellschaften, S. 46.

[163] *Wittreck*, in: Dreier, GG, Art. 123 Rn. 21.

[164] So die Einschätzung von *M. Wolff*, IPR, S. 116, insb. dort Fn. 8; *Melchior*, Grundlagen
des deutschen IPR, S. 466.

[165] Vgl. *Frankenstein*, IPR, Bd. 1, S. 458 ff.; *Nussbaum*, IPR, S. 187 ff.; zur Relevanz eines erheblichen Widerstandes aus Teilen der Rechtswissenschaft *Enneccerus/Nipperdey*,
BGB AT, S. 267 f.

[166] Siehe S. 36; *Grasmann*, System des IntGesR, Rn. 140.

[167] Siehe S. 24 ff.

[168] Siehe S. 36 ff.

[169] *Grasmann*, System des IntGesR, Rn. 140; a.A. *Kindler*, in: MüKoBGB, Int. HGR Rn. 5
m.w.N.; *Steinrötter*, GPR 2012, 119 (126); *M.-P. Weller*, in: FS Goette, S. 583 (589).

Gewohnheitsrecht – anders als zu früheren Zeiten – nicht mehr Grundrechtsbeschränkungen rechtfertigen könne.[170] Aber auch die Gegenansicht, nach der vorkonstitutionelles Gewohnheitsrecht Grundrechte beschränken kann, wenn es in der nachkonstitutionellen Zeit ebenso die Voraussetzungen der gewohnheitsrechtlichen Geltung erfüllt,[171] was aber im Falle der Sitztheorie aufgrund der (immer größer werdenden) Kritik nicht gegeben ist, kommt zu keinem anderen Ergebnis. Auch bei einer Differenzierung nach Eingriffsintensität[172] kann sich die Sitztheorie verfassungsrechtlich nicht behaupten, da sie gegebenenfalls zur Negierung der Existenz einer Gesellschaft führt und in der Folge die Gesellschafter (möglicherweise horrenden) Haftungsrisiken aussetzt, was einen besonders intensiven Grundrechtseingriff darstellt.

Darüber hinaus ist nicht ausgeschlossen, dass die Sitztheorie (beziehungsweise ihre Folgen) Gleichheitsrechte aus Art. 3 GG verletzt.[173] Zwar könnten sich durch die Sitztheorie betroffene Gesellschaften möglicherweise gar nicht auf Grundrechte berufen, Art. 19 Abs. 3 GG; die umso größeren Einschnitte würden aber bei persönlicher Haftung die dahinterstehenden Gesellschafter erleiden, die wegen der Sitztheorie ihre Haftungsbeschränkung verlieren können.[174] Das Problem des Grundrechtsschutzes stellt sich hier nicht. Auch aus diesem Grunde kann die Sitztheorie nicht gem. Art. 123 Abs. 1 GG fortgelten, da sie materiellen[175] Vorschriften des Grundgesetzes widerspricht. Im Ergebnis ist die Sitztheorie aus diversen Gründen verfassungswidrig.

d) Unvereinbarkeit mit Unionsrecht

Schließlich ist die als Einheitstheorie vertretene Sitztheorie nicht mit Unionsrecht vereinbar, denn sie darf gegenüber ausländischen Gesellschaften, die in den Anwendungsbereich der Niederlassungsfreiheit fallen, nicht angewendet werden, da diese Gesellschaften nach der Sitztheorie nicht anerkannt würden.[176] Dies gilt auch für die Wechselbalgtheorie, da sie ebenso wenig die ausländische

---

[170] *Pieroth,* JURA 2013, 248 (254) „seit den siebziger Jahren des vorigen Jahrhunderts allgemein anerkannt"; insofern im Gegensatz zu BVerfG Beschl. v. 28.06.1967 – 2 BvR 143/61, NJW 1967, 2051 (2052).

[171] *Jarass,* in: Jarass/Pieroth, GG, Art. 123 Rn. 8 (insofern ist der Verweis von *Pieroth,* JURA 2013, 248 (254) dort Fn. 36 unverständlich); *Seiler,* in: BeckOK GG, Art. 123 Rn. 6.1., Stand: 15.02.2023.

[172] *H. A. Wolff,* in: v. Mangoldt/Klein/Starck, GG, Art. 123 Rn. 35.

[173] *Balthasar,* RIW 2009, 221 (224); *Beitzke,* GG und IPR, S. 17 ff.

[174] *Balthasar,* RIW 2009, 221 (224).

[175] *Broemel,* in: v. Münch/Kunig, GG, Art. 123 Rn. 10; *Jarass,* in: Jarass/Pieroth, GG, Art. 123 Rn. 8.

[176] *Christ,* Ltd. und S.à.r.l., S. 256; *Fleischer,* in: Lutter, Europäische Auslandsgesellschaften, S. 49 (93 f.); *Gottwald,* in: MüKoZPO, Art. 63 Brüssel Ia-VO Rn. 6; zur Vereinbarkeit mit Art. 58 EWGV der Sitztheoretiker *Großfeld,* RabelsZ 31 (1967), 1 (16 ff.); *Lieder/Hilser,* ZHR 185 (2021), 471 (478); *Wilhelm,* Kapitalgesellschaftsrecht, Rn. 146; *Zimmer,* RabelsZ 67 (2003), 298 (307 f.); teilweise anders bei Stiftungen, *A. Arnold,* in: FS Schack, S. 1 (10 f.) m.w.N.

Gesellschaft als solche anerkennt und dadurch zusätzliche Haftungsrisiken, insbesondere die persönliche Gesellschafterhaftung, schafft.[177] Gegenüber drittstaatlich gegründeten Gesellschaften ist die Anwendung der (modifizierten) Sitztheorie, vorbehaltlich anderslautender Staatsverträge, *de lege lata* aus unionsrechtlicher Perspektive nicht zu beanstanden.[178] Der BGH rezipiert diese Umstände, indem er – jeweils als Einheitslehre – gegenüber Gesellschaften, die in einem Mitgliedstaat der Europäischen Union gegründet worden sind, die Gründungstheorie,[179] gegenüber Gesellschaften, die nach drittstaatlichem Recht gegründet worden sind, weiterhin die Sitztheorie anwendet.[180] Als allseitige Kollisionstheorie ist die Sitztheorie deshalb unionsrechtswidrig.

e) Zwischenergebnis

Die Sitztheorie ist ineffektiv und verstößt gegen nationales Verfassungsrecht sowie europäisches Unionsrecht. Sie ist daher abzulehnen.

IV. Gründungstheorien

Neben der Sitztheorie wird ebenfalls die Gründungstheorie vertreten. Diese besteht in einer tradierten Reinform sowie in verschiedenen Abwandlungen, die Schwachstellen der Ursprungsform ausmerzen sollen.[181]

---

[177] BGH Urt. v. 13.03.2003 – VII ZR 370/98, NJW 2003, 1461 (1461 f.); *Fleischer*, in: Lutter, Europäische Auslandsgesellschaften, S. 49 (94).

[178] Vgl. *Steinrötter*, GPR 2012, 119 (126).

[179] BGH Beschl. v. 22.11.2016 – II ZB 19/15, ZIP 2017, 421 (422 f.) Rn. 22; Urt. v. 08.09.2016 – III ZR 7/15, ZIP 2016, 2060 (2061) Rn. 13; Urt. v. 13.03.2003 – VII ZR 370/98, NJW 2003, 1461; *Gottwald*, in: MüKoZPO, Brüssel-Ia-VO, Art. 24 Rn. 30.

[180] Eine britische private company limited by shares kann sich seit dem Brexit nicht mehr auf die zur Anwendung der Gründungstheorie führende Niederlassungsfreiheit des AEUV berufen, BGH Beschl. v. 16.02.2021 – II ZB 25/17, ZIP 2021, 566 (566); OLG München Urt. v. 05.08.2021 – 29 U 2411/21 Kart, GmbHR 2021, 1152 (1153 f.) Rn. 12 f., 20 – wohl auch auf andere britische Gesellschaftsformen übertragbar; ob sich die Anerkennung aus dem Handels- und Kooperationsabkommen zwischen der Europäischen Union und der Europäischen Atomgemeinschaft einerseits und dem Vereinten Königreich Großbritannien und Nordirland andererseits v. 24.12.2020, ABl. L 444, S. 14 ergibt, ist umstritten, dagegen OLG München Urt. v. 05.08.2021 – 29 U 2411/21 Kart, GmbHR 2021, 1152 (1154 f.) Rn. 21 f.; dazu und zu vergleichbaren österreichischen Entscheidungen *Thomale/Lukas*, IPRax 2023, 162 (165 ff.); *Blücher/Spiering*, GWR 2023, 97 (98); *Habighorst*, EuZW 2021, 955 (958) bezeichnet das Vereinte Königreich als „einfache[n] Drittstaat"; *Lieder/Bialluch*, EWiR 2021, 423 (424); *Schollmeyer*, NZG 2021, 692 (694 f.); dafür *H.-J. Fischer*, NZG 2021, 483 (484); *J. Schmidt*, EuZW 2021, 613 (618).

[181] *Kindler*, in: MüKoBGB, Int. HGR Rn. 390.

1. Kernaussage der Gründungstheorie

Nach der Gründungstheorie ist für eine Gesellschaft allein dasjenige Recht maßgeblich, nach dem sie gegründet wurde.[182] Dieses Gesellschaftsstatut haben ausländische Rechtsordnungen – bis zur Grenze des *ordre public* – nach dem Motto „Einmal anerkannt – überall anerkannt"[183] zu respektieren. Dies hat zur Folge, dass Gründer ihre Gesellschaft weltweit in der nach ihrer Ansicht best-geeigneten Rechtsform gründen können, um den tatsächlichen Verwaltungssitz sodann dorthin zu verlegen, wo sie werbend tätig werden möchten („*societas shopping*"[184]).

2. Der Gründungsort als Anknüpfungspunkt

Unabhängig von den einzelnen Ausprägungen der Gründungstheorien, stützen sie sich auf den Gründungsort als Anknüpfungspunkt. Was darunter genau zu verstehen ist, ist nicht eindeutig.[185] Soweit ein wesentliches Argument der Gründungstheoretiker ist, die Gründungstheorie sei rechtssicherer als die Sitztheorie,[186] muss die Gründungstheorie aber einen rechtssicher handhabbaren Anknüpfungspunkt vorweisen, da sie ansonsten dieselbe Kritik auf sich ziehen würde. Anknüpfungspunkte, die diese Voraussetzungen nicht erfüllen, scheiden von vornherein aus.

a) Recht des Gründungsgeschäfts

Betrachtet man den Lebenszyklus einer Gesellschaft chronologisch, beginnt er mit dem Entschluss der Gesellschafter, eine Gesellschaft zu gründen. Vorge-schlagen wird deshalb, die Gesellschaft dem Recht zu unterwerfen, das auf ihr Gründungsgeschäft Anwendung fand.[187] Der Entschluss mehrerer Personen, ei-nen gemeinsamen Zweck zu verfolgen und diesen zu fördern, führt nach deut-

---

[182] *Ego*, in: MüKoAktG, EuAktR, B. Rn. 212; umfassende rechtsvergleichende Bestands-aufnahme für EU-Mitgliedstaaten in *H.-J. Fischer*, NZG 2021, 483 (486 ff.); *Großfeld*, in: Staudinger, BGB, IntGesR Rn. 20; *Herdegen*, Int. Wirtschaftsrecht, § 16 Rn. 4, auch zu an-deren EU-Staaten, wie z.B. Irland und den Niederlanden, die herrschend die Gründungsthe-orie vertreten, unabhängig davon, wo eine Gesellschaft gegründet wurde, also auch gegen-über Drittstaaten; *Wiedemann*, Gesellschaftsrecht, Bd. 1, S. 783; *Zimmer*, RabelsZ 67 (2003), 298 (302 ff.).

[183] *Knobbe-Keuk*, ZHR 154 (1990), 325 (327); *Wiedemann*, Gesellschaftsrecht, Bd. 1, S. 783; *ders.*, Gesellschaftsrecht, Bd. 2, S. 58.

[184] *C. Ahrens*, Wirtschaftsprivatrecht, S. 91; *M.-P. Weller*, in: MüKoGmbHG, Einl. Rn. 356.

[185] *C. v. Bar/Mankowski*, IPR, Bd. 2, § 7 Rn. 79; *H.-J. Fischer*, NZG 2021, 483 (484); *Hoffmann*, ZVglRWiss 101 (2002), 283 ff.; *Zimmer*, RabelsZ 67 (2003), 298 (299 f.).

[186] *Behrens/Hoffmann*, in: Habersack/Casper/Löbbe, GmbHG, Einl. Rn. B 51; *Grasmann*, System des IntGesR, Rn. 472, 474; *Kropholler*, IPR, S. 575; *Sandrock*, in: FS Beitzke, S. 669 (671).

[187] Vgl. *Grasmann*, System des IntGesR, Rn. 90 ff.; *M.-P. Weller*, in: MüKoGmbHG, Einl. Rn. 355.

schem Recht *ipso iure* zur (konkludenten[188]) Gründung einer BGB-Gesellschaft, § 705 Abs. 1 BGB. Dabei kommt es nicht darauf an, ob schlussendlich eine Kapitalgesellschaft entstehen soll, da, bevor diese zum Handelsregister angemeldet und eingetragen wird, eine sogenannte Vorgründungsgesellschaft als Personengesellschaft besteht.[189] Für dieses erste Gründungsstadium wird teilweise eine Anknüpfung nach dem Vertragsstatut vorgeschlagen,[190] sodass das Gesellschaftsstatut letztlich gegebenenfalls vom Vertragsstatut abhängen könnte. Aufgrund der Bereichsausnahme für das Gesellschaftsrecht in der Rom I-VO für das anwendbare Recht auf vertragliche Schuldverhältnisse, Art. 1 Abs. 2 lit. f Rom I-VO, scheint es aber unpassend, das Statut der „fertigen" Gesellschaft an das Vertragsstatut zu koppeln. Eine Anknüpfung an einen zu frühen Zeitpunkt im Gründungsprozess scheidet also aus. An die Vorgründungsgesellschaft schließt sich bei Kapitalgesellschaften mit notariellem Abschluss des Gesellschaftsvertrags die Vorgesellschaft an,[191] welche mit Eintragung der Gesellschaft im Handelsregister in die AG oder GmbH mündet. Diese verschiedenen Stadien zeigen auf, dass die Gründung einer Gesellschaft mehr ein Prozess als ein einmaliges Gründungsgeschäft ist, das rechtssicher zu bestimmen wäre. Zudem zeigen sich Schwachstellen, wenn sich Gründer in einem Staat dazu entschließen, in einem anderen Staat eine Kapitalgesellschaft zu gründen.[192] Ebenso liegt es, wenn die Gründer (etwa aufgrund der Digitalisierung) aus verschiedenen Staaten agieren, nicht persönlich zusammenkommen oder von einem etwaigen Online-Gründungsverfahren in einem ganz anderen Staat Gebrauch machen. Die Anwendung dieses Anknüpfungspunktes ist somit nicht geeignet, entweder das Prinzip der engsten Verbindung, das der Rechtssicherheit oder das der Parteiautonomie zu verwirklichen. Aufgrund der Zufälligkeiten ist nicht auf den Ort des Gründungsgeschäfts abzustellen, das ohnehin weder präzise definiert noch präzise lokalisiert werden kann.

b) Recht des Satzungssitzes

Weiterhin könnte man an den in der Satzung der Gesellschaft angegebenen Sitz anknüpfen.[193] Gem. §§ 23 Abs. 3 Nr. 1 AktG, 3 Abs. 1 Nr. 1 GmbHG müssen deutsche Kapitalgesellschaften einen Sitz als Gründungsvoraussetzung bestim-

---

[188] *Geibel*, in: BeckOGK BGB, § 705 Rn. 17, Stand: 01.01.2019; *Sprau*, in: Grüneberg, BGB, § 705 Rn. 11.

[189] *Sprau*, in: Grüneberg, BGB, § 705 Rn. 5; *Ulmer/Löbbe*, in: Habersack/Casper/Löbbe, GmbHG, § 2 Rn. 55, 58.

[190] *Großfeld*, in: Staudinger, BGB, IntGesR Rn. 257; *Kindler*, in: MüKoBGB, Int. HGR Rn. 528, mit teilw. Ausnahmen zugunsten des Gesellschaftsstatuts; *W.-H. Roth*, ZGR 43 (2014), 168 (179) insb. zu Innengesellschaften.

[191] *Ulmer/Habersack*, in: Habersack/Casper/Löbbe, GmbHG, § 11 Rn. 1.

[192] *Grasmann*, System des IntGesR, Rn. 91; *Kaulen*, IPRax 2008, 389 (391).

[193] *Kaulen*, IPRax 2008, 389 (391); *Mankowski*, ZIP 2010, 800 (803); *M.-P. Weller*, in: MüKoGmbHG, Einl. Rn. 355; *Zimmer*, RabelsZ 67 (2003), 298 (311), der aber in den folgenden Vorschlägen eine Kongruenz von Satzungssitz und Hauptverwaltung erzwingen und bei Nichtbefolgen die Gesellschaft liquidieren will.

men. Dem gegenüber müssen Personengesellschaften keinen Sitz in ihrem Gesellschaftsvertrag angeben und sich unter Umständen nicht ins Handelsregister eintragen, um Rechtsfähigkeit zu erlangen, § 123 Abs. 2 HGB.[194] Sollten sie dennoch einen Sitz angeben, meint dieser Sitz den tatsächlichen Sitz der Gesellschaft.[195] Dies offenbart im Falle der Nichtangabe eines Sitzes mangelnde Rechtssicherheit für das Anknüpfungsmerkmal. Im Falle der Angabe des tatsächlichen Sitzes ergibt sich kein Unterschied zur Sitztheorie, da bei Personengesellschaften kein Auseinanderfallen von statutarischem und tatsächlichem Sitz denkbar war. Es wird jedoch vorgeschlagen, dass auch Personengesellschaften, sollte die Gründungstheorie auf sie anzuwenden sein, einen vom tatsächlichen Sitz abweichenden statutarischen Sitz in ihrem Gesellschaftsvertrag festlegen können sollten,[196] wie nun auch durch § 706 S. 2 BGB n.F. kodifiziert. Da sie dies jedoch weiterhin nicht müssen, eignet sich das Anknüpfungsmerkmal des Satzungssitzes nicht für eine umfassende Kollisionsnorm, die sowohl für Kapital- wie auch Personengesellschaften Geltung beansprucht.

c) Recht des Registerorts

Außerdem wird eine Anknüpfung des Gesellschaftsstatuts nach dem Ort der Registrierung der Gesellschaft vorgeschlagen.[197] Dies ist insbesondere für Kapitalgesellschaften (zumindest nach deutschem Verständnis) relevant, da sie ihre Rechtspersönlichkeit erst durch die konstituierende Eintragung im Handels- oder in einem vergleichbaren Register erlangen.[198] Zur Anmeldung ist der Gesellschaftsvertrag, inklusive der Angabe des Sitzes, der wiederum das zuständige Register bestimmt, beizufügen, §§ 37 Abs. 4 Nr. 1 AktG, 8 Abs. 1 Nr. 1 GmbHG. Für Kapitalgesellschaften ergibt sich daraus ein Gleichlauf zum statutarischen Sitz, da eine Registrierung der Gesellschaft das Erfüllen materiellrechtlicher Merkmale des Gesellschaftsrechts des Registerorts voraussetzt.[199] Der von eingetragenen Personengesellschaften anzugebende Sitz entspricht hingegen dem effektiven Verwaltungssitz. Einige Gesellschaften, insbesondere Vor- und BGB-(Vorgründungs-)Gesellschaften, sind nicht eintragungsfähig beziehungsweise eintragungspflichtig. Daran wird sich (aus deutscher Perspektive) auch nichts durch die Modernisierung des deutschen Personengesellschaftsrechts ändern. Diese räumt der kraft Gesetzes rechtsfähigen BGB-Gesellschaft lediglich das Recht ein, sich im Gesellschaftsregister einzutragen,

---

[194] *Kaulen*, IPRax 2008, 389 (391 f.).

[195] *Kaulen*, IPRax 2008, 389 (392); *Langhein*, in: MüKoHGB (4. Aufl.), § 106 Rn. 26; *M. Roth*, in: Hopt, HGB, § 106 Rn. 8. Mit Inkrafttreten des MoPeG ist aber auch die Wahl eines Vertragssitzes möglich; so nun auch *Fleischer*, in: MüKoHGB, § 106 Rn. 29 f.

[196] *M. Roth*, in: Hopt, HGB, § 106 Rn. 8.

[197] *Behrens*, IPRax 1989, 354 (355); *Hoffmann*, ZIP 2007, 1581 (1585); so auch der RefE des BMJV (Fn. 4); *M.-P. Weller*, in: MüKoGmbHG, Einl. Rn. 355.

[198] Vgl. §§ 11 Abs. 1 GmbHG, 41 Abs. 1 S. 1 GmbHG.

[199] *Behrens*, IPRax 2003, 193 (194); *ders.*, IPRax 1989, 354 (355); *ders./Hoffmann*, in: Habersack/Casper/Löbbe, GmbHG, Einl. Rn. B 51.

statuiert aber keine dahingehende Pflicht, §§ 705 Abs. 2, 707 Abs. 1 BGB n.F.[200] Es ist zwar davon auszugehen, dass sich viele BGB-Gesellschaften in das Gesellschaftsregister eintragen werden, da bestimmte Rechtsgeschäfte eine solche Eintragung voraussetzen werden,[201] eine rechtssichere Anknüpfung wird aber mangels Eintragungspflicht nicht für alle Gesellschaftsformen möglich sein. Ebenso wie eine Anknüpfung an das Recht des Satzungsorts, erfasst die Maßgeblichkeit des Rechts des Registerorts schon vor dem Hintergrund deutschen Rechts nicht alle Gesellschaftsformen. Für den Fall, dass sich die Gesellschaft aber eintragen lassen hat, ist das Anknüpfungsmerkmal transparent und rechtssicher.

d) Freie Rechtswahl der Gründer

Schließlich ist es denkbar, anstelle auf objektive, auf subjektive Anknüpfungsmerkmale abzustellen, namentlich auf eine freie Rechtswahl der Gesellschafter.[202] *C. v. Bar/Mankowski* bringen es auf den Punkt, wenn sie darlegen, es handle sich *de lege lata* nur um eine subjektive Wahl der Anknüpfungsmerkmale, deren Anknüpfung sich aber rechtstechnisch objektiv vollziehe; von einer direkten, unmittelbaren Rechtswahl sei deshalb nicht zu sprechen.[203] Es muss begrifflich also die freie Rechtswahl, bei der ungeachtet der errichteten Rechtsform der Gesellschaft das auf sie anwendbare Recht gewählt und bestimmt wird (Formulierungsbeispiel: „Auf alle Streitigkeiten zwischen der Gesellschaft und ihren Gesellschaftern sowie alle Streitigkeiten der Gesellschafter untereinander ist das Recht des Staates XY anzuwenden."), von der Rechtsformwahl,[204] bei der nur die Gesellschaftsform und das aus ihr folgende anwendbare Recht ausgewählt wird, unterschieden werden.

Würde Gesellschaften beziehungsweise ihren Gesellschaftern die Möglichkeit einer freien Rechtswahl zugebilligt, entstünden diverse Probleme.

Dies beginnt schon bei der Gründung, wenn die Gründer das Recht einer ausländischen Personen- oder Kapitalgesellschaft für ihre Gesellschaft als anwendbar wählten, da einer solchen Wahl der *numerus clausus* der Gesellschaftsformen entgegensteht. Dem lässt sich zwar zutreffend entgegenhalten, dass solch nationale Erwägungen – wie die eines *numerus clausus* – sachrechtlicher Natur und damit für ein neutrales Kollisionsrecht ohne Belang sind. Doch auch wenn man dies ausblenden sollte, stellt sich – ungeachtet einer weiteren rechtsvergleichenden Untersuchung – die Frage, welche Vorteile eine dennoch gewährte freie Rechtswahl mit sich bringen würde. Sollten die Gründer eines

---

[200] *Bachmann*, NZG 2020, 612 (615); *Noack*, NZG 2020, 581 (582).

[201] Bspw. §§ 67 Abs. 1 S. 3 AktG-RegE, 47 Abs. 2 GBO-RegE; *Wilhelm*, NZG 2020, 1041 (1043 f.).

[202] Erwähnt von *M.-P. Weller*, in: MüKoGmbHG, Einl. Rn. 355.

[203] *C. v. Bar/Mankowski*, IPR, Bd. 2, § 7 Rn. 77.

[204] Insofern missverständlich von der „Rechtswahl" sprechend *Schanze/Jüttner*, AG 2003, 661 (662); „Rechtswahlfreiheit" *J. Schmidt*, EuZW 2021, 613 (619); „indirekte Rechtswahlimplikationen" erkennt *Steinrötter*, GPR 2012, 119 (127).

irgendwie gearteten Personenzusammenschlusses auf diesen ein bestimmtes Recht für anwendbar erklären, können nur Gesellschaftsformen des gewählten Rechts errichtet werden. Dafür ist die Gewährung von direkter, freier Rechtswahl nicht erforderlich, da dies (im Falle von Kapitalgesellschaften) schon *de lege lata* vor den zuständigen Hoheitsträgern möglich ist. Zudem ist keine Rechtsordnung bekannt, die keinen *numerus clausus* ihrer Gesellschaftsrechtsformen beinhaltet.[205] Ebenso kann eine bestimmte Gesellschaftsform nicht nach anderem (ausländischem) Recht gegründet werden, da dieses keine Vorschriften für die begehrte Gesellschaftsform bereithält.

Dies verdeutlicht folgendes Beispiel nach deutschem Recht, dem ebenfalls ein *numerus clausus* immanent ist:[206] Würden Gründer eine US-amerikanische LLC nach deutschem Recht gründen wollen, fänden sie im gewählten deutschen Recht keine Normen, die diese Gründung regelten. Auch könnten sie keine LLC in ein deutsches Register eintragen lassen und damit keine Haftungsbegrenzung auf das Gesellschaftsvermögen herbeiführen. Da die Gesellschaftsform der LLC dem deutschen Recht fremd ist, würde für das durch die Gründer erschaffene Konstrukt das Recht einer BGB-Gesellschaft beziehungsweise einer OHG gelten. Das Ergebnis käme dem der Wechselbalgtheorie gleich. Die Rechtswahl zugunsten einer spezifischen Rechtsform würde die Gesellschafterinteressen genauso wenig verwirklichen, denn eine US-amerikanische LLC, auf die das Recht einer deutschen Gesellschaft mit beschränkter Haftung Anwendung finden soll, wäre als solche mangels Registereintragung nicht existent.

Auch einer Rechtswahl für wirksam errichtete Gesellschaften steht der *numerus clausus* im Wege. Es böte den Gesellschaftern einer LLC keinen Vorteil, deutsches (GmbH-)Recht zu wählen, da, sofern nicht alle Voraussetzungen einer GmbH erfüllt sein sollten (jedenfalls die Eintragung als solche wird fehlen), die Gesellschaft ebenso inexistent würde. In beiden Fällen würde die Haftungsbeschränkung der Gesellschafter, die im Rahmen der Rechts*form*wahlfreiheit existent bliebe, verloren gehen. Anstelle der Anerkennung als ausländische Gesellschaft, droht eine Subsumtion des Zusammenschlusses unter *ipso iure* entstehende, inländische Rechtsformen.[207] Es besteht im Ergebnis kein Bedürfnis der Gesellschafter einer haftungsbeschränkten Kapitalgesellschaft auf ihre Gesellschaft ein ausländisches Gesellschaftsrecht anzuwenden. Sinnvoll ist eine freie Rechtswahl also nur dann, wenn es zum Entstehen und Aufrechterhalten

---

[205] Nach *Wiedemann*, Gesellschaftsrecht, Bd. 1, S. 73 herrscht der *numerus clausus* „überall".

[206] *Kaulen*, IPRax 2008, 389 (393 f.) auch mit Hinweis auf den für das folgende Beispiel relevanten Art. XXV Abs. 5 S. 2 DAF-V; *K. Schmidt*, Gesellschaftsrecht, S. 96 ff.; *Wiedemann*, Gesellschaftsrecht, Bd. 1, S. 73.

[207] Ähnlich auch der eigentlich eine freie Rechtswahl – zumindest für das gesellschaftliche Innenverhältnis – fordernde *Grasmann*, System des IntGesR, Rn. 520; erst nach wirksamer Gründung (Erfüllung auch konstitutiver Gründungsvoraussetzungen) könne eine Gesellschaft ihr Statut frei bestimmen.

der Gesellschaft keiner rechtsformspezifischen Registereintragung bedürfte und die Gesellschaft keine Haftungsbeschränkung verlieren kann.[208]

Es entstehen auch Probleme mit der Rechtssicherheit und dem Verkehrsschutz, da bei freier Rechtswahl ungeachtet der Rechtsform die Angabe der Rechtsform im Rechtsverkehr nicht mehr aussagekräftig wäre, denn mit der Rechtsform verbundene Standards für Gläubiger und andere Stakeholder wären gegebenenfalls nicht erfüllt.[209]

Möglich wäre es an dieser Stelle, am *numerus clausus* der Gesellschaftsrechtsformen festzuhalten, jedoch die Gründung all jener Rechtsformen im Inland zuzulassen, die ohnehin bei Zuzug aus dem Ausland anerkannt würden. Im Ergebnis macht es nämlich keinen Unterschied, ob eine US-amerikanische LLC zunächst in den USA gegründet wurde und anschließend zuzieht oder unmittelbar in einem EU-Mitgliedstaat errichtet wird. Dies würde im Ergebnis auch keine freie Rechtswahl der Gesellschafter, sondern nur eine Erweiterung der wählbaren Rechtsformen, deren vorgegebene Voraussetzungen nicht anders als bisher erfüllt sein müssten, bedeuten. Dies hieße jedoch, dass das nationale Gesellschaftsrecht faktisch alle Gesellschaftsrechte der Welt in sich aufnehmen würde.

Schließlich kann die subjektive Anknüpfung fehlschlagen, wenn die Gesellschafter sich nicht oder jedenfalls nicht wirksam auf ein anzuwendendes Recht geeinigt haben.[210] Ähnliche Schwächen sind aber, wie dargelegt, auch den Anknüpfungen an den Satzungssitz oder den Registerort immanent. An dieser Stelle ist an DAOs zu denken, die häufig keine Rechtswahlvereinbarung treffen,[211] obgleich sie es sind, die sich weder eintragungspflichtig noch haftungsbegrenzend konstituieren und deshalb möglicherweise von einer freien Rechtswahl profitieren könnten. Doch auch in dem Falle könnten sie nicht eine deutsche OHG ausländischem Recht unterwerfen, sondern lediglich dasjenige Recht bestimmen, unter dessen *numerus clausus* der Zusammenschluss subsumiert werden soll.

Im Ergebnis sprechen jedoch die überwiegenden Gründe dafür, die freie Rechtswahl im Lichte der Gründungstheorie nicht zum maßgeblichen Anknüpfungsmerkmal zu bestimmen.

3. Modifikationen der Gründungstheorie

Neben Differenzen darüber, wie der Anknüpfungspunkt der Gründungstheorie zu bestimmen ist, gibt es unterschiedliche Auffassungen in Bezug auf die Reichweite der Anknüpfung an das Gründungsrecht. Im Folgenden werden die wesentlichen Modifikationen der Gründungstheorie beleuchtet.

---

[208] Dazu siehe S. 83 ff.

[209] *Kaulen*, IPRax 2008, 389 (393).

[210] *Kaulen*, IPRax 2008, 389 (393 f.).

[211] *Fleischer*, ZIP 2021, 2205 (2208); *Teichmann*, ZfPW 5 (2019), 247 (270); a.A. zur Vereinbarung eines Vertragssitzes i.S.d. § 706 BGB n.F. *Kindler*, ZfPW 8 (2022), 409 (414).

a) Einschränkungen von Behrens und Hoffmann

Nach *Behrens* und *Hoffmann* ist im Grundsatz das Recht des Gründungsorts maßgeblich. In bestimmten Fällen sei davon aber abzuweichen. *Behrens* und *Hoffmann* erkennen an, dass auch andere Rechtsordnungen als die des Gründungsstatuts ein legitimes Interesse an der Geltung bestimmter nationaler Normen haben können.[212] Diese sollen im Rahmen von Sonderanknüpfungen Geltung erfahren.[213] Diese seien aber nicht stets dem Recht am Ort des tatsächlichen Verwaltungssitzes, sondern stets dem Recht des Ortes zu entnehmen, an dem der Kontakt mit der durch die Sonderanknüpfung zu schützenden Person stattgefunden hat.[214] Als einer Sonderanknüpfung zugänglich definieren *Behrens* und *Hoffmann* erstens alle Normen, die schon nicht zum Gesellschaftsstatut gehören, und solche, die dem öffentlichen Recht zugehören und deshalb ihren Geltungsanspruch aus dem Territorialitätsprinzip ableiten.[215] Zweitens gehörten dazu Eingriffsnormen, welche im Gesellschaftsrecht aber nicht anzutreffen seien.[216] Zuletzt seien auch international zwingende Normen des Gesellschaftsrechts gesondert anzuknüpfen. Gemeint sind damit zwingende Regelungen des inländischen Gesellschaftsrechts (*ius cogens*).[217] Für den Schutz der Mit- beziehungsweise Minderheitsgesellschafter sollen solche Normen jedoch ebenfalls nicht existieren. Mitgesellschafterschutz sei stets dem allgemeinen Gesellschaftsstatut unterworfen und solle nur in Ausnahmefällen über den allgemeinen *ordre public* zu korrigieren sein.[218] Schließlich seien sich Minderheitsgesellschafter darüber im Klaren, an welcher Gesellschaft sie sich beteiligen und bedürften deshalb keines ergänzenden Schutzes.[219] Auch Kleinanleger, die sich über den Kapitalmarkt an einer Gesellschaft beteiligen, seien durch das Kapitalmarktrecht, insbesondere durch die daraus resultierenden Publizitätspflichten, hinreichend geschützt.[220] Das Internationale Kapitalmarktrecht sei nicht vom Gesellschaftsstatut umfasst.[221] Denkbar erscheint aber eine Sonderanknüpfung zugunsten des Gläubigerschutzes, etwa von Mindestkapital-

---

[212] *Behrens/Hoffmann*, in: Habersack/Casper/Löbbe, GmbHG, Einl. Rn. B 63.

[213] *Behrens/Hoffmann*, in: Habersack/Casper/Löbbe, GmbHG, Einl. Rn. B 67; dafür auch *Knobbe-Keuk*, ZHR 154 (1990), 325 (345); zur Begriffsprägung *Wengler*, ZVglRWiss 54 (1941), 168 (211); *Zweigert*, RabelsZ 14 (1942), 283 (288 ff.).

[214] *Behrens/Hoffmann*, in: Habersack/Casper/Löbbe, GmbHG, Einl. Rn. B 79.

[215] *Behrens/Hoffmann*, in: Habersack/Casper/Löbbe, GmbHG, Einl. Rn. B 68.

[216] *Behrens/Hoffmann*, in: Habersack/Casper/Löbbe, GmbHG, Einl. Rn. B 69; a.A. *Gössl*, in: Jung/Krebs/Stiegler, Gesellschaftsrecht in Europa, § 11 Rn. 57 ff.; *Habersack/Verse*, Europäisches Gesellschaftsrecht, § 3 Rn. 28 f.; *M.-P. Weller*, IPRax 2017, 167 (174 f.).

[217] *Behrens/Hoffmann*, in: Habersack/Casper/Löbbe, GmbHG, Einl. Rn. B 71.

[218] *Behrens/Hoffmann*, in: Habersack/Casper/Löbbe, GmbHG, Einl. Rn. B 76.

[219] *Behrens/Hoffmann*, in: Habersack/Casper/Löbbe, GmbHG, Einl. Rn. B 76; vgl. auch *Eidenmüller/Rehm*, ZGR 33 (2004), 159 (182 f.); *Knobbe-Keuk*, ZHR 154 (1990), 325 (346).

[220] *Behrens*, RabelsZ 52 (1988), 498 (514 f.).

[221] So selbst *Behrens/Hoffmann*, in: Habersack/Casper/Löbbe, GmbHG, Einl. Rn. B 90; vgl. auch *Engel*, Internationales Kapitalmarktdeliktsrecht (2019); *Thomale*, RabelsZ 84 (2020), 841 ff.

vorschriften. Problematisch ist an dieser Stelle jedoch wieder der *numerus clausus* und der Umstand, dass die gesondert anzuknüpfende Rechtsordnung keine materiellen Normen für ausländische Rechtsformen vorsieht. Nur für den Fall, dass rechtsformunspezifisches *ius cogens* besteht, ließe sich dieses nach Ansicht von *Behrens* und *Hoffmann* gesondert anknüpfen.

Warum *Behrens* und *Hoffmann* jedoch bezüglich der ersten beiden Fallgruppen von einer Sonderanknüpfung sprechen, leuchtet nicht ein. Es liegt überhaupt keine Materie vor, die es gesondert anzuknüpfen gälte, sondern vielmehr eine neben dem Gesellschaftsstatut stehende und damit regulär anzuknüpfende Frage beziehungsweise nicht von der *lex causae* erfasstes öffentliches Recht.[222] Auch ist es nicht überzeugend, dass *Behrens* und *Hoffmann* die Sonderanknüpfung von Eingriffsnormen zulassen möchten, wenn solche ihrer Ansicht nach aber gar nicht vorhanden sind. Möglicherweise ist dies nur ein Rekurs auf die allgemein verbreitete Möglichkeit einer solchen Sonderanknüpfung. Anders als *Behrens* und *Hoffmann* erkennen andere Stimmen durchaus gesellschaftsrechtliche Eingriffsnormen, die so zu berücksichtigen wären.[223] Dies darf als allgemeine Kritik an *Behrens* und *Hoffmanns* erster Fallgruppe der Sonderanknüpfung von Normen, die nicht dem Gesellschaftsstatut unterworfen sind, verstanden werden.[224]

b) *Differenzierungslehre von Grasmann*

Grasmann – als „vereinzelt [G]ebliebener"[225] – differenziert zwischen dem Innenverhältnis der Gesellschaft, das dem von den Gründern gewählten und im Gesellschaftsvertrag bezeichneten Recht unterworfen sei,[226] und dem Außenverhältnis der Gesellschaft, auf das nach einem Günstigkeitsgrundsatz zugunsten des Verkehrs die Rechtsnormen des effektiven Verwaltungssitzes anzuwenden seien.[227] Diese Günstigkeit habe der Verkehr nur dann nicht verdient, wenn er erstens wusste, dass er mit einer ausländischen Gesellschaft in Beziehung tritt, sondern zweitens auch wusste, dass nach jenem ausländischen Recht eine andere Regelung als für vergleichbare inländische Gesellschaften im Inland besteht (positive Rechtskenntnis).[228] Bemerkenswert ist hier erstens die Trennung von Innen- und Außenverhältnis. Unabhängig von den Nuancen der übrigen dargestellten Sitz- oder Gründungstheorien, werden sie überwiegend in Form einer Einheitslösung vertreten, nach der nur eine Rechtsordnung auf die Gesellschaft Anwendung findet.[229] Dem steht die Möglichkeit einer differenzierenden

---

[222] Vgl. *Habersack/Verse*, Europäisches Gesellschaftsrecht, § 3 Rn. 30.
[223] Vgl. die Nachweise in Fn. 216.
[224] *Kindler*, in: MüKoBGB, Int. HGR Rn. 392.
[225] *C. v. Bar/Mankowski*, IPR, Bd. 2, § 7 Rn. 3.
[226] *Grasmann*, System des IntGesR, Rn. 625 f.
[227] *Grasmann*, System des IntGesR, Rn. 623.
[228] *Grasmann*, System des IntGesR, Rn. 623.
[229] *Brödermann/Wegen*, in: Prütting/Wegen/Weinreich, BGB, IPR-Anh. 4 Rn. 9; *Hausmann*, in: Reithmann/Martiny, Internationales Vertragsrecht, Rn. 6.1; *Müller*, in: BeckOGK

Anknüpfung, je nach Innen- oder Außenverhältnis der Gesellschaft, gegenüber. Zweitens ist festzuhalten, dass *Grasmann* nicht nur die teilweise Anwendung der Gründungstheorie, sondern auch die Parteiautonomie der Gesellschafter betont. Die Gründer einer Gesellschaft wüssten einerseits am besten, nach welcher Rechtsordnung sie ihre Innenverhältnisse organisieren wollen.[230] Andererseits blieben den Gerichten durch die so gewonnene Rechtssicherheit im Streitfall Kosten erspart, die sie andernfalls zur Bestimmung des (Haupt-) Sitzes einer Gesellschaft und damit des anwendbaren Rechts aufwenden müssten.[231] Den Mit- und Minderheitsgesellschaftern sei es hingegen zumutbar, sich selbst über die Rechtsstellung und -folgen, die aus ihrer Beteiligung nach dem Gründungsrecht resultieren, zu informieren, sodass sie keines Schutzes bedürften.[232] Die Parteiautonomie darf hier aber nicht missverstanden werden im Sinne einer völlig freien Rechtswahl, da zumindest bei registerpflichtigen Gesellschaften der Parteiwille aus der Registrierung des Personenzusammenschlusses als eine bestimmte Rechtsform in einem bestimmten Register folge.[233]

Der Ansatz *Grasmanns*, zwischen dem Innen- und Außenverhältnis einer Gesellschaft zu differenzieren, überzeugt teilweise. Wie bereits dargelegt, ist dieser differenzierende Ansatz auch mit dem Unionsrecht vereinbar.[234] Dennoch muss im Einzelfall beachtet werden, wie mit Fragen, die zwar dem Außenverhältnis zugerechnet und deswegen nach dem Recht des Ortes der effektiven Hauptverwaltung beantwortet werden, umzugehen ist, da auch solche Fragen teilweise vom Innenrecht der Gesellschaft abhängen (beispielsweise die Kapitalaufbringung und -erhaltung).

c) Europarechtliche Differenzierungstheorie von Altmeppen

Altmeppen hat infolge der EuGH-Rechtsprechung zur Niederlassungsfreiheit eine „europarechtliche Differenzierungstheorie"[235] geschaffen. Diese knüpft entgegen den Assoziationen, die die Begrifflichkeit auslösen mag, weniger an die Arbeit *Grasmanns* an, als sie die Reichweite der EuGH-Rechtsprechung auswertet. Das Gründungsrecht sei für Grundlagengeschäfte wie Erlöschen der Gesellschaft, Änderung ihrer Verfassung oder ihre Umwandlung anzuwenden

---

AktG, § 1 Rn. 106 f., Stand: 01.01.2023; *Servatius*, in: Henssler/Strohn, GesR, Int. GesR Rn. 4; *M.-P. Weller*, in: MüKoGmbHG, Einl. Rn. 419 f.; *Großfeld*, in: Staudinger, BGB, Int-GesR Rn. 1, Rn. 249 ff. nimmt nur für die Sitztheorie eine Einheitslösung an; dagegen zurecht *Behrens/Hoffmann*, in: Habersack/Casper/Löbbe, GmbHG, Einl. Rn. B 84 (dort Fn. 299); *Wiedemann*, Gesellschaftsrecht, Bd. 1, S. 776.

[230] *Grasmann*, System des IntGesR, Rn. 625, 991.

[231] *Grasmann*, System des IntGesR, Rn. 625, 992.

[232] *Grasmann*, System des IntGesR, Rn. 619.

[233] *Grasmann*, System des IntGesR, Rn. 995.

[234] Siehe S. 33 f.

[235] Zum Begriff *Kindler*, in: MüKoBGB, Int. HGR Rn. 406; nach *Behrens/Hoffmann*, in: Habersack/Casper/Löbbe, GmbHG, Einl. Rn. B 86 „neue Differenzierungslehre".

beziehungsweise zu „achten".[236] Außerhalb dieser Rechtsprechungsgrundsätze sei weiterhin das nationale Internationale Gesellschaftsrecht anzuwenden, welches sich unabhängig von der Rechtsprechung des EuGH weiterhin für die Sitz- oder die Gründungstheorie entscheiden könne.[237] Damit legt *Altmeppen* dar, dass eine einheitliche Anknüpfung aller gesellschaftsrechtlichen Fragen nicht sinnvoll sei, da das gesellschaftsrechtliche Rechtsverhältnis sowohl am Ort der Gründung als auch an dem Ort, an dem die Gesellschaft tätig wird, zu verorten sei.[238] Der Grundsatz der engsten Verbindung verbiete gar eine Einheitslehre.[239] Das Recht des Gründungsorts sei mit Angelegenheiten im Innenverhältnis, das Recht des Ortes, an dem die Gesellschaft tatsächlich ihre Hauptverwaltung führt, mit Angelegenheiten im Außenverhältnis am engsten verbunden.[240] Für das „übrige" anzuwendende Recht müsse weiterhin eine Kontrolle am Maßstab der Niederlassungsfreiheit erfolgen.[241] Folgt das Internationale Privatrecht am Ort des effektiven Verwaltungssitzes der Sitztheorie und ist deshalb jenes Sachrecht anwendbar, betrifft dies aber gar nicht die Grundfreiheiten, etwa weil es gesellschaftsfreundlicher als das Sachrecht des Gründungsstaats oder wenigstens nicht restriktiver ist, so könne das Rechts des Ortes der Hauptverwaltung mangels Beschränkung der Niederlassungsfreiheit angewendet werden.[242] Sollte aber ein anderes Recht als das des Gründungsorts Anwendung finden, welches strenger als das Gründungsrecht ist, müsse dieses, um mit dem Unionsrecht vereinbar zu sein, die Kriterien der „*Gebhard*-Formel" erfüllen.[243]

Die Ausführungen *Altmeppens* gründen vor allem auf dogmatischen Erwägungen. Die mögliche Differenzierung von Innen- und Außenverhältnis wird nicht mit Parteiinteressen, sondern dem allgemeinen kollisionsrechtlichen Prinzip der engsten Verbindung begründet. Der Rechtsprechung des EuGH, sowohl hinsichtlich der Anwendung als auch der Einschränkung des Gründungsrechts, misst *Altmeppen* das richtige Gewicht zu, da er sie als Unvereinbarkeitskontrolle und nicht als eigene Kollisionsnorm erkennt.

d) Überlagerungstheorie von Sandrock

Ähnlich wie nach *Grasmann* kommt nach der Überlagerungstheorie *Sandrocks* ein „Normenmix"[244] zur Anwendung. Es handelt sich also ebenfalls nicht um eine reine Einheitslösung.[245] Im Grundsatz sei das Gründungsrecht auf eine

[236] *Altmeppen*, in: FS Röhricht, S. 3 (14); *ders.*, NJW 2004, 97 (99 f.); zustimmend *Deck*, NZG 2021, 629 (632).
[237] *Altmeppen*, in: FS Röhricht, S. 3 (14).
[238] *Altmeppen/Wilhelm*, DB 2004, 1083 (1086).
[239] *Altmeppen*, in: FS Röhricht, S. 3 (15).
[240] *Altmeppen*, in: FS Röhricht, S. 3 (15 f.).
[241] *Altmeppen*, in: FS Röhricht, S. 3 (17); *ders.*, NJW 2005, 1911 (1913); *ders./Wilhelm*, DB 2004, 1083 (1086).
[242] *Altmeppen*, NJW 2005, 1911 (1913).
[243] *Altmeppen*, in: FS Röhricht, S. 3 (14); *ders.*, NJW 2005, 1911 (1913).
[244] Pejorativ *Großfeld*, in: Staudinger, BGB, IntGesR Rn. 64, 69.
[245] *Sandrock*, RIW 1989, 505 (512).

Gesellschaft anzuwenden, welches nur im Einzelfall durch einzelne zwingende Normen des Sitzstaates überlagert werde.[246] Diese Normen müssten unmittelbar privatrechtliche Interessen bei Stakeholdern (Gesellschafter, Drittgläubiger, Arbeitnehmervertreter) begründen und diese müssten sich nach subjektivem Günstigkeitsvergleich auf die Geltung jener Normen berufen; erst dann könnten Normen des Sitzstaats das Gründungsrecht überlagern und insoweit verdrängen.[247] Stets nach dem Gründungsrecht seien aber die Gründung und Anerkennung einer Gesellschaft zu beurteilen.[248] In Folge der Rechtsprechung des EuGH präzisierte *Sandrock*, die überlagernden Normen müssten auch mit Unionsrecht, insbesondere der Niederlassungsfreiheit, vereinbar sein.[249] Da *Sandrock* diese Voraussetzung jedoch nur ausnahmsweise in Einzelfällen als erfüllt ansieht,[250] wird die Überlagerungstheorie nun teilweise als „ins Extreme getriebene Gründungstheorie" betrachtet.[251] Dem ist insoweit zuzugeben, dass die Grenzen, in denen überlagernde Normen mit Unionsrecht zu vereinbaren sind, nicht handhabbar aufgezeigt werden. Die Vorteile der grundsätzlichen Konzeption der Theorie sind deswegen aber nicht von der Hand zu weisen.

e) Fallgruppenbezogene Theorie von Wiedemann

Wiedemann versucht den Streit um das anzuwendende Recht mit einer Betrachtung nach Fallgruppen zu lösen. Ursprünglich hat er drei Fallgruppen gebildet: Wegzug nach deutschem Recht gegründeter Gesellschaften, Zuzug nach mitgliedstaatlichem Recht gegründeter Gesellschaften und Zuzug nach sonstigem ausländischem Recht gegründeter Gesellschaften.[252] Seit dem *Centros*-Urteil des EuGH beschränkt er sich jedoch auf die letzten beiden.[253] Während Gesellschaften, die nach dem Recht eines Mitgliedstaats gegründet wurden, nach ihrem Gründungsrecht zu beurteilen seien, wird gegenüber Gesellschaften, die in einem Drittstaat gegründet wurden und deshalb nicht in den Genuss der Niederlassungsfreiheit kommen, die Sitztheorie angewendet.[254] Dies entspricht der Rechtsprechung des BGH.[255] Die weggefallene Fallgruppe der nach deutschem Recht gegründeten Gesellschaften hat sich jedenfalls durch das MoMiG und

---

[246] *Sandrock*, ZVglRWiss 102 (2003), 447 (449); *ders.*, in: Internationalrechtliche Probleme multinationaler Korporationen, S. 169 (200 f.).

[247] *Sandrock*, in: Internationalrechtliche Probleme multinationaler Korporationen, S. 169 (202 ff.).

[248] *Sandrock*, in: Internationalrechtliche Probleme multinationaler Korporationen, S. 169 (201).

[249] *Sandrock*, BB 2003, 2588 (2588); *ders.*, ZVglRWiss 102 (2003), 447 (456 ff.).

[250] *Sandrock*, BB 2003, 2588 (2588 f.); *ders.*, ZVglRWiss 102 (2003), 447 (503).

[251] *Kindler*, in: MüKoBGB, Int. HGR Rn. 401.

[252] *Wiedemann*, in: FS Kegel, S. 187 (199 ff.); *ders.*, Gesellschaftsrecht, Bd. 1, S. 791 ff.

[253] Die besondere Behandlung nach deutschem Recht errichteter Gesellschaften, *Wiedemann*, in: FS Kegel, S. 187 (199 f.) wird in *ders.*, Gesellschaftsrecht, Bd. 2, S. 61 nicht mehr thematisiert, sondern als Wegzugskonstellation angesprochen.

[254] *Wiedemann*, Gesellschaftsrecht, Bd. 2, S. 56 f., 61.

[255] Siehe S. 47 f.; Fn. 179.

das MoPeG erledigt. *Wiedemann* thematisiert in diesem Zusammenhang nur das Gesellschaftsstatut von Personengesellschaften, erwähnt aber auch, dass im Unionsrecht keine Differenzierung von Personen- und Kapitalgesellschaften angelegt sei,[256] sodass sich seine Aussagen auch auf Kapitalgesellschaften übertragen lassen.

f) Kombinationslehre von Zimmer

Zimmer möchte das auf eine Gesellschaft anwendbare Recht ebenfalls fallgruppenbezogen bestimmten. Liegt kein Auslandsbezug der Gesellschaft – über den Staat ihres Verwaltungssitzes hinaus – vor, sollen die Rechtsfolgen der Sitztheorie Anwendung finden; sei ein solcher Auslandsbezug hingegen zu bejahen, solle im Lichte der Parteiautonomie das Gründungsrecht Anwendung finden.[257] Es sei von Vorteil, dass nach der die Differenzierungs- und Überlagerungstheorie kombinierenden „Kombinationslehre" das Gesellschaftsstatut entgegen den kombinierten Ansätzen einheitlich zu bestimmen sei.[258] Bezüglich der Feststellung des Auslandsbezugs gibt *Zimmer* zwar selbst zu, dass sie nicht immer zweifelsfrei gelingen könnte, dies aber im Gegensatz zur Sitztheorie dennoch rechtssicherer sei.[259] Im Ergebnis bleibt aber festzuhalten, dass in den hier interessierenden Fällen mit Auslandsbezug nach der Kombinationalehre *Zimmers* faktisch die Gründungstheorie Anwendung findet.

4. Stellungnahme zur Gründungstheorie

a) Teilweise ungeeignete Anknüpfungspunkte

Ebenso wie die Sitztheorie leidet die Gründungstheorie teilweise an ungeeigneten Anknüpfungspunkten. Ihre verschiedenen Ausprägungen führen so nur vermeintlich dazu, dass eine Sitzbestimmung besonders rechtssicher gelingt, da sie ein statisches Anknüpfungsmerkmal, die Gründung, zum Gegenstand haben. Gerade diese Rechtssicherheit ist bei zunehmender Globalisierung und Schnelllebigkeit des Wirtschaftslebens von besonderer Bedeutung.[260] Dies lässt sich auch auf Aspekte der Digitalisierung übertragen, die – als Vehikel – die Globalisierung vereinfacht und beschleunigt. Der Ort *der* Gründung beziehungsweise *des* Gründungsgeschäfts ist nicht hinreichend bestimmt und damit nicht rechtssicher. Je nachdem, an welchem Punkt des Gründungs*prozesses* man konkret ansetzen möchte, lassen sich die gegen die Sitztheorie angebrachten Schwächen auch gegen die Gründungstheorie anbringen, die mit der Digitalisierung und der nun durch das DiRUG eingeführten Möglichkeit von Online-Gesellschaftsgründungen einhergehen. Zudem bestehen Abgrenzungsprobleme zum Kollisi-

---

[256] *Wiedemann*, Gesellschaftsrecht, Bd. 2, S. 60 f.

[257] *Zimmer*, Internationales Gesellschaftsrecht, S. 232; er nennt seine Ansicht „Kombinationslehre".

[258] *Zimmer*, Internationales Gesellschaftsrecht, S. 232 f.

[259] *Zimmer*, Internationales Gesellschaftsrecht, S. 233 ff.

[260] *Schnyder*, in: FS Schütze, S. 767 (768).

onsrecht der vertraglichen Schuldverhältnisse. Ebenfalls ist, solange nicht für jede Gesellschaftsform die Angabe eines Satzungssitzes oder die Eintragung in ein Register verpflichtend ist, die Anknüpfung an jene Merkmale für diese Gesellschaftsformen nicht zielführend. Eine universelle und ubiquitäre Eintragungspflicht für Gesellschaften ist weder wünschenswert noch dem deutschen oder europäischen Gesetzgeber für das Internationale Privat- beziehungsweise Gesellschaftsrecht kompetenziell zugewiesen, da dies – im Lichte einer allseitigen Anknüpfung – ein Tätigwerden aller Gesellschaftsrechts-Gesetzgeber der Welt erforderte. Auch unabhängig von den möglichen Online-Gesellschaftsgründungen, selbst unter der Annahme, dass diese weltweit ermöglicht würden, ist eine Fokussierung auf die reine Digitalisierung eines etablierten Gründungsverfahrens nicht ausreichend.

Vielmehr muss auch an neuartige Formen von Zusammenschlüssen gedacht werden, wie beispielsweise DAOs, deren Gründung genauso dezentral wie deren spätere Geschäftsführung erfolgt und bei denen in der Regel keine bestehende Rechtsform eines bestimmten Staates gewählt wird.[261] Eine Zuordnung zu einem bestimmten Gründungsrecht kann so nicht vorgenommen werden. Insofern ist allgemein an der Gründungstheorie zu kritisieren, dass ihr Anknüpfungsmerkmal – die Gründung im Allgemeinen – derart im Vordergrund steht, dass es nur dann handhabbar ist, wenn die Gründung bei den Gesellschaftern von entsprechender Bedeutung ist. Gerade in Fällen, in denen eine Gesellschaft nicht bewusst nach einer bestehenden Rechtsform gegründet wird und deshalb nicht darum gestritten wird, ob eine ursprüngliche rechtliche Zuweisung der Gesellschaft zu einem bestimmten Staat – mittels der Gründungsanknüpfung – aufrechterhalten wird, ist die Gründungstheorie nicht interessengerecht. Zusammengefasst geht es bei DAOs (und ähnlichen Zusammenschlüssen) nicht um das Behalten einer Rechtsordnung im Interesse der Gesellschafter, sondern um die erstmalige Bestimmung einer anwendbaren Rechtsordnung ohne den Willen der Gesellschafter aufgrund des staatlichen Geltungsanspruchs des Rechts.[262]

Somit ist nicht nur die Sitz-, sondern auch die Gründungstheorie nicht für die kollisionsrechtliche Behandlung von DAOs geeignet, denn sie haben keinerlei Sitz, insbesondere keinen physisch feststellbaren Gründungsort.[263] In Fällen, in denen hingegen ein Zusammenschluss aber eine bestimmte Rechtsform gewählt und sich als solche in ein Register hat eintragen lassen, ist eine rechtssichere Lokalisierung am Orte des Registers möglich. Aufgrund ihrer Rechtssicherheit ist eine Registeranknüpfung zu präferieren.

---

[261] Vgl. zu „The DAO" *Simmchen*, MMR 2017, 162 (165).

[262] Ähnlich *Mienert*, DAOs und Gesellschaftsrecht, S. 90; zu den „Mobilitätskonstellationen" aktuell *Fischinger-Corbo*, Umwandlung der Niederlassungsfreiheit in eine Gesellschaftsrechtswahlfreiheit? (2023).

[263] *Fleischer*, ZIP 2021, 2205 (2209); *Mienert*, DAOs und Gesellschaftsrecht, S. 90 f.; *ders.*, RDi 2021, 384 (386); *Spindler*, RDi 2021, 309 (314); *Wendelstein*, RabelsZ 86 (2022), 644 (681).

b) Hinreichender Schutz gesellschaftsexterner Interessen

Gegen eine Gründungsanknüpfung soll eine mögliche Verzerrung des Wirtschaftslebens durch Umgehung von Schutzvorschriften zulasten der Gläubiger und Minderheitsgesellschafter sprechen.[264] Zunächst hängen diese Bedenken davon ab, wie weit das Gesellschaftsstatut verstanden wird, das heißt, welche Anknüpfungsgegenstände vom Gründungsstatut umfasst sind. Diese Frage wird schon nicht einheitlich beantwortet und ist in ihren Nuancen hoch umstritten.[265] Es ist jedoch nicht erforderlich, diese Fragen zu beantworten, wenn bestimmte Fragen auch bei Annahme eines einheitlichen Gesellschaftsstatuts im Einzelfall auch nach anderem Recht beantwortet werden können. Damit würde die Gründungstheorie in einzelnen Punkten korrigiert, anstelle ihren Ansatzpunkt generell abzulehnen. Erinnert sei dabei an international-privatrechtliche Instrumente wie Eingriffsnormen, den *ordre public* sowie die Anknüpfung *in fraudem legis*.[266] Gegenüber Gesellschaften, die in den Genuss der Niederlassungsfreiheit kommen, müssen sich diese Instrumente am Vierkriterientest (*Gebhard*-Formel) messen lassen.[267] Dies greift die Ansätze von *Behrens* und *Hoffmann*, *Altmeppen* und *Sandrock* auf. Gegenüber Gesellschaften, die aus Drittstaaten stammen, können die Instrumente jedoch weitergehend angewendet werden. So lassen sich auch bei einer grundsätzlichen Entscheidung zugunsten der Gründungstheorie gesellschaftsexterne Interessen hinreichend schützen.

c) Entscheidungseinklang

Ob und wenn ja, welcher Art von Entscheidungseinklang die Gründungstheorie zuträglich ist, hängt zunächst davon ab, ob sie als Gesamt- oder bloß Sachnormverweisung zu verstehen ist.

Würde die Gründungstheorie als Gesamtverweisung verstanden, kämen zwei Konstellationen in Betracht: Erstens, das Kollisionsrecht des Gründungsorts folgt ebenfalls der Gründungstheorie und nimmt die Verweisung somit an. In dieser Konstellation bestehen keine Besonderheiten und das Gründungssachrecht findet Anwendung. In der zweiten Konstellation folgt das Kollisionsrecht

---

[264] *Schnyder*, in: FS Schütze, S. 767 (768 f.).

[265] *C. v. Bar/Mankowski*, IPR, Bd. 2, § 7 Rn. 152 ff.; *Großfeld*, in: Staudinger, BGB, Int-GesR Rn. 249 ff.; *Kropholler*, IPR, S. 581 ff.; *Wiedemann*, Gesellschaftsrecht, Bd. 1, S. 811 ff.

[266] Da nach Ansicht des EuGH das Ausnutzen gesellschaftsrechtlicher Vorteile aber lediglich den *Ge*brauch und keinen *Miss*brauch bedeutet, wird eine Anknüpfung *in fraudem legis* bei mitgliedstaatlich gegründeten Gesellschaften wohl ausscheiden, vgl. Nachweise bei Fn. 25; im Übrigen erkennt *Teipel*, in: FS Sandrock, S. 125 (133 f.) einen hinreichenden Inlandsbezug für die Anwendung von Eingriffsnormen und *ordre public*-Korrekturen jedenfalls in der Belegenheit des Sitzes der Hauptverwaltung im Forumsstaat, möchte aber auch eine erhebliche wirtschaftliche Tätigkeit ebendort ausreichen lassen. Dies ist überzeugend, da nach hier vertretener Ansicht die Sitztheorie mit ihrem Fokus auf die Haupt*verwaltung* in ihrem Schutzanliegen nicht treffsicher ist.

[267] *Hoffmann*, in: NK-BGB, Anhang zu Art. 12 EGBGB Rn. 114.

des Gründungsstaats der Sitztheorie und verweist so auf das Recht am Orte der Hauptverwaltung zurück. Dies führt zu bereits erwähnten, nicht aufzulösenden Widersprüchen, denn das Recht am Orte der Hauptverwaltung wird dann keine speziellen Regelungen für ausländische Rechtsformen haben, die es anwenden könnte.[268]

Denkbar wäre eine Prüfung, ob der Gründungsstaat einen Wegzug der Gesellschaft duldet. Nur wenn dies der Fall ist, bestünde aus Sicht des Zuzugsstaats ein anerkennungsfähiges Etwas. Andernfalls würde der Zuzugsstaat etwas anerkennen, das nach der ursprünglichen Rechtsordnung nicht mehr existieren soll.[269] Aber selbst wenn man eine Sachnormverweisung auf das Gründungsrecht annehmen sollte, stellen sich Probleme, denn die Existenzvoraussetzungen einer Gesellschaft bemessen sich typischerweise nach dem Sachrecht des Gründungsstaats. Sieht dieses Gründungsrecht vor, dass eine Sitzverlegung in einen anderen als den Gründungsstaat nicht wirksam ist, besteht faktisch dieselbe Situation, wie wenn das Gründungsrecht im Rahmen einer Gesamtverweisung auf das Recht am Ort des tatsächlichen Sitzes zurückverweist und die Gesellschaft dort aufgrund eines Normenmangels als nicht existent gilt.

Andere halten die Einordnung der Gründungstheorie (in ihrer europäischen Ausprägung) als Gesamt- oder Sachnormverweisung für unpassend.[270]

Im Gegensatz zur Sitztheorie, steht bei der Gründungstheorie der Parteiwille (wenn auch nur mittelbar durch Auswahl der Anknüpfungsmerkmale) im Vordergrund,[271] weshalb Rück- und Weiterverweisungen gem. Art. 4 Abs. 2 S. 2 EGBGB (analog) nicht zu beachten sind und die Verweisung der Gründungstheorie insofern als Sachnormverweisung zu verstehen ist.[272] Dies wird stillschweigend von anderen Autoren ebenso gesehen, die Rück- und Weiterverweisungen nur im Rahmen der Sitztheorie thematisieren.[273] Ebenfalls spricht für eine Sachnormverweisung die Gleichbehandlung mit staatsvertraglich

---

[268] Vgl. S. 41 ff.

[269] *v. Hein*, in: MüKoBGB, Art. 4 EGBGB Rn. 162, der aber unterstellt, dass Staaten, in denen die Sitztheorie gilt, den nach ihrem Recht gegründeten Gesellschaften keinen Wegzug ins Ausland erlauben. Durch MoMiG und MoPeG wurde aber jedenfalls in Deutschland als Staat, der im Grundsatz immer noch der Sitztheorie angehört, siehe S. 36 ff., Gesellschaften das Recht eingeräumt, ihren Sitz existenzwahrend ins Ausland zu verlegen.

[270] *Hausmann*, in: Staudinger, BGB, Art. 4 EGBGB Rn. 231, Stand: 31.05.2021; *Leible/Hoffmann*, RIW 2002, 925 (930 f.).

[271] *C. v. Bar/Mankowski*, IPR, Bd. 2, § 7 Rn. 298; *Ringe*, in: K. Schmidt/Lutter, AktG, Int. GesR Rn. 49; *Wiedemann*, Gesellschaftsrecht, Bd. 1, S. 783.

[272] Kritisch *C. v. Bar/Mankowski*, IPR, Bd. 2, § 7 Rn. 298, differenzierend nach EU- und sonstigen Gesellschaften, § 7 Rn. 299 ff.; vgl. für Sachnormverweisungen im Rahmen der dem Gründungsstatut unterliegenden Innenverhältnisse auch *Grasmann*, System des Int-GesR, Rn. 1081 ff.; für Sachnormverweisung grundsätzlich *v. Hein*, in: MüKoBGB, Art. 4 EGBGB Rn. 161 f., aber Differenzierung für Wegzugs- und Zuzugsfälle; zu dieser Differenzierung auch *Hübner*, IPRax 2017, 575 (578); *W.-H. Roth*, ZGR 43 (2014), 268 (202 f.); *M.-P. Weller*, in: FS Hommelhoff, S. 1275 (1282).

[273] Siehe Nachweise S. 34.

vereinbarter Geltung der Gründungstheorie, die nach dem Sinnvorbehalt des Art. 4 Abs. 1 S. 1 EGBGB Rück- und Weiterverweisungen ausschließt.[274]

Versteht man die Gründungstheorie also als Sachnormverweisung, fördert dies den inneren Entscheidungseinklang, da gesellschaftsrechtliche Fragen stets nach der Rechtsordnung beantwortet werden, die für die jeweilige Rechtsform der Gesellschaft spezielle Normen bereithält. Würden andere Rechtsordnungen angewendet, käme es zu Widersprüchen. Relevant für den inneren Entscheidungseinklang ist aber wohl ebenso die Reichweite des Gesellschaftsstatuts, da nur in dessen Reichweite die Widerspruchsfreiheit durch Anwendung des Gründungsrechts gewährleistet ist. Um auch den internationalen Entscheidungseinklang zu berücksichtigen, ist es vonnöten, bezüglich der Existenz der Gesellschaft auf das Gründungsrecht zu verweisen. Nur so wird sichergestellt, dass ein und dieselbe Gesellschaft nicht in einem Zuzugsstaat als existent, in ihrem Wegzugsstaat aber als inexistent betrachtet wird. Denn selbst wenn jede Rechtsordnung zuziehende ausländische Gesellschaften anerkennen sollte, bedeutete dies nicht, dass jeder Staat seinen Gesellschaften auch den Wegzug gestatten muss. Freilich wäre dies mit dem etablierten Verständnis der Sitztheorie nicht zu erklären und existenzvernichtende Wegzugshindernisse eines der Gründungstheorie anhängenden Staates wären rechtspolitisch widersprüchlich zu der liberalen Ausrichtung der Gründungstheorie und der Zuzugsmöglichkeit ausländischer Gesellschaften. Die Möglichkeit, die Gründungstheorie zu vertreten und zuziehende Gesellschaften anzuerkennen, während man Gesellschaften, die nach dem eigenen Recht konstituiert wurden, einen Wegzug verbietet, ist aber nicht auszuschließen und wäre auch vom Unionsrecht gebilligt.[275] Da Wegzugshindernisse aber nicht dem Kollisionsrecht zugeordnet sein müssen, sondern auch im materiellen Recht enthalten sein können, genügt insoweit auch eine Sachnormverweisung. Der internationale Entscheidungseinklang kann in diesem Aspekt ebenso gut mit einer Sachnormverweisung erreicht werden.

Schließlich vermeidet eine Sachnormverweisung Ungewissheiten bei der Ermittlung des anwendbaren Rechts, die durch Rück- oder Weiterverweisungen einer die Sitztheorie vertretenden Rechtsordnung entstehen könnten, sodass das anwendbare Recht vorhersehbar ist. Eben jene Vorhersehbarkeit ist als Ausdruck der Rechtssicherheit vor allem im europäischen Recht eine wichtige Maxime[276] und bei zunehmender Mobilität von Gesellschaften von besonderer Relevanz.

d) Gründungstheorie als Einheitslehre?

Die verschiedenen Modifikationen der Gründungstheorie bestimmen das Gesellschaftsstatut teilweise einheitlich (*Wiedemann, Zimmer*), teilweise einheitlich mit Einschränkungen (*Altmeppen, Behrens* und *Sandrock*) und teilweise

---

[274] *v. Hein*, in: MüKoBGB, Art. 4 EGBGB Rn. 161.
[275] Vgl. insoweit die dargestellten Grundsätze zu Wegzugsfällen auf S. 26 ff.
[276] Vgl. Erwägungsgründe 15 Brüssel Ia-VO, 16 Rom I-VO, 14 Rom II-VO, S. 8 f.

differenziert, das heißt, es kommen für verschiedene gesellschaftsrechtliche Belange die Normen verschiedener Staaten zur Anwendung (*Grasmann*). Ob ein einheitliches Statut notwendig ist, ist umstritten.

aa) Kein untrennbarer Funktionszusammenhang

Einige Autoren sehen es infolge der EuGH-Rechtsprechung als geboten an, das Gesellschaftsstatut einheitlich zu bestimmen.[277] Dass das Unionsrecht ein solches Gebot aber nicht enthält, wurde bereits dargelegt.[278] Die Anwendung der Gründungstheorie als Einheitslehre könnte sich jedoch anders begründen lassen. Eine Differenzierung, beispielsweise zwischen Innen- und Außenverhältnis, könne dazu führen, dass je nach streitiger Parteibeziehung verschiedene Rechtsordnungen auf die Gesellschaft anzuwenden sind und so Anpassungsschwierigkeiten provoziert würden.[279] Andere sprechen gar von einem Funktionszusammenhang, der nicht auseinandergerissen werden dürfe.[280] Schließlich wird die Rechtssicherheit und Rechtsklarheit betont, die im internationalen Handelsverkehr von Bedeutung sei und nur mit einem Einheitsstatut gewährleistet werden könne.[281] Es treten jedoch auch sukzessive Rechtskumulationen auf, wenn man der Einheitslösung folgen sollte, etwa bei grenzüberschreitenden Strukturmaßnahmen, wie Verschmelzungen oder Umwandlungen.[282] In diesen Fällen finden zwei Gesellschaftsstatute Anwendung. Das erste Gesellschaftsstatut ist auf den Strukturbeschluss der ersten, das zweite Gesellschaftsstatut auf den Strukturbeschluss der zweiten Gesellschaft anzuwenden.[283] Zwar wird dadurch nicht ein Beschluss zwei Statuten unterworfen, wohl aber die Strukturmaßnahme insgesamt. Solange und soweit dies schon für eine Maßnahme akzeptiert wird, wird nicht klar, weshalb die Anwendung verschiedener Rechtsordnungen in verschiedenen Parteibeziehungen nicht möglich sein soll. Denn in diesem Fall beurteilt sich eine konkrete rechtliche Frage nur nach einer Rechtsordnung. Die Gesellschaft – insgesamt betrachtet – kann aber, ebenso wie die Strukturmaßnahme, mehreren Statuten unterworfen sein. Solange die Interessen der Gesellschaftsexternen sichergestellt werden, was durch eine nicht allzu umfassende Universalanknüpfung eher begünstigt wird, betreffen die Anpassungsprobleme nicht den Rechtsverkehr, sondern gegebenenfalls nur

---

[277] *Behrens*, IPRax 2004, 20 (25); *ders.*, IPRax 2003, 193 (204); *Deck*, NZG 2021, 629 (632) jedenfalls gegen eine sukzessive Anwendung mehrerer Statuten im Rahmen einer Strukturmaßnahme; *Eidenmüller*, JZ 2003, 526 (528 f.); *M.-P. Weller*, in: FS Goette, S. 583 (587 f.).

[278] Siehe S. 29 ff., 33.

[279] *Kindler*, in: MüKoBGB, Int. HGR Rn. 524 ff.; *Thorn*, in: Grüneberg, BGB, Anh. Zu 12 EGBGB Rn. 10; dagegen *Grasmann*, System des IntGesR, Rn. 12 ff.

[280] *Kindler*, in: MüKoBGB, Int. HGR Rn. 408, 524.

[281] *Ringe*, in: K. Schmidt/Lutter, AktG, Int. GesR Rn. 80 m.w.N.

[282] EuGH Urt. v. 12.07.2012 – C-378/10 (*Vale*), ZIP 2012, 1394 (1396) Rn. 37; dazu *C. v. Bar/Mankowski*, IPR, Bd. 2, § 7 Rn. 48; *Deck*, NZG 2021, 629 (632).

[283] *Deck*, NZG 2021, 629 (632); *Kegel/Schurig*, IPR, S. 582 f. zur Sitztheorie; *M. Wolff*, IPR, S. 119.

die Gesellschaft selbst. Eine differenzierende Anknüpfung verschiedener rechtlicher Fragen würde keinen (vermeintlich) untrennbaren Funktionszusammenhang auseinanderreißen.

bb) Differenzierendes Gesellschaftsstatut zulässig

Vor diesem Hintergrund plädieren einige Autoren für die Möglichkeit eines differenzierenden Gesellschaftsstatuts.[284] Zunächst wird vorgebracht, dass diese Einheitlichkeit nicht immer das am engsten mit dem betroffenen Rechtsverhältnis verbundene Recht berufe und damit das Prinzip der engsten Verbindung vernachlässige.[285] Das Rechtsverhältnis „Wirksamkeit der Gesellschaftsgründung" sei mit dem Gründungsort am engsten verbunden und deshalb nach dem dort geltenden Recht zu beurteilen.[286] Gleiches gelte für das übrige Innenverhältnis der Gesellschaft.[287] Andererseits seien Aspekte, die das wirtschaftliche Tätigsein und nicht das Entstehen der Gesellschaft betreffen, unter Umständen enger mit dem Zuzugsstaat verbunden. Für das Außenverhältnis, welches insbesondere Gläubiger- und Mitbestimmungsinteressen umfasse, erachten einige das Recht des tatsächlichen Gesellschaftssitzes für alternativ maßgeblich.[288] Dafür spreche auch die Rechtssicherheit und Prozessökonomie.[289]

Schließlich sollte der Frage nach einem einheitlichen Gesellschaftsstatut nicht zu großes Gewicht beigemessen werden, da selbst bei grundsätzlicher Annahme eines solchen einzelne Qualifikationsfragen aufkommen und die Reichweite des Statuts definieren. Es sprechen dennoch die besseren Gründe dafür, kein strenges einheitliches Gesellschaftsstatut zu verlangen. Sonderanknüpfungen, wie von den einschränkenden Gründungstheoretikern *Altmeppen*, *Behrens* und *Sandrock* müssen möglich sein.

e) Verfassungsmäßigkeit der Gründungstheorie

Anders als die Sitztheorie ist die Gründungstheorie vereinbar mit rechtsstaatlichen Aspekten und deshalb als verfassungsgemäß anzusehen.[290] Bei der lediglich erforderlichen Beachtung der für die Gründung und ähnlichen Geschäften maßgeblichen Regeln der Rechtsordnung, die sodann auf die Gesellschaft Anwendung findet, handle es sich um ein „fast selbstverständliches Erfordernis", welches auch in der Rechtswissenschaft hinreichend akzeptiert werde.[291] Zuzustimmen ist dem insoweit, als es sich hierbei um weniger einschneidende Anfor-

---

[284] *Altmeppen*, IWRZ 2017, 107 (109–111); *ders.*, NJW 2004, 97 (100); *Ego*, in: MüKo-AktG, EuAktR, B. Rn. 312; vgl. dazu auch die Ausführungen *Grasmanns*, S. 56 f.

[285] *Altmeppen*, in: FS Röhricht, S. 3 (15); *ders./Wilhelm*, DB 2004, 1083 (1086).

[286] *Altmeppen*, in: FS Röhricht, S. 3 (15); *Ego*, in: MüKoAktG, EuAktR, B. Rn. 311.

[287] *Altmeppen*, in: FS Röhricht, S. 3 (15); *Ego*, in: MüKoAktG, EuAktR, B. Rn. 311.

[288] *Altmeppen*, in: FS Röhricht, S. 3 (16); *Ego*, in: MüKoAktG, EuAktR, B. Rn. 313, 319–338.

[289] *Ego*, in: MüKoAktG, EuAktR, B. Rn. 313.

[290] *Grasmann*, System des IntGesR, Rn. 470 f.

[291] *Grasmann*, System des IntGesR, Rn. 471.

derungen an die Gesellschaft und ihre Gesellschafter handelt als bei der Sitztheorie. Zudem können die Anknüpfungsmerkmale leicht durch die Gesellschafter
beeinflusst werden, was deren Parteiautonomie und damit deren Freiheitsrechte
in den Vordergrund rückt. Sollte deshalb überhaupt ein Eingriff in die verfas-
sungsmäßigen Rechte der Gesellschafter anzunehmen sein, so wäre dieser gerechtfertigt. Dennoch ist die Gründungstheorie in Deutschland nirgends kodifiziert.

f) Vereinbarkeit mit Unionsrecht

Die Grundanknüpfung der Gründungstheorie verstößt nicht gegen Unionsrecht.
Insbesondere Verstöße gegen die Niederlassungsfreiheit liegen nicht vor. Vielmehr fördert die Gründungsanknüpfung die Niederlassung von Gesellschaften
in den Mitgliedstaaten und damit den Binnenmarkt. Die eingeschränkte Gründungstheorie beurteilt Gesellschaften unabhängig vom Gründungsort nach ihrem Gründungsrecht. Insoweit stellen sich keine Einwände des Unionsrechts
gegen sie. Sie lässt jedoch Sonderanknüpfungen zu, welche wiederum die Niederlassungsfreiheit der Gesellschaften beeinträchtigen könnten. Dies erkennen
auch *Behrens* und *Hoffmann* selbst. Sie stellen die Sonderanknüpfungen gegenüber Gesellschaften, die im Geltungsbereich der Niederlassungsfreiheit gegründet wurden, deshalb unter den Vorbehalt, dass sich die potenziellen Sonderanknüpfungen am Unionsrecht messen müssen, und verweisen dabei auf die
Grundsätze des EuGH im *Inspire Art*-Urteil, nach denen eine Beschränkung
möglich ist.[292] Es soll sich weiterhin um ein Gesellschaftsstatut als Einheitslösung handeln, da der EuGH auch eine teilweise Anwendung eines anderen Gesellschaftsrechts als dem des Gründungsorts verbiete.[293] Beachtet man diese Re-
aktion von *Behrens* und *Hoffmann* auf die europäische Rechtsprechung, ist die
eingeschränkte Gründungstheorie mit dem Unionsrecht vereinbar. Sie verlagert
die Prüfung des Unionsrechts auf den konkreten Einzelfall, in dem eine Norm
gesondert angeknüpft werden soll. Die Differenzierungslehre von *Grasmann* ist
insoweit nicht mit Unionsrecht vereinbar, wie sie das Außenverhältnis von mitgliedstaatlich gegründeten Gesellschaften faktisch der Sitztheorie unterwirft.
Dies hat auch *Altmeppen* erkannt und mit seiner Forschung die Reichweite der
EuGH-Rechtsprechung ausgelotet. Es lässt sich deshalb kein Verstoß seiner
Theorie gegen Unionsrecht feststellen. Auch die Überlagerungstheorie von
Sandrock ist mit Unionsrecht vereinbar. Zum einen, weil sie im Grundsatz die
Gründungstheorie verfolgt. Zum anderen, weil *Sandrock* nur solchen Normen
eine Überlagerungsfähigkeit zuspricht, die gerechtfertigt in die Niederlassungs-
freiheit eingreifen. Ebenso hat *Wiedemann* seine Theorie der EuGH-Rechtspre-
chung angepasst. Problematisch ist die Theorie *Zimmers*, denn es ist unklar wie

---

[292] EuGH Urt. v. 30.09.2003 – C-167/07 (*Inspire Art*), ZIP 2003, 1885 (1892) Rn. 133;
Behrens, IPRax 2004, 20 (25 f.); *ders./Hoffmann*, in: Habersack/Casper/Löbbe, GmbHG,
Einl. Rn. B 77, 82. Es handelt sich dabei um die *Gebhard*-Formel, vgl. Verweise des EuGH
a.a.O.
[293] *Behrens*, IPRax 2004, 20 (25).

seiner Ansicht nach mit EU-ausländischen Gesellschaften zu verfahren ist, die aus Sicht ihres Sitzstaates keinen nennenswerten Auslandsbezug aufweisen, so-dass auf sie eigentlich die Sitztheorie anzuwenden wäre. Es ist davon auszuge-hen, dass die Niederlassungsfreiheit in diesem Falle der Anwendung der Sitztheorie nicht entgegenstünde. Die Sitztheorie findet nach *Zimmer* schließ-lich nur dann Anwendung, wenn keine grenzüberschreitende Gesellschaftsor-ganisation vorliegt. Eine solche ist aber gerade Voraussetzung für die Anwend-barkeit der Niederlassungsfreiheit, vgl. „im Hoheitsgebiet eines anderen Mit-gliedstaats", Art. 49 Abs. 1 AEUV.[294] Da aber aufgrund ausländischer Beteili-gungen an der Gesellschaft häufig ein grenzüberschreitender Sachverhalt vor-liegt, dürfte nach *Zimmer* faktisch wohl in aller Regel die mit Unionsrecht ver-einbare Gründungstheorie Anwendung finden.

g) Zwischenergebnis

Im Vergleich zur Sitztheorie ist der Gründungstheorie der Vorzug zu geben. Schließlich widerspricht sie weder nationalem Verfassungs- noch europäi-schem Unionsrecht und ist deutlich rechtssicherer.[295] Im Zeitalter zunehmender Digitalisierung von Gesellschaften und insbesondere ihrer gewerblichen Tätig-keit lässt sich der Schwerpunkt des realwirtschaftlichen Handelns, auf den die Sitztheorie maßgeblich abstellt, nicht mehr rechtssicher feststellen. Dennoch offenbart auch die Gründungstheorie bei der Ermittlung ihrer Anknüpfungs-merkmale teilweise Schwächen. Als besonders statisches, erkennbares und da-mit vorhersehbares Kriterium kommt vor allem der Ort der Registrierung der Gesellschaft in Betracht. Für registrierte Gesellschaften sollte deshalb nach ih-rem Registerort angeknüpft werden.[296] Unter Registrierung ist die Registrierung der Gesellschaft selbst zu verstehen, nicht etwa die ihrer Zweigniederlassungen. Faktisch werden in einem Staat aber nur solche Gesellschaften registriert, die nach dem nationalen Gesellschafts*sach*recht eine entsprechende Rechtsform (*numerus clausus*) gewählt haben und die Anforderungen des Sachrechts erfül-len.[297] Im Falle einer konstitutiven Registrierung der Gesellschaft ist also das Sachrecht des Staates auf die Gesellschaft anzuwenden, der der Gesellschaft ihre Rechtspersönlichkeit verliehen hat.

Solange die Gesellschaft also nur Niederlassungen in anderen Staaten regist-rieren lässt, und sich nicht dort neugründet, kommt es nicht zu Statutenwech-seln. Auch mögliche Statutenwechsel bei späterer Registrierung einer bis dahin nichtregistrierten Gesellschaft sind nicht zu befürchten. Sofern es sich um eine

---

[294] *Forsthoff/Eisendle*, in: Grabitz/Hilf/Nettesheim, Recht der EU, Art. 45 AEUV Rn. 52 ff.

[295] *Teipel*, in: FS Sandrock, S. 125 (132).

[296] So auch Art. 2 Abs. 1 des Vorschlags des Deutschen Rates für IPR v. 09.02.2006, in: *Sonnenberger*, Vorschläge und Berichte zum IntGesR, S. 7; Art. 10 Abs. 1 Referentenent-wurf eines Gesetzes zum Internationalen Privatrecht der Gesellschaften, Vereine und juristi-schen Personen v. 07.01.2008 (IPRG-RefE).

[297] *Gössl*, in: Jung/Krebs/Stiegler, Gesellschaftsrecht in Europa, § 11 Rn. 55.

konstitutive Registrierung handelt, liegt eine Änderung der Rechtsform vor, die eigenen Regeln unterliegt. Doch auch bei einer nicht konstitutiven Eintragung werden keine Interessen von Gesellschaftsinternen oder Gesellschaftsexternen ungerechtfertigt beeinträchtigt, da sich in jenem Fall die Rechtsform der Gesellschaft nicht ändert.[298]

Umfasst werden nicht nur mitgliedstaatliche, sondern auch drittstaatliche Gesellschaften, da etwaige Risiken mit allgemeinen Mechanismen des Internationalen Privatrechts bewältigt werden können.[299]

Zumindest aus der Perspektive des deutschen Gesellschaftsrechts gibt es rechtsfähige Gesellschaftsformen, die nicht registrierungspflichtig sind und auch nicht in ein Register eingetragen sind. Diese darf das Internationale Gesellschaftsrecht nicht außer Acht lassen und muss auch für diese eine Kollisionsregel bereithalten.

V. Ergänzende Anknüpfung nichtregistrierter Gesellschaften

Die bisher gewonnenen Erkenntnisse beziehen sich bloß auf die Ermittlung des Gesellschaftsstatuts registrierter Gesellschaften (ungeachtet dessen, ob sie sich verpflichtend oder freiwillig registriert haben).[300] Für Gesellschaften, die in keinem Register eingetragen sind, müssen deshalb andere Lösungen in Form einer Kollisionsregel gefunden werden. Die folgenden Ausführungen beziehen sich deshalb auf eine europäische Kollisionsregel *de lege ferenda*, ihr Erfordernis, ihren Anknüpfungsgegenstand sowie ihre Anknüpfungsmerkmale.

1. Gebot zur Schaffung einer Kollisionsnorm

Fraglich ist, ob der Justizgewährungsanspruch beziehungsweise das Rechtsverweigerungsverbot – über das Gebot überhaupt einer richterlichen Entscheidung hinaus – die Pflicht begründet, auch für nichtregistrierte Gesellschaften eine Kollisionsregel bereitzuhalten. Einigkeit besteht jedenfalls darüber, dass auf nichtregistrierte Gesellschaften, die sich nirgends lokalisieren lassen, überhaupt ein Recht, im Zweifel die *lex fori*, Anwendung finden muss.[301]

---

[298] Vgl. dazu auch S. 79.

[299] Artt. 10, 11 GEDIP-Proposal; Präambelbeschluss 4 des Vorschlags des Deutschen Rates für IPR v. 09.02.2006, in: *Sonnenberger*, Vorschläge und Berichte zum IntGesR, S. 6.

[300] Rechtsvergleichender Überblick über die Registerpublizität bei *Fleischer*, in: Fleischer, Personengesellschaften im Rechtsvergleich, § 1 Rn. 209.

[301] *Aufderheide*, WM 2022, 264 (266); *Fleischer*, ZIP 2021, 2205 (2209); *Geimer*, in: FS Schwind, S. 17 (30 f.); unklar, warum *Hahn*, NZG 2022, 684 (694) den Justizgewährungsanspruch in diesem Kontext normativ auf Art. 19 Abs. 4 GG zurückführt, der nur in Bezug auf Handeln öffentlicher Gewalt eine spezielle Rechtsschutzgarantie enthält, vgl. *Brehm*, in: Stein/Jonas, ZPO, vor § 1 Rn. 287 und *Enders*, in: BeckOK GG, Art. 19 Rn. 55, Stand: 15.02.2023; *M. Mann*, in: Braegelmann/Kaularz, Smart Contracts, Kap. 17 Rn. 26 für den Fall, dass weder die Anknüpfungsmerkmale der Sitz- noch die der Gründungstheorie ermittelt werden können.

Das Rechtsverweigerungsverbot ist zwar nicht explizit kodifiziert, gilt aber unbestritten.[302] Aus deutscher Perspektive ist eine Grundlage im Rechtsstaatsprinzip gem. Art. 20 Abs. 3 GG in Verbindung mit den Grundrechten (insbesondere Art. 2 Abs. 1 GG),[303] auf europäischer Ebene in den Art. 6 Abs. 1 EMRK und Art. 47 EU-GRCh zu erblicken.[304] Zudem erwächst der Justizgewährungsanspruch aus der Zuständigkeitsordnung der Brüssel Ia-VO, da nach der Brüssel Ia-VO international zuständigen Mitgliedstaaten oder gar örtlich zuständigen Gerichten kein *forum non conveniens*-Vorbehalt zusteht, sondern sie per se convenient sind und ein Gericht bereitstellen müssen.[305] Daran ändert sich auch nichts, wenn die typischerweise Beteiligten eines Sachverhalts nicht möchten, *dass* ein Recht gilt. So liegt es teilweise in digitalisierten Anwendungsbereichen, wie Kryptowährungen oder bei den erwähnten DAOs.[306]

Das Gebot möglichst lückenlosen Rechtsschutzes[307] kann nur dann erfüllt werden, wenn das Gericht auf den Rechtsstreit eine Rechtsordnung anwendet. Denn selbst eine bloße Entscheidung des Richters nach Treu und Glauben beziehungsweise Billigkeit setzt zur Ausfüllung dieser Begriffe ein Rechtsverständnis beziehungsweise eine Rechtsordnung voraus. Eine richterliche Sachentscheidung ohne (zumindest implizite) vorherige Entscheidung über die der Sachentscheidung zugrunde zu legenden Rechtsordnung ist somit nicht möglich.[308] Möchte man letztere nicht willkürlich oder stets zugunsten der *lex fori* treffen (auch dies wäre unbillig), ist eine Kollisionsregel erforderlich.[309] Dies gebietet aus der Perspektive des deutschen Verfassungsrechts Art. 3 GG, denn nur wenn die Gerichte aufgrund einer nicht nur für den Einzelfall geltenden Regel entscheiden, welches Recht sie auf vergleichbare Sachverhalte anwenden, wird Gleiches gleich und Ungleiches ungleich behandelt.[310] Durch eine Kollisionsnorm wird auch die Rechtssicherheit gefördert. Zudem wird das international-privatrechtliche Ziel des internationalen Entscheidungseinklangs

---

[302] *Canaris*, Lücken im Gesetz, S. 55 f. m.w.N.

[303] BVerfG Beschl. v. 28.04.2011 – 1 BvR 3007/07, NJW 2011, 2276 (2277); Beschl. v. 30.04.2003 – 1 PbvU 1/02, NJW 2003, 1924 (1926) jew. m.w.N. aus der Rechtsprechung; *Prütting/Gebauer*, in: GroßkommZPO, Einl. Rn. 115.

[304] *Brehm*, in: Stein/Jonas, ZPO, vor § 1 Rn. 286; *Rosenberg/Schwab/Gottwald*, Zivilprozessrecht, § 3 Rn. 4 m.w.N.

[305] *Geimer*, in: Geimer/Schütze, EuZVR, Art. 4 EuGVVO Rn. 54 ff.; *Gottwald*, in: MüKoZPO, Art. 4 Brüssel Ia-VO Rn. 11; *Paulus*, in: Geimer/Schütze, Internationaler Rechtsverkehr, Vor Art. 4 VO (EU) 1215/2012 Rn. 3.

[306] *Fleischer*, ZIP 2021, 2205 (2208); *Wendelstein*, RabelsZ 86 (2022), 644 (657 ff.) auch zu den Interessen und „code is law"; dazu auch *Lessig*, Stanford Law Review 52 (2000), 987 (990).

[307] *Prütting/Gebauer*, in: GroßkommZPO, Einl. Rn. 115.

[308] *C. v. Bar/Mankowski*, IPR, Bd. 1, § 4 Rn. 2 ff.; *Junker*, IPR, § 2 Rn. 13; *Kegel/Schurig*, IPR, S. 6.

[309] Ähnlich *Beitzke*, GG und IPR, S. 13 f.

[310] *Beitzke*, GG und IPR, S. 14.

nur dann verwirklicht, wenn verschiedene Gerichte bei gleichen Fällen die gleiche Rechtsordnung anwenden.[311]

Somit besteht die Pflicht, ein Recht zur Anwendung zu berufen, bevor in der Sache entschieden wird. Zwar mag sich diese Pflicht nicht unmittelbar aus dem Justizgewährungsanspruch ergeben, jedenfalls aber in Verbindung mit Gleichheitsrechten und tragenden Prinzipien des deutschen und europäischen Kollisionsrechts. All diese Rechtsquellen drohten leerzulaufen, wenn zwar der Zugang zu Gerichten gegeben wäre, diese Gerichte aber mangels anwendbaren Rechts untätig blieben oder bloß nach „*lex fori*-Billigkeit" entschieden. Es ist also geboten, eine Kollisionsregel für nichtregistrierte Gesellschaften zu entwickeln.

2. Anknüpfungsgegenstand: Autonomer Gesellschaftsbegriff

a) Erfordernis eines autonomen Gesellschaftsbegriffs im Kollisionsrecht

Im Zusammenhang mit nichtregistrierten Gesellschaften stellt sich die Frage, ob und unter welchen Voraussetzungen diese überhaupt Gesellschaften im Sinne des Kollisionsrechts darstellen.[312] Denn wenn sie nicht in ein Register eingetragen sind, konnte die Errichtung oder das Bestehen einer Gesellschaft bislang nicht kontrolliert werden. Mithin kann nach der Gründungs- oder Registrierungstheorie[313] keine Entscheidung über das Bestehen einer Gesellschaft durch eine (andere) Rechtsordnung kollisionsrechtlich respektiert beziehungsweise anerkannt werden.[314] Die Existenz eines kollisionsrechtlichen (wenngleich nicht autonomen) Gesellschaftsbegriffs indiziert auch Art. 24 Nr. 2 Brüssel Ia-VO, nach dem der Sitz einer Gesellschaft nach dem Internationalen Privatrecht des Forums zu lokalisieren ist. Da logischerweise aber zunächst eine Gesellschaft vorliegen muss, deren Sitz sodann im Anschluss bestimmt werden kann, ist eine Gesellschaft nicht Ergebnis, sondern Voraussetzung einer Kollisionsregel. Um den Anknüpfungsgegenstand bestimmen zu können, muss deshalb definiert werden, was eine Gesellschaft im Sinne der Kollisionsregel ist. Das Regelungsbedürfnis belegt der in der Praxis möglicherweise fehlende bewusste Wille, in einem Staat oder nach dem Recht eines Staates eine Gesellschaft zu gründen. Fälle, in denen alle Gründungsgesellschafter aus verschiedenen (womöglich sogar Dritt-)Staaten stammen, müssen von harmonisierten Kollisionsregeln aber gleichermaßen erfasst werden. Ein typisches Beispiel für solche Gesellschaften sind DAOs, die im Folgenden aufgrund ihrer Aktualität und den mit ihnen zusammenhängenden, bloß rudimentär beleuchteten Fragen des Kollisionsrechts als exemplarische Untersuchungsgrundlage dienen. Bei diesen Gesellschaften führt nicht erst die Mobilität oder ein Auseinanderfallen

---

[311] Siehe S. 15 f.

[312] Dazu auch *Gössl*, in: Jung/Krebs/Stiegler, Gesellschaftsrecht in Europa, § 11 Rn. 16, 18.

[313] Zum Begriff der Registrierungstheorie Vorschlag des Deutschen Rates für IPR v. 09.02.2006, in: *Sonnenberger*, Vorschläge und Berichte zum IntGesR, S. 17.

[314] Zum Begriff der Anerkennung *Wiedemann*, in: FS Kegel, S. 187 (190 ff.).

von Gründungsort und operativem Geschäft zu kollisionsrechtlichen Problemen, sondern schon die Ermittlung des Gründungsrechts und des Rechts, das auf die just gegründete Gesellschaft Anwendung findet. Insofern ist auch die Niederlassungsfreiheit nur von begrenzter Bedeutung, da diese gerade eine solche Mobilität impliziert.

b) *Trennung von Kollisions- und Sachrecht*

Bei der Suche nach einem Gesellschaftsbegriff für das europäische Kollisionsrecht müssen Kollisions- und Sachrecht auseinandergehalten werden. Der EuGH, nach dem kein autonomer Gesellschaftsbegriff besteht, verweist aber für die Anwendbarkeit der Niederlassungsfreiheit auf das Sachrecht, das das Entstehen einer Gesellschaft regelt („Geschöpfthese").[315] Was für bereits registrierte Gesellschaften zwar funktional sein mag, ist aber insofern für nichtregistrierte Gesellschaften widersprüchlich, als das anwendbare Recht erst durch das Internationale Gesellschaftsrecht bestimmt werden muss. Im Rahmen der Harmonisierung des europäischen Kollisionsrechts für Gesellschaften muss deshalb der Gesellschaftsbegriff autonom definiert werden.[316] Die EuGH-Rechtsprechung kann nicht dahingehend verstanden werden, dass eine autonome Definition des Gesellschaftsbegriffs im Unionsrecht prinzipiell ausgeschlossen wäre.[317] Auch enthält die Rechtsprechung des EuGH keinen Vorbehalt zugunsten eines *numerus clausus* der gesellschaftsrechtlichen Rechtsformen. Zwar hat ein solcher *numerus clausus* in der Praxis des EuGH bis dato durchaus Einfluss, wenn nach dem Sachrecht einzelner Mitgliedstaaten das Entstehen bestimmter Gesellschaftsformen geprüft wird. Da es sich bei dieser Vorgehensweise aber um eine Verlegenheitslösung des EuGH mangels unionsautonomer Definition der Gesellschaften handelt, kann ihr keine Vorgabe hinsichtlich eines etwa generell geltenden *numerus clausus* entnommen werden. Schließlich ist ein *numerus clausus* nicht kollisionsrechtlicher, sondern materiellrechtlicher Natur und hängt damit von der *lex causae* ab.[318] Für registrierte Gesellschaften, die nach den obigen Ausführungen nach dem Recht des Registrierungsorts zu beurteilen sind, ist insofern eine Ausnahme von dieser Trennung zu machen. Eine Registrierung in einem anderen Staat muss durch das Forum

---

[315] Siehe S. 23.

[316] *Gössl*, in: Jung/Krebs/Stiegler, Gesellschaftsrecht in Europa, § 11 Rn. 18. Bislang keine Definition des Gesellschaftsbegriffs im Vorschlag des Deutschen Rates für IPR v. 09.02.2006, in: *Sonnenberger*, Vorschläge und Berichte zum IntGesR, S. 3 ff. oder im IPRG-RefE.

[317] Siehe S. 23, nur „beim gegenwärtigen Stand des Unionsrechts" ist eine autonome Definition ausgeschlossen.

[318] *Großfeld*, in: Staudinger, BGB, IntGesR Rn. 196; *Thölke*, in: Münchener Handbuch des Gesellschaftsrechts, Bd. 6, § 1 Rn. 28 „das deutsche IPR kennt kein Typenproblem".

auch kollisionsrechtlich anerkannt werden.[319] Eine eigenständige Qualifikation ist damit hinfällig.[320]

c) Definitionsversuche

Nur vereinzelt wurde bislang die Frage beleuchtet, was überhaupt eine Gesellschaft im kollisionsrechtlichen Sinne ist.[321]

aa) Allgemeine Ansätze

Der international-gesellschaftsrechtliche Gesellschaftsbegriff soll weiter verstanden werden als der des Sachrechts.[322] Dabei wird zwischen rechtsfähigen und nicht rechtsfähigen Personenvereinigungen unterschieden.[323] Erstere seien als Gesellschaften im Sinne des Internationalen Gesellschaftsrechts anzusehen.[324] Nicht rechtsfähige Personenvereinigungen und Vermögensmassen seien dann als Gesellschaften anzusehen, wenn sie eine (dauerhafte[325]) Organisationsstruktur aufweisen, die nach außen hervortritt.[326] Für die Existenz einer hinreichenden Organisationsstruktur sprächen räumliche, arbeitsrechtliche und strukturelle Indizien, wie Geschäftsführungs- und Vertretungsregeln.[327] Zudem werden teilweise korporative beziehungsweise körperschaftliche Strukturen gefordert.[328] Nicht organisierte Zusammenschlüsse unterfielen dem Vertrags-

---

[319] Insofern abweichend die sogenannte Datumtheorie, bei der erst eine Berücksichtigung auf sachrechtlicher Ebene erfolgt, vgl. *Funken*, Das Anerkennungsprinzip im IPR, S. 254 f. m.w.N.

[320] Vgl. auch zum Statusrecht *Funken*, Das Anerkennungsprinzip im IPR, S. 238 f.

[321] *Thölke*, in: Münchener Handbuch des Gesellschaftsrechts, Bd. 6, § 1 Rn. 28 ff.; *ders.*, Die Entstehungssitztheorie, S. 100 ff.; *Wedemann*, RabelsZ 75 (2011), 541 ff.

[322] *Gössl*, in: Jung/Krebs/Stiegler, Gesellschaftsrecht in Europa, § 11 Rn. 18; *Kindler*, in: MüKoBGB, Int. HGR Rn. 3; *Wedemann*, RabelsZ 75 (2011), 541 (548).

[323] *Wedemann*, RabelsZ 75 (2011), 541 (548).

[324] *Großfeld*, in: Staudinger, BGB, IntGesR Rn. 14 und *Mäsch*, in: BeckOK BGB, Art. 12 EGBGB Rn. 36, Stand: 01.02.2023, mit Verweis auf das schweizerische IPRG; *Wedemann*, RabelsZ 75 (2011), 541 (548).

[325] *Mäsch*, in: BeckOK BGB, Art. 12 EGBGB Rn. 36, Stand: 01.02.2023.

[326] *C. v. Bar/Mankowski*, IPR, Bd. 2, § 7 Rn. 148; *Ebenroth*, JZ 1988, 18 (23 f.); *Großfeld*, in: Staudinger, BGB, IntGesR Rn. 746, 770; *Leible*, in: NK-BGB, Art. 1 Rom I-VO Rn. 65; *Lüderitz*, in: Soergel, BGB, Art. 10 Anh EGBGB Rn. 64; *Martiny*, in: MüKoBGB, Art. 1 Rom I-VO Rn. 66 „Mindestmaß an wahrnehmbarer organisatorischer Verfestigung"; *Mäsch*, in: BeckOK BGB, Art. 12 EGBGB Rn. 36, Stand: 01.02.2023; ebenfalls in Art. 2 Abs. 2 S. 1 des Vorschlags des Deutschen Rates für IPR v. 09.02.2006, in: *Sonnenberger*, Vorschläge und Berichte zum IntGesR, S. 7 und Art. 10 Abs. 1 S. 2 IPRG-RefE; *Wiedemann*, Gesellschaftsrecht, Bd. 1, S. 777.

[327] *Mäsch*, in: BeckOK BGB, Art. 12 EGBGB Rn. 36, Stand: 01.02.2023.

[328] *Ebenroth*, JZ 1988, 18 (23 f.); implizit *Mäsch*, in: BeckOK BGB, Art. 12 EGBGB Rn. 38, Stand: 01.02.2023, wenn er DAOs mangels korporativer Strukturen nicht als Gesellschaften anerkennen möchte.

statut.[329] Teilweise wird vorgeschlagen, alle Personengesellschaften vertragsrechtlich zu qualifizieren, damit Freiheiten des Vertragskollisionsrechts (wie
die Möglichkeit der freien Rechtswahl) Anwendung finden.[330] Anders als in
Art. 54 S. 2 AEUV soll es nicht auf einen Erwerbszweck ankommen, sodass
auch ideelle Zusammenschlüsse unter den Gesellschaftsbegriff fallen.[331]

bb) Explizite Betrachtung Wedemanns

Explizit mit dem Gesellschaftsbegriff hat sich *Wedemann* auseinandergesetzt.
Im deutschen Kollisionsrecht soll es vor dem Hintergrund der Sitztheorie auf
folgende Kriterien ankommen: Vorliegen eines verselbständigten Gebildes
(wenigstens durch Vermögensbindung), Schutzbedürftigkeit des Rechtsverkehrs sowie die Existenz eines für den Rechtsverkehr erkennbaren Sitzes.[332]
Dabei sei in einem Personenzusammenschluss mit einem gemeinsamen Zweck
stets ein verselbständigtes Gebilde zu erkennen, ohne dass es auf personellen
oder zeitlichen Bestand oder ein Gründungsbewusstsein ankomme.[333] Zudem
müssten andere Interessen als die der Gründer betroffen sein, da bloß interne
Zusammenschlüsse dem Parteiwillen gem. Art. 3 Rom I-VO zu unterstellen
seien, also vertraglich zu qualifizieren seien.[334] Belange Dritter seien aber immer dann betroffen, wenn der Zusammenschluss ein Sondervermögen habe.[335]
In diesen Fällen dürfe den Gesellschaftern dann aufgrund von Missbrauchsrisi-
ken keine freie Rechtswahl zustehen.[336] Ob sich *Wedemann* bloß dazu äußert,
dass das von der herrschenden Meinung verlangte Sitzerfordernis kein *einschränkendes* Kriterium für ihre Begriffsbestimmung ist und ihre Ansicht deshalb insofern mit dem Erfordernis nicht in Widerspruch steht, oder ob sie das
Kriterium in ihre Definition des Gesellschaftsbegriffs übernimmt, ist nicht eindeutig.

Ebenfalls hat *Wedemann* den primärrechtlichen Gesellschaftsbegriff gem.
Art. 54 S. 2 AEUV untersucht. Bezüglich des Vorliegens eines verselbständigten Gebildes, das Interessen anderer als der Gründer (oder gegebenenfalls auch
bloß *des Gründers*)[337] betrifft, gelte dasselbe wie im deutschen Kollisions-

---

[329] *Ebenroth*, JZ 1988, 18 (24); *Lüderitz*, in: Soergel, BGB, Art. 10 Anh EGBGB Rn. 64; *Mäsch*, in: BeckOK BGB, Art. 12 EGBGB Rn. 36, Stand: 01.02.2023; *Thorn*, in: Grüneberg, BGB, Art. 1 Rom I Rn. 12 zur jedenfalls analogen Anwendung der Rom I-VO; IPRG-RefE, S. 9.
[330] *Hoffmann*, in: NK-BGB, Anhang zu Art. 12 EGBGB Rn. 162 f.
[331] *Mäsch*, in: BeckOK BGB, Art. 12 EGBGB Rn. 36, Stand: 01.02.2023; *Wedemann*, Ra-belsZ 75 (2011), 541 (549).
[332] *Wedemann*, IPRax 2016, 252 (253); *dies.*, RabelsZ 75 (2011), 541 (565 ff.).
[333] *Wedemann*, RabelsZ 75 (2011), 541 (566).
[334] *Wedemann*, RabelsZ 75 (2011), 541 (566 ff.), auch dazu, dass sich ihre Ansicht inso-fern mit der herrschenden Meinung zur vertragsrechtlichen Qualifikation von Innengesell-schaften überschneidet; zu Innengesellschaften ausführlich *dies.*, IPRax 2016, 252 ff.
[335] *Wedemann*, RabelsZ 75 (2011), 541 (568).
[336] *Wedemann*, IPRax 2016, 252 (253).
[337] *Wedemann*, RabelsZ 75 (2011), 541 (574).

recht.[338] Hier sei wegen des eindeutigen Wortlauts ein Erwerbszweck zu verlangen.[339] Zudem dürfe nicht zwischen rechtsfähigen und nicht rechtsfähigen
Personenzusammenschlüssen differenziert werden, da eine solche Unterteilung
bloß dogmatischer Natur sei und nicht rechtsfähige Personenzusammenschlüsse
eine ebenso bedeutende Rolle im Binnenmarkt innehätten wie rechtsfähige.[340]

cc) Explizite Betrachtung Johns nach Thölke

Nunmehr vor einem europäischen Hintergrund schreibt *Thölke* der gesellschaftsrechtlichen Anknüpfung eine Auffangfunktion für all diejenigen Formen
rechtlicher Verselbständigungen zu, die nicht bereits anders qualifiziert werden.[341] Für die Frage, ob eine rechtliche Verselbständigung vorliegt, verweist
Thölke auf die Lehre *Johns*,[342] nach der eine Handlungsorganisation (mensch-
liches Handeln für das rechtliche Etwas), ein Haftungsverband (Regeln darüber,
welche Rechtsgegenstände einem Zugriff auf das rechtliche Etwas unterliegen
und nicht bloß einem Zugriff auf die dahinterstehenden Menschen) und eine
Identitätsausstattung (eigener Name des rechtlichen Etwas) notwendig sei.[343]
Eine Rechtsordnung müsse dem Gebilde also eine Identität verleihen, sowie die
externe Haftungs- und Handlungsorganisation regeln.[344]

d) Stellungnahme und eigener Definitionsversuch

Aufgrund bestehender Schwächen der bisherigen Ansätze folgt ein neuer Defi-
nitionsversuch eines europäischen kollisionsrechtlichen Gesellschaftsbegriffs.
Zunächst umfasst der Gesellschaftsbegriff all diejenigen Personenzusammenschlüsse, die bereits jetzt in den Anwendungsbereich des Art. 54 S. 2 AEUV
fallen.[345] Dies bedeutet aber nicht, dass der Gesellschaftsbegriff nicht weiter
gehen dürfte.[346]

aa) Selbständiges Gebilde erforderlich

Zunächst ist ein verselbständigtes Gebilde erforderlich. *Wedemann* ist darin zuzustimmen, dass es auf eine Personenmehrheit nicht ankommt. Ein etwaiges
Erfordernis lehnt sie für den Gesellschaftsbegriff des Art. 54 AEUV ab, sofern

---

[338] *Wedemann*, RabelsZ 75 (2011), 541 (574).
[339] *Wedemann*, RabelsZ 75 (2011), 541 (571).
[340] *Wedemann*, RabelsZ 75 (2011), 541 (571 ff.).
[341] *Thölke*, in: Münchener Handbuch des Gesellschaftsrechts, Bd. 6, § 1 Rn. 28.
[342] *Thölke*, in: Münchener Handbuch des Gesellschaftsrechts, Bd. 6, § 1 Rn. 31; *ders.*, Die
Entstehungssitztheorie, S. 114 f. jew. M.w.N
[343] *John*, Die organisierte Rechtsperson, S. 230 ff., 240 ff., 242 ff.
[344] *Thölke*, in: Münchener Handbuch des Gesellschaftsrechts, Bd. 6, § 1 Rn. 32.
[345] Zur Personengesellschaft als Subjekt und Objekt der Niederlassungsfreiheit *Schön*,
ZHR 187 (2023), 123 (131 ff.).
[346] So auch IPRG-RefE, S. 9.

ein verselbständigtes Sondervermögen vorliegt.[347] Es sprechen keine Gründe
dagegen, dies im sekundärrechtlichen Kollisionsrecht – auch gegenüber drittstaatlichen Gebilden – genauso zu handhaben und auch dort auf eine Personenmehrheit zu verzichten. Da Einzelpersonen sich aber in der Regel nur durch
Eintragung in ein Register (und die Erfüllung anderer Voraussetzungen)[348]
rechtlich von ihrem natürlichen Individuum differenzieren können, hier aber
der Untersuchungsfokus auf den nichtregistrierten Gebilden liegt, kann eine
weitere Prüfung offenbleiben. Bei nichtregistrierten Gebilden ist zu ihrer Verselbständigung eine Personenmehrheit erforderlich. Dies steht auch nicht im
Widerspruch zu der Ansicht *Wedemanns* im Rahmen der Niederlassungsfreiheit, da das Vorliegen einer Gesellschaft nicht erforderlich ist, um in den Anwendungsbereich der Niederlassungsfreiheit zu fallen. Vielmehr gilt die Niederlassungsfreiheit insbesondere für Einzelpersonen und nur entsprechend für
Gesellschaften, Art. 54 AEUV.

bb) Keine Differenzierung nach Rechtsform oder Rechtsfähigkeit

Es kann nicht zwischen verschiedenen Rechtsformen, Typen gesellschaftlicher
Strukturen (etwa Personal- oder Kapitalgesellschaft) oder nach der Frage, ob
eine Gesellschaft rechtsfähig ist oder nicht, unterschieden werden. Zwar wurde
das Internationale Gesellschaftsrecht insbesondere vor dem Hintergrund der
Kapitalgesellschaften und anderer (rechtsfähiger) juristischer Personen entwickelt.[349] Ein sachlicher Grund für eine etwaige Differenzierung ist indes nicht
ersichtlich.

Dagegen spricht erstens die Trennung von Kollisions- und Sachrecht. Ob und
wie zwischen verschiedenen Rechtsformen von Gesellschaften differenziert
wird und ob mit der Rechtsform Rechtsfähigkeit einhergeht oder nicht, entscheidet erst das mittels des Kollisionsrechts zu berufende Sachrecht, nicht aber
schon das Kollisionsrecht selbst.[350] Die Voraussetzungen einer Kollisionsnorm
und das Ergebnis der Anwendung des mit ihrer Hilfe ermittelten Rechts müssen
auseinandergehalten werden. Mit *Rabels* Worten: „nicht die Sachnormen, son-

---

[347] *Wedemann*, RabelsZ 75 (2011), 541 (574).

[348] Nicht die Eintragung macht ein Gebilde zur Gesellschaft, sondern vor allem die für die
Eintragung erforderlichen und von der registrierenden Behörde zu prüfenden Voraussetzungen. Somit liegt darin kein Zirkelschluss, denn die folgende Eintragung kann schon als Ausdruck der mittelbaren Parteiautonomie angesehen werden.

[349] *C. v. Bar/Mankowski*, IPR, Bd. 2, § 7 Rn. 145; *Großfeld*, in: Staudinger, BGB, IntGesR
Rn. 15; zur „Entmythologisierung der ‚juristischen Person‘" „für das geltende deutsche
Recht" *Hadding*, ZGR 30 (2001), 712 (718 f.); *Thölke*, in: Münchener Handbuch des Gesell-
schaftsrechts, Bd. 6, § 1 Rn. 33; *M. Wolff*, IPR, S. 114 ff.

[350] *Ebenroth*, JZ 1988, 18 (25); *Großfeld*, in: Staudinger, BGB, IntGesR Rn. 196; *Kindler*,
in: MüKoBGB, Int. HGR Rn. 545; *Lüderitz*, in: Soergel, BGB, Art. 10 Anh EGBGB Rn. 17;
Mankowski, in: Rauscher, EuZPR/EuIPR, Art. 24 Brüssel Ia-VO Rn. 109; *Thölke*, in: Münchener Handbuch des Gesellschaftsrechts, Bd. 6, § 1 Rn. 28; *ders.*, Die Entstehungssitztheorie, S. 111 ff.

dern die Kollisionsnormen des Richters bestimmen die Qualifikation."[351] Dies steht auch nicht im Widerspruch zur Niederlassungsfreiheit, für deren Anwendbarkeit es nach dem jetzigen Stand des Unionsrechts auf die Gesellschaftsgründung nach dem Recht eines Mitgliedstaats ankommt.[352] Die hier interessierende kollisionsrechtliche Frage ist sekundärrechtlicher Natur und darf die Niederlassungsfreiheit bloß nicht ungerechtfertigt verkürzen. Aufgrund der Verschiedenartigkeit der Materien erübrigt sich eine allzu umfangreiche Auseinandersetzung mit dem Gesellschaftsbegriff des Art. 54 AEUV an dieser Stelle.

Zweitens verhindert eine solche Gleichbehandlung Abgrenzungsschwierigkeiten bei der Begegnung mit verschiedenen Rechtsordnungen, da nicht alle Rechtsordnungen zwischen Personen- und Kapitalgesellschaften differenzieren und die Frage nach der Rechtsfähigkeit bestimmter Formen zweifelsfrei beantworten müssen. Es sei nur an die lange Zeit umstrittene Rechtsfähigkeit der BGB-Gesellschaft[353] oder die GmbH, die zwar eine Kapitalgesellschaft darstellt, aber stark personalistisch geprägt ist,[354] zu erinnern. Es ist davon auszugehen, dass die deutsche Rechtsordnung nicht die einzige ist, in der derartige Zweifel bestehen. Solche Unklarheiten sollten jedenfalls nicht Grundlage eines europäisch harmonisierten Anknüpfungsgegenstands sein.

Drittens ist aus europäischer Perspektive zu beachten, dass nicht rechtsfähige Gesellschaften genauso bedeutend für den Binnenmarkt sind wie rechtsfähige Gesellschafen.[355] Entscheidend ist zudem die Wesensverwandtschaft der Außengesellschaften.[356] Schließlich regelt das Internationale Gesellschaftsrecht nicht nur Fragen betreffend die Rechtsfähigkeit eines Personenzusammenschlusses, sondern das gesamte Gesellschaftsrecht betreffend, sodass es auf die Rechtsfähigkeit nicht ankommen kann.[357]

cc) Anforderungen an die Organisation

Auch sind die Anforderungen an eine hinreichende Organisation oder Dauerhaftigkeit des Zusammenschlusses nicht deutlich.[358] So sollen DAOs beispielsweise nicht als Gesellschaft anzusehen, sondern nach dem Vertragsstatut zu

---

[351] *Rabel*, RabelsZ 5 (1931), 241 (249).

[352] Siehe S. 23.

[353] Vgl. *Schäfer*, in: MüKoBGB, Vor § 705 Rn. 10 ff.; *T. Schöne*, in: BeckOK BGB, § 705 Rn. 13 ff. m.w.N., Stand: 01.02.2023; zur Entstehungsgeschichte *Fleischer*, in: Fleischer, Personengesellschaften im Rechtsvergleich, § 1 Rn. 78 ff.

[354] *Fleischer*, in: MüKoGmbHG, Einl. Rn. 37 m.w.N.

[355] *Wedemann*, RabelsZ 75 (2011), 541 (573) m.w.N.

[356] *Kindler*, in: MüKoBGB, Int. HGR Rn. 285 ff.; *Paefgen*, in: FS Aderhold, S. 305 (317 f.) m.w.N.; *Thölke*, in: Münchener Handbuch des Gesellschaftsrechts, Bd. 6, § 1 Rn. 33, der aber reine Innengesellschaften dem Vertragsstatut unterwerfen möchte a.a.O. Rn. 41; *Wedemann*, RabelsZ 75 (2011), 541 (577).

[357] *Wiedemann*, Gesellschaftsrecht, Bd. 1, S. 777.

[358] *C. v. Bar*, IPR, Bd. 2 (1. Aufl.), Rn. 645, beachte aber die a.A. in der Neuauflage *C. v. Bar/Mankowski*, IPR, Bd. 2, § 7 Rn. 148; *Wedemann*, RabelsZ 75 (2011), 541 (550 ff., 564 ff.).

beurteilen sein.[359] Dem ist zwar zuzugeben, dass DAOs insoweit atypisch ohne Organe wie Vorstand oder Aufsichtsrat ausgestattet sind, denn sie werden durch all ihre Mitglieder (dezentral) gestaltet.[360] Jedoch ist dies nur der modernen Form der Entscheidungsfindung und der Umsetzung der Entscheidungen geschuldet. Derartige Entwicklungen müssen in das Internationale Gesellschaftsrecht eingepasst werden. Zudem ist die Entscheidungsfindung durch alle Beteiligten einer DAO vergleichbar mit einem Beschluss der Gesellschafter einer GmbH oder der Hauptversammlung einer AG. Im Ergebnis ist eine korporative Organisationsstruktur, im Sinne einer Handlungsorganisation nach *Thölke/John*, auch bei DAOs gegeben. Eine DAO bedient sich eines überindividuellen Algorithmus zur Entscheidungsfindung,[361] wobei die Mitglieder einer DAO durch den Erwerb von Token Stimmrechte für die originäre Entscheidung innehaben.[362] Aufgrund der Verselbständigung des Geschäftsbetriebs, der Trennung des DAO-Vermögens von dem der Mitglieder und ihrer Dauerhaftigkeit ist eine DAO so strukturiert, dass die Subsumtion als Gesellschaft gerechtfertigt ist.[363] Auch teleologisch ist eine Beurteilung nach dem Vertragsstatut ungeeignet. Anders als bei Verträgen, handelt es sich bei DAOs um Zusammenschlüsse mehrerer Personen, die auf Dauer einen gemeinsamen Zweck verfolgen und deren Mehrheit Beschlüsse fasst. Trotz aller Unterschiede ist eine DAO einer Gesellschaft wohl näher als einem vertraglichen Schuldverhältnis im Sinne der Rom I-VO. Teilweise wird wegen ebenjenen Rechtsunsicherheiten vorgeschlagen, auf ein organisatorisches Element zu verzichten.[364]

Für eine hinreichende Organisation muss bei nichtregistrierten Gesellschaften eine Mehrheit von Personen vorliegen, die ein über die Individuen hinausgehendes Etwas verselbständigt und Regeln zur gemeinsamen Entscheidungsfindung hat. Konkrete Anforderungen, wie die Organisation ausgestaltet sein muss, erweisen sich als technologie- und zukunftsfeindlich und sind deshalb abzulehnen.

---

[359] Nur zum Rechtsbindungswillen *M. Mann*, in: Braegelmann/Kaulartz, Smart Contracts, Kap. 17 Rn. 7 ff.; *Mäsch*, in: BeckOK BGB, Art. 12 EGBGB Rn. 38, Stand: 01.02.2023; zum Rechtsbindungswillen der an einer DAO Beteiligten *Mienert*, DAOs und Gesellschaftsrecht, S. 103 ff.

[360] *M. Mann*, in: Braegelmann/Kaulartz, Smart Contracts, Kap. 17 Rn. 14.

[361] *M. Mann*, in: Braegelmann/Kaulartz, Smart Contracts, Kap. 17 Rn. 12; *Siegel*, in: Omlor/Link, Kryptowährungen und Token, Kap. 3 Rn. 147.

[362] *Teichmann*, ZfPW 5 (2019), 247 (266 f.).

[363] Nach *C. v. Bar/Mankowski*, IPR, Bd. 2, § 7 Rn. 149 nicht bei dezentralisierten Blockchain-Netzwerken; im Ergebnis inzident auch *M. Mann*, in: Braegelmann/Kaulartz, Smart Contracts, Kap. 17 Rn. 21 ff.; *Mienert*, DAOs und Gesellschaftsrecht, S. 82 f.; zum Indiz der Vermögenstrennung *Wedemann*, RabelsZ 75 (2011), 541 (555). Für eine Subsumtion als Gesellschaft spricht auch die Rechtsentwicklung in den USA, in denen besondere gesellschaftsrechtliche Regelungen für DAOs geschaffen wurden, überblicksartig dargestellt bei *Fleischer*, ZIP 2021, 2205 (2210 ff.). Im Ergebnis auch die Einschätzung von DAOs selbst *OpenLaw*, The Era of Legally Compliant DAOs, <https://medium.com/@OpenLawOfficial/the-era-of-legally-compliant-daos-491edf88fed0> (zuletzt abgerufen: 19.04.2023).

[364] *C. v. Bar*, IPR, Bd. 2 (1. Aufl.), Rn. 645.

dd) Irrelevanz von Verkehrsinteressen

Der Vorschlag *Wedemanns* ist nicht restlos überzeugend. Ihm ist zwar insoweit zuzustimmen, als dass jeder Personenzusammenschluss, der einen gemeinsamen Zweck verfolgt, als verselbständigtes Gebilde Voraussetzung für eine Gesellschaft ist. Die Fokussierung auf Verkehrsinteressen erschließt sich sodann nicht. Ein Zusammenschluss, der sich möglicherweise erst nach einiger Zeit für ein Auftreten im Rechtsverkehr entschließt, würde so in zufälliger Weise Statutenwechseln unterliegen und zwar nicht nur in inhaltlicher Hinsicht, sondern bezogen auf die international-privatrechtliche Qualifikation.[365] Deutlich wird hier die protektionistische Sichtweise der Sitztheorie, die zwar dem gesamten Begriffsverständnis *Wedemanns* zugrundliegt, aus oben genannten Gründen aber hier nicht vertreten wird.[366] Schließlich überzeugt es nicht, einer Definition ein nicht einschränkendes Kriterium wie die Existenz eines für den Rechtsverkehr erkennbaren Sitzes hinzuzufügen. Insofern ist dieses redundant. Insgesamt soll nicht zwischen Innen- und Außengesellschaften unterschieden werden, wie von einigen Stimmen gefordert.[367]

ee) Keine Differenzierung nach Herkunft der Gesellschaft

Denkbar wäre eine Differenzierung der zu schaffenden Anknüpfungen nach der Herkunft der Gesellschaft, also danach, ob sie im Inland, in einem anderen Mitgliedstaat der Union oder einem Drittstaat gegründet wurde. Aus unionsrechtlichen Gesichtspunkten könnte nur zwischen solchen Gesellschaften, die in den Anwendungsbereich der Niederlassungsfreiheit fallen, und solchen, die keinen primärrechtlichen Schutz genießen, differenziert werden. So könnten die Mitgliedstaaten ihre Anforderungen an Gesellschaften gegenüber primärrechtlich nicht schutzwürdigen Gebilden durchsetzen, da sie ihr nationales Internationales Gesellschaftsrecht anwenden könnten. Eine solche Differenzierung ist jedoch abzulehnen.[368] Zunächst kann eine Differenzierung nach der Herkunft bei nichtregistrierten Gesellschaften gar nicht immer vollzogen werden. Gerade die wegen der Digitalisierung entstehenden Komplikationen der Lokalisierung sollen durch die ergänzende Anknüpfung nichtregistrierter Gesellschaften handhabbar gemacht werden. Auch sind andere Kollisionsregeln des Unionsrechts als loi uniforme ausgestaltet und differenzieren nicht zwischen Unions- und drittstaatlichem Recht.[369] Sie ermöglichen nicht nur europäischen, sondern auch

---

[365] *Schall*, in: Heidel/Schall, HGB, Anh. Int. PersGesR Rn. 52 ff. hält dies für unproblematisch.

[366] Siehe S. 39 ff.

[367] *Hoffmann*, in: Münchener Handbuch des Gesellschaftsrechts, Bd. 6, § 31 Rn. 6; *Schall*, in: Heidel/Schall, HGB, Anh. Int. PersGesR Rn. 12 f.; vgl. im Übrigen die Nachweise in Fn. 326.

[368] Art. 2 GEDIP-Proposal; im Ergebnis auch *Kieninger*, IPRax 2017, 200 (202 f.).

[369] Vgl. Artt. 2 Rom I-VO, 3 Rom II-VO; zur universellen Geltung *Brödermann*, NJW 2010, 807 (809 f.); *Cziupka*, in: Rauscher, EuZPR/EuIPR, Art. 3 Rom II-VO Rn. 3 zu Unterschieden von Rom II-VO zum Internationalen Gesellschaftsrecht.

internationalen Entscheidungseinklang.[370] Zudem ist eine Differenzierung in rechtstechnischer Hinsicht nicht auf der Ebene des Anwendungsbereichs der Kollisionsnorm erforderlich, da sie auch auf der Ebene der Korrektur (*ordre public*, Sonderanknüpfung von Eingriffsnormen und Anknüpfung *in fraudem legis*[371]) erreicht werden kann.[372] Dies würde die Flexibilität und damit Gerechtigkeit im Einzelfall am besten verwirklichen. Die Korrekturmöglichkeiten erfassen typischerweise nur Eingriffsnormen und den *ordre public* des Forumsstaats.[373] So kann jeder Mitgliedstaat seinen schutzwürdigen Interessen hinreichend in der Rechtsfindung Rechnung tragen, ohne dass im umstrittenen Gesellschaftsrecht ein unionsweiter Konsens bezüglich *ordre public* oder besonders wesentlicher Wesensmerkmale hergestellt werden müsste. Selbstverständlich müssen gegenüber mitgliedstaatlich gegründeten Gesellschaften aufgrund des Schutzes der Niederlassungsfreiheit engere Maßstäbe bei der Durchsetzung forumseigener Werte angelegt und die *Gebhard*-Formel beachtet werden. Gesellschaften, bei denen sich im Prozess zum ersten Mal die Frage nach dem auf sie anwendbaren Recht stellt, müssen gegebenenfalls die Gründe vortragen, weshalb sie in den Anwendungsbereich der Niederlassungsfreiheit fallen. Möglich ist aber auch, dass ein Berufen auf die Niederlassungsfreiheit in derartigen Situationen ausgeschlossen ist. Schon der Wortlaut spricht gegen die Anwendung der Niederlassungsfreiheit, wenn Art. 54 Abs. 1 AEUV den Anwendungsbereich für „nach den Rechtsvorschriften eines Mitgliedstaats gegründete Gesellschaften" definiert. Die Niederlassungsfreiheit ist also erst Rechtsfolge einer Gesellschaftsgründung nach nationalem, mitgliedstaatlichem Recht (insofern Rechtsgrundverweisung).[374] Schließlich ist die Neutralität des Internationalen Privatrechts zu berücksichtigen, nach der sachrechtliche Erwägungen nicht schon auf die Ebene des Kollisionsrechts verlagert werden sollen.[375] Im Ergebnis sind nichtregistrierte Gesellschaften ebenso wie registrierte Gesellschaften ungeachtet ihrer Herkunft anzuknüpfen.

ff) Übereinstimmender Begriff mit Art. 24 Nr. 2 Brüssel Ia-VO

Der Begriff der Gesellschaft wird auch im Rahmen des Internationalen Zivilprozessrechts als Anknüpfungsgegenstand verwendet, Art. 24 Nr. 2 Brüssel Ia-

---

[370] Vgl. *Franke*, Das IPR der europäischen Verordnungen und Drittstaatsverträge, S. 26.

[371] *C. v. Bar/Mankowski*, IPR, Bd. 1, § 7 Rn. 128; *W.-H. Roth*, AcP 220 (2020), 458 (509 f., 511 ff.).

[372] Vor dem Hintergrund des europäischen Entscheidungseinklangs *Nietner*, Internationaler Entscheidungseinklang, S. 24.

[373] *Teipel*, in: FS Sandrock, S. 125 (133); allgemein kritisch gegenüber einer Begrenzung auf Eingriffsnormen des Forumsstaats *Fogt*, in: FS Schack, S. 406 (410); zum Einfluss der internationalen Zuständigkeit auf den Katalog der maßgeblichen Eingriffsnormen *Kohler*, in: FS Schack, S. 676 ff.

[374] *Forsthoff*, in: Grabitz/Hilf/Nettesheim, Recht der EU, Art. 54 AEUV Rn. 15; *Korte*, in: Calliess/Ruffert, Art. 54 AEUV Rn. 13 f.

[375] *C. v. Bar/Mankowski*, IPR, Bd. 1, § 7 Rn. 249; *Blach*, in: IPR für eine bessere Welt, S. 71 (insb. 76 ff.); zu den Einflüssen *v. Savignys W.-H. Roth*, AcP 220 (2020), 458 (459 ff.).

VO. So setzt die ausschließliche Zuständigkeitsregel für bestimmte Streitigkeiten das Bestehen einer Gesellschaft oder juristischen Person voraus. Zwar handelt es sich dabei um eine Ausnahmevorschrift, sodass bei extensiver Auslegung oder Anwendung grundsätzlich Zurückhaltung geboten ist.[376] Es ist aber ebenfalls zu erkennen, dass die Zuständigkeitsregel die Sitzbestimmung einer dann angenommenen Gesellschaft an nationales Internationales Privatrecht delegiert. Ein Zusammenspiel ist deshalb nicht zu leugnen; Einflüsse bestehen vielmehr in beide Richtungen. Jedoch bezieht sich die Delegation nur auf die Ausfüllung des Anknüpfungsmerkmals (Sitz), die Definition des Anknüpfungsgegenstands „Gesellschaft" wird hingegen nicht delegiert, da sie dem Tatbestand und dem Anwendungsbereich des Art. 24 Nr. 2 Brüssel Ia-VO angehört. Nach Ansicht des EuGH besteht derzeit keine unionsautonome Definition der Gesellschaft,[377] insofern weder im Internationalen Zuständigkeitsrecht noch im Kollisionsrecht. Der europäische Gesellschaftsbegriff im Kollisionsrecht könnte deshalb nicht durch einen etwaigen Begriff des Zuständigkeitsrechts beeinflusst werden, wenn ein solcher nicht existiert. In der Literatur haben sich jedoch Anforderungen an eine Gesellschaft im Sinne des Art. 24 Nr. 2 Brüssel Ia-VO herausgebildet. Dazu gehörten eine Personenmehrheit,[378] deren Organisation,[379] eine gemeinsame Zweckerreichung[380] sowie eine Teilnahme am Rechtsverkehr.[381] Teilweise wird auf eine „eigentliche" Organisation und Verselbständigung verzichtet, sofern wenigstens eine Mindeststruktur vorliegt.[382] Was aber eine Mindeststruktur voraussetzt und wie sie sich von einer „eigentlichen" Organisation unterscheidet, ist nicht klar.

Im Sinne der sekundärrechtlichen Kohärenz ist es sinnvoll, dass dem Internationalen Zivilprozess- und insbesondere Zuständigkeitsrecht derselbe Gesellschaftsbegriff zugrunde gelegt wird. Das bedeutet, dass zuständigkeits-

---

[376] EuGH Urt. v. 12.05.2011 – C-144/10 (*BVG/JPMorgan*), ZEuP 2012, 189 (191 ff.) Rn. 30 ff. (m. Anm. *Schack*, 196 ff.); Urt. v. 02.10.2008 – C-372/09 (*Nicole Hassett/South Eastern Health Board*), NJW-RR 2009, 405 (406) Rn. 18 f.; *Geimer*, in: Geimer/Schütze, EuZVR, Art. 24 EuGVVO Rn. 5; *Kropholler/v. Hein*, EuZPR, Art. 22 EuGVO Rn. 9, 34; einschränkend *Mankowski*, in: Rauscher, EuZPR/EuIPR, Art. 24 Brüssel Ia-VO Rn. 6; a.A. mit Verweis auf die Entstehungsgeschichte der Norm *Gössl*, in: Jung/Krebs/Stiegler, Gesellschaftsrecht in Europa, § 11 Rn. 11.

[377] Siehe S. 23.

[378] *Mankowski*, in: Rauscher, EuZPR/EuIPR, Art. 24 Brüssel Ia-VO Rn. 107; *Paulus*, in: Geimer/Schütze, Internationaler Rechtsverkehr, Art. 24 VO (EU) 1215/2012 Rn. 74.

[379] *Geimer*, in: Geimer/Schütze, EuZVR, Art. 24 EuGVVO Rn. 147; *Gössl*, in: Jung/Krebs/Stiegler, Gesellschaftsrecht in Europa, § 11 Rn. 11; *Paulus*, in: Geimer/Schütze, Internationaler Rechtsverkehr, Art. 24 VO (EU) 1215/2012 Rn. 74; *Servatius*, in: Münchener Handbuch des Gesellschaftsrechts, Bd. 6, § 18 Rn. 29.

[380] *Mankowski*, in: Rauscher, EuZPR/EuIPR, Art. 24 Brüssel Ia-VO Rn. 107; *Paulus*, in: Geimer/Schütze, Internationaler Rechtsverkehr, Art. 24 VO (EU) 1215/2012 Rn. 74.

[381] *Geimer*, in: Geimer/Schütze, EuZVR, Art. 24 EuGVVO Rn. 147; *Paulus*, in: Geimer/Schütze, Internationaler Rechtsverkehr, Art. 24 VO (EU) 1215/2012 Rn. 74; *Servatius*, in: Münchener Handbuch des Gesellschaftsrechts, Bd. 6, § 18 Rn. 29; a.A. *Mankowski*, in: Rauscher, EuZPR/EuIPR, Art. 24 Brüssel Ia-VO Rn. 110.

[382] *Mankowski*, in: Rauscher, EuZPR/EuIPR, Art. 24 Brüssel Ia-VO Rn. 108.

rechtliche Ansätze bei der Bildung des Gesellschaftsbegriffs beachtet werden, der geschaffene Gesellschaftsbegriff sodann aber auch im Internationalen Zivilprozessrecht gilt.

gg) Verhältnis zur Rom I-VO und Rom II-VO

Fraglich ist, ob und wie sich die Bereichsausnahmen für bestimmte gesellschaftsrechtliche Streitigkeiten aus dem europäischen Kollisionsrecht für vertragliche (Art. 1 Abs. 2 lit. f Rom I-VO) und außervertragliche (Art. 1 Abs. 2 lit. d Rom II-VO) Schuldverhältnisse auf den Begriff der Gesellschaft im Internationalen Gesellschaftsrecht auswirken. Die Ausnahmen gelten jedoch nicht etwa für Fragen betreffend eine Gesellschaft, sondern für konkret aufgezählte Aspekte der Verfassung einer Gesellschaft. Der Gesellschaftsbegriff der Rom-Verordnungen wird nicht definiert.[383] Insofern existiert kein eigenständiger Gesellschaftsbegriff, der mit dem hier zu schaffenden kollidieren könnte. Vielmehr geben die aus den Rom-Verordnungen ausgenommenen Rechtsverhältnisse Anhaltspunkte darüber, was dem Gesellschaftsstatut zuzurechnen sein muss.[384]

Aufgrund der kohärenten Auslegung der Brüssel Ia-VO, die gesellschaftsrechtliche Streitigkeiten nicht ausschließt, und der Rom-Verordnungen dürfte der Gesellschaftsbegriff aus Art. 24 Nr. 2 Brüssel Ia-VO auch im bereits kodifizierten europäischen Kollisionsrecht gelten.[385] Dafür spricht auch, dass die Bereichsausnahmen der Rom-Verordnungen und der ausschließliche Gerichtsstand der Gesellschaft in der Brüssel Ia-VO weitgehend dieselben Rechtsfragen erfassen. Zwar wird auch in der Brüssel Ia-VO der Gesellschaftsbegriff nicht definiert, es kann aber insoweit auf die Ausführungen zu den Einflüssen von Art. 24 Nr. 2 Brüssel Ia-VO verwiesen werden.[386] Im Übrigen beeinflussen die Bereichsausnahmen der Rom-Verordnungen nur den Umfang des Gesellschaftsstatuts.

hh) Unionsautonomer, kollisionsrechtlicher Gesellschaftsbegriff

Zusammenfassend sollte eine europäische Kollisionsnorm unter folgenden Voraussetzungen eine Gesellschaft definieren: Vorliegen eines verselbständigten Gebildes (bei Einzelpersonen durch staatliche Registrierung/Konzessionierung; bei Personenmehrheiten durch Schaffen einer von den Einzelpersonen emanzipierten Identität),[387] Bestimmung eines Zwecks des Gebildes (insofern korre-

---

[383] Vgl. aber *Drögemüller*, Blockchain-Netzwerke und Krypto-Token im IPR, S. 106 ff.

[384] Siehe S. 97 zum Umfang des Gesellschaftsstatuts; *Gössl*, in: Jung/Krebs/Stiegler, Gesellschaftsrecht in Europa, § 11 Rn. 9; *Paulus*, in: BeckOGK Rom I-VO, Art. 1 Rn. 115, Stand: 01.03.2023; *J. Schmidt*, in: BeckOGK Rom II-VO, Art. 1 Rn. 45, Stand: 01.03.2023.

[385] Hinsichtlich Art. 63 Brüssel Ia-VO *Gössl*, in: Jung/Krebs/Stiegler, Gesellschaftsrecht in Europa, § 11 Rn. 10.

[386] Siehe S. 80 ff.

[387] Nach *Wedemann*, siehe S. 74 f.

lierend mit einer gewissen Dauerhaftigkeit),[388] Verabreden einer Handlungsorganisation, unter anderem Vertretung (durch individuelle Gestaltung oder auch nur konkludente Bezugnahme auf gesetzliche Regeln)[389] sowie Mitwirkungspflichten der Beteiligten (Leisten einer Einlage, Dienstleistung o.ä.). Ob dies der viel geforderten Organisation oder bloß einer Mindeststruktur entspricht, kann offenbleiben. Auf eine Teilnahme am Rechtsverkehr wird bewusst verzichtet, da es auch um gesellschaftsinterne Streitigkeiten geht, die auch ohne Teilnahme am Rechtsverkehr entstehen können und Rechtsverkehr und Minimalbeteiligte nicht anders zu behandeln sind.

3. Subjektiver Anknüpfungspunkt: Rechtswahl

Sofern nach dem eben genannten Begriffsverständnis eine Gesellschaft vorliegt, schließt sich die Frage an, wie ihr Gesellschaftsstatut zu ermitteln ist. Dafür bedarf es Anknüpfungspunkte, die eine Verbindung zwischen einer Gesellschaft zu einer Rechtsordnung herstellen. Wie bereits dargelegt, bereitet die Ermittlung objektiver Anknüpfungsmerkmale immer weiterreichende Probleme. Es ist deshalb zu untersuchen, ob auf solche verzichtet und die Rechtssicherheit stattdessen durch die Möglichkeit einer subjektiven Anknüpfung im Internationalen Gesellschaftsrecht gefördert werden kann. Damit ist gerade nicht die jetzt schon der Gründungstheorie immanente subjektive Auswahl bestimmter Umstände, die schließlich doch als objektive Anknüpfungsmerkmale dienen, gemeint, da dies die Ermittlungsproblematik im Falle nichtregistrierter Gesellschaften nicht lösen würde. Vielmehr müsste den Gesellschaftern zugebilligt werden, für ihre in welcher Form auch immer bestehende, nichtregistrierte Gesellschaft eine Rechtsordnung zu wählen, die sie für geeignet halten.[390]

a) Bisherige Möglichkeiten und Bedürfnis für eine Rechtswahl

Die Parteiautonomie der Gründer einer Gesellschaft würde am stärksten verwirklicht, wenn sie selbst bestimmen dürften, welches Recht auf ihre Gesellschaft anzuwenden ist. Teilweise wird explizit die Rechtswahlfreiheit der Gesellschafter unabhängig von etwaigen Gründungsgeschäften sowie Satzungs- und Registrierungsorten gefordert.[391] Der Gründerwille wird teilweise auch als in der Wahl des Satzungssitzes oder des Orts der Gründung impliziert gesehen, was auch als rechtsgeschäftsähnliche oder indirekte Parteiautonomie betitelt

---

[388] Maßgeblich darauf abstellend *Spindler*, RDi 2021, 309 (312).

[389] Nach *Thölke* bzw. *John*, siehe S. 75, dort aber für die Frage der rechtlichen Verselbständigung relevant.

[390] Warum für registrierte Gesellschaften eine freie Rechtswahl ausscheiden muss, siehe S. 52 ff. So auch *Schall*, in: Heidel/Schall, HGB, Anh. Int. PersGesR Rn. 33.

[391] Vgl. zumindest für die Innenverhältnisse einer nichtregistrierten Gesellschaft *Grasmann*, System des IntGesR, Rn. 996; *Hoffmann*, in: Münchener Handbuch des Gesellschaftsrechts, Bd. 6, § 31 Rn. 13; *Spindler*, RDi 2021, 309 (313) nur für das Innenverhältnis der Gesellschaft.

wird.[392] Von anderen wird eine Rechtswahlfreiheit der Gründer entschieden ab-
gelehnt.[393]

Die Form der indirekten Parteiautonomie wird in Zukunft an Bedeutung verlieren, da sie an die Anknüpfungsmerkmale der Gründungstheorie anknüpft, die
bei nichtregistrierten Gesellschaften nicht stets ermittelbar sein werden. Zwar
muss nicht jede Gesellschaft in ein Register eingetragen werden, allerdings
dürften die drei bisher im Rahmen der Gründungstheorie skizzierten objektiven
Anknüpfungspunkte[394] bei Kapitalgesellschaften nur selten auseinanderfallen.
Zum einen bestimmt der von den Gründern gewählte Satzungssitz das zuständige Register, zum anderen wird dessen Ort mit dem Recht der Gründung in der
Regel übereinstimmen, denn die Register eines Staates können (zumindest *de
lege lata*) nicht Gesellschaften ausländischer Rechtsform konstituieren.[395] Ohnehin würde die indirekte Parteiautonomie in der Regel nur den Gesellschaftern
einer Gesellschaft zugutekommen, die nach einem bestimmten Sachrecht registrierungspflichtig ist. Daran ist einerseits zu kritisieren, dass es schon im
deutschen Recht mit der BGB-Gesellschaft oder der *ipso iure* entstehenden
OHG Rechtsformen gibt, die nicht registriert werden müssen. Andererseits darf
man das Internationale Gesellschaftsrecht als Teil des Kollisionsrechts nicht
von dem erst zu berufenden Sachrecht abhängig machen.

Aufgrund der EuGH-Rechtsprechung werden mitgliedstaatlich gegründete
Gesellschaften in anderen Mitgliedstaaten weitgehend anerkannt. Es ist nicht
ersichtlich, weshalb es perspektivisch nicht möglich sein sollte, beispielsweise
aus Deutschland heraus eine französische *S.à.r.l.* zu gründen. Auch deutsche
Gesellschaften mit beschränkter Haftung können, soweit sie im neuen digitalisierten Verfahren gegründet werden, von ausländischem Boden aus errichtet
werden. Möglicherweise könnte die Niederlassungsfreiheit sogar so weit gehen
und Handelsregister dazu verpflichten, Gesellschaften nach Rechtsformen anderer Mitgliedstaaten zu konstituieren. Sollten die genannten Anknüpfungspunkte sodann auseinanderfallen, könnte die starre Beurteilung der ausgeübten
indirekten Parteiautonomie nach dem dann beinahe zufälligen Ort des Registers
unangemessen sein. Sinnvoll erscheint dann umso mehr eine Anknüpfung an
das Gesellschaftsrecht, welches die Gründer frei gewählt haben. Jedenfalls die
Möglichkeit der Gründung ausländischer Rechtsformen durch Eintragung in inländische Register scheint, insbesondere wegen der Digitalisierung von Gesell-
schaftsgründungen,[396] nicht auf Dauer ausgeschlossen.

Aber auch für Gesellschaften, bei denen sich dank traditioneller, analoger
Gründung keine Probleme bei der Lokalisierung einzelner Anknüpfungs-

---

[392] *Behrens*, IPRax 2003, 193 (194); *Coester-Waltjen*, JZ 2017, 1073 (1074 f.); *M.-P. Wel-
ler/Benz/Thomale*, ZEuP 2017, 250 (259).

[393] *Behrens/Hoffmann*, in: Habersack/Casper/Löbbe, GmbHG, Einl. Rn. B 72; *Wedemann*,
IPRax 2016, 252 (253).

[394] Siehe S. 49 ff.

[395] *Behrens/Hoffmann*, in: Habersack/Casper/Löbbe, GmbHG, Einl. Rn. B 51.

[396] Vgl. Artt. 1 Nr. 5, 13g DigitalisierungsRL; § 2 Abs. 3 GmbHG.

merkmale ergeben, könnte eine freie Rechtswahl sinnvoll sein. Denn es ist beispielsweise denkbar, dass sich die Gründer einer so gegründeten deutschen Aktiengesellschaft auf die Anwendung ausländischen Rechts (im Innenverhältnis der Gesellschaft) einigen möchten. Gesellschaftsexterne könnten nur durch Eingriffsnormen oder eine *ordre public*-Kontrolle geschützt werden. Gesellschaftsinterne in Form von Minderheitsbeteiligten wären möglicherweise nicht schutzbedürftig. Schon beim Erwerb ihrer Beteiligung müssen sie sich bewusst sein, was sie erwerben. Ein Anteil an einer Gesellschaft speist sich aus ihr selbst, sodass Kaufgegenstand nicht eine irgendwie geartete, sondern nur eine konkrete Beteiligung an einer bestimmten Rechtsform sein kann. Wenn dies schon für den Kauf der Beteiligung als wesentliche Bezeichnung der Kaufsache erforderlich ist, prägt und begrenzt dies auch die Erwartungen des Minderheitsbeteiligten.[397] Im Ergebnis lässt sich sowohl bei registrierten als auch bei nichtregistrierten Gesellschaften ein Interesse an einer freien Rechtswahl begründen.

b) Kein Bedürfnis nach Rechtfertigung der Parteiautonomie

Zu beleuchten sind verfassungsrechtliche Fragen, da es sich bei der Einschränkung der Parteiautonomie um eine Grundrechts-[398] und Grundfreiheitseinschränkung[399] handelt. Deshalb bedarf nicht die Gewährleistung, sondern die Einschränkung der Parteiautonomie einer Rechtfertigung. Zwingende Gründe, die eine solche Einschränkung rechtfertigen könnten, sind nicht ersichtlich. Beachtlich ist, dass der von einer Rechtsmaterie intendierte Schutz einer schwächeren Prozesspartei nicht die Rechtswahl verbieten kann, wie die Rechtswahlmöglichkeit in außervertraglichen Schuldverhältnissen zeigt, Art. 14 Rom II-VO; vielmehr muss der Schutz hier mit anderen Instrumentarien außer dem Aberkennen der Parteiautonomie sichergestellt werden (auch hier sei an international-privatrechtliche Instrumente wie die Sonderanknüpfung von Eingriffsnormen und eine Korrektur mittels *ordre public* erinnert).[400]

c) Keine Rechtswahlmöglichkeit registrierter Gesellschaften

Gesellschafter bereits registrierter Gesellschaften kommen trotz eines möglicherweise anzuerkennenden rechtlichen Interesses aus mehreren Gründen nicht in den Genuss der freien Rechtswahl. Erstens ist die Wahl des Registers bereits als implizite Rechtswahl zu deuten, sodass die Interessen der Gründer nicht außer Acht gelassen werden. Möchten sie das Gesellschaftsstatut nachträglich ändern, bestehen diverse Möglichkeiten des grenzüberschreitenden Form-

---

[397] *Eidenmüller/Rehm*, ZGR 33 (2004), 159 (182 f.); siehe S. 40 f.

[398] *Looschelders*, in: Staudinger, BGB, Einl. IPR Rn. 158, Stand: 31.12.2022; zur Verfassungswidrigkeit der nicht kodifizierten Sitztheorie im Internationalen Gesellschaftsrecht *Grasmann*, System des IntGesR, Rn. 131 ff; siehe S. 45 ff.

[399] *Looschelders*, in: Staudinger, BGB, Einl. IPR Rn. 158, Stand: 31.12.2022.

[400] *v. Hein*, in: MüKoBGB, Einl. IPR Rn. 38; *Looschelders*, in: Staudinger, BGB, Einl. IPR Rn. 160, Stand: 31.12.2022.

wechsels. Zweitens besteht kein Bedürfnis der Gründer für eine freie, von der Rechtsform der gegründeten Gesellschaft losgelöste Rechtswahl, sodass die fehlende Option zur freien Rechtswahl für die Gesellschafter einer registrierten Gesellschaft nicht spürbar ist. Deutlich wird dies an folgendem Beispiel: Würde eine ausländische Kapitalgesellschaft deutsches Recht für maßgeblich erklären, würde sie ihre Haftungsbeschränkung auf das Gesellschaftsvermögen verlieren, wenn sie nicht sämtliche Voraussetzungen des deutschen Gesellschaftsrechts erfüllt und dementsprechend auch nicht ins Register eingetragen ist oder eingetragen werden kann. Die Folgen einer solchen Rechtswahl entsprechen nicht den Gesellschafts- oder Gesellschafterinteressen. Sollten die Voraussetzungen doch gegeben sein, würde es sich nicht um eine Wahl des Gesellschaftsrechts, sondern um eine Neugründung handeln. Registrierte Gesellschaften sind deshalb nach dem Recht des Registerorts zu behandeln.

d) Keine Wählbarkeit nichtstaatlichen Rechts

Somit kann nur für nichtregistrierte Gesellschafen eine freie Rechtswahl in Betracht kommen. Eine aktuelle Frage bei der Rechtswahl ist die nach der Wählbarkeit nichtstaatlichen Rechts, was insbesondere für DAOs diskutiert wird. Aufgrund der Abschottung der DAOs von traditionellen Instituten des Rechts stellt sich die Frage, ob deren Gesellschafter einen Schritt weiter als bloß bis zur Wahl einer Rechtsordnung gehen können und staatliches Recht insgesamt „abwählen" können, etwa zugunsten einer digitalen Jurisdiktion oder *lex cryptographia*.[401] Es ist jedoch entschieden abzulehnen, dass sich DAOs – ebenso wie andere Rechtssubjekte etwa im Internationalen Vertragsrecht – dem Geltungsanspruch des staatlichen Rechts (einseitig) entziehen könnten.[402]

---

[401] *Fleischer*, ZIP 2021, 2205 (2208); *Schwemmer*, AcP 221 (2021), 555 (567 ff.). Nicht erläutert wird jedoch, was eine *lex cryptographia* beinhalten soll. Vgl. für ein Beispiel, in dem eine DAO das staatliche Recht von England und Wales für maßgeblich erklärt hat, *Mienert*, DAOs und Gesellschaftsrecht, S. 87.

[402] *C. v. Bar/Mankowski*, IPR, Bd. 2, § 1 Rn. 183; *Fleischer*, ZIP 2021, 2205 (2208); zum „contrat sans loi" und zu Unterschieden von staatlicher und Schiedsgerichtsbarkeit *Kroll-Ludwigs*, Parteiautonomie im europäischen Kollisionsrecht, S. 158 ff. sowie *Schmitz*, Rechtswahlfreiheit, S. 76 ff.; *Kropholler*, IPR, S. 298 ff. geht im Allgemeinen nur von staatlichen Rechtsordnungen aus, im Besonderen könne im Internationalen Vertragsrecht staatliches Recht nicht abbedungen werden, *ders.*, IPR, S. 464 f.; auch dazu, dass die *lex cryptographia* in keiner Weise eine Rechtsordnung darstellt *Lehmann*, in: Omlor/Link, Kryptowährungen und Token, Kap. 5 Rn. 51 ff.; *Leible*, RIW 2008, 257 (261); zum sogar eine weiterreichende Parteiautonomie gewährenden Internationalen Vertragsrecht *Martiny*, in: MüKoBGB, Art. 3 Rom I-VO Rn. 41; zur *lex sportiva Möller*, Lex Sportiva (2022); *Möslein*, ZHR 183 (2019), 254 (269 f.); zur *lex mercatoria, lex sportiva* und *lex technica Röthel*, JZ 2007, 755 ff.; *Schwemmer*, AcP 221 (2021), 555 (568 f.); *Spickhoff*, RabelsZ 56 (1992), 116 (126); *Wendelstein*, RabelsZ 86 (2022), 644 (658 f.).

e) Wählbare Rechtsordnungen

Auch wenn nichtregistrierten Gesellschaften die Möglichkeit der Rechtswahl zuzubilligen ist, kann die Parteiautonomie der Gesellschafter nicht grenzenlos gewährt und die wählbaren staatlichen Rechtsordnungen müssen begrenzt werden. Dafür spricht zunächst das Prinzip der engsten Verbindung, das bei der Wahl einer völlig fernliegenden Rechtsordnung nicht verwirklicht würde. Einen Ausdruck dieses Prinzips könnte man auch in dem Umstand erkennen, dass jedenfalls in Deutschland nur solche Gesellschaften in ihrer Form anerkannt werden, die entweder aus einem Mitgliedstaat der Europäischen Union oder aus einem Staat stammen, mit dem ein dahingehender Staatsvertrag geschlossen wurde, beispielsweise die USA gem. Art. XXV Abs. 5 S. 2 DAF-V. In jenen rechtlichen Regeln ist zumindest eine normative enge Verbindung zu erblicken. Zudem ist auch im Kollisionsrecht der vertraglichen Schuldverhältnisse nicht immer eine völlig freie Rechtswahl möglich, wie die Artt. 5 ff. Rom I-VO für Beförderungs-, Verbraucher-, Versicherungs- und Individualarbeitsverträge belegen. Wenn schon im Internationalen Vertragsrecht, dem Ursprung der Parteiautonomie, die wählbaren Rechtsordnungen teilweise begrenzt werden,[403] muss dies im Internationalen Gesellschaftsrecht erst recht möglich sein. Außerdem treten die Parteien zwar in beiden Rechtsdisziplinen freiwillig miteinander in Verbindung (Vertragsparteien einerseits, Gläubiger oder Gesellschafter und Gesellschaft andererseits), im Internationalen Gesellschaftsrecht wirkt sich die Wahl des anwendbaren Gesellschaftsrechts aber auch (zumindest mittelbar) auf Personen aus, die an der Rechtswahl nicht beteiligt sind.

Problematisch an der Stelle ist, dass das Gesellschaftsstatut nicht für jede Parteibeziehung einzeln, sondern einmal für die Gesellschaft bestimmt wird. Möchte man die wählbaren Rechtsordnungen einschränken, muss man dies vor dem Hintergrund statischer und mit der Gesellschaft in Verbindung stehender Merkmale tun. Denkbare Rechtswahlbeschränkungen ließen sich für den Ort der Hauptniederlassung oder der Hauptverwaltung konstruieren, vgl. auch Art. 63 Abs. 1 Brüssel Ia-VO. Zu Staaten, in denen jene Lokalisierungsmerkmale belegen sind, hat die Gesellschaft jedenfalls eine engere Verbindung als zu Staaten, in denen sie gar nicht tätig ist. Problematisch ist dies bei Gesellschaftsformen, die vollständig digitalisiert agieren. Diese sind auf die Wahlmöglichkeit der Rechtsordnung am Orte der eventuell bestehenden virtuellen Hauptniederlassung[404] zu verweisen.

Zudem ist zwischen privilegierten und nichtprivilegierten Rechtsordnungen zu unterscheiden.[405] Eine Rechtsordnung ist privilegiert und damit für die Gesellschaft wählbar, wenn sie zu einem der Mitgliedstaaten der Europäischen Union gehört, da schon *de lege lata* innerhalb des Binnenmarkts auf mitglied-

---

[403] Siehe S. 12 ff.
[404] Vgl. S. 164 f.
[405] Zum Begriff der nichtprivilegierten Gesellschaften *Gössl*, in: Jung/Krebs/Stiegler, Gesellschaftsrecht in Europa, § 11 Rn. 28.

staatliche Gesellschaften ihr Gründungsrecht Anwendung findet. Es macht im Ergebnis keinen Unterschied, ob sich eine Gesellschaft nach dem Recht eines bestimmten Mitgliedstaats gründet und sodann in allen Mitgliedstaaten anerkannt wird oder ob sie ungeachtet des Gründungsorts das Recht eines Mitgliedstaats wählt und deswegen nach diesem Recht zu behandeln ist.

Denkbar ist ferner eine Privilegierung einer drittstaatlichen Rechtsordnung kraft Staatsvertrag, wie etwa aus deutscher Sicht die US-amerikanische(n) Rechtsordnung(en), vgl. Art. XXV Abs. 5 S. 2 DAF-V. Da hier jedoch eine autonome Kollisionsregel des Unionsrechts herausgearbeitet wird, solche Staatsverträge aber nicht zwischen der Europäischen Union und beispielsweise den USA abgeschlossen wurden, besteht eine solche Möglichkeit der Privilegierung derzeit nicht. Durchaus denkbar ist jedoch, dass sich dieser Umstand im Falle eines unionsweit harmonisierten Internationalen Gesellschaftsrechts ändert und die Union entsprechende Staatsverträge mit Drittstaaten abschließen wird. Die Rechtsordnungen jener Vertragsstaaten sollten dann auch wählbar sein.

f) Zwischenergebnis

In weiten Teilen ist eine subjektive Anknüpfung im Internationalen Gesellschaftsrecht nicht sinnvoll beziehungsweise nicht hinnehmbar. Dass die Möglichkeit einer ausdrücklichen Rechtswahl selten in der Literatur thematisiert wird, überrascht nicht. Jedoch bestehen für nichtregistrierte Gesellschaften Anwendungsfälle, in denen eine Rechtswahl den Gesellschaftern zugebilligt werden muss.[406] Eine ungerechtfertigte Verkürzung dritter Interessen geschieht so dennoch nicht. Es handelt sich um die Wahl einer Rechtsordnung, unter die das tatsächliche Konstrukt der Gesellschafter subsumiert wird. Wählbar sollten aber nur Rechtsordnungen von Mitgliedstaaten der Europäischen Union, anderen qua Staatsvertrag privilegierten Staaten und von solchen Staaten sein, zu denen die Gesellschaft eine enge Verbindung aufweist (Art. 63 Abs. 1 Brüssel Ia-VO). Ob und welche Rechtsform entsteht, beantwortet das gewählte Recht.

4. Objektive Hilfsanknüpfungspunkte

Sollten die Gesellschafter keinen Gebrauch von der Möglichkeit der Rechtswahl machen, muss dennoch eine Rechtsordnung auf die Gesellschaft Anwendung finden. Dass diese nur ersatzweise bemüht wird, ist Ausdruck des Vorrangs der subjektiven Anknüpfung – auch im Internationalen Gesellschaftsrecht.[407]

---

[406] Im Hinblick auf DAOs auch *Mienert*, DAOs und Gesellschaftsrecht, S. 86 f.

[407] *Grasmann*, System des IntGesR, Rn. 996; *Hoffmann*, in: Münchener Handbuch des Gesellschaftsrechts, Bd. 6, § 31 Rn. 6 für vertragsrechtlich zu qualifizierende Innengesellschaften, die nach hier vertretener Ansicht aber genauso wie Außengesellschaften nach dem Gesellschaftsstatut zu beurteilen sind. *Schall*, in: Heidel/Schall, HGB, Anh. Int. PersGesR Rn. 32 bildet ein Gesellschaftsvertragsstatut.

Neben der Parteiautonomie ist ein tragendes Prinzip des Internationalen Privatrechts das der engsten Verbindung.[408] Zwar kann eine Rechtswahl Ausdruck einer engen Verbindung des Rechtsverhältnisses mit der gewählten Rechtsordnung sein.[409] Wenn eine subjektive Wahl jedoch gerade nicht erfolgt ist, muss die engste Verbindung objektiv ermittelt werden.[410] Bevor ausnahmsweise schlicht die *lex fori* angewendet wird,[411] sollte eine Rechtsordnung gefunden werden, die unter Umständen enger mit der Gesellschaft verbunden ist, da die *lex fori* wenn überhaupt nur zufällig eine enge Verbindung mit dem Rechtsverhältnis aufweist.[412] Das geltende Kollisionsrecht hält teilweise typisierte Anknüpfungsmerkmale bereit, bei deren Vorliegen eine enge Verbindung mit dem betreffenden Staat angenommen wird. Teilweise bietet das Recht – als Hilfsanknüpfungen ausgestaltet – objektive Anknüpfungen an das Recht des Staates, mit dem der Sachverhalt die engste Verbindung aufweist, sodass dieses in einer Gesamtschau im Einzelfall ermittelt wird.[413] Dabei sind im Sinne der Rechtssicherheit die dafür heranzuziehenden Kriterien festzulegen.

a) Auftreten mit einem bestimmten Rechtsformzusatz

Gesellschafter einer nichtregistrierten (und auch nicht registrierungspflichtigen[414]) Gesellschaft können auf eine explizite Rechtswahl verzichten, wenn sie von der Geltung eines bestimmten Rechts ausgehen und mit Angabe einer bestimmten Rechtsform im Rechtsverkehr auftreten. Sollten nämlich die Gesellschafter die Geltung deutschen BGB-Gesellschaftsrechts für selbstverständlich halten und treten sie mit dem Rechtsformzusatz (GbR) im Rechtsverkehr auf, so spricht alles dafür, die Gesellschaft dem deutschen BGB-Gesellschaftsrecht zu unterwerfen. Sollten die Gesellschafter derselben Gesellschaft mit einem Rechtsformzusatz einer nach beispielsweise italienischem Recht *ipso iure* entstehenden Gesellschaftsform nach außen auftreten, so ist dies ebenfalls zu respektieren. In jenem Beispiel fände auf die Gesellschaft dann konsequenterweise italienisches Recht Anwendung.

Probleme bei mehrdeutigen Rechtsformzusätzen[415] ließen sich durch ein Register aller (zumindest aller mitgliedstaatlichen) Gesellschaftsrechtsformen und

---

[408] *Hoffmann*, in: Münchener Handbuch des Gesellschaftsrechts, Bd. 6, § 31 Rn. 6 zu nichtregistrierten (Innen-)Gesellschaften; siehe S. 9 f.

[409] Siehe S. 12 ff.

[410] *Kaulen*, IPRax 2008, 389 (395); *M. Mann*, in: Braegelmann/Kaulartz, Smart Contracts, Kap. 17 Rn. 27.

[411] Siehe S. 95 ff.

[412] Insofern auch zur Kollision des Rechtsverweigerungsverbots mit dem Prinzip der engsten Verbindung *Mienert*, DAOs und Gesellschaftsrecht, S. 93.

[413] Dazu *Geisler*, Engste Verbindung im IPR, insb. S. 83 ff.

[414] Nichtregistrierte Gesellschaften, die nach dem Willen der Gesellschafter eine registrierungspflichtige Gesellschaftsform erreichen sollen, lassen sich vor ihrer konstitutiven Registrierung als andere Gesellschaftsform, deren Entstehen keine Registrierung voraussetzt, subsumieren.

[415] *Hoffmann*, in: Münchener Handbuch des Gesellschaftsrechts, Bd. 6, § 31 Rn. 12.

ihrer Rechtsformzusätze beseitigen.[416] Dies ist insbesondere im Lichte der Rechtssicherheit geboten.

Gegen eine solche Anknüpfung könnte eingewendet werden, dass das gesellschaftsexterne Verhalten (Auftreten im Rechtsverkehr) das gesellschaftsinterne Recht bestimmen würde. Jedoch findet das ausschlaggebende externe Verhalten seinen Ursprung wiederum in einem Gesellschaftsinternum, namentlich der gemeinsamen Vorstellung der Gesellschafter. Zudem sind es bei nichtregistrierten Gesellschaften regelmäßig die Gesellschafter selbst, die über den Auftritt mit einem Rechtsformzusatz entscheiden. Da in diesem Ansatz die Parteiautonomie der Gesellschafter bloß nicht ausdrücklich erklärt werden muss, das anwendbare Recht aber dennoch in hohem Maße vom (eventuell unbewussten) Gesellschafterwillen abhängt, sollte eine Anknüpfung an das Auftreten unter einer bestimmten Rechtsform die erste Hilfsanknüpfung sein, auch um Abgrenzungsprobleme (etwa zu einer konkludenten Rechtswahl) zu vermeiden.[417] Zudem ist so für Gesellschaftsexterne erkennbar, welches Recht auf die Gesellschaft Anwendung findet.

Diese Anknüpfung erfasst vor allem Fälle, in denen eine Gesellschaft noch physisch und gegebenenfalls auch nach den (Organisations-)Vorschriften einer bestimmten Rechtsordnung operiert, sich bloß nicht hat registrieren lassen. Für digitalisierte Zusammenschlüsse wie beispielweise DAOs versagt dieses Anknüpfungsmerkmal wohl mangels Orientierung bei der Ausgestaltung des externen oder internen Handelns an einer Rechtsordnung. In Fällen, die nicht DAOs betreffen, taugt das Auftreten unter einer bestimmten Rechtsform aber als typisiertes Anknüpfungsmerkmal.

b) Wirtschaftlicher Schwerpunkt der Gesellschaft

Denkbar ist zudem die Anknüpfung an den Ort, an dem die Gesellschaft ihren wirtschaftlichen Schwerpunkt hat.[418]

aa) Orientierung an Art. 63 Abs. 1 Brüssel Ia-VO

Der wirtschaftliche Schwerpunkt einer Gesellschaft kann sich aus der Betrachtung ihrer Hauptverwaltung, ihrer Hauptniederlassung – insoweit Orientierung an Art. 63 Abs. 1 Brüssel Ia-VO – oder ihrer Vermögenswerte ergeben.

Zunächst kann an eine physische Hauptverwaltung[419] angeknüpft werden. Dieses gesellschaftsinterne Merkmal spürt die engste Verbindung von Gesell-

---

[416] Auch *Schön*, ZHR 187 (2023), 123 (162 f.) schlägt eine europäische Publizitätsrichtlinie für Personengesellschaften vor.

[417] Ähnlich *Hoffmann*, in: Münchener Handbuch des Gesellschaftsrechts, Bd. 6, § 31 Rn. 12, der es als konkludente Rechtswahl im Rahmen einer vertragsrechtlichen Anknüpfung betrachtet.

[418] *Kaulen*, IPRax 2008, 389 (395).

[419] *Hoffmann*, in: Münchener Handbuch des Gesellschaftsrechts, Bd. 6, § 31 Rn. 6; *Loose*, Der grenzüberschreitende Formwechsel von Kapitalgesellschaften, S. 181 möchte primär an eine solche Hauptverwaltung anknüpfen.

schaft und der Rechtsordnung auf, die auf gesellschaftsrechtliche Fragestellungen Anwendung finden soll.

Zu beachten ist, dass maßgeblicher Grund der hiesigen Ausführungen das Problem der Lokalisierung, insbesondere der Hauptverwaltung einer Gesellschaft, ist. Wenn die Ermittlung der Hauptverwaltung bei nichtregistrierten Gesellschaften zu Problemen führt und gar unmöglich wird,[420] kann nur auf den wirtschaftlichen Schwerpunkt der externen Beziehungen der Gesellschaft abgestellt werden, somit auf ihre Hauptniederlassung.[421] Die Belegenheit der Hauptverwaltung und Hauptniederlassung kann nur bei physisch agierenden Gesellschaften eine Verbindung zu einem Staat herstellen. Für rein digitale Gesellschaften kommt als sekundäre Anknüpfung an den wirtschaftlichen Schwerpunkt nur eine solche an die virtuelle Hauptniederlassung in Betracht.[422] Es wird bereits vorgeschlagen, an Merkmale der Websites der DAOs anzuknüpfen, wie beispielsweise Impressumsangaben.[423] Richtig daran ist, dass auf diese Art und Weise digitale und analoge Wirklichkeit miteinander in Verbindung gebracht werden können.[424] Sollten auch virtuelle (Haupt-)Niederlassungen anzuerkennen sein, ist sekundär an den Ort einer solchen Hauptniederlassung anzuknüpfen.

Die Sinnhaftigkeit einer Anknüpfung an die Vermögenswerte einer Gesellschaft ist stark vom jeweiligen Geschäftszweck abhängig. Überhaupt wird sich physisch verkörpertes Vermögen in der Regel nicht andernorts als an der Hauptverwaltung oder den Niederlassungen befinden, da diese in der Regel eingerichtet werden. Allerdings ist beispielsweise bei immobilienverwaltenden Gesellschaften durchaus eine enge Verbindung zu dem Staat anzunehmen, in dem jene Immobilien belegen sind. Im Falle geistigen Vermögens oder angelegten Geldes ist das Vermögen oftmals – bei Immaterialgüterrechten schon dem Namen nach – nicht greifbar und der Belegenheitsort für die Bestimmung des anwendbaren Gesellschaftsrechts zufällig. Auch sind Vermögenswerte einer DAO – insofern namensgebend – dezentral an allen Punkten des Netzwerks gespeichert, sodass das Gesellschaftsvermögen zu keinem Staat eine besonders enge

---

[420] Vgl. die Kritik an der Sitztheorie S. 39 ff.; *Grasmann*, System des IntGesR, Rn. 996 aber für eine Anknüpfung an den Ort der vornehmlichen Betätigung der Gesellschafter; *Hahn*, NZG 2022, 684 (694) für den Fall eines eine DAO beinhaltenden Vereins; *Hoffmann*, in: Münchener Handbuch des Gesellschaftsrechts, Bd. 6, § 31 Rn. 6 als Indiz zur Ermittlung der engsten Verbindung; *Langheld/Haagen*, NZG 2021, 724 (725 f.); *A. Zimmermann*, IPRax 2018, 566 (568, 570) zur Nichtermittelbarkeit.

[421] *Hoffmann*, in: Münchener Handbuch des Gesellschaftsrechts, Bd. 6, § 31 Rn. 6 erachtet ein „Ausrichten" der Geschäftstätigkeit auf einen Staat als Indiz zur Ermittlung der engsten Verbindung.

[422] Siehe S. 119 ff. zu der Frage, ob und unter welchen Voraussetzungen Internetpräsenzen virtuelle Niederlassungen darstellen können.

[423] Zurückhaltend *Mienert*, DAOs und Gesellschaftsrecht, S. 96 f.; *Simmchen*, MMR 2017, 162 (165).

[424] *Simmchen*, MMR 2017, 162 (165); den Wohnsitz als Indiz für die Lokalisierung des tatsächlichen Verwaltungssitzes erachtend BGH Beschl. v. 10.03.2009 – VIII ZB 105/07, NJW 2009, 1610 (1611).

Verbindung aufweist.[425] Auch bei vielen anderen Gesellschaften ist die bloße Belegenheit des Gesellschaftsvermögens nur ein schwaches Indiz für eine enge Verbindung zu einem Staat. Eine Lokalisierung an *einem* Ort ist nicht immer möglich. Eine Anknüpfung an das Gesellschaftsvermögen ist somit nur ausnahmsweise sinnvoll.

bb) Orientierung an Art. 3 Abs. 1 EuInsVO

Ein weiterer wirtschaftlicher Schwerpunkt einer Gesellschaft wird im Internationalen Insolvenzrecht lokalisiert, gem. Art. 3 Abs. 1 S. 1 EuInsVO am Mittelpunkt der hauptsächlichen Interessen[426] des Schuldners. Dieser liegt gem. Art. 3 Abs. 1 S. 2 EuInsVO an dem Ort, an dem der Schuldner gewöhnlich der Verwaltung seiner Interessen nachgeht und der für Dritte feststellbar ist. Ist eine Gesellschaft Schuldnerin in einem Insolvenzverfahren, wird vermutet, dass der COMI am Sitz der Gesellschaft belegen ist, Art. 3 Abs. 1 UAbs. 2 EuInsVO. Darunter ist der Satzungssitz zu verstehen,[427] der bei nichtregistrierten Gesellschaften nur ausnahmsweise vereinbart und bei fehlender Registrierung der Gesellschaften auch nicht für Dritte feststellbar sein wird. Die Anknüpfung an den Satzungssitz führt bei der Lokalisierung nichtregistrierter Gesellschaften regelmäßig nicht weiter.

Liegt der COMI andernorts als am Ort des satzungsmäßigen Sitzes der Gesellschaft, lässt sich die Vermutung widerlegen. Um den wahren COMI zu ermitteln, kann eine Vielzahl von – überwiegend gesellschaftsexternen[428] – Kriterien herangezogen werden, wie zum Beispiel die Hauptverwaltung,[429] Website oder bedeutende Vermögenswerte der Gesellschaft.[430] Weiterhin werden die Belegenheit betrieblich genutzter Immobilien, Zahlungskonten, Rechtswahlvereinbarungen mit Gläubigern, die Sprache, in der geschäftlich kommu-

---

[425] *M. Mann*, in: Braegelmann/Kaulartz, Smart Contracts, Kap. 17 Rn. 24; *Mienert*, DAOs und Gesellschaftsrecht, S. 95; a.A. früher *Spindler*, ZGR 47 (2018), 17 (52) (jetzt wie *M. Mann*, vgl. *Spindler*, RDi 2021, 309 (314 f.)). *Ders.* sowie *Fleischer*, ZIP 2021, 2205 (2209) auch zu der Möglichkeit, an den Sitz einer möglicherweise registrierten Treuhandgesellschaft anzuknüpfen, die für eine DAO im Außenverhältnis tätig wird. Dies behandelt jedoch gerade nicht das Problem der Lokalisierung der DAO selbst, sondern verlagert sie. Dies kann zwar durchaus für kapitalsammelnde DAOs praktikabel sein. Die Lösung für das allgemeine Strukturproblem des Internationalen Gesellschaftsrechts im digitalisierten Zeitalter bietet die Vorgehensweise aber ebenso wenig wie für DAOs, die mit keiner Treuhandgesellschaft verbunden sind. Als Indiz für die Lokalisierung des tatsächlichen Verwaltungssitzes BGH Beschl. v. 10.03.2009 – VIII ZB 105/07, NJW 2009, 1610 (1611).

[426] Im Englischen: *centre of main interests* (COMI), vgl. *Fehrenbach*, GPR 2016, 282 (287); *Undritz*, in: A. Schmidt, EuInsVO, Art. 3 Rn. 2.

[427] *Fehrenbach*, GPR 2016, 282 (289); *Knof*, in: Uhlenbruck, InsO, Art. 3 EuInsVO Rn. 23; *Undritz*, in: A. Schmidt, EuInsVO, Art. 3 Rn. 10.

[428] *Mäsch*, in: Rauscher, EuZPR/EuIPR, Art. 3 EuInsVO Rn. 11; *Thole*, in: MüKoInsO, Art. 3 VO (EU) 2015/848 Rn. 40 f.; *Undritz*, in: A. Schmidt, EuInsVO, Art. 3 Rn. 25.

[429] Vgl. auch Erwägungsgründe 28, 30 EuInsVO.

[430] *Thole*, in: MüKoInsO, Art. 3 VO (EU) 2015/848 Rn. 40 f., siehe dazu S. 92 f.

niziert wird, oder der Einsatzort der Mitarbeiter für maßgeblich erachtet.[431] Es ist stets eine Einzelfallbetrachtung notwendig,[432] denn die Annahme mehrerer COMIs verbietet sich.[433] Eine Orientierung an den Kriterien, die zur Ermittlung des insolvenzrechtlichen COMI herangezogen werden, ist sinnvoll. Die Kriterien Hauptverwaltung, (virtuelle) Hauptniederlassung und Vermögen wurden bereits als Anknüpfungsmerkmale erörtert.[434] Die übrigen Kriterien werden im Internationalen Insolvenzrecht im Rahmen einer Einzelfallbetrachtung herangezogen. Ebenso sollte es im Internationalen Gesellschaftsrecht gehandhabt werden, wenn (in Ermangelung einer sinnvollen Typisierung) im Einzelfall die Rechtsordnung ermittelt wird, zu der das streitige Rechtsverhältnis die engste Verbindung aufweist.[435]

cc) Zwischenergebnis

Innerhalb der Anknüpfung an den wirtschaftlichen Schwerpunkt einer Gesellschaft (als sekundäres subsidiäres, objektives Hilfsanknüpfungsmerkmal) ist in folgender Abstufung zu verfahren: (1) Hauptverwaltung, (2) Hauptniederlassung, (3) Vermögen der Gesellschaft.

c) Derivativ-persönliche Anknüpfung

Möglicherweise ließe sich an den gewöhnlichen Aufenthalt der Mehrheit beziehungsweise der meisten Gesellschafter anknüpfen.[436] Der gewöhnliche Aufenthalt ist das vorherrschende Anknüpfungsmerkmal zur Lokalisierung natürlicher und juristischer Personen beziehungsweise Gesellschaften im europäischen Kollisionsrecht.[437] Zwar wird mittels des gewöhnlichen Aufenthalts der Gesellschafter nicht unbedingt die engste Verbindung der Gesellschaft selbst – als verselbständigtes Gebilde – zu einer Rechtsordnung aufgespürt. Allerdings kann eine Gesellschaft nur durch (Gründungs-)Gesellschafter gegründet und am Leben erhalten werden und ist somit von ihnen abhängig. Auch kann eine Gesellschaft selbst keinen Willen bilden, sondern nur durch ihre Gesellschafter.

Problematisch ist es, wenn die Beteiligten (zum Beispiel bei einer DAO) häufig wechseln und zudem anonymisiert, etwa unter Verwendung von Pseudo-

---

[431] *Knof*, in: Uhlenbruck, InsO, Art. 3 EuInsVO Rn. 36; *Thole*, in: MüKoInsO, Art. 3 VO (EU) 2015/848 Rn. 41 f.; *Undritz*, in: A. Schmidt, EuInsVO, Art. 3 Rn. 25.

[432] *Knof*, in: Uhlenbruck, InsO, Art. 3 EuInsVO Rn. 7.

[433] *Geimer/Garber*, in: Geimer/Schütze, EuZVR, Art. 3 EuInsVO Rn. 11; *Mäsch*, in: Rauscher, EuZPR/EuIPR, Art. 3 EuInsVO Rn. 12; *Undritz*, in: A. Schmidt, EuInsVO, Art. 3 Rn. 29.

[434] Siehe S. 90 ff.

[435] Siehe S. 95.

[436] *Fleischer*, ZIP 2021, 2205 (2209); *Grasmann*, System des IntGesR, Rn. 996; *Hoffmann*, in: Münchener Handbuch des Gesellschaftsrechts, Bd. 6, § 31 Rn. 6 als Indiz zur Ermittlung der engsten Verbindung; zur Staatsangehörigkeit der Gesellschafter *Kaulen*, IPRax 2008, 389 (395); *A. Zimmermann*, IPRax 2018, 566 (566).

[437] Siehe S. 1 f. S. 17 ff. sowie die Nachweise in Kapitel 1 B. Fn. 107.

nymen, agieren.[438] Während der Wechsel des Personenkreises zunächst kein besonderes Problem darstellt (vergleiche die ähnliche Lage in Publikumsgesellschaften), führt die Anonymität der Gesellschafter zu Problemen mit der Ermittlung des Anknüpfungsmerkmals, die es gerade auszumerzen gilt. Da ein anonymes Auftreten jedoch nicht zwingend ist, kann in Einzelfällen eine Lokalisierung durchaus gelingen;[439] die Regel stellt dies aber wohl im Falle von DAOs[440] nicht dar. Anstatt auf die Quantität der Gesellschafter abzustellen, könnte man in „qualitativer" Hinsicht möglicherweise an die Ansässigkeit eines geschäftsführenden Gesellschafters anknüpfen,[441] denn bei DAOs sind oft einzelne Gründungspersonen identifizierbar und sogar auf Internetpräsenzen der DAOs namentlich aufgeführt. Geschäftsführend im gesellschaftsrechtlichen Sinne sind sie jedoch nicht, da die Umsetzung des gebildeten Willens der Gesellschafter einer DAO durch Smart Contracts erfolgt. Dennoch stellt eine derivative Anknüpfung an die Ansässigkeit solcher Gründer oder „Board Members", die auf den Websites der DAOs namentlich angegeben sind, eine Möglichkeit dar, typisiert die engste Verbindung zu ermitteln. Im Falle traditionell physisch agierender Gesellschaften, in denen sich Gründer und hinzutretende Gesellschafter kennen beziehungsweise wenigstens identifizieren lassen, bestehen keine Ermittlungsschwierigkeiten hinsichtlich des Anknüpfungsmerkmals.

Tertiär ist also derivativ an die Ansässigkeit der Gesellschafter in Form ihres gewöhnlichen Aufenthalts[442] anzuknüpfen.

d) Sprache des Gesellschaftsvertrags/der Gesellschafter

Schließlich lässt sich daran denken, die engste Verbindung anhand der Sprache, in der der Gesellschaftsvertrag verfasst ist oder in der die Gesellschafter miteinander kommunizieren, zu ermitteln.[443] Problematisch ist dabei zum einen, dass dafür ein ausformulierter Gesellschaftsvertrag vorliegen muss, was im Falle von *ipso iure* entstehenden Gesellschaftsformen nicht zwingend ist. Es kann also nicht nur auf die Sprache des Vertrags abgestellt werden. An diese Stelle kann dann aber die Sprache der gesellschaftlichen Kommunikation treten. Zweitens ist die objektive Bestimmung der engsten Verbindung mit einer Rechtsordnung nur in den Fällen relevant, in denen die Gesellschafter aus verschiedenen Staaten agieren. Faktisch wird die Kommunikation regelmäßig in der Weltsprache Englisch erfolgen. Aus kollisionsrechtlicher Perspektive würden so beinahe alle internationalen Gesellschaften englischem Recht unterworfen. Diese zufällige Bevorzugung englischen Rechts ungeachtet, besteht das

---

[438] *Fleischer*, ZIP 2021, 2205 (2209); *Spindler*, RDi 2021, 309 (314) sieht eher in der Zufälligkeit des Gesellschafterkreises ein Problem; *A. Zimmermann*, IPRax 2018, 566 (566).

[439] *Langheld/Haagen*, NZG 2021, 724 (726).

[440] *Mienert*, DAOs und Gesellschaftsrecht, S. 92.

[441] *Hoffmann*, in: Münchener Handbuch des Gesellschaftsrechts, Bd. 6, § 31 Rn. 6; *A. Zimmermann*, IPRax 2018, 566 (569) für eine Anknüpfung an einen Verwalter.

[442] So auch das maßgebliche Lokalisierungsmerkmal in der Rom I-/Rom II-VO.

[443] *Kaulen*, IPRax 2008, 389 (395).

Problem, dass es nicht *das* englischsprachige Recht gibt, da in vielen Staaten Englisch gesprochen wird und Englisch auch in vielen Staaten Amtssprache ist. Dennoch haben beispielsweise die USA und England verschiedene Rechtsordnungen. Eine Zuordnung zu einem „englischen" Staat oder einer „englischen" Rechtsordnung gelingt anhand der Sprache nicht. Anderes gilt aber dann, wenn gerade nicht die englische Sprache die Gesellschaft dominiert. Wenn aus unterschiedlichen Staaten operierende Gesellschafter beispielsweise nur in italienischer Sprache miteinander kommunizieren, liegt eine Verbindung zu Italien und der italienischen Rechtsordnung nicht fern. Sollten keine anderen Indizien gewichtiger sein, wäre so zumindest die *engste*, wenngleich nicht zwangsläufig eine enge Verbindung ermittelt. In Ausnahmefällen kann der Sprache der gesellschaftlichen Kommunikation so Bedeutung beigemessen werden.

e) Generalklausel der engsten Verbindung

Sollten die aufgezeigten typisierten Indizien nicht zu ermitteln sein, muss – bevor notfalls die *lex fori* anzuwenden ist – generalklauselartig für den Einzelfall nach der engsten Verbindung gesucht werden.[444] Im Interesse der Rechtssicherheit und Vorhersehbarkeit sind an dieser Stelle vor allem die Kriterien heranzuziehen, anhand derer im Internationalen Insolvenzrecht der wahre COMI ermittelt wird.[445]

f) Verhältnis der Anknüpfungspunkte zueinander

Die aufgezeigten objektiven Anknüpfungspunkte greifen subsidiär zur Rechtswahl ein. Auch das Verhältnis der objektiven Hilfsanknüpfungspunkte untereinander ist subsidiär ausgestaltet. In der dargestellten Reihenfolge (a)–e)) ist das Auftreten unter einer bestimmten Rechtsform das stärkste, die Generalklausel insofern das schwächste Anknüpfungsmerkmal. Es handelt sich mithin um eine Kegel'sche Anknüpfungsleiter beziehungsweise Anknüpfungskaskade.[446]

5. Notanknüpfung an die lex fori

Sollte sich auch nach Würdigung aller Umstände des Einzelfalls keine Rechtsordnung ermitteln lassen, die mit der Gesellschaft am engsten verbunden ist, bleibt nichts anderes übrig als das Gesellschaftsstatut nach der *lex fori* zu bestimmen.[447] Die pauschale Anknüpfung an die *lex fori* ist dem Internationalen

---

[444] *Teichmann*, ZfPW 5 (2019), 247 (270) bezweifelt, dass eine solche Ermittlung erfolgsversprechend ist.

[445] Vgl. S. 92 f. m.w.N.

[446] *C. v. Bar/Mankowski*, IPR, Bd. 1, § 7 Rn. 95; *Kegel/Schurig*, IPR, S. 832; *Kropholler*, IPR, S. 143.

[447] *Fleischer*, ZIP 2021, 2205 (2209); *Hahn*, NZG 2022, 684 (694); *Kegel*, in: Anwendung ausländischen Rechts im IPR, S. 157 (183); *M. Mann*, in: Braegelmann/Kaulartz, Smart Contracts, Kap. 17 Rn. 26; *Mienert*, DAOs und Gesellschaftsrecht, S. 92 ff.; *ders.*, RDi 2021, 384 (386 f.); *Spindler*, RDi 2021, 309 (315) mit dem Vorschlag für den Fall, dass

Gesellschaftsrecht grundsätzlich fremd und wird nur im Rahmen von Eingriffsnormen und dem *ordre public* relevant.[448] Zwar kann das mittels Sitz- oder
Gründungstheorie ermittelte Statut mit der *lex fori* zusammenfallen, dies ist
nach hier vertretener Auffassung aber nur zufälliger Natur und kein mit der
Sitz- oder Gründungstheorie verfolgtes Ziel. Jedenfalls nach dem Rechtsverweigerungsverbot muss aber schließlich irgendein Recht Anwendung finden.[449]
Dass die *lex fori* nicht mehr zwangsläufig eng mit dem Sachverhalt verbunden
ist,[450] ist hinzunehmen, wenn die Alternative die Rechtsverweigerung wäre.

Um die *lex fori* jedoch anwenden zu können, muss zuvor das zuständige Gericht bestimmt werden. Für viele gesellschaftsrechtliche Binnenstreitigkeiten
geschieht das nach Art. 24 Nr. 2 S. 1 Brüssel Ia-VO, wonach jene Dispute ausschließlich vor den Gerichten des Staates auszutragen sind, in dem die Gesellschaft ihren Sitz hat.[451] Da sich diese Sitzbestimmung aber nach dem Internationalen Privatrecht richtet, Art. 24 Nr. 2 S. 1 Brüssel Ia-VO, kommt es in diesen
Fällen zu einem Zirkelschluss.[452] Da weder das anwendbare Recht noch überhaupt das zuständige Gericht ermittelt werden können, käme faktisch kein
Recht zur Anwendung und kein Gericht zur Annahme seiner Zuständigkeit, was
aber gegen den Justizgewährungsanspruch und das Rechtsverweigerungsverbot
verstieße.[453] Es wird deshalb vorgeschlagen, die Grundregel des Art. 4 Brüssel Ia-VO heranzuziehen.[454] Diese setzt aber die Lokalisierung des Wohnsitzes
eines zu identifizierenden Beklagten voraus, die – wenn es sich bei der Beklagten gerade um die nichtregistrierte Gesellschaft handelt – entweder schon einen
der objektiven Hilfsanknüpfungspunkte erfüllen oder aber auch im Rahmen des
Art. 4 Brüssel Ia-VO nicht gelingen würde. Durch die Beteiligung an einer nicht
anderweitig lokalisierbaren Gesellschaft haben sich die Gesellschafter auf das
Risiko des nicht vorhersehbaren anwendbaren Rechts (und die damit einhergehenden Zufälligkeiten)[455] eingelassen.[456] Auch das erhöhte Risiko eines Gesellschafters, möglicherweise wegen Art. 8 Nr. 1 Brüssel Ia-VO am Wohnsitz eines
anderen an der DAO Beteiligten verklagt zu werden, lässt sich mit diesem

---

gesellschaftsrechtliche Fragen als Vor- oder Teilfragen in einer Streitigkeit mit einer gesellschaftsexternen Partei relevant werden, akzessorisch an die *lex causae* der Hauptsache anzuknüpfen; *Teichmann*, ZfPW 5 (2019), 247 (270); *A. Zimmermann*, IPRax 2018, 566 (571 f.).
Die damit einhergehenden Rechtsunsicherheiten seien, solange sie nur zulasten der an der
Gesellschaft Beteiligten gehen, hinzunehmen, a.a.O.

[448] *Teipel*, in: FS Sandrock, S. 125 (129 f.).

[449] Siehe S. 69 ff.; *Mienert*, DAOs und Gesellschaftsrecht, S. 92 f.

[450] *Mienert*, RDi 2021, 384 (386 f.).

[451] Siehe dazu im Einzelnen sogleich S. 98 ff.

[452] *Mienert*, DAOs und Gesellschaftsrecht, S. 93 f.; *ders.*, RDi 2021, 384 (387); *A. Zimmermann*, IPRax 2018, 566 (572).

[453] *A. Zimmermann*, IPRax 2018, 566 (572).

[454] *Mienert*, DAOs und Gesellschaftsrecht, S. 94; *ders.*, RDi 2021, 384 (387); *A. Zimmermann*, IPRax 2018, 566 (572).

[455] Vgl. *Spindler*, RDi 2021, 309 (314 f.).

[456] *A. Zimmermann*, IPRax 2018, 566 (572).

Argument rechtfertigen. Um Rechtszersplitterungen vorzubeugen,[457] kann dies vielmehr im Interesse der DAO-Gesellschafter sein. Letztere lassen sich auch auf das Risiko ein, andere Gesellschafter der DAO gar nicht identifizieren und diese mithin nicht verklagen zu können.[458] Zur Gewährung möglichst effektiven Rechtsschutzes wäre letztlich die Annahme eines Klägergerichtsstands am Wohnsitz des Klägers denkbar. Aber auch eine dort erhobene Klage muss dem Beklagten zugestellt werden, was in Ermangelung einer Identität und deren Lokalisierung nicht möglich sein wird. Auf kollisionsrechtlicher Ebene ändern diese Schwierigkeiten aber nichts daran, dass im Notfall auf die *lex fori* zurückzugreifen ist.

6. Einheitlichkeit/Umfang des Gesellschaftsstatuts

Ob nun das Kollisionsrecht der vertraglichen Schuldverhältnisse diejenigen Materien regelt, die nicht dem Internationalen Gesellschaftsrecht unterfallen, oder das Internationale Gesellschaftsrecht die Materien, die nicht dem Kollisionsrecht der vertraglichen Schuldverhältnisse unterfallen, ist ebenso unklar wie an dieser Stelle irrelevant. Jedenfalls aber müssen die von den Bereichsausnahmen der Artt. 1 Abs. 2 lit. f Rom I-VO, 1 Abs. 2 lit. d Rom II-VO umfassten Rechtsverhältnisse dem Gesellschaftsstatut zuzurechnen sein. Wie bereits aufgezeigt, besteht kein unionsrechtlicher und auch kein sonstiger Zwang, eine Gesellschaft einem einheitlichen Statut zu unterwerfen,[459] insbesondere da es davon abhängig ist, welche Fragen einem einheitlichen Gesellschaftsstatut unterstünden. Diese inhaltlichen Abgrenzungsfragen bedürfen weiterer Diskussion und Forschung, jedoch nicht an dieser Stelle, da sie nicht mit der Lokalisierung der Gesellschaft zusammenhängen.

---

[457] Zur Gefahr der Rechtszersplitterungen *Mienert*, RDi 2021, 384 (387).

[458] *Mienert*, DAOs und Gesellschaftsrecht, S. 86 f. hinsichtlich des anwendbaren Rechts, S. 238 zur Nichtermittelbarkeit der Identitäten; *ders.*, RDi 2021, 384 (387); *Teichmann*, ZfPW 5 (2019), 247 (270).

[459] Siehe S. 29 ff.

B. Gesellschaftsinterne Rechtsverhältnisse im Internationalen Zuständigkeitsrecht

Geht es um bestimmte gesellschaftsinterne Streitigkeiten, so richtet sich – unter Zugrundelegung der soeben gewonnenen Erkenntnisse – die internationale Zuständigkeit der Gerichte im europäischen Zuständigkeitsrecht nach Art. 24 Nr. 2 Brüssel Ia-VO. Im Folgenden wird deswegen untersucht, welche Auswirkungen die Erkenntnisse im Internationalen Gesellschaftsrecht auf das Zuständigkeitsrecht haben.

I. Anwendungsbereich

Wegen der – vermeintlichen – Abweichung vom Grundsatz *actor sequitur forum rei* und der fehlenden Möglichkeit zur Wahl des Gerichtsstandes, Art. 25 Brüssel Ia-VO, ist die Vorschrift eng auszulegen.[1] Zunächst muss es sich um eine Klage, das heißt um ein kontradiktorisches Verfahren, handeln.[2] In persönlicher Hinsicht adressiert Art. 24 Nr. 2 Brüssel Ia-VO juristische Personen und Gesellschaften. Während eine juristische Person, die ihre Rechtspersönlichkeit aus mitgliedstaatlichem Recht herleitet,[3] einen Sonderfall der Gesellschaft darstellt,[4] ist unter einer Gesellschaft jede Personenverbindung mit einer gefestigten Organisation zu einem gemeinsamen Zweck zu verstehen, die am Rechtsverkehr teilnimmt.[5] Anders als eine juristische Person muss eine Gesellschaft

---

[1] EuGH Urt. v. 12.05.2011 – C-144/10 (*BVG/JP Morgan*), ZEuP 2012, 189 (191 ff.) Rn. 30 ff. (m. Anm. *Schack*, 196 ff.); Urt. v. 02.10.2008 – C-372/09 (*Nicole Hassett/South Eastern Health Board*), NJW-RR 2009, 405 (406) Rn. 18 f.; *Geimer*, in: Geimer/Schütze, EuZVR, Art. 24 EuGVVO Rn. 5; *Kropholler/v. Hein*, EuZPR, Art. 22 EuGVO Rn. 9, 34; einschränkend *Mankowski*, in: Rauscher, EuZPR/EuIPR, Art. 24 Brüssel Ia-VO Rn. 6. Bei genauerer Betrachtung wird in der Regel aber gerade der Grundsatz *actor sequitur forum rei* durch die ausschließliche Zuständigkeit manifestiert, da so keine abweichenden besonderen oder gewillkürten Gerichtsstände entstehen können, vgl. *Jenard*, Bericht von Herrn P. Jenard zu dem Übereinkommen vom 27. September 1968 über die gerichtliche Zuständigkeit und die Vollstreckung gerichtlicher Entscheidungen in Zivil- und Handelssachen (Jenard-Bericht), ABl. v. 05.03.1979 C 59, S. 1 (35).

[2] *Gottwald*, in: MüKoZPO, Art. 24 Brüssel Ia-VO Rn. 24; *Kropholler/v. Hein*, EuZPR, Art. 22 EuGVO Rn. 34; *Paulus*, in: Geimer/Schütze, Internationaler Rechtsverkehr, Art. 24 VO (EU) 1215/2012 Rn. 84; *Servatius*, in: Münchener Handbuch des Gesellschaftsrechts, Bd. 6, § 18 Rn. 30.

[3] Vgl. *Geimer*, in: Geimer/Schütze, EuZVR, Art. 24 EuGVVO Rn. 18; *Paulus*, in: Geimer/Schütze, Internationaler Rechtsverkehr, Art. 24 VO (EU) 1215/2012 Rn. 70. Beide auch dazu, dass das Vorliegen einer juristischen Person durch den angerufenen Richter nach der *lex fori*, inklusive IPR, geprüft wird.

[4] *Thole*, in: Stein/Jonas, ZPO, Art. 24 EuGVVO Rn. 60.

[5] *Mankowski*, in: Rauscher, EuZPR/EuIPR, Art. 24 Brüssel Ia-VO Rn. 107 (teilweise abweichend); *Paulus*, in: Geimer/Schütze, Internationaler Rechtsverkehr, Art. 24 VO (EU) 1215/2012 Rn. 74; *Servatius*, in: Münchener Handbuch des Gesellschaftsrechts, Bd. 6, § 18 Rn. 29. Dieser Gesellschaftsbegriff darf nicht mit dem kollisionsrechtlichen Begriff – auf S. 71 ff. erörtert – verwechselt werden, siehe aber dort S. 80 ff.

keine eigene Rechtspersönlichkeit haben.[6] In streitgegenständlicher Hinsicht beschränkt sich Art. 24 Nr. 2 Brüssel Ia-VO auf bestimmte Binnenrechtsstreitigkeiten, schafft also keinen Gerichtsstand der Mitgliedschaft.[7] Die Streitigkeiten müssen dem Zivil- oder Handelsrecht angehören, vgl. Art. 1 Abs. 1 Brüssel Ia-VO. Zudem werden nur elementare Dinge, wie der Bestand der Gesellschaft (Nichtigkeit oder Auflösung) und die Gültigkeit der Organbeschlüsse, erfasst. Ausgenommen sind Verfahren, in denen jene Fragen bloß als Vorfrage relevant werden, es muss vielmehr „ausschließlich oder in erster Linie um eine solche Frage geh[en]".[8]

II. Normzwecke des Art. 24 Nr. 2 Brüssel Ia-VO

Art. 24 Nr. 2 Brüssel Ia-VO statuiert einen ausschließlichen Gerichtsstand für bestimmte gesellschaftsrechtliche Streitigkeiten am Sitz der Gesellschaft, welcher sich nicht verordnungsautonom, sondern nach dem nationalen Internationalen Privatrecht des angerufenen Gerichts bestimmt.[9]

Mittels Art. 24 Nr. 2 Brüssel Ia-VO wird ein Gleichlauf von Forum und Ius hergestellt.[10] Dieser soll nicht nur *forum shopping* – etwa in Form einer Torpedoklage[11] – verhindern, sondern ist insbesondere auch hilfreich, um zwingende Regeln des Sitzstaats durchzusetzen.[12] Zudem müssten Richter so kein besonders kompliziertes, ausländisches Gesellschaftsrecht anwenden.[13]

---

[6] *Kropholler/v. Hein*, EuZPR, Art. 22 EuGVO Rn. 35; *Mankowski*, in: Rauscher, EuZPR/EuIPR, Art. 24 Brüssel Ia-VO Rn. 107, 109; *Paulus*, in: Geimer/Schütze, Internationaler Rechtsverkehr, Art. 24 VO (EU) 1215/2012 Rn. 69.

[7] *Paulus*, in: Geimer/Schütze, Internationaler Rechtsverkehr, Art. 24 VO (EU) 1215/2012 Rn. 67; *Servatius*, in: Münchener Handbuch des Gesellschaftsrechts, Bd. 6, § 18 Rn. 27; *G. Wagner*, in: Lutter, Europäische Auslandsgesellschaften, S. 223 (263).

[8] EuGH Urt. v. 12.05.2011 – C-144/10 (*BVG/JPMorgan*), ZEuP 2012, 189 (192 f.) Rn. 35 ff. (m. Anm. *Schack*, 196 ff.); Urt. v. 02.10.2008 – C-372/09 (*Nicole Hassett/South Eastern Health Board*), NJW-RR 2009, 405 (406 f.) Rn. 23 ff.; *Geimer*, in: Geimer/Schütze, EuZVR, Art. 24 EuGVVO Rn. 18; *Gottwald*, in: MüKoZPO, Art. 24 Brüssel Ia-VO Rn. 27; *Mankowski*, in: Rauscher, EuZPR/EuIPR, Art. 24 Brüssel Ia-VO Rn. 129; *Schack*, IZVR, Rn. 395.

[9] Vorschlag für eine Verordnung (EG) des Rates über die gerichtliche Zuständigkeit und die Anerkennung und Vollstreckung von Entscheidungen in Zivil- und Handelssachen COM(1999) 348 final, S. 20.

[10] *de Lima Pinheiro*, in: Magnus/Mankowski, ECPIL, Art. 24 Brussels Ibis Regulation Rn. 39; *Mankowski*, in: Rauscher, EuZPR/EuIPR, Art. 24 Brüssel Ia-VO Rn. 104; *Thole*, in: Stein/Jonas, ZPO, Art. 24 EuGVVO Rn. 58.

[11] *Mankowski*, in: Rauscher, EuZPR/EuIPR, Art. 24 Brüssel Ia-VO Rn. 103; v.a. *Wedemann*, NZG 2011, 733 ff.; u.a. zum Begriff *Bogdan*, Scandinavian Studies in Law 51 (2007), 89 (92 ff.); *Klöpfer*, Missbrauch im EuZVR, S. 2 f., 355 ff. m.w.N.

[12] *de Lima Pinheiro*, in: Magnus/Mankowski, ECPIL, Art. 24 Brussels Ibis Regulation Rn. 44.

[13] *Mankowski*, in: Rauscher, EuZPR/EuIPR, Art. 24 Brüssel Ia-VO Rn. 105; *Thole*, in: Stein/Jonas, ZPO, Art. 24 EuGVVO Rn. 75; kritisch zum Gleichlauf *J. Weber*, Gesellschaftsrecht und Gläubigerschutz im IZVR, S. 191 ff.

Gleichermaßen werden widersprüchliche Entscheidungen vermieden, was wiederum die Rechtssicherheit fördert.[14] Die bezweckte Zuständigkeitskonzentration ist zudem deshalb wichtig, da die Urteile bei Binnenstreitigkeiten von Gesellschaften häufig *erga omnes*-Wirkung entfalten.[15]

Die Streitigkeiten werden in dem Mitgliedstaat konzentriert, in dem die Gesellschaft ihren Sitz hat. Da nach Art. 24 Nr. 2 S. 2 Brüssel Ia-VO das Internationale Privatrecht des Forums zur Ermittlung des Sitzes heranzuziehen ist, werden mitgliedstaatliche Gerichte gegenüber Gesellschaften, die in den Anwendungsbereich der Niederlassungsfreiheit fallen, regelmäßig die Gründungstheorie anwenden und die Gesellschaft somit am Ort ihrer Gründung lokalisieren.[16] Dies fördert in jenem Mitgliedstaat den inneren Entscheidungseinklang.[17]

Sofern man den Sitz einer Gesellschaft nach der Gründungstheorie oder entsprechend dem Gedanken der hier vertretenen Registrierungstheorie dort lokalisiert, wo die Gesellschaft in ein Register eingetragen ist, könnte eine ausschließliche Zuständigkeit an jenem Ort die Erfüllung von Publizitätspflichten erleichtern.[18]

Schließlich wird durch den ausschließlichen Gerichtsstand des Art. 24 Nr. 2 Brüssel Ia-VO der allgemeine Gerichtsstand und damit der Grundsatz *actor sequitur forum rei* manifestiert.[19]

III. Verweisung auf nationales Internationales Privatrecht

1. Umfang des Verweises

Maßgebliches Anknüpfungsmerkmal ist, wie bereits erwähnt, der Sitz der Gesellschaft, Art. 24 Nr. 2 S. 2 Brüssel Ia-VO. Um diesen ermitteln zu können, darf das angerufene Gericht nicht Art. 63 Abs. 1 Brüssel Ia-VO heranziehen,

---

[14] EuGH Urt. v. 02.10.2008 – C-372/09 (*Nicole Hassett/South Eastern Health Board*), NJW-RR 2009, 405 (406) Rn. 20; BGH Urt. v. 12.07.2011 – II ZR 28/10, NJW 2011, 3372 (3373) Rn. 13; zur Vorgängernorm Jenard-Bericht, S. 35; *Anliker*, Internationale Zuständigkeit bei gesellschaftlichen Streitigkeiten, S. 106 f.; *Junker*, IZPR, § 8 Rn. 14; *Mankowski*, in: Rauscher, EuZPR/EuIPR, Art. 24 Brüssel-Ia-VO Rn. 104; *Schack*, ZEuP 2012, 189 (197); *Vossler*, in: BeckOK ZPO, Art. 24 Brüssel-Ia-VO Rn. 18, Stand: 01.12.2022; *Thole*, in: Stein/Jonas, ZPO, Art. 24 EuGVVO Rn. 58; kritisch zum Erfordernis eines ausschließlichen Gerichtsstands *J. Weber*, Gesellschaftsrecht und Gläubigerschutz im IZVR, S. 186 ff.

[15] BGH Urt. v. 12.07.2011 – II ZR 28/19, NJW 2011, 3372 (3373) Rn. 13; *Kindler*, NZG 2010, 576 (577); *Mankowski*, in: Rauscher, EuZPR/EuIPR, Art. 24 Brüssel Ia-VO Rn. 99 ff.; *Schaper*, IPRax 2010, 513 (514); *Thole*, in: Stein/Jonas, ZPO, Art. 24 EuGVVO Rn. 58.

[16] *Altmeppen/Wilhelm*, DB 2004, 1083 (1087); *Geimer*, in: Geimer/Schütze, EuZVR, Art. 24 EuGVVO Rn. 139.

[17] *Geimer*, in: Geimer/Schütze, EuZVR, Art. 24 EuGVVO Rn. 139.

[18] EuGH Urt. v. 02.10.2008 – C-372/09 (*Nicole Hassett/South Eastern Health Board*), NJW-RR 2009, 405 (406) Rn. 21; Jenard-Bericht, S. 35; *Mankowski*, in: Rauscher, EuZPR/EuIPR, Art. 24 Brüssel Ia-VO Rn. 106; *J. Weber*, Gesellschaftsrecht und Gläubigerschutz im IZVR, S. 193; kritisch hinsichtlich öffentlicher Interessen *Thole*, IPRax 2011, 541 (542).

[19] Vgl. schon Fn. 1; *Thole*, in: Stein/Jonas, ZPO, Art. 24 EuGVVO Rn. 58.

sondern muss sein Internationales Privatrecht anwenden. Fraglich ist bei der Formulierung „Internationales Privatrecht" schon, was darunter zu verstehen ist. Teilweise wird dafür plädiert, die Frage, welche Normen unter diesen Rechtsbegriff des europäischen Rechtsakts zu fassen sind, den Mitgliedstaaten zu überlassen, sodass sie beispielsweise auch lokalisierende Normen ihres nationalen Internationalen Zuständigkeitsrechts heranziehen dürften.[20] So könnten deutsche Gerichte den doppelfunktionalen § 17 ZPO bemühen.[21] Dieser verfolgt im Gegensatz zum deutschen Kollisionsrecht die Gründungstheorie, da nach § 17 Abs. 1 S. 2 ZPO der Sitz zur Disposition der Gesellschafter steht und nur hilfsweise auf den Ort der Verwaltung zurückgegriffen wird.[22] Nach welchen Maßgaben aber entweder das ungeschriebene Internationale Gesellschaftsrecht oder § 17 ZPO zur Lokalisierung bemüht werden soll oder ob sie gar kumulativ im Rahmen einer Gesamtbetrachtung anzuwenden sind, wird nicht erläutert. Zugutezuhalten ist der Ansicht aber immerhin, dass sie den europäischen Begriff des Internationalen Privatrechts losgelöst vom nationalen Verständnis und somit möglichst autonom auslegt. Dennoch ist im Ergebnis nur auf Kollisionsnormen abzustellen, nicht auf Regelungen der Zuständigkeit, da schließlich auch das europäische Recht zwischen Internationalem Privatrecht und Zuständigkeitsrecht unterscheidet.[23] Ein deutsches Gericht beispielsweise hat somit das deutsche Internationale Gesellschaftsrecht anzuwenden, welches es in einem zweiten Schritt auch für die Bestimmung des anwendbaren Rechts bemüht.

2. Unionsrechtliche Vorgaben

Es stellt sich die Frage, ob mitgliedstaatliche Gerichte bei der Ermittlung des Sitzes niederlassungsrechtlich geschützter Gesellschaften im Rahmen des Art. 24 Nr. 2 Brüssel Ia-VO die Gründungstheorie anwenden müssen. Im Kollisionsrecht besteht ein solches Gebot nicht.[24]

a) Primärrecht

Ebenso wie im Kollisionsrecht wäre die Anwendung der Sitztheorie soweit zulässig, wie die Niederlassungsfreiheit der Gesellschaft nicht ungerechtfertigt beschränkt würde. So sind Judikate des EuGH zur Niederlassungsfreiheit im Rahmen des Kollisionsrechts nicht zwangsläufig auf das hier interessierende

---

[20] *Schnyder*, in: FS Schütze, S. 767 (770) zum allgemeinen Gerichtsstand des Art. 53 EuGVÜ, der ebenfalls eine Delegation an Internationales Privatrecht enthielt.

[21] *Schnyder*, in: FS Schütze, S. 767 (770) zum allgemeinen Gerichtsstand des Art. 53 EuGVÜ.

[22] *Mankowski*, in: FS Heldrich, S. 867 (882).

[23] Vgl. nur Art. 1 Abs. 4 RL 2000/31/EG des Europäischen Parlaments und des Rates v. 08.06.2000 über bestimmte rechtliche Aspekte der Dienste der Informationsgesellschaft, insbesondere des elektronischen Geschäftsverkehrs, im Binnenmarkt („Richtlinie über den elektronischen Geschäftsverkehr"), ABl. L 178, S. 1 (eCommerceRL).

[24] Siehe S. 22 ff.

Zuständigkeitsrecht übertragbar. Erneut ist daran zu erinnern, dass der EuGH nicht eine bestimmte (Sitz- oder Gründungs-)Theorie für anwendbar oder nicht anwendbar bestimmt, sondern lediglich die nationale Rechtsanwendung auf ihre Vereinbarkeit mit Unionsrecht prüft.[25] Eine Entscheidung des EuGH zur Anwendung der Sitztheorie im Rahmen des Art. 24 Nr. 2 Brüssel Ia-VO ist bislang nicht ergangen. Da bei dieser Rechtsfrage „nur" über die gerichtliche Zuständigkeit, nicht aber über die Rechtsfähigkeit der Gesellschaft entschieden wird, ist ein Verstoß gegen die Niederlassungsfreiheit durch die Anwendung der Sitztheorie nicht zwingend anzunehmen.[26] Freilich sind die Gerichte am tatsächlichen Sitz der Gesellschaft, wenn sie sich für zuständig erachten, anschließend unter Umständen gehalten, das Recht des Gründungsorts anzuwenden.[27] Dies wäre der Fall, wenn bei der Sitzbestimmung im Zuständigkeitsrecht die Sitztheorie, bei der Sitzbestimmung im Internationalen Gesellschaftsrecht – etwa aus vermeintlichen niederlassungsrechtlichen Zwängen – die Gründungstheorie angewendet würde. Ein Gleichlauf von Forum und Ius würde so nicht verwirklicht.

Gerade dieser könnte es aber erfordern, gegenüber mitgliedstaatlich errichteten Gesellschaften die Sitzbestimmung auch bei der ausschließlichen Zuständigkeit nach der Gründungstheorie zu vollziehen.[28] Ein Gleichlauf von Zuständigkeit und anwendbarem Recht hätte zur Folge, dass Richter nach dem Recht entscheiden, in dem sie am versiertesten sind. Gerade dies sei bei komplexen Materien, wie dem Gesellschaftsrecht an dieser Stelle erforderlich.[29] Es sei Richtern nicht zuzumuten, die Gesellschaftsrechte aller EU-Mitgliedstaaten zu beherrschen.[30] An dieser Stelle sei an den engen Anwendungsbereich des ausschließlichen Gerichtsstands erinnert. Von ihm sind Verfahren ausgenommen, in denen gesellschaftsorganisatorische Fragestellungen nur als Vor- oder Teilfrage eine Rolle spielen. Die nur vermeintlich untergeordnete Bedeutung als Vor- oder Teilfrage entbehrt aber keiner ebenso gewissenhaften und korrekten rechtlichen Würdigung ebenjener Fragen. Es kommt also ohnehin dazu, dass Gerichte gesellschaftsrechtliche Maßnahmen nach forumsfremdem Recht beurteilen. Dies hat der europäische Verordnungsgeber durch die Delegation der Sitzbestimmung an die *lex fori* in Kauf genommen.[31] Das Argument eines

---

[25] *C. v. Bar/Mankowski*, IPR, Bd. 2, § 7 Rn. 76; *Fleischer*, in: Lutter, Europäische Auslandsgesellschaften, S. 49 (95); *Schaper*, IPRax 2010, 513 (515).

[26] *Rehm*, in: Eidenmüller, Ausländische Kapitalgesellschaften, § 5 Rn. 120; *Ringe*, IPRax 2007, 388 (391 ff.); *Schaper*, IPRax 2010, 513 (515); *Zimmer*, ZHR 168 (2004), 355 (361).

[27] Vgl. auch *Schillig*, IPRax 2005, 208 (217 f.).

[28] BGH Urt. v. 12.07.2011 – II ZR 28/19, NJW 2011, 3372 (3373) Rn. 23.

[29] BGH Urt. v. 12.07.2011 – II ZR 28/19, NJW 2011, 3372 (3373) Rn. 13; *Mankowski*, in: Rauscher, EuZPR/EuIPR, Art. 24 Brüssel Ia-VO Rn. 4; *Ringe*, IPRax 2007, 388 (392); *Schaper*, IPRax 2010, 513 (514); *Schillig*, IPRax 2005, 208 (217 f.); *G. Wagner*, in: Lutter, Europäische Auslandsgesellschaften, S. 223 (265 f.).

[30] *Altmeppen*, NJW 2004, 97 (98 f.), *G. H. Roth*, Vorgaben der Niederlassungsfreiheit, S. 35.

[31] *Rehm*, in: Eidenmüller, Ausländische Kapitalgesellschaften, § 5 Rn. 120.

etwaigen Kompetenzgefälles lässt sich damit nicht überzeugend vorbringen, insbesondere dann, wenn man folgendes, daran anknüpfendes Argument bedenkt: Für die Vereinbarkeit einer Gerichtspflichtigkeit an einem anderen Ort als dem des Satzungssitzes mit der Niederlassungsfreiheit spricht die *ipso iure* Anerkennung mitgliedstaatlich ergangener Entscheidungen, Art. 36 Abs. 1 Brüssel Ia-VO; sie bringt – wenn auch sekundärrechtlich – zum Ausdruck, dass die Mitgliedstaaten der Europäischen Union die Rechtspflege eines anderen Mitgliedstaats grundsätzlich als gleichwertig betrachten.[32] Klageparteien haben so keinen Grund zur Sorge vor einem Prozess in einem anderen Mitgliedstaat.

b) Sekundärrecht

Aus den Anerkennungsregeln der Brüssel Ia-VO lassen sich weitere Argumente ableiten. Gem. Art. 45 Abs. 1 lit. e (ii) Brüssel Ia-VO ist ein mitgliedstaatliches Urteil nicht anzuerkennen, wenn das urteilende Gericht eine anderweitige ausschließliche Zuständigkeit verkannt hat. Gerichte eines Staates, der der Gründungstheorie folgt, erachten sich für zuständig bei Gesellschaften, die nach dem Recht der *lex fori* gegründet wurden. Haben diese Gesellschaften ihren Hauptverwaltungssitz aber in einen Staat verlegt, der der Sitztheorie angehört, nehmen auch die Gerichte letzteren Staates zurecht ihre Zuständigkeit an. So kommt es zu zwei ausschließlichen Zuständigkeiten,[33] aus denen der Kläger wählen kann (*forum shopping*).[34] Die Probleme setzen sich im Anerkennungs- und Vollstreckungsstadium fort, wenn Entscheidungsstaat und Anerkennungs- beziehungsweise Vollstreckungsstaat den Gesellschaftssitz anders beurteilen und die Anerkennungs-/Vollstreckungsgerichte die entscheidenden Gerichte – auch hier zu Recht – für unzuständig halten, Art. 45 Abs. 1 lit. e (ii) Brüssel Ia-VO. Nach herrschender Meinung hat der Anerkennungs- beziehungsweise Vollstreckungsstaat aber die angenommene Zuständigkeit des Erststaats zu akzeptieren, da dieser das Recht nicht anders hätte anwenden können.[35] Dies verdeutlicht, dass es keine einheitliche, auch nicht durch die Niederlassungsfreiheit in Form der Gründungstheorie vorgegebene, Methode zur Bestimmung des Sitzes gibt.

---

[32] *Ringe*, IPRax 2007, 388 (392).

[33] *Geimer*, in: Geimer/Schütze, EuZVR, Art. 24 EuGVVO Rn. 213; *Kropholler/v. Hein*, EuZPR, Art. 22 EuGVO Rn. 41 wollen positive Kompetenzkonflikte verhindert wissen; *Schaper*, IPRax 2010, 513 (515); *Thole*, in: Stein/Jonas, ZPO, Art. 24 EuGVVO Rn. 77.

[34] *Kindler*, NZG 2010, 576 (577); *Leible*, in: Hirte/Bücker, Grenzüberschreitende Gesellschaften, § 11 Rn. 9; *de Lima Pinheiro*, in: Magnus/Mankowski, ECPIL, Art. 24 Brussels Ibis Regulation Rn. 49; *Paulus*, in: Geimer/Schütze, Internationaler Rechtsverkehr, Art. 24 VO (EU) 1215/2012 Rn. 83; vor dem Hintergrund der EuGH-Rechtsprechung zur Niederlassungsfreiheit teilweise dagegen *Kropholler/v. Hein*, EuZPR, Art. 22 EuGVO Rn. 41.

[35] *Geimer*, in: Geimer/Schütze, EuZVR, Art. 24 EuGVVO Rn. 214; *Gottwald*, in: MüKo-ZPO, Art. 63 Brüssel Ia-VO Rn. 12, Art. 45 Brüssel Ia-VO Rn. 74; *E. Peiffer/M. Peiffer*, in: Geimer/Schütze, Internationaler Rechtsverkehr, Art. 45 VO (EU) 1215/2012 Rn. 129; *Stadler/Krüger*, in: Musielak/Voit, ZPO, Art. 45 EuGVVO Rn. 18; a.A. Jenard-Bericht, S. 57.

Auch die Regelungstechnik von Art. 24 Nr. 2 S. 2 Brüssel Ia-VO spricht dafür, die Anwendung der Sitztheorie zur Zuständigkeitsbestimmung zuzulassen. Der Verordnungsgeber hat gerade durch die Delegation auf eine autonome und harmonisierte Bestimmung des Sitzes verzichtet. Die Rechtsprechung des EuGH und gesellschaftskollisionsrechtliche Entwicklung in den Mitgliedstaaten, inklusive teilweise fehlender Kodifikation, dürften dem europäischen Verordnungsgeber bei Schaffung der Brüssel Ia-VO im Jahre 2012 bekannt gewesen sein, wurden aber nicht in Art. 24 Nr. 2 Brüssel Ia-VO übernommen.[36] Stattdessen überlässt der Verordnungsgeber es bewusst dem nationalen Gesetzgeber, den Sitz zu bestimmen.[37]

Auf der anderen Seite wird der Aspekt angeführt, es diene der Rechtssicherheit, wenn alle Mitgliedstaaten auch die Zuständigkeitsermittlung anhand der Gründungstheorie vollzögen.[38] „Die Zuständigkeitsvorschriften sollten in hohem Maße vorhersehbar sein […].", Erwägungsgrund 15 Brüssel Ia-VO. Die Delegation der Sitzbestimmung an nationales Recht dient jedoch nicht der Rechtssicherheit, da dies eine Prüfung aller möglicherweise betroffenen nationalen Internationalen Gesellschaftsrechte erfordert. Hier hilft auch kein Hinweis darauf, dass sich der Sitz des Art. 24 Nr. 2 Brüssel Ia-VO gegenüber mitgliedstaatlichen Gesellschaften nur nach der Gründungstheorie bestimmen dürfe.[39] Zwar würde ein solches Verständnis die Sitzermittlung teilweise erleichtern. Hinreichend wäre allerdings nur eine autonome Bestimmung des Sitzes in der Brüssel Ia-VO, auch für die Fälle der ausschließlichen Zuständigkeit. Zu kurz würde es greifen, suchte man das Leck der Rechtssicherheit im berufenen nationalen Gesellschaftskollisionsrecht, nicht aber schon in dem Verweis auf jenes selbst.

c) Zwischenergebnis

Nationale Regelungen sind europarechtskonform auszulegen. Die Zurückhaltung des europäischen Verordnungsgebers sowie die Einflüsse von Primär- und Sekundärrecht sprechen jedoch dafür, einen weiten Spielraum zugunsten des mitgliedstaatlichen Rechts anzunehmen. Es ist deshalb festzuhalten, dass eine bloß zuständigkeitsbegründende Anwendung der Sitztheorie gegenüber mitgliedstaatlich errichteten Gesellschaften keine (ungerechtfertigte) Beschränkung der Niederlassungsfreiheit bedeutet,[40] und auch nicht den Zwecken der

---

[36] *Thole*, in: Stein/Jonas, ZPO, Art. 24 EuGVVO Rn. 75; zur gleichen Situation bei Schaffung der Brüssel I-VO *Zimmer*, ZHR 168 (2004), 355 (361).

[37] *Zimmer*, ZHR 168 (2004), 355 (361) spricht vom „Kompromiss zwischen Sitz- und Gründungstheorie-Staaten".

[38] *Schillig*, IPRax 2005, 208 (218).

[39] *Schillig*, IPRax 2005, 208 (218).

[40] Vgl. *Zimmer*, ZHR 168 (2004), 355 (361); a.A. *Dörner*, in: Saenger, ZPO, Art. 24 EuGVVO Rn. 19; *Geimer*, in: Geimer/Schütze, EuZVR, Art. 24 EuGVVO Rn. 213; *Gottwald*, in: MüKoZPO, Art. 24 Brüssel Ia-VO Rn. 30; *Leible*, in: Hirte/Bücker, Grenzüberschreitende

Brüssel Ia-VO zuwiderläuft. Damit darf die Sitztheorie zur Bestimmung des Gesellschaftssitzes im Rahmen von Art. 24 Nr. 2 Brüssel Ia-VO herangezogen werden.

3. Stellungnahme zur Delegation

a) Positive Kompetenzkonflikte

Aufgrund der Delegation der Sitzbestimmung an die *lex fori* kann es zu positiven Kompetenzkonflikten kommen. Hat eine Gesellschaft ihren Verwaltungssitz in einem Sitztheoriestaat und ihren satzungsmäßigen Sitz in einem Gründungstheoriestaat, halten sich sowohl die Gerichte am Ort des Verwaltungssitzes als auch die am Ort des Satzungssitzes für zuständig. So kann es in einigen Fällen zu *forum shopping* kommen, was in der Folge auch durch den anderen Staat zu respektieren ist. Parallele Verfahren und sich widersprechende Entscheidungen sind mithilfe der Litispendenzregel des Art. 31 Abs. 1 Brüssel Ia-VO zu vermeiden.[41] Das zuletzt angerufene Gericht erklärt sich nach dem Prioritätsprinzip zugunsten des Erstgerichts für unzuständig. Um die Vorhersehbarkeit für die Gesellschafter zu erhöhen, wird vereinzelt vorgeschlagen, dass ausnahmsweise und nur zwischen den beiden ausschließlichen Gerichtsständen parteiautonom per Gerichtsstandsvereinbarung gewählt werden darf.[42] Art. 25 Abs. 4 Brüssel Ia-VO werde nicht umgangen, da nur zwischen den geschützten ausschließlichen Gerichtsständen gewählt werden dürfte.[43] Dieser Vorstoß ist zu begrüßen.

b) Negative Kompetenzkonflikte

Die Delegation der Lokalisierung kann nicht nur zu positiven, sondern in spiegelbildlichen Situationen auch zu negativen Kompetenzkonflikten führen. Nämlich dann, wenn der Gründungsstaat einer Gesellschaft die Sitztheorie verfolgt und damit eine ausschließliche Zuständigkeit am Verwaltungssitz annimmt, die dortigen Gerichte aber die Gründungstheorie zur Lokalisierung des Sitzes nutzen.[44] So halten sich die Gerichte beider Staaten für unzuständig und es besteht nirgends ein ausschließlicher Gerichtsstand.

Gesellschaften, § 11 Rn. 9; *Mankowski*, in: Rauscher, EuZPR/EuIPR, Art. 24 Brüssel Ia-VO Rn. 118.

[41] *Geimer*, in: Geimer/Schütze, EuZVR, Art. 24 EuGVVO Rn. 213; *Kern*, in: Großkomm-ZPO, Art. 24 Brüssel Ia-VO Rn. 7; *Paulus*, in: Geimer/Schütze, Internationaler Rechtsverkehr, Art. 24 VO (EU) 1215/2012 Rn. 83; *Schaper*, IPRax 2010, 513 (515); *Thole*, in: Stein/Jonas, ZPO, Art. 24 EuGVVO Rn. 77.

[42] *Thole*, in: Stein/Jonas, ZPO, Art. 24 EuGVVO Rn. 78.

[43] *Thole*, in: Stein/Jonas, ZPO, Art. 24 EuGVVO Rn. 78.

[44] Nach hier vertretener Ansicht gilt dies auch gegenüber mitgliedstaatlich gegründeten Gesellschaften, vgl. S. 101 ff.; a.A. *Mankowski*, in: Rauscher, EuZPR/EuIPR, Art. 24 Brüssel Ia-VO Rn. 121.

Negative Kompetenzkonflikte ergeben sich erst recht, wenn Angelegenheiten einer Gesellschaft, die ihren Verwaltungssitz aus ihrem Gründungstaat ins Ausland verlegt hat, vor den Gerichten des Gründungsstaats judiziert werden sollen. Erkennt der Gründungsstaat – mit der Niederlassungsfreiheit vereinbar[45] – einen Wegzug nämlich nicht an und betrachtet die Gesellschaft somit als inexistent, hätten die Gerichte keinen Bezugspunkt der Sitzermittlung mehr und hielten sich für unzuständig.[46] Dies verdeutlicht, dass selbst eine Pflicht zur Anwendung der Gründungstheorie gegenüber mitgliedstaatlich errichteten Gesellschaften es nicht vermag, Kompetenzkonflikte zu verhindern.[47]

c) Internationaler Entscheidungseinklang

Soweit Art. 24 Nr. 2 Brüssel Ia-VO auf das nationale Internationale Privatrecht zur Ermittlung des Gesellschaftssitzes verweist, zeigen sich Hindernisse des internationalen Entscheidungseinklangs.[48] Dies ist die Kehrseite des Gleichlaufs von Forum und Ius, der dem inneren Entscheidungseinklang dient.[49] Ein Gericht wird, sofern es seine Zuständigkeit bejaht hat, nach demselben Prinzip (dem nationalen Internationalen Privatrecht) stets sein nationales materielles Gesellschaftsrecht anwenden. Da in den Mitgliedstaaten der Europäischen Union jedoch keine Harmonisierung des Gesellschaftskollisionsrechts erfolgt ist, kommt es hier zu Differenzen. „Hinkende" Rechtsverhältnisse müssen im (engen) Anwendungsbereich des Art. 24 Nr. 2 Brüssel Ia-VO ganz besonders vermieden werden, da die entsprechenden Gerichtsentscheidungen in der Regel *erga omnes*-Wirkung entfalten, also für und gegen jeden Gesellschafter oder Aktionär gleichermaßen wirken,[50] und damit auch Rechtssubjekte betreffen, die selbst nicht am Verfahren beteiligt sind. Käme es in solchen Konstellationen zu hinkenden Rechtsverhältnissen, wäre die Rechtsunsicherheit – insbesondere bei Publikumsgesellschaften – unüberschaubar und könnte die Gesellschaft handlungsunfähig machen. Nur scheinbar kann es durch die ausschließliche Zuständigkeit nicht zu hinkenden Rechtsverhältnissen kommen. Man könnte meinen, da ohnehin nur ein Gericht zur Entscheidung berufen ist, können andere Gerichte nicht über dieselbe Sache entscheiden. Wie bereits dargelegt, besteht aber die Gefahr des *forum shoppings* zwischen verschiedenen ausschließlichen Gerichtsständen.[51]

[45] *Kropholler/v. Hein*, EuZPR, Art. 22 EuGVO Rn. 41; *Lutter/Bayer/Schmidt*, Europäisches Unternehmensrecht, Rn. 7.81; *M.-P. Weller*, Europäische Rechtsformwahlfreiheit, S. 75 ff.
[46] Zu ähnlicher Konstellation auch *Schaper*, IPRax 2010, 513 (516).
[47] A.A. nicht zwischen positiven und negativen Kompetenzkonflikten differenzierend *Schillig*, 2005, 208 (218).
[48] *Kropholler/v. Hein*, EuZPR, Einl. EuGVO Rn. 38.
[49] *Geimer*, in: Geimer/Schütze, EuZVR, Art. 24 EuGVVO Rn. 139.
[50] *Kindler*, NZG 2010, 576 (577).
[51] Siehe S. 105.

Damit Gesellschaften aber nicht davon abgeschreckt werden, auch im Ausland zu operieren,[52] sollte eine eindeutige Bestimmung des Gerichtsstandes möglich sein. Dies gelingt aufgrund des gesellschaftskollisionsrechtlichen Flickenteppichs in den Mitgliedstaaten der Europäischen Union *de lege lata* nicht. Zu unklar und unvorhersehbar sind die Unterschiede in den nationalen Gesellschaftskollisionsrechten: Gründungs- oder Sitztheorie, Gesamt- oder Sachnormverweisung? Nach hier vertretener Ansicht besteht auch gegenüber mitgliedstaatlich gegründeten Gesellschaften keine Pflicht im Rahmen der Zuständigkeit, die Gründungstheorie zu befolgen.

d) Interessen im Zuständigkeits- und Kollisionsrecht

Eine Delegation der zuständigkeitsrelevanten Lokalisierung an das Internationale Privatrecht des Forums setzt voraus, dass das Internationale Privatrecht die Interessen im Internationalen Zuständigkeitsrecht gleichsam mitverwirklichen kann. Es ist aber nicht sichergestellt, dass die Interessen im Zuständigkeits- und Kollisionsrecht kohärent sind.[53] Auch im europäischen Recht verfolgen Zuständigkeits- und Kollisionsrecht verschiedene Ziele.[54] Somit ist die Berechtigung eines erzwungenen Gleichlaufs von Forum und Ius überaus fraglich. Schon auf nationaler Ebene wird deutlich, dass Internationales Privatrecht und Internationales Zuständigkeitsrecht anderen Maximen folgen. Beispielsweise im deutschen Recht wird gem. § 17 ZPO für die (auch internationale) Zuständigkeit primär an den Satzungssitz angeknüpft (Gründungstheorie im Verfahrensrecht), für die Ermittlung des anwendbaren Rechts *de lege lata* hingegen an den tatsächlichen Sitz der Hauptverwaltung (Sitztheorie im Kollisionsrecht).[55] Aufgrund der Verschiedenartigkeit von Interessen und Methoden der Anknüpfung weist die Delegation in Art. 24 Nr. 2 S. 2 Brüssel Ia-VO Schwachstellen auf.

e) Keine zwangsläufige Entscheidung am Registerort

Fraglich ist, ob die delegierte Sitzlokalisierung eine Entscheidung am Ort des Registers ermöglicht und ob eine solche notwendig ist. Die Frage ist zunächst nur für solche Gesellschaften einer Antwort zugänglich, die in einem Register eingetragen sind oder sich in ein solches eintragen lassen müssen. Die Allgemeinheit der *lex lata* ist insofern redundant. In technischer Hinsicht ist nicht klar, weshalb eine kurze örtliche Distanz von Entscheidung und Registrierung erforderlich ist. Gerichte können Register – auch in anderen Mitgliedstaaten – teilweise online einsehen beziehungsweise den Parteien auferlegen, entsprechende Auszüge vorzulegen. Entscheidungen können in Sekundenschnelle an Register übermittelt werden. Zu beachten ist freilich, dass judizierende ausländische Gerichte und die registerführende Staatsgewalt bei einem

---

[52] *Nietner*, Internationaler Entscheidungseinklang, S. 19 f.
[53] Vgl. auch S. 108 f.
[54] Siehe S. 6 ff.
[55] *Schnyder*, in: FS Schütze, S. 767 (769).

Auseinanderfallen von Gerichtsstand und Register differieren. In systematischer Hinsicht ist der eigene ausschließliche Gerichtsstand für Registersachen gem. Art. 24 Nr. 3 Brüssel Ia-VO zu beachten. Dass es für Angelegenheiten mit Bezug zu öffentlichen Registern einen ausschließlichen Gerichtsstand gibt, verdeutlicht die Bedeutung, die der Verordnungsgeber diesen zumisst. Es ist aber andererseits zu beachten, dass der Anwendungsbereich des Art. 24 Nr. 3 Brüssel Ia-VO klar umrissen ist. Streitgegenstände, die nicht in diesen Anwendungsbereich fallen, sind dementsprechend nicht von überragender, einen ausschließlichen Gerichtsstand begründender Bedeutung. Die enge Auslegung der Nummern des Art. 24 Brüssel Ia-VO darf nicht durch Parallelwertungen in anderen Anwendungsfällen oder eine Gesamtschau aus mehreren bloß teilweise betroffenen Gerichtsständen konterkariert werden. Insofern wird in Nr. 3 auch selbst deutlich, dass nicht nur ein Zusammenhang mit einem Register, sondern die originäre Wirksamkeit einer Eintragung in ein solches öffentliches Register für eine ausschließliche Zuständigkeit vorausgesetzt wird.

Ungeachtet dieser technischen und rechtlichen Umstände, stellt die Delegation an nationales Internationales Privatrecht nicht hinreichend sicher, dass stets die Gerichte am Ort der Registrierung zuständig sind. Ein Gericht aus einem Staat, der die Sitztheorie verfolgt, wird über Streitigkeiten einer tatsächlich ansässigen Gesellschaft entscheiden, während das Register in einem anderen Mitgliedstaat liegt.

4. Auch hier: Teilweise unmögliche Sitzbestimmung

Wenn die Anknüpfungsmomente von Sitz- und Gründungstheorie nicht ermittelt werden können, stellen sich nicht nur im Kollisionsrecht Lokalisierungsprobleme, sondern aufgrund der Delegation auch im Internationalen Zuständigkeitsrecht. Wie bereits dargestellt, führen die Probleme im Kollisionsrecht im Zweifel zur notweisen Anwendung der *lex fori*.[56] Welches Forum aber ist berufen?

a) Unzulässiger forum non conveniens-Vorbehalt

Wenn, wie auf S. 95 vorgeschlagen, das Gesellschaftsstatut ausnahmsweise durch eine Ermittlung der engsten Verbindung im Einzelfall festgestellt wird, besteht die Gefahr, dass ein angerufenes Gericht, das so nicht nur das anwendbare Gesellschaftsrecht, sondern davon abhängig auch seine ausschließliche Zuständigkeit prüft, zu dem Ergebnis kommt, dass die Gesellschaft mit einer anderen Rechtsordnung enger verbunden ist. In der Folge wäre jene Rechtsordnung anzuwenden und die korrespondierenden Gerichte ausschließlich zuständig. Diese Gerichte sind an die Auffassung des sich nicht für zuständig haltenden (ersten) Gerichts nicht gebunden und könnten sich selbst ebenso für unzuständig halten. Dies entspricht de facto einem *forum non conveniens*-Vorbehalt,

---

[56] Siehe S. 95 ff.

der dem Europäischen Zuständigkeitsrecht fremd ist.[57] Deutlich wird hier ein weiteres Mal, dass das Internationale Privatrecht und das Recht der internationalen Zuständigkeit unterschiedliche Prinzipien haben. Während im Kollisionsrecht das Prinzip der engsten Verbindung von übergeordneter Bedeutung und deshalb zu verwirklichen ist, würde eine unbedingte Übernahme in das Internationale Zuständigkeitsrecht das übergeordnete Gebot der Rechtssicherheit verletzen. Dies führt dazu, dass in jenen Fällen eine Delegation der Zuständigkeitsermittlung an das Kollisionsrecht ungeeignet ist.

b) Zirkelschlüssige Begründung der lex fori

Die Probleme verdichten sich, wenn kein Gericht eine enge Verbindung der Gesellschaft zu einer Rechtsordnung erblickt. In diesen Fällen muss kollisionsrechtlich auf die *lex fori* abgestellt werden. Die *lex fori* hängt schon begrifflich davon ab, welches Gericht angerufen wird. Wenn dieses aber mangels Sitzbestimmung nicht das Gesellschaftsstatut ermitteln kann, kann es sich auch nicht für zuständig halten. Es offenbart sich also eine weitere Schwäche der Delegation der Sitzlokalisierung an das Kollisionsrecht. Alternativ könnte jedes Gericht zuständig sein. So würde *forum shopping* Tür und Tor geöffnet. Möchte man dieses Ergebnis nicht hinnehmen,[58] ist eine autonome Zuständigkeitsregel erforderlich.

IV. Konflikte mit nationalem Zuständigkeitsrecht

Die Vorschrift des Art. 24 Nr. 2 Brüssel Ia-VO regelt nur die internationale Zuständigkeit (vgl. „Gerichte eines Mitgliedstaats"); die örtliche Zuständigkeit innerhalb des Mitgliedstaats richtet sich nach den nationalen Vorschriften über die Zuständigkeit.[59] Oberste Maxime dabei ist, dass jeder international zuständige Staat auch ein örtlich zuständiges Gericht vorhalten muss, da andernfalls eine Justizverweigerung gegeben wäre.[60] Liegt keine nationale Regelung über die örtliche Zuständigkeit vor, wird teilweise vorgeschlagen, Art. 24 Brüssel Ia-VO auch eine (implizite) Regelung der örtlichen Zuständigkeit zuzusprechen.[61] Vereinzelt wird eine Notzuständigkeit der Gerichte der jeweiligen Hauptstadt

---

[57] Siehe S. 8 f.

[58] Um den Druck auf allzu vage Personenzusammenschlüsse durch das Risiko einer ubiquitären Gerichtspflichtigkeit zu erhöhen, könnte dieses Ergebnis aber hinzunehmen sein.

[59] *Geimer*, in: Geimer/Schütze, EuZVR, Art. 24 EuGVVO Rn. 20; *Gottwald*, in: MüKo-ZPO, Art. 24 Brüssel Ia-VO Rn. 1; *Stadler/Krüger*, in: Musielak/Voit, ZPO, Art. 24 EuG-VVO Rn. 1.

[60] *Geimer*, in: Geimer/Schütze, EuZVR, Art. 24 EuGVVO Rn. 21; *Gottwald*, in: MüKo-ZPO, Art. 24 Brüssel Ia-VO Rn. 2; *Thole*, in: Stein/Jonas, ZPO, Art. 24 EuGVVO Rn. 2.

[61] *Gottwald*, in: MüKoZPO, Art. 24 Brüssel Ia-VO Rn. 2; *Kropholler/v. Hein*, EuZPR, Art. 22 EuGVO Rn. 1; *Schlosser*, in: Schlosser/Hess, EuZPR, Vor Art. 24 EuGVVO Rn. 2; *Thole*, in: Stein/Jonas, ZPO, Art. 24 EuGVVO Rn. 2; a.A. *Servatius*, in: Münchener Handbuch des Gesellschaftsrechts, Bd. 6, § 18 Rn. 28.

vorgeschlagen.[62] Da die Gerichte der Hauptstadt aber wohl nie einen engeren Bezug zum Streitgegenstand aufweisen werden als die Gerichte, die nach Art. 24 Brüssel Ia-VO auch örtlich bestimmt werden könnten, ist diese Ansicht abzulehnen.[63] Die Annahme einer ebenfalls örtlichen und nicht bloß internationalen Zuständigkeit ist deshalb vorzugswürdig. Beispielsweise im deutschen Prozessrecht lässt sich § 17 Abs. 1 S. 2 ZPO konform mit Unionsrecht auslegen, da sich dadurch nämlich etwas „anderes ergibt". Sollte eine unionsrechtskonforme Auslegung nicht möglich sein, gilt aber dennoch der Anwendungsvorrang des Unionsrechts, sodass entgegenstehende nationale Regelungen nicht zu beachten wären.

V. Erfordernis einer Neuregelung

Nach dem bereits Gesagten ist die Zuständigkeit für gesellschaftsrechtliche Binnenstreitigkeiten neu zu regeln. Dabei müssen die Ziele der Rechtssicherheit und Vorhersehbarkeit sowie der Ausschluss von *forum shopping* beachtet werden.

1. Delegation de lege ferenda unmöglich

Vor dem Hintergrund der Ausführungen zum Europäischen Kollisionsrecht der Gesellschaften[64] läuft eine Delegation an nationales Kollisionsrecht ins Leere, da eben dieses durch die vorgeschlagene Neuregelung zu ersetzen ist. Es ist also eine autonome und abschließende Regelung auf unionsrechtlicher Ebene zu kodifizieren. Gegen eine autonome Bestimmung wird angeführt, dass diese einen Gleichlauf mit dem anwendbaren Recht nicht sicherstellen würde.[65] Einerseits ist aber nicht klar, ob es eines solchen Gleichlaufs bedarf,[66] andererseits kann mithilfe der untersuchten Kollisionsrechtsharmonisierung (S. 21 ff.) ein Gleichlauf sichergestellt und Zufallsergebnisse bei der Bestimmung des anwendbaren Rechts können vermieden werden. Es vermag nicht zu überzeugen, die *lex lata* damit zu verteidigen, dass das europäische Gesellschaftskollisionsrecht noch nicht harmonisiert wurde. Im Gegenteil sollte jener Regelungsbedarf erkannt und ausgefüllt werden.

---

[62] *Geimer*, in: Geimer/Schütze, EuZVR, Art. 24 EuGVVO Rn. 22, auch in anderen Fällen außerhalb von Art. 24 Brüssel Ia-VO, vgl. *ders.*, in: Geimer/Schütze, EuZVR, Art. 4 EuG-VVO Rn. 179 f., jedoch als *ultima ratio*. Zuvor sei die Lücke im Wege der Anpassung zu schließen, *ders.*, a.a.O.

[63] *Schlosser*, in: Schlosser/Hess, EuZPR, Vor Art. 24 EuGVVO Rn. 2

[64] Siehe S. 21 ff.

[65] *Thole*, in: Stein/Jonas, ZPO, Art. 24 EuGVVO Rn. 75.

[66] Vgl. dazu auch *Thole*, IPRax 2011, 541 (542).

2. Bisherige Reformüberlegungen

Aufgrund der dargelegten Schwächen wird überlegt, den Gesellschaftssitz im Sinne des Art. 24 Nr. 2 Brüssel Ia-VO verordnungsautonom zu definieren.[67]

Schaper schlägt vor, den Sitz verordnungsautonom nur als Satzungssitz zu verstehen oder am Ort der Registereintragung zu lokalisieren.[68] Bislang konnte sich eine ausschließliche Zuständigkeit am Ort des Satzungssitzes nicht durchsetzen.[69] Demgegenüber wollen *Magnus/Mankowski* die Sitzbestimmung nach Art. 63 Abs. 1 Brüssel Ia-VO, also alternativ am Satzungs- oder Verwaltungssitz oder am Sitz der Hauptniederlassung, vollziehen.[70] Es seien aber Gerichtsstandsvereinbarungen in Gesellschaftsverträgen als vorrangig zu respektieren, wenn durch sie das Gericht am Satzungssitz für ausschließlich zuständig erklärt wird.[71] *Thole* billigt den Beteiligten zu, sich etwa im Rahmen der Satzungsgestaltung für eine ausschließliche Zuständigkeit am Satzungs- oder Verwaltungssitz zu entscheiden.[72]

Von anderen autonomen Sitzbegriffen wurde Abstand genommen, da das nationale Verständnis der Mitgliedstaaten weit divergiert.[73] Es stellt sich jedoch die Frage, ob die mit Art. 24 Nr. 2 Brüssel Ia-VO verfolgen Ziele nicht auch durch eine verordnungsautonome Regelung sichergestellt werden können. Eine solche Regelung könnte, wie von *Magnus/Mankowski* vorgeschlagen, die Anknüpfungsmerkmale des Art. 63 Abs. 1 Brüssel Ia-VO, alternativ oder in Beschränkung auf eine der genannten Varianten aufgreifen. Aufgrund der dargestellten Lokalisierungsschwierigkeiten bezüglich einer Hauptverwaltung und der nichts stets erforderlichen satzungsmäßigen Sitzbestimmung würde hinsichtlich digitalisierter Gesellschaften oftmals nur das Kriterium der Hauptniederlassung relevant werden. Entsprechend der Argumentation zum anwendbaren Gesellschaftsrecht[74] ist es auch im Internationalen Zuständigkeitsrecht durchaus denkbar, an eine – vorbehaltlich der Untersuchungsergebnisse der S. 118 ff. auch virtuelle – Hauptniederlassung anzuknüpfen. Dass zwei der in Art. 63 Abs. 1 Brüssel Ia-VO enthaltenen Anknüpfungsmerkmale bei weit-

---

[67] Grünbuch – Überprüfung der Verordnung (EG) Nr. 44/2001 des Rates über die gerichtliche Zuständigkeit und die Anerkennung und Vollstreckung von Entscheidungen in Zivil- und Handelssachen COM(2009) 175 final, S. 11; Europäisches Parlament PA_TA(2010)0304, Nr. 20 macht autonome Sitzdefinition wegen der weitreichenden Folgen von der Entwicklung des europäischen Gesellschaftsrechts abhängig; *Magnus/Mankowski*, ZVglRWiss 109 (2010), 1 (34); *Schaper*, IPRax 2010, 513 (515 f.).

[68] *Schaper*, IPRax 2010, 513 (515 f.).

[69] Art. 16 Nr. 2 des Vorschlags für einen Rechtsakt des Rates über die Ausarbeitung des Übereinkommens über die gerichtliche Zuständigkeit, die Anerkennung und die Vollstreckung gerichtlicher Entscheidungen in Zivil- und Handelssachen in den Mitgliedstaaten der Europäischen Union COM(1997) 609 final, ABl. C 33 v. 31.01.1998, S. 20 (24).

[70] *Magnus/Mankowski*, ZVglRWiss 109 (2010), 1 (34).

[71] *Magnus/Mankowski*, ZVglRWiss 109 (2010), 1 (34).

[72] *Thole*, in: Stein/Jonas, Art. 24 EuGVVO Rn. 78.

[73] *Schack*, IZVR, Rn. 304.

[74] Siehe S. 90 ff.

gehend digitalisierten Gesellschaften wie beispielsweise DAOs häufig nicht zu
lokalisieren sein werden, ist aufgrund der Alternativität der Anknüpfungsmerkmale unbeachtlich. Der Umstand offenbart jedoch, dass die Anknüpfung trotz
ihrer generellen Kontinuität der Gesellschaftslokalisierung innerhalb der Brüssel Ia-VO nicht besonders effizient ist. Die gewünschte Effizienz böte aber die
Möglichkeit zur freien Prorogation zu einem dann ausschließlich zuständigen
Gericht.[75]

3. Gesellschaftsrechtliche Zuständigkeitsvereinbarungen

a) Erneute Unterscheidung nach Registrierung der Gesellschaft

Entsprechend den Ausführungen zum Internationalen Gesellschaftsrecht ist
zwischen registrierten und nichtregistrierten Gesellschaften zu unterscheiden.
Der Sitz registrierter Gesellschaften im Sinne des Art. 24 Nr. 2 Brüssel Ia-VO
ist *de lege ferenda* nicht länger nach dem Internationalen Privatrecht des Forums zu bestimmen, sondern – übereinstimmend mit *Schaper*[76] – ausschließlich
am Registerort zu lokalisieren.[77] Dies gilt nicht nur für mitgliedstaatlich gegründete Gesellschaften, sondern auch für diejenigen, die in einem Drittstaat
gegründet und registriert wurden.[78] Die Wahl einer bestimmten Gesellschaftsform, des damit einhergehenden anwendbaren Rechts[79] sowie des entsprechend
zuständigen Registers drückt nicht nur Akzeptanz und Respekt gegenüber dem
Gesellschaftsrechtsgesetzgeber, sondern auch den korrelierenden Behörden
aus. Dieser Ausdruck erstreckt sich auch weiter auf die judizierenden Gerichte.
Die Zwecke der *lex lata* werden so gleichfalls erreicht, da auf registrierte Gesellschaften auch nur das Recht des Registerorts anzuwenden ist.[80] Andere
Probleme, wie etwa positive Kompetenzkonflikte, werden jedoch ausgemerzt.

---

[75] Nur zugunsten des Gerichts am Orte des satzungsmäßigen Sitzes auch *Magnus/Man-
kowski*, ZVglRWiss 109 (2010), 1 (34).

[76] *Schaper*, IPRax 2010, 513 (515 f.).

[77] Praktisch werden sich zumindest in Bezug auf mitgliedstaatlich gegründete Gesellschaften so wenig Unterschiede ergeben, soweit man der Rechtsprechung und den Literatur-
stimmen folgt, die in der Rechtsprechung des EuGH ein dahingehendes Verbot erblicken,
vgl. S. 101 ff.

[78] Da die Brüssel Ia-VO nicht die ausschließliche Zuständigkeit drittstaatlicher Gerichte
regelt, vgl. Art. 24 Brüssel Ia-VO: „Gerichte eines Mitgliedstaats", wird Art. 24 Nr. 2 Brüssel Ia-VO in diesen Fällen wohl nicht zur Anwendung kommen, *Gottwald*, in: MüKoZPO,
Art. 24 Brüssel Ia-VO Rn. 5. Es ist auf das nationale Recht der Mietgliedstaaten zurückzugreifen, Art. 6 Abs. 1 Brüssel Ia-VO, *Gottwald*, in: MüKoZPO, Art. 24 Brüssel Ia-VO Rn. 5;
de Lima Pinheiro, in: Magnus/Mankowski, ECPIL, Art. 24 Brussels Ibis Regulation Rn. 9.
Da sich aber auch aus diesem wohl häufig keine Zuständigkeit ergeben wird, kommt es auf
drittstaatliche Regelungen an. Alternativ könnte eine unionsrechtliche Zuständigkeitsregel *de
lege ferenda* drittstaatlich registrierte Gesellschaften ausnehmen, was aber auf dasselbe Ergebnis hinausliefe.

[79] Siehe S. 68 f.

[80] Siehe S. 68 f.

Die folgenden Ausführungen sind somit als auf nichtregistrierte Gesellschaften zugeschnitten zu verstehen.

b) Die Prorogationsfreiheit nach Art. 25 Brüssel Ia-VO

Um die Parteiautonomie im Internationalen Zuständigkeitsrecht zur Geltung kommen zu lassen,[81] sieht Art. 25 Brüssel Ia-VO die Möglichkeit von Gerichtsstandsvereinbarungen vor. Die Möglichkeit besteht nach dessen Abs. 4 nicht, wenn eine vorrangige ausschließliche Zuständigkeit nach Art. 24 (hier Nr. 2) Brüssel Ia-VO besteht. Jedenfalls in Bezug auf gesellschaftsrechtliche Streitigkeiten muss dieser Ausschluss in Frage gestellt werden, denn privatautonom bestimmte Schiedsgerichte dürfen über die betreffenden Streitgegenstände entscheiden.[82] Dabei entscheidet nicht ein *anderes* staatliches Gericht (wie bei einer Gerichtsstandsvereinbarung), sondern *gar kein* staatliches Gericht. Sofern und soweit also Schiedsgerichte entscheiden dürfen, sollten erst recht auch parteiautonom bestimmte, staatliche Gerichte entscheiden dürfen – freilich nur unter genauso strengen Voraussetzungen. Da die Mindestanforderungen, die die deutsche Rechtsprechung an Schiedsvereinbarungen über (gesellschaftsrechtliche) Streitigkeiten stellt,[83] sich aber gerade an den Regeln der staatlichen Rechtspflege orientieren beziehungsweise durch letztere ohnehin sichergestellt werden, gelten diese Voraussetzungen bei anderen staatlichen Gerichten als erfüllt. Die Möglichkeit, Beschlussanfechtungsklagen von Schiedsgerichten entscheiden zu lassen, wurde mit Zustimmung der Literatur jedenfalls durch die deutsche gesellschaftsrechtliche Rechtsprechung bestätigt, bislang ohne entgegenstehendes höherrangiges Judikat eines europäischen Gerichts.[84] Mit teilweise anderen Anforderungen an die Schiedsfähigkeit gilt dies auch in anderen

---

[81] Vgl. S. 15; COM(2009) 175 final, S. 5.

[82] *Geimer*, in: Geimer/Schütze, EuZVR, Art. 24 EuGVVO Rn. 31 zum europäischen Recht; *Rosenberg/Schwab/Gottwald*, Zivilprozessrecht, § 176 Rn. 14 f. zum deutschen Recht; zu digitalen Jurisdiktionen bzw. Blockchain-Schiedsgerichten *Mienert*, DAOs und Gesellschaftsrecht, S. 238 ff.

[83] BGH Urt. v. 06.04.2009 – II ZR 255/08, NJW 2009, 1962 (1964 f.) Rn. 20 („Schiedsfähigkeit II") zu Kapitalgesellschaften; BGH Beschl. v. 23.09.2021 – I ZB 13/21, NZG 2022, 264 (265) Rn. 15 („Schiedsfähigkeit IV"); Beschl. v. 06.04.2017 – I ZB 23/16, NZG 2017, 657 (658) Rn. 25 („Schiedsfähigkeit III") beide zu Personengesellschaften; dazu auch *Schlüter*, DZWIR 2022, 605 ff.; *K. Schmidt*, ZHR 187 (2023), 107 (120 f.) zur Schiedsfähigkeit nach MoPeG; *J. Zimmermann*, Schiedsfähigkeit von Beschlussmängelstreitigkeiten in Personengesellschaften (2020).

[84] BGH Urt. v. 06.04.2009 – II ZR 255/08, NJW 2009, 1962 zu Kapitalgesellschaften; BGH Beschl. v. 06.04.2017 – I ZB 23/16, NZG 2017, 657 zu Personengesellschaften; *Bryant/Dehne*, KSzW 2013, 152 ff.; *Rosenberg/Schwab/Gottwald*, Zivilprozessrecht, § 176 Rn. 15; *Saenger/Splittgerber*, DZWIR 2010, 177 ff.

europäischen Mitgliedstaaten.[85] Auch für DAOs wird eine schiedsrichterliche Entscheidung teilweise vorgeschlagen.[86]

Entsprechend der Schiedsfähigkeit sollten die in Art. 24 Nr. 2 Brüssel Ia-VO genannten Streitigkeiten *de lege ferenda* einer freien Prorogation der Beteiligten zugänglich gemacht werden. Wenn eine Gerichtsstandsvereinbarung zeitlich vor einer Streitigkeit (also etwa schon bei Gesellschaftsgründung) in den Gesellschaftsvertrag aufgenommen wird und somit alle Gesellschafter sowie die Gesellschaft selbst daran gebunden sind, werden Erwägungen wie das Vermeiden widersprüchlicher Entscheidungen, Rechtssicherheit und Verfahrenskonzentration ebenso wie unter Art. 24 Nr. 2 Brüssel Ia-VO verwirklicht, da auch gewillkürte Zuständigkeitsvereinbarungen (regelmäßig, Art. 25 Abs. 1 S. 2 Brüssel Ia-VO) ausschließlich wirken.[87] Parallelen Verfahren mit dem Risiko widersprüchlicher Entscheidungen kann im Übrigen auch mit den Litispendenzregelungen begegnet werden, sodass eine ausschließliche Zuständigkeit nicht unbedingt erforderlich ist. Unterschiedlich ist nur der Ort, an dem ausschließlich entschieden wird. Durch die konkrete Bezeichnung eines Ortes kann vielmehr die Vorhersehbarkeit erhöht werden, weil es nicht länger zu Differenzen bei der Lokalisierung des Gesellschaftssitzes (nach der Sitz- oder der Gründungstheorie) kommen kann. Sofern zudem, wie vorgeschlagen, das Internationale Gesellschaftsrecht autonom auf unionsrechtlicher Ebene kodifiziert würde, sänke die Gefahr einander widersprechender Entscheidungen aufgrund des harmonisierten Kollisionsrechts.[88] Nicht sichergestellt ist im Falle einer freien Prorogation jedoch die Nähe zum zuständigen Register. Unterscheidet man jedoch, wie hier befürwortet, zwischen registrierten und nichtregistrierten Gesellschaften,[89] kann letzterer Aspekt nicht dagegensprechen, zumindest nichtregistrierten Gesellschaften eine freie Prorogation zuzubilligen. Für registrierte Gesellschaften wird kein freies Prorogationsrecht vorgeschlagen.[90]

Schließlich ist der Wortlaut des Art. 25 Abs. 4 Brüssel Ia-VO zu beachten, nach dem Gerichtsstandsvereinbarungen nur dann keine rechtliche Wirkung haben, „wenn die Gerichte, deren Zuständigkeit abbedungen wird, aufgrund des Artikels 24 ausschließlich zuständig sind". Es ist also eine bestehende Zustän-

---

[85] Siehe nur *Emmert*, Gesellschaftsrechtliche Streitigkeiten in institutionellen Schiedsverfahren, S. 194 ff. (S. 200 ff. zum französischen Recht, S. 247 f. zum italienischen Recht, S. 248 zum österreichischen Recht, S. 248 f. zum spanischen Recht, S. 250 f. zum schwedischen und finnischen Recht, S. 251 zum polnischen Recht).

[86] *Mienert*, RDi 2021, 384 (387), der DAOs ebenfalls gesellschaftsrechtlich qualifiziert.

[87] Vgl. zur ähnlichen Interessenlage bei Schiedsvereinbarungen BGH Urt. v. 06.04.2009 – II ZR 255/08, NJW 2009, 1962 (1964 f.) Rn. 20; zur Ausschließlichkeit von Gerichtsstandsvereinbarungen *Geimer*, in: Geimer/Schütze, EuZVR, Art. 25 EuGVVO Rn. 166 f.; *Mankowski*, in: Rauscher, EuZPR/EuIPR, Art. 25 Brüssel Ia-VO Rn. 338 f.; *E. Peiffer/M. Peiffer*, in: Geimer/Schütze, Internationaler Rechtsverkehr, Art. 25 VO (EU) 1215/2012 Rn. 251 ff.; zur Gerichtsstandsvereinbarung durch Satzung *dies.*, in: Geimer/Schütze, Internationaler Rechtsverkehr, Art. 25 VO (EU) 1215/2012 Rn. 179 ff.

[88] Siehe S. 15 f.

[89] Siehe S. 112 f.

[90] Siehe S. 112 f.

digkeit gem. Art. 24 (Nr. 2) Brüssel Ia-VO erforderlich. Daraus folgt dreierlei: Erstens muss entsprechend zu den Ausführungen zu positiven Kompetenzkonflikten innerhalb des Art. 24 Nr. 2 Brüssel Ia-VO wegen der Unterschiedlichkeit der Sitzbestimmung eine Gerichtsstandsvereinbarung wenigstens zugunsten des Satzungs- oder des Verwaltungssitzes möglich sein, da beide zuständig sein können. Zweitens erfasst der Ausschluss nicht den Fall, in dem mangels Möglichkeit der Lokalisierung von Satzungs- oder Verwaltungssitz keine Zuständigkeit gem. Art. 24 Nr. 2 (S. 2) Brüssel Ia-VO ermittelt werden kann. Das bedeutet zumindest für DAOs, bei denen häufig weder Satzungs- noch Verwaltungssitz besteht, dass die Freiheit der Gerichtsstandsvereinbarung nicht gem. Art. 25 Abs. 4 Brüssel Ia-VO ausgeschlossen ist, da keine ausschließliche Zuständigkeit begründet werden kann. Drittens kann Art. 24 Nr. 2 Brüssel Ia-VO keinen ausschließlichen Gerichtsstand für drittstaatliche Gesellschaften eröffnen, bei denen weder Satzungs- noch Verwaltungssitz in einem Mitgliedstaat belegen ist. Jenen Gesellschaften steht also schon *de lege lata* ein freies Prorogationsrecht zu mitgliedstaatlichen Gerichten zu. Aber auch bei Gesellschaften, deren Satzungs- und Verwaltungssitz ermittelt werden können, steht Art. 25 Abs. 4 Brüssel Ia-VO nicht entgegen, denn es handelt sich bei der Prorogation zu den Gerichten am Satzungs- oder Verwaltungssitz bloß um eine Entscheidung *innerhalb* verschiedener ausschließlicher Zuständigkeiten.[91] Dieser Fall sei von Art. 25 Abs. 4 Brüssel Ia-VO nicht erfasst.[92]

VI. Zwischenergebnis

Ebenso wie das Kollisionsrecht für Gesellschaften, muss auch das Recht der internationalen Zuständigkeit für gesellschaftsrechtliche Binnenstreitigkeiten zeitgemäß weiterentwickelt und interpretiert werden. Dazu gehört für registrierte Gesellschaften neben der Anwendung des Rechts des Registerorts die ausschließliche Zuständigkeit der dortigen Gerichte. Nichtregistrierten Gesellschaften muss mehr Parteiautonomie zugebilligt werden, sowohl im Kollisionsals auch im Zuständigkeitsrecht. Im Zuständigkeitsrecht ist ihnen die Möglichkeit zur Prorogation zu geben. Lediglich, wenn die Gesellschaften von dieser Freiheit keinen Gebrauch machen, ist nach objektiven Hilfsmerkmalen anzuknüpfen. Dafür ist auf diejenigen zurückzugreifen, die im Rahmen des Internationalen Gesellschaftsrechts herausgearbeitet wurden.[93]

---

[91] *Thole*, in: Stein/Jonas, ZPO, Art. 24 EuGVVO Rn. 78.
[92] *Thole*, in: Stein/Jonas, ZPO, Art. 24 EuGVVO Rn. 78.
[93] Siehe S. 88 ff.; vgl. zu Bedenken gegen die Anknüpfung an die im Einzelfall ermittelte engste Verbindung S. 108 f.

C.   Regelungsvorschlag zu Kapitel 2

I. Vorschlag für eine europäische Verordnung betreffend das auf Gesellschaften anwendbare Recht

Artikel 1 (Universelle Anwendbarkeit)

Das nach dieser Verordnung bezeichnete Recht ist auch dann anzuwenden, wenn es nicht das Recht eines Mitgliedstaats ist.

Artikel 2 (Begriffsbestimmung)

Eine Gesellschaft ist ein verselbständigtes Gebilde, das einen Zweck verfolgt, zu dessen Erreichung Vereinbarungen über die Handlungsorganisation des Gebildes und die Mitwirkungspflichten der Beteiligten getroffen wurden.

Artikel 3 (Kollisionsnorm)

(1) Eine Gesellschaft, die als solche in einem öffentlichen Register eingetragen ist, unterliegt dem Recht des Registerorts.

(2) [1]Ist die Gesellschaft nicht registriert, können die Gründungsgesellschafter das auf die Gesellschaft anwendbare Recht wählen. [2]Als auf eine Gesellschaft anzuwendendes Recht können die Gründungsgesellschafter nur das Recht

  a) des Staates, in dem sich die Hauptverwaltung der Gesellschaft befindet,

  b) des Staates, in dem sich die Hauptniederlassung der Gesellschaft befindet, oder

  c) eines Mitgliedstaats

wählen.

(3) Soweit die Gründungsgesellschafter keine Rechtswahl nach Absatz 2 getroffen haben, ist subsidiär das Recht des Staats anzuwenden,

  a) dem ein von der Gesellschaft im Rechtsverkehr verwendeter Rechtsformzusatz zuzuordnen ist,

  b) in dem die Hauptverwaltung, die Hauptniederlassung oder das Vermögen der Gesellschaft belegen ist,

  c) in dem die Mehrheit der Gesellschafter ihren gewöhnlichen Aufenthalt hat, oder

  d) in dessen Sprache der Gesellschaftsvertrag formuliert ist oder die Gesellschafter miteinander kommunizieren.

(4) [1]Kann das anzuwendende Recht nicht nach Absatz 1 bis 3 bestimmt werden, so unterliegt die Gesellschaft dem Recht des Staats, zu dem sie die engste Verbindung aufweist. 2Kann nach Satz 1 die engste Verbindung nicht bestimmt werden, so ist das Sachrecht des angerufenen Gerichts anzuwenden.

Artikel 4 (Geltungsbereich des Gesellschaftsstatuts)

Das nach dieser Verordnung auf eine Gesellschaft anzuwendende Recht ist insbesondere maßgebend für:

    a) [...],

    b) [...].

Artikel 5 (Eingriffsnormen)

Diese Verordnung berührt nicht die Anwendung der Eingriffsnormen des Rechts des angerufenen Gerichts.

Artikel 6 (Öffentliche Ordnung im Staat des angerufenen Gerichts)

Die Anwendung einer Vorschrift des nach dieser Verordnung bezeichneten Rechts kann nur versagt werden, wenn ihre Anwendung mit der öffentlichen Ordnung („ordre public") des Staates des angerufenen Gerichts offensichtlich unvereinbar ist.

Artikel 7 (Ausschluss der Rück- und Weiterverweisung)

Unter dem nach dieser Verordnung anzuwendenden Recht eines Staats sind die in diesem Staat geltenden Rechtsnormen unter Ausschluss derjenigen des Internationalen Privatrechts zu verstehen.

II. Vorschlag zur Änderung der Brüssel Ia-VO

Artikel 24 n.F.[1]

Ohne Rücksicht auf den Wohnsitz der Parteien sind folgende Gerichte eines Mitgliedstaats ausschließlich zuständig:

1. [...]

2. für Verfahren, welche die Gültigkeit, die Nichtigkeit oder die Auflösung einer *öffentlich registrierten* Gesellschaft oder juristischen Person oder die Gültigkeit der Beschlüsse ihrer Organe zum Gegenstand haben, die Gerichte des Mitgliedstaats, in *dem die Gesellschaft oder juristische Person registriert ist. ²Betrifft ein Verfahren eine nichtregistrierte Gesellschaft, können die Gesellschafter ein ausschließlich zuständiges Gericht vereinbaren. ³Soweit keine Gerichtsstandsvereinbarung getroffen wurde, sind die ausschließlich zuständigen Gerichte gemäß Artikel 3 Absatz 3 des Vorschlags für eine europäische Verordnung betreffend das auf Gesellschaften anwendbare Recht zu ermitteln;*

[...].

---

[1] Die kursiv gedruckten Formulierungen dienen der Hervorhebung der beabsichtigten Änderungen.

Kapitel 3:

Die Lokalisierung der Gesellschaft in ihren externen Rechtsverhältnissen

Die Digitalisierung des Geschäftslebens stellt die Gesellschaft nicht nur in ihrem Innenverhältnis vor Herausforderungen. Auch im Außenverhältnis, das heißt bei der Teilnahme der Gesellschaft am Rechtsverkehr mit Dritten, entstehen zuständigkeits- und kollisionsrechtliche Probleme, die im Folgenden untersucht werden. Sollte das geltende Recht keine interessengerechten Lösungen für die Probleme bereithalten, werden Vorschläge zur Regelung *de lege ferenda* gemacht.

A. Gesellschaftsexterne Rechtsverhältnisse im Internationalen Zuständigkeitsrecht

Wie schon Gerichte erkannt haben, handelt es sich bei der „Frage, wie es sich bei Internetbuchungen mit der internationalen Zuständigkeit verhält", um eine von grundsätzlicher Bedeutung im Sinne des § 543 Abs. 2 S. 1 Nr. 1 ZPO.[1] Für die Zwecke dieser Untersuchung ist der Begriff „Internetbuchungen" untechnisch zu verstehen. Vielmehr wird in Bezug auf Gesellschaften geprüft, ob und wie sich ihre Gerichtspflichtigkeit gegenüber dem Rechtsverkehr vor dem Hintergrund der zunehmenden Digitalisierung verändert. Aufgrund ihrer Relevanz werden besonders die Anknüpfungs- und Lokalisierungsmerkmale Niederlassung (S. 118 ff.) und Wohnsitz (S. 160 ff.) einer Gesellschaft untersucht.

I. Virtuelle Niederlassung einer Gesellschaft

Im deutschen sowie europäischen Recht der internationalen Zuständigkeit bestehen besondere Gerichtsstände am Orte der Niederlassung. Ist nach Art. 63 Brüssel Ia-VO ein Wohnsitz der beklagten Gesellschaft in einem Mitgliedstaat zu bejahen, ist sie zusätzlich zu ihrem allgemeinen Gerichtsstand auch an dem Ort gerichtspflichtig, an dem sie eine Niederlassung betreibt, wenn die Streitigkeit gerade aus ihrem Betrieb herrührt, Art. 7 Nr. 5 Brüssel Ia-VO. Sollte der Inhaber der Niederlassung nicht unionsansässig und sollten auch Artt. 11

---

[1] OLG Frankfurt a.M. Urt. v. 16.01.2020 – 16 U 208/18, EuZW 2020, 487 (488) Rn. 55.

Abs. 2, 17 Abs. 2, 20 Abs. 2 Brüssel Ia-VO nicht einschlägig sein, ist auf § 21 ZPO zurückzugreifen.[2] Da den Niederlassungsbegriffen ein größtenteils ähnliches Verständnis zugrunde liegt und § 21 ZPO wohl als Vorlage für Art. 7 Nr. 5 Brüssel Ia-VO diente,[3] werden sie gemeinsam untersucht.

1. Traditionelles Verständnis einer Niederlassung

Anders als in Art. 63 Abs. 1 lit. c Brüssel Ia-VO, muss es sich im Rahmen des Art. 7 Nr. 5 Brüssel Ia-VO und erst recht im Rahmen von § 21 ZPO nicht um die *Haupt*niederlassung handeln. Nach dem EuGH

„setzen die Begriffe ‚Zweigniederlassung‘, ‚Agentur‘ und ‚sonstige Niederlassung‘ im Sinne dieser Bestimmung einen Mittelpunkt geschäftlicher Tätigkeit voraus, der auf Dauer als Außenstelle eines Stammhauses hervortritt. Dieser Mittelpunkt muss eine Geschäftsführung haben und sachlich so ausgestattet sein, dass er in der Weise Geschäfte mit Dritten betreiben kann, dass diese sich nicht unmittelbar an das Stammhaus zu wenden brauchen."[4]

Die Niederlassung muss nicht von derselben Gesellschaft betrieben werden, die schon nach Artt. 4, 63 Brüssel Ia-VO gerichtspflichtig ist. Auch eine andere, selbständige Gesellschaft, die die Niederlassung betreibt, kann als Niederlassung im Sinne des Art. 7 Nr. 5 Brüssel Ia-VO gelten, wie beispielsweise eine Tochtergesellschaft der Hauptgesellschaft[5] oder eine völlig andere, gegenüber dem Beklagten bloß vertraglich verpflichtete Gesellschaft[6]. Entscheidend ist an dieser Stelle, dass der Rechtsschein entsteht, es handle sich um eine Außenstelle der Hauptgesellschaft, und sich der Rechtsverkehr auf diesen Rechtsschein verlassen kann.[7]

---

[2] *Leible*, in: Rauscher, EuZPR/EuIPR, Art. 7 Brüssel Ia-VO Rn. 153.

[3] *Hausmann*, in: Staudinger, BGB, IntVertrVerfR Rn. 314; *Kropholler/v. Hein*, EuZPR, Art. 5 EuGVO Rn. 99; *H. Roth*, in: Stein/Jonas, ZPO, § 21 Rn. 11; *Schrammen*, Grenzüberschreitende Verträge im Internet, S. 186.

[4] EuGH Urt. v. 20.05.2021 – C-913/19 (*CNP*), NJW 2021, 1863 (1865) Rn. 52.

[5] EuGH Urt. v. 18.05.2017 – C-617/15 (*Hummel Holding*), GRUR 2017, 728 (730) Rn. 38 zur UnionsmarkenVO; BGH Urt. v. 16.03.2021 –X ZR 9/20, NJW-RR 2021, 777 (778) Rn. 27; *Geimer*, in: Zöller, ZPO, Art. 7 EuGVVO Rn. 123; *Kropholler/v. Hein*, EuZPR, Art. 5 EuGVO Rn. 108; *Leible*, in: Rauscher, EuZPR/EuIPR, Art. 7 Brüssel Ia-VO Rn. 157; *Sakka*, Der Konzern im Kompetenzrecht der EuGVVO, S. 139 ff. zu den konzernrechtlichen Aspekten; *Stadler/Krüger*, in: Musielak/Voit, ZPO, Art. 7 EuGVVO Rn. 25; *G. Wagner*, in: Lutter, Europäische Auslandsgesellschaften, S. 223 (257).

[6] EuGH Urt. v. 20.05.2021 – C-913/19 (*CNP*), NJW 2021, 1863 (1866) Rn. 61; *Geimer*, in: Zöller, ZPO, Art. 7 EuGVVO Rn. 124.

[7] EuGH Urt. v. 09.12.1987 – Rs. 218/86 (*SAR Schotte*), NJW 1988, 625 (625) Rn. 14 f.; BGH Urt. v. 16.03.2021 –X ZR 9/20, NJW-RR 2021, 777 (778) Rn. 27; Urt. v. 13.07.1987 – II ZR 188/86, NJW 1987, 3081 (3082 f.); *Albers*, Niederlassung und Hauptniederlassung, S. 322 f.; *Kropholler/v. Hein*, EuZPR, Art. 5 EuGVO Rn. 108; *Leible*, in: Rauscher, EuZPR/EuIPR, Art. 7 Brüssel Ia-VO Rn. 157.

2. Internetpräsenzen als virtuelle Niederlassungen

Zu ergründen ist, ob Internetpräsenzen als (virtuelle) Niederlassungen im Sinne des Art. 7 Nr. 5 Brüssel Ia-VO verstanden werden können.[8] Zunächst ist die Subsumtion unter den traditionellen Niederlassungsbegriff zu beleuchten. Neben dem EuGH behält auch die deutsche Rechtsprechung die Definition bis heute unter Verweis auf die Rechtsprechung des EuGH bei.[9] Der BGH zitiert die Rechtsprechung des EuGH hier zwar zu der Frage, ob ein Bezug zum Betrieb der Zweigniederlassung besteht und nicht schon zu der Frage, ob überhaupt eine solche Niederlassung vorliegt. Die fortwährende Anerkennung der EuGH-Rechtsprechung durch den BGH ist jedoch dennoch zu erkennen.

Sollte eine solche Vereinbarkeit mit dem traditionellen Niederlassungsbegriff nicht herzustellen sein, ist weiterhin zu fragen, ob ein moderneres Verständnis von Niederlassungen geboten ist. So weisen progressive Stimmen darauf hin, dass die durch den EuGH geprägte Definition aus einer Zeit stammt, in der das Internet noch keine Rolle spielte, sodass der Begriff der Niederlassung zeitgemäß neu interpretiert werden müsste.[10]

a) Anwendung des traditionellen Niederlassungsbegriffs

Überwiegend wird eine Subsumtion einer Internetpräsenz unter den traditionellen Niederlassungsbegriff nicht für möglich gehalten.[11] Auch Befürworter

---

[8] Soweit die Subsumtion von Internetpräsenzen unter das europäische Zuständigkeitsrecht möglich ist, ist auch eine Subsumtion unter das nationale Zuständigkeitsrecht naheliegend, vgl. insofern die identischen Definitionen, Fn. 9. Art. 7 Nr. 5 Brüssel Ia-VO ist wegen der unionsrechtlichen Implikationen jedoch vorrangig und deshalb an dieser Stelle zu erörtern.

[9] BGH Urt. v. 16.03.2021 –X ZR 9/20, NJW-RR 2021, 777 (777) Rn. 18; EuGH Urt. v. 11.04.2019 – C-464/18 (*Ryanair*); NJW-RR 2019, 684 (685 f.) Rn. 33; Urt. v. 19.07.2012 – C-154/11 (*Mahamdia*), NZA 2012, 935 (937) Rn. 48; Urt. v. 22.11.1978 – C-33/78 (*Somafer*), BeckRS 2004, 70835 Rn. 13.

[10] *Bach/Tippner*, EuZW 2020, 481 (483) mit Bezug auf EuGH Urt. v. 22.11.1978 – C-33/78 (*Somafer*), BeckRS 2004, 70835 Rn. 12.

[11] *Albers*, Niederlassung und Hauptniederlassung, S. 82 f.; nur *de lege lata C. Berger*, in: Informatik 2001, S. 1002 (1005); *Bey*, in: Prütting/Gehrlein, ZPO, § 21 Rn. 4; jetzt auch vor dem Hintergrund deliktischer Sachverhalte *Brand*, Internationale Zuständigkeit für ubiquitäre deliktische Schutzrechtsverletzungen, S. 167 ff.; nur *de lege lata* zum Versicherungsrecht *Fricke*, VersR 2001, 925 (936); *Gottwald*, in: MüKoZPO, Art. 7 Brüssel Ia-VO Rn. 79; *Nagel/Gottwald*, IZPR, Rn. 3.121 jeweils ohne Begründung; *Mankowski*, RabelsZ 63 (1999), 203 (227 f.); *ders.*, in: Magnus/Mankowski, ECPIL, Art. 7 Brussels Ibis Regulation Rn. 427; *ders.*, TranspR 2020, 195 (200) „Die Website ist nur ein Medium der Kommunikation, aber kein Element der Unternehmensorganisation."; *Patzina*, in: MüKoZPO, § 21 Rn. 9; *H. Roth*, in: Stein/Jonas, ZPO, § 21 Rn. 12; *Scheuermann*, IZVR bei Verträgen im Internet, S. 44; *Schrammen*, Grenzüberschreitende Verträge im Internet, S. 21; *Schu*, IntJLIT 1997, 192 (221 f.); *Stadler/Krüger*, in: Musielak/Voit, ZPO, Art. 7 EuGVVO Rn. 25; *Staudinger*, RRa 2007, 155 (156); offen hingegen beispielsweise *Magnus*, in: Staudinger, BGB, IntVertrVerfR Rn. 321.

virtueller Niederlassungen räumen teilweise ein, dass eine Website selbst keine Geschäftsleitung und keine sachliche Ausstattung habe.[12]

Dagegen hält allein *Bogdan*. Die Dauerhaftigkeit sei bei einer Website unproblematisch gegeben; dass sie leichter abgeschaltet und die potenzielle (virtuelle) Niederlassung so einfacher geschlossen werden kann als eine physische Niederlassung, sei unproblematisch.[13] Auch eine Website sei sachlich ausgestattet, was dem traditionellen Verständnis gerecht werde, da der EuGH in seiner Rechtsprechung nicht fordere, dass die sachliche Ausstattung am Ort der Niederlassung belegen sein müsse.[14] Auch könne eine Internetpräsenz bei entsprechender Programmierung Geschäfte mit Dritten betreiben.[15] Wenn auch nicht für alle Belange, könnten sich Dritte an eine Website anstelle des die Website betreibenden (physisch repräsentierten) Unternehmens wenden.[16] Eine Geschäftsführung (der Niederlassung) erblickt *Bogdan* in der Geschäftsführung des Unternehmens; es sei unschädlich, dass es sich dabei nicht um eine von der Unternehmensgeschäftsführung separierte Geschäftsführung handele; jedenfalls lenke sie durch Betreiben der Website deren Geschicke.[17]

Auch wenn dieser Ansicht teilweise zuzustimmen ist, wird nicht deutlich, worin die sachliche Ausstattung zu sehen sein soll. Sofern dies bezogen auf die Vertragsgegenstände gemeint sein sollte, wäre dies unzureichend, da in der Folge keine Niederlassung gegeben wäre, wenn das Unternehmen bloß digitale Waren und Dienstleistungen anbietet. Sollte man *Bogdans* These aber dahingehend interpretieren, dass die materielle Ausstattung in der Speicherung der Website auf einem Server zu sehen sein sollte, ergeben sich Zweifel, ob diese Beziehung für die Annahme einer Niederlassung ausreichen kann.

b) Stand der Rechtswissenschaft

Es ist bereits die Frage aufgekommen, ob an dem traditionellen physischen Begriff der Niederlassung festgehalten oder er eventuell um ein virtuelles Verständnis ergänzt werden sollte.[18] Im Raume steht dabei konkret die Frage, ob – unter näher zu bezeichnenden Voraussetzungen – eine Internetpräsenz eine Niederlassung eines Unternehmens darstellen kann. In Ermangelung einer sachlichen Ausstattung und einer Geschäftsführung von Internetpräsenzen können sie nicht unter die Definition des EuGH zu einer Niederlassung subsumiert wer-

---

[12] *Bach/Tippner*, EuZW 2020, 481 (483) mit Bezug auf EuGH Urt. v. 22.11.1978 – C-33/78 (*Somafer*), BeckRS 2004, 70835 Rn. 12.

[13] *Bogdan*, KCLJ 2006, 97 (101); *ders.*, in: Cyberspace 2005, S. 27 (31).

[14] *Bogdan*, KCLJ 2006, 97 (101); *ders.*, in: Cyberspace 2005, S. 27 (31).

[15] *Bogdan*, KCLJ 2006, 97 (101).

[16] *Bogdan*, KCLJ 2006, 97 (101).

[17] *Bogdan*, KCLJ 2006, 97 (101) mit Verweis auf EuGH Urt. v. 09.12.1987 – Rs. 218/86 (*SAR Schotte*), NJW 1988, 625 (625) Rn. 17. In dem dieser Entscheidung zugrunde liegenden Sachverhalt bestanden zwar zwei Geschäftsführungen, die aber personenidentisch besetzt waren, vgl. *Bogdan* a.a.O. dort Fn. 14; *ders.*, in: Cyberspace 2005, S. 27 (31).

[18] Siehe S. 90 ff.; zurückhaltend *Hausmann*, in: Staudinger, BGB, IntVertrVerfR, Rn. 321.

den.[19] Im Falle von Verbraucherverträgen können solche Sachverhalte unter Umständen bereits jetzt von Art. 17 Abs. 1 lit. c Brüssel Ia-VO erfasst werden, wenn sich die Gestaltung der Internetpräsenz unter ein Ausrichten auf den betreffenden Staat subsumieren lässt.[20] Untersuchungsbedarf besteht deshalb vor allem für den unternehmerischen Geschäftsverkehr.[21] Die deutsche Rechtsprechung hat darüber noch nicht geurteilt.[22] Der EuGH betont, dass es auf eine „reale und konstante Präsenz […] vor Ort" ankomme, was eher gegen die Anerkennung virtueller Niederlassungen, die gleichwohl nicht irreal sind, spricht.[23] Die überwiegende Literatur lehnt eine virtuelle Niederlassung ab.[24] Problematisch in der Diskussion ist, dass die wenigen Vertreter für eine Anerkennung virtueller Niederlassungen verschiedene Voraussetzungen verlangen,[25] bei deren Vorliegen sie eine Niederlassung in einer Internetpräsenz erblicken, während Vertreter der anderen Ansicht[26] meist pauschal und oft ohne weitere Begründung dagegenhalten. Es sind deswegen zwei Fragen zu differenzieren. Zunächst wird die Frage beleuchtet, ob die Anerkennung von Internetpräsenzen als virtuelle Niederlassung überhaupt mit Art. 7 Nr. 5 Brüssel Ia-VO vereinbar ist.[27] Sollte diese Frage zu bejahen sein, wird untersucht, unter welchen Voraussetzungen dies der Fall ist.[28] Bei der Bestimmung jener Voraussetzungen sind notwendigerweise die Interessen aller Beteiligten zu berücksichtigen und miteinander abzuwiegen.

3. Auslegung des sekundärrechtlichen Niederlassungsbegriffs

a) Grammatische Auslegung

Kritiker der Anerkennung virtueller Niederlassungen konstatieren, ohne weitere Begründung, ein solches Begriffsverständnis wäre nicht mit dem Wortlaut des Art. 7 Nr. 5 Brüssel Ia-VO zu vereinbaren.[29] Zu betonen ist jedoch, dass Gegenstand der (Wortlaut-)Auslegung nicht die Rechtsprechung des EuGH,

---

[19] *Bach/Tippner*, EuZW 2020, 481 (483); a.A. soeben *Bogdan*, siehe S. 121 f. m.w.N.

[20] Siehe S. 132 ff.

[21] *Bach/Tippner*, EuZW 2020, 481 (481).

[22] Bspw. in BGH Urt. v. 16.03.2021 – X ZR 9/20, NJW-RR 2021, 777 nicht entscheidungserheblich gewesen, ob Internetpräsenz selbst Niederlassung darstellt und nicht nur einen dahingehenden Rechtsschein erzeugt (a.A. *Thode*, jurisPR-BGHZivilR 20/2021 Anm. 1 unter C.); vorinstanzlich OLG Frankfurt a.M. Urt. v. 16.01.2020 – 16 U 208/18, EuZW 2020, 487, dazu *Bach/Tippner*, EuZW 2020, 481 (483).

[23] EuGH Urt. v. 18.05.2017 – C-617/15 (*Hummel Holding*), GRUR 2017, 728 (730) Rn. 37.

[24] Vgl. Nachweise in Fn. 11.

[25] Siehe S. 141 ff.

[26] Vgl. Nachweise in Fn. 11.

[27] Dazu S. 123 ff.

[28] Dazu S. 141 ff.

[29] *Stadler/Krüger*, in: Musielak/Voit, ZPO, Art. 7 EuGVVO Rn. 25.

sondern die der Rechtsprechung zugrundeliegende Norm ist.[30] Die Rechtsprechung ist nicht zwingend, da der gleichbleibende Wortlaut einer Norm neu ausgelegt werden kann[31] und ein Urteil des EuGH eine Rechtsfrage insoweit nicht für alle Zeit für jedermann bindend beantwortet[32].

Betrachtet man den Wortlaut „Zweigniederlassung, einer Agentur oder einer sonstigen Niederlassung" in der deutschen, „a branch, agency or other establishment" in der englischen, „d'une succursale, d'une agence ou de tout autre établissement" in der französischen oder „di una succursale, di un'agenzia o di qualsiasi altra sede d'attività" in der italienischen Sprachfassung,[33] wird deutlich, dass nicht zwischen physischen oder virtuellen Niederlassungen unterschieden wird und eine Physis der Niederlassung nicht ausdrücklich im Wortlaut der Norm kodifiziert wurde. Dass in der italienischen Fassung mit „sede d'attività" auf den Sitz der Aktivitäten abgestellt wird, bedeutet nicht, dass damit die Hauptverwaltung gemeint wäre. Dies belegt ein Vergleich mit Art. 63 Abs. 1 Brüssel Ia-VO der italienischen Fassung. Auch ein Blick auf den deutschen Wortlaut führt nicht weiter, soweit man unter einer Niederlassung einen selbständig arbeitenden Teil eines Unternehmens an einem anderen Ort als dem des Hauptunternehmens versteht.[34] Das Verständnis der Niederlassung ist in der deutschen Fassung nicht zwangsläufig auf einen physischen Ort beschränkt, sodass eine Internetpräsenz unter gewissen Umständen, etwa bei Möglichkeit, über diese Internetpräsenz Verträge abzuschließen, als selbständig arbeitender Teil eines Unternehmens subsumiert werden kann und zwar an einem anderen Ort als dem des Hauptunternehmens, nämlich nicht am physischen Ort des Hauptunternehmens, sondern virtuell im Internet. Auch ein Sichniederlassen ist nicht auf physische Orte beschränkt, sondern ist eher als Ansiedlung an irgendeinem Ort für eine gewisse Zeit zu verstehen.[35] Diese Dauerhaftigkeit hat auch der EuGH in seine Definition aufgenommen.[36] Der englische Begriff des

---

[30] Vgl. *Mankowski*, in: FS v. Bar, S. 225 (229 f.); Anders *Schrammen*, Grenzüberschreitende Verträge im Internet, S. 19; auch der eine *de lege ferenda* befürwortende *C. Berger* legt diese Definition zugrunde, *C. Berger*, in: Informatik 2001, S. 1002 (1005).

[31] *Grundmann/Riesenhuber*, JuS 2001, 529 (532).

[32] *Magnus*, in: Magnus/Mankowski, ECPIL, Introduction Brussels Ibis Regulation Rn. 127.

[33] *Kropholler/v. Hein*, EuZPR, Einl. EuGVO Rn. 71; *Magnus*, in: Magnus/Mankowski, ECPIL, Introduction Brussels Ibis Regulation Rn. 101; *Riesenhuber*, in: Riesenhuber, Europäische Methodenlehre, § 10 Rn. 14; *Sakka*, Der Konzern im Kompetenzrecht der EuGVVO, S. 61; zur Gleichwertigkeit der verschiedenen Sprachfassungen Art. 1 i.V.m. Art. 4 der Verordnung Nr. 1 zur Regelung der Sprachenfrage für die Europäische Wirtschaftsgemeinschaft, ABl. L 17 v. 06.10.1958, S. 385.

[34] <https://www.duden.de/rechtschreibung/Niederlassung> (zuletzt abgerufen: 19.04.2023).

[35] <https://www.duden.de/rechtschreibung/niederlassen#Bedeutung-3> (zuletzt abgerufen: 19.04.2023).

[36] EuGH Urt. v. 22.11.1978 – C-33/78 (*Somafer*), BeckRS 2004, 70835 Rn. 12; *Geimer*, in: Geimer/Schütze, EuZVR, Art. 7 EuGVVO Rn. 368; *Thole*, in: Stein/Jonas, ZPO, Art. 7 EuGVVO Rn. 195 f.

„establishment" kann sogar dahingehend verstanden werden, dass dem Begriff der Niederlassung gerade keine Voraussetzung einer physischen Präsenz innewohnt. Neben dem Ort einer Organisation umfasst der Begriff auch ihre Gründung und ihren Aufbau.[37] Aus einem Vergleich der unterschiedlichen Sprachfassungen wird deutlich, dass keine Sprachfassung ausdrücklich physische Voraussetzungen an eine Niederlassung knüpft. Vielmehr wird deutlich, dass insbesondere die englische Sprachfassung dahingehend auszulegen ist, dass es nicht auf die (physische) Verkörperung, sondern auf die Organisationsstruktur für die Annahme einer Niederlassung ankommt.

Durch das Wort „sonstige" wird zudem ein weites Verständnis des Niederlassungsbegriffs ermöglicht,[38] sodass die Annahme einer virtuellen Niederlassung nicht den Wortlaut des Art. 7 Nr. 5 Brüssel Ia-VO überschreiten würde.[39]

b) Historische Auslegung und Entwicklung (Digitalisierung)

Der besondere Gerichtsstand der inländischen Niederlassung besteht seit dem EuGVÜ von 1968[40] beziehungsweise den davor geltenden bilateralen Abkommen,[41] was bedeutet, dass sich die unter Fn. 7 zitierten Urteile teilweise auf eine inhaltsgleiche Vorschrift wie Art. 7 Nr. 5 Brüssel Ia-VO beziehen. *Bach/Tippner* sehen in der Entstehungsgeschichte der Vorschrift gleichwohl keine Bedeutung.[42] Betrachtet man aber den zeitlichen Kontext, in dem das EuGVÜ und die Brüssel I-VO geschaffen wurden, wird deutlich, dass das Internet zu diesen Zeitpunkten bei weitem nicht so relevant für das Geschäftsleben war wie heute. Früher waren Unternehmen um einiges stärker darauf angewiesen, an den Orten ihrer Geschäftspartner physische Repräsentanzen zu haben, wollten sie mit ihnen in Kontakt treten, was heute in vielen Fällen nicht mehr erforderlich ist.[43] Das Internet hat an vielen Stellen den Platz des physischen Handels eingenommen. Auch bedarf es keines persönlichen Kontaktes mehr zwischen den Vertragsparteien, wenn der Kunde auf einer Website einen Antrag zum Vertragsschluss machen und ein algorithmisches Programm diesen Antrag annehmen

---

[37] Cambridge English Dictionary (<https://dictionary.cambridge.org/dictionary/english/establishment>; zuletzt abgerufen: 19.04.2023); Oxford English Dictionary (<https://www.oed.com/view/Entry/64536>; zuletzt abgerufen: 19.04.2023).

[38] *Albers*, Niederlassung und Hauptniederlassung, S. 74; *Geimer*, in: Geimer/Schütze, EuZVR, Art. 7 EuGVVO Rn. 367.

[39] Zur Wortlautgrenze *Grundmann/Riesenhuber*, JuS 2001, 529 (532, 535); *Martens*, Methodenlehre des Unionsrechts, S. 359 ff.

[40] Übereinkommen über die gerichtliche Zuständigkeit und die Vollstreckung gerichtlicher Entscheidungen in Zivil- und Handelssachen v. 27.09.1986 (72/454/EG), ABl. 1972 L 299, S. 32.

[41] *Kropholler/v. Hein*, EuZPR, Art. 5 EuGVO Rn. 99; *Paulus*, in: Geimer/Schütze, Internationaler Rechtsverkehr, Art. 7 VO (EU) 1215/2012 Rn. 231; *Thole*, in: Stein/Jonas, ZPO, Art. 7 EuGVVO Rn. 190.

[42] *Bach/Tippner*, EuZW 2020, 481 (483).

[43] *Bach/Tippner*, EuZW 2020, 481 (484); *C. Berger*, in: Informatik 2001, S. 1002 (1006).

und teilweise gar erfüllen kann.[44] Sollte man aber den Unternehmen nicht eine besondere Gerichtspflichtigkeit ersparen wollen, bloß weil sie durch die zunehmende Digitalisierung in tatsächlicher Hinsicht nicht mehr auf physische Niederlassungen in anderen Staaten angewiesen sind, sollte man folgerichtig auch darüber nachdenken, ob die besondere Gerichtspflichtigkeit der (virtuellen) Niederlassung aus Art. 7 Nr. 5 Brüssel Ia-VO nicht auch auf Internetpräsenzen erstreckt werden sollte.[45] Bedauerlicherweise wurde der digitale Wandel bei Schaffung der Brüssel Ia-VO nicht beachtet. Der historische Kontext spricht also durchaus nicht gegen eine Anerkennung virtueller Niederlassungen. Der historische Kontext ist im Rahmen der teleologischen Auslegung erneut aufzugreifen.

c) Systematische Auslegung

Die Niederlassung ist auch in anderen europäischen Rechtsakten des Primär- (dazu sogleich S. 126 ff.) und Sekundärrechts (S. 130 ff.) niedergeschrieben und ähnliche Fallgestaltungen lassen sich unter andere Tatbestände subsumieren, sodass, soweit nötig und möglich, Wertungswidersprüche zu vermeiden sind.[46]

aa) Verhältnis zur Niederlassungsfreiheit

Bedeutung erlangen Agenturen und Zweigniederlassungen nicht nur (als besondere Formen der Niederlassung) in Art. 7 Nr. 5 Brüssel Ia-VO, sondern auch in Art. 49 AEUV. Fraglich ist deshalb, wie sich das Tatbestandsmerkmal Niederlassung (und damit auch eine potenzielle virtuelle Niederlassung) zur Niederlassungsfreiheit der Artt. 49 ff. AEUV verhält, denn europäisches Sekundärrecht ist stets am europäischen Primärrecht zu messen beziehungsweise vor dessen Hintergrund auszulegen.[47] Dabei sind zwei Fragen voneinander zu differenzieren. Zunächst stellt sich die Frage, ob virtuelle Niederlassungen nach dem europäischen Primärrecht möglich sind oder die Errichtung solcher gar zur Niederlassungsfreiheit der Gesellschaften gehört (1). Bejahendenfalls stellt sich die Folgefrage, ob an eine virtuelle Niederlassung zur Begründung eines besonderen Gerichtsstands an jenem Ort angeknüpft werden darf, da ein solcher zusätzlicher Gerichtsstand die Niederlassungsfreiheit der Gesellschaft verkürzen könnte (2). Dabei bildet die normative Erkenntnis, dass grundsätzlich die Be-

---

[44] *Foss/Bygrave*, IntJLIT 2000, 99 (127), vgl. dazu auch Fn. 78; *Ganssauge*, Verbraucherverträge im Internet, S. 38.

[45] Dafür *Ganssauge*, Verbraucherverträge im Internet, S. 36 f.

[46] *Sakka*, Der Konzern im Kompetenzrecht der EuGVVO, S. 62.

[47] *Kropholler*, IPR, S. 80; *ders./v. Hein*, EuZPR, Einl. EuGVO Rn. 73; *Magnus*, in: Magnus/Mankowski, ECPIL, Introduction Brussels Ibis Regulation Rn. 109; *Riesenhuber*, in: Riesenhuber, Europäische Methodenlehre, § 10 Rn. 29.

schränkungen und nicht die Gewährung der Niederlassungsfreiheit zu rechtfertigen sind, den Ausgangspunkt der Beantwortung beider Fragen.[48]

(1) Gewährleistungsgehalt der Niederlassungsfreiheit

Zur ersten Frage: In grammatikalischer Hinsicht wird in Art. 54 Abs. 1 AEUV für den persönlichen Anwendungsbereich der Niederlassungsfreiheit einer Gesellschaft nicht die schlichte, sondern die *Haupt*niederlassung genannt. Dieser Unterschied belegt jedoch nur, dass eine schlichte Niederlassung einer Gesellschaft nicht dazu führt, dass sie in den Genuss der Niederlassungsfreiheit kommt (persönlicher Anwendungsbereich). Ist der Anwendungsbereich der Niederlassungsfreiheit jedoch eröffnet, weil die Gesellschaft eines der in Art. 54 Abs. 1 AEUV bezeichneten Merkmale erfüllt, genießt sie im Rahmen der sekundären Niederlassungsfreiheit das Recht, Agenturen und Zweigniederlassungen zu gründen (sachlicher Gewährleistungsgehalt).[49] Eine Definition der Niederlassung ist Art. 49 AEUV nicht zu entnehmen. Die grammatikalische Auslegung bringt keine Erkenntnisse.

In systematischer Hinsicht ist zunächst der Grundsatz *lex superior derogat legi inferiori* zu beachten, nach dem höherrangiges Recht das in der Normenhierarchie nieder stehende verdrängt.[50] Daraus folgt, dass der Niederlassungsbegriff des AEUV nicht mit dem des Art. 7 Nr. 5 Brüssel Ia-VO erklärt werden kann. Im Gegenteil: Der Niederlassungsbegriff des AEUV prägt den des Sekundärrechts.[51] Auch ist die Interessenlage unterschiedlich, wenn es primärrechtlich um eine Freiheitsgewährung zugunsten des Unternehmers, sekundärrechtlich um eine zusätzliche Gerichtspflichtigkeit zulasten des Unternehmers geht.[52] Dies betrifft jedoch die zweite skizzierte Frage.

Weiterhin ist ein Erst-recht-Schluss in Form eines *argumentum a maiore ad minus*[53] vor dem Hintergrund der unionsrechtlichen Vorgaben zur Behandlung von Scheinauslandsgesellschaften[54] denkbar. Denn wenn auf Gesellschaften das Recht ihres Gründungsorts Anwendung findet, obgleich die Gesellschaft keine physische Verbindung zu jenem Ort vorweisen kann,[55] könnte erst recht eine (virtuelle) Niederlassung in einem anderen Mitgliedstaat ohne jedwede

---

[48] Art. 49 Abs. 1 S. 1 AEUV.

[49] Insofern wohl irrelevant, als wenigstens eine Hauptniederlassung erforderlich dafür ist, dass die Brüssel Ia-VO und damit auch der besondere Gerichtsstand des Art. 7 Nr. 5 Brüssel Ia-VO überhaupt anwendbar ist, Artt. 4, 6, 63 Brüssel Ia-VO.

[50] *Mankowski*, in: FS v. Bar, S. 225 (230); *Riesenhuber*, in: Riesenhuber, Europäische Methodenlehre, § 10 Rn. 29.

[51] *Albers*, Niederlassung und Hauptniederlassung, S. 323 nimmt „ein[en] deutlich engere[n] Begriff der Niederlassung im Verhältnis zum Niederlassungsbegriff des [AEUV]" an.

[52] *Albers*, Niederlassung und Hauptniederlassung, S. 227; a.A. *F.-J. Schöne*, Dienstleistungsfreiheit, S. 39 f.

[53] *Martens*, Methodenlehre des Unionsrechts, S. 327 f.

[54] Siehe S. 22 ff.

[55] Einzelheiten siehe S. 24 ff., 48 ff.

physische Beziehung möglich sein, da die Niederlassung ein Weniger zum Sitz der Gesellschaft darstellt.

Schließlich ist in systematischer Hinsicht die Abgrenzung von Niederlassungs- und Dienstleistungsfreiheit zu beachten. Die Niederlassungsfreiheit grenzt sich von der Dienstleistungsfreiheit durch eine „feste, dauerhafte Einrichtung" ab.[56] Nicht immer eindeutig äußert sich der EuGH zu einem physischen Erfordernis einer Niederlassung. Teilweise genügt für die sachliche Anwendbarkeit der Niederlassungsfreiheit auch eine Organisation, die nicht die Ausmaße einer Zweigniederlassung erreicht, etwa durch bloße Errichtung eines Büros.[57] Jedoch stellt auch ein Büro eine physische Form der Präsenz dar, sodass dies nicht dahingehend verstanden werden kann, dass die Niederlassungsfreiheit jedem Unternehmer zugute kommt, der seine geschäftliche Tätigkeit auf einen anderen Mitgliedstaat zuschneidet.[58] Ein Büro steht aber auch der Anwendbarkeit der Dienstleistungsfreiheit nicht entgegen.[59] Damit kann das Vorhandensein einer physischen Organisationseinheit nicht (mehr) das maßgebliche Abgrenzungskriterium zwischen Niederlassungs- und Dienstleistungsfreiheit sein, denn die „Festheit" der Einrichtung muss sich nicht begriffsnotwendig aus ihrer Physis ergeben.[60] Auch eine zeitlich-verflechtende Interpretation ist möglich.

Schließlich sind Genese und Zweck der sekundären Niederlassungsfreiheit zu beachten. Die Niederlassungsfreiheit soll einen Wettbewerb zwischen verschiedenen Standorten im europäischen Binnenmarkt ermöglichen, indem Unternehmer die verschiedenen Vorteile und Nachteile einzelner Standorte für ihre Tätigkeit individuell ausnutzen dürfen.[61] Dies leuchtet auch für virtuelle Niederlassungen ein, da ein Unternehmer Vorteile an dem Standort einfährt, auf den er seine Website zugeschnitten hat. Eine solche Standortwahl ist zudem mit nachhaltigen Investitionen an dem gewählten Standort verbunden[62] und setzt eine stetige und dauerhafte Teilnahme am Wirtschaftsleben voraus[63]. Bei einer virtuellen Niederlassung ist die Interessenlage ähnlich, denn eine virtuelle Niederlassung erleichtert die Marktpräsenz in einem anderen Mitgliedstaat und das dortige wirtschaftliche Tätigwerden, da das virtuell niedergelassene Unternehmen dadurch genauso wie ein Unternehmen, das im Niederlassungsstaat selbst physisch ansässig ist, in das Wirtschaftsleben des Niederlassungsstaats einge-

---

[56] EuGH Urt. v. 15.02.1996 – C-53/85 (*Inasti*), BeckRS 2004, 77544 Rn. 8; *Forsthoff*, in: Grabitz/Hilf/Nettesheim, Recht der EU, Art. 49 AEUV Rn. 36; *Müller-Graff*, in: Streinz, EUV/AEUV, Art. 49 AEUV Rn. 16.

[57] EuGH Urt. v. 04.12.1986 – C-205/84 (*Kommission/Bundesrepublik Deutschland*), NJW 1987, 572 (573) Rn. 21.

[58] A.A. *F.-J. Schöne*, Dienstleistungsfreiheit, S. 42.

[59] EuGH Urt. v. 30.11.1995 – C-55/94 (*Gebhard*), NJW 1996, 579 (580) Rn. 27.

[60] A.A. *Schrammen*, Grenzüberschreitende Verträge im Internet, S. 20.

[61] *Korte*, in: Calliess/Ruffert, Art. 49 AEUV Rn. 1.

[62] *Korte*, in: Calliess/Ruffert, Art. 49 AEUV Rn. 1 f.

[63] EuGH Urt. v. 30.11.1995 – C-55/94 (*Gebhard*), NJW 1996, 579 (580) Rn. 25; Urt. v. 17.06.1995 – C-70/95 (*Sodemare*), EuZW 1998, 124 (125) Rn. 24.

bunden wird.[64] Zudem ist die Dauerhaftigkeit einer Website ebenso möglich wie die einer physischen Präsenz.[65] Bevor wirtschaftliches Tätigwerden über das Internet möglich war, lag es in der Natur der Sache, dass eine Investition typischerweise auf physische Objekte, wie etwa Grundstücke, abzielte, um in einem anderen Mitgliedstaat wirtschaftlich präsent zu sein. Heute ist dies offensichtlich anders: Eine Investition kann auch durch Errichtung einer spezifisch auf einen anderen Mitgliedstaat zugeschnittenen Website getätigt werden.

Es lässt sich auch im Rahmen des AEUV anführen, dass durch die Digitalisierung als tatsächlichen Umstand nicht nur die Ratio des Art. 7 Nr. 5 Brüssel Ia-VO, sondern auch die der Niederlassungsfreiheit selbst neu bestimmt werden kann und gegebenenfalls auch muss. Verzichtete man also auf ein eventuell bestehendes Erfordernis einer physischen Niederlassung im Rahmen der sekundären Niederlassungsfreiheit, würden die Anforderungen an eine Investition in einem anderen Mitgliedstaat gesenkt, denn der Aufwand zur Gestaltung einer besonders zugeschnittenen Website ist regelmäßig – wenngleich keineswegs immer – kostengünstiger als die infrastrukturelle Errichtung eines Verwal-tungs-, Produktions- oder Vertriebsgebäudes mit Personalmitteln. Auf eine feste Verkörperung kann es nicht länger ankommen.[66] Auch kann eine solche Website auf Dauer betrieben werden.[67] Der Niederlassungsbegriff des AEUV ist zudem weit auszulegen.[68] Dies spricht dafür, auch nichtphysische Niederlassungen als von der Niederlassungsfreiheit umfasst anzuerkennen. Dies ist auch in Anbetracht des Art. 3 Abs. 1 eCommerceRL erforderlich, der weitgehend einen freien Verkehr von Internetauftritten sicherstellt. Auch hier kann das Sekundärrecht nicht den Gehalt des Primärrechts bestimmen; vielmehr kann Art. 3 eCommerceRL aber als Ausdruck der Niederlassungsfreiheit der Unternehmen verstanden werden, indem Vertrauensdefizite der Unionsbürger gegenüber dem elektronischen Geschäftsverkehr verringert werden.[69] Dieses Ziel würde besonders dann erreicht, wenn die im eCommerce beteiligten Parteien auch auf den Gerichtsstand einer virtuellen Niederlassung zurückgreifen könnten. Im Ergebnis sprechen die besseren Gründe dafür, virtuelle Niederlassungen als von der Niederlassungsfreiheit umfasst anzusehen.

(2) Einschränkbarkeit der Niederlassungsfreiheit

Zur zweiten Frage: Es gibt bislang keine Judikate zu der Frage, ob die Anknüpfung an eine virtuelle Niederlassung zur Begründung einer internationalen

---

[64] Vgl. EuGH Urt. v. 13.12.2005 – C-411/03 (*Sevic*), ZIP 2005, 2311 (2312) Rn. 18.

[65] *Foss/Bygrave*, IntJLIT 2000, 99 (128), vgl. dazu auch Fn. 78.

[66] *Tietje*, in: Ehlers, Europäische Grundrechte und Grundfreiheiten, § 10 Rn. 29; a.A. *Korte*, in: Calliess/Ruffert, Art. 49 AEUV Rn. 29.

[67] *Sakka*, Der Konzern im Kompetenzrecht der EuGVVO, S. 135 sieht ebenfalls die Dauerhaftigkeit der Einrichtung als wesentliches Kriterium für eine Niederlassung an.

[68] EuGH Urt. v. 30.11.1995 – C-55/94 (*Gebhard*), NJW 1996, 579 (580) Rn. 25.

[69] Vgl. Erwägungsgrund 5 eCommerceRL; *Marly*, in: Grabitz/Hilf/Nettesheim, Recht der EU, Vorb. eCommerceRL Rn. 44.

Zuständigkeit die Niederlassungsfreiheit der Gesellschaft (ungerechtfertigt) beschränkt.[70] Da der EuGH aber überhaupt noch nicht zu virtuellen Niederlassungen geurteilt hat, ist dies nicht überraschend. Es ist jedenfalls denkbar, dass weitere Gerichtspflichtigkeiten Gesellschaften von der Errichtung virtueller Niederlassungen in anderen Mitgliedstaaten abhalten. Denn Art. 7 Nr. 5 Brüssel Ia-VO statuiert nur ein Forum für Klagen *gegen* den Unternehmer und damit gerade keinen *favor actoris* zu seinen Gunsten.[71] Es liegt also ein einseitiger Gerichtsstand zulasten desjenigen vor, der sich auf die Niederlassungsfreiheit berufen kann. Rein tatsächlich wird der Unternehmer als Kläger aber auch keinen besonderen Gerichtsstand benötigen, da sein Geschäftspartner an dem Ort der Niederlassung regelmäßig auch seinen allgemeinen Gerichtsstand haben wird. Zu beachten ist aber, dass nicht jede Unannehmlichkeit für die Gesellschaft ihre Niederlassungsfreiheit ungerechtfertigt beeinträchtigt. Da aber im Falle virtueller Niederlassungen die Investitionen oft geringer sind als bei traditionellen, physischen Niederlassungen, ist auch die Notwendigkeit primärrechtlichen Schutzes begrenzt. Einschränkungen in Form einer besonderen Gerichtspflichtigkeit müssen deswegen möglich sein, gerade wenn *de lege lata* Art. 7 Nr. 5 Brüssel Ia-VO für investitionsträchtigere traditionelle Niederlassungen als vereinbar mit dem Primärrecht angesehen wird.

bb) Verhältnis zum allgemeinen Gerichtsstand

Neben einer systematischen Betrachtung vor dem Hintergrund der Niederlassungsfreiheit ist der Niederlassungsbegriff des Art. 7 Nr. 5 Brüssel Ia-VO in ein Verhältnis zum Sekundärrecht zu setzen. Betrachtet man das Verhältnis des besonderen Gerichtsstands der Niederlassung gem. Art. 7 Nr. 5 Brüssel Ia-VO zum allgemeinen Gerichtsstand, bedeutet dies gleich zweierlei.

Zum einen handelt es sich bei besonderen Gerichtsständen um Abweichungen von dem Grundsatz *actor sequitur forum rei*[72] (Art. 4 Abs. 1 Brüssel Ia-VO), sodass Art. 7 Nr. 5 Brüssel Ia-VO nicht nur verordnungsautonom, sondern auch restriktiv auszulegen ist.[73] Dies ist gilt es bei der Annahme einer (virtuellen) Niederlassung bei einer Internetpräsenz zu beachten.

Zum anderen bestimmt Art. 63 Abs. 1 lit. c Brüssel Ia-VO für den allgemeinen Gerichtsstand, dass der Wohnsitz einer Gesellschaft – alternativ zu ihrem satzungsmäßigen Sitz oder ihrer Hauptverwaltung (lit. a und b) – an ihrer Hauptniederlassung zu verorten ist. Bei der Hauptniederlassung handelt es sich

---

[70] Nur der EuGH kann eine solche Auslegung vornehmen, *Kropholler/v. Hein*, EuZPR, Einl. EuGVO Rn. 54, 66 f.

[71] *Geimer*, in: Geimer/Schütze, EuZVR, Art. 7 EuGVVO Rn. 359; *Magnus*, in: Magnus/Mankowski, ECPIL, Art. 7 Brussels Ibis Regulation Rn. 423.

[72] Siehe S. 10 f.

[73] Deutlich im Lichte der Vorhersehbarkeit EuGH Urt. v. 17.06.2021 – C-800/19 (*Mittelbayerischer Verlag*), EuZW 2021, 890 (892) Rn. 40; Urt. v. 20.05.2021 – C-913/19 (*CNP*), NJW 2021, 1863 (1865) Rn. 49; *Bünnigmann*, in: Anders/Gehle, ZPO, § 21 Rn. 1; *Hörnle*, Internet Jurisdiction, S. 266.

um einen besonderen Fall der sonstigen Niederlassungen, die in Artt. 7 Nr. 5 Brüssel Ia-VO, 19 Abs. 2 Rom I-VO genannt werden.[74] Die *Haupt*niederlassung ist bloß die Niederlassung, bei der der unternehmensexterne Schwerpunkt liegt.[75] Ein Wertungswiderspruch kann zwischen Art. 7 Nr. 5 Brüssel Ia-VO und Art. 63 Abs. 1 lit. b Brüssel Ia-VO also nicht bestehen.

cc) Verhältnis zum Vertragsgerichtsstand

Innerhalb des Art. 7 Brüssel Ia-VO ist das Verhältnis von Nr. 1 zu Nr. 5 zu beleuchten. Man könnte annehmen, dass sofern die Klage Bezug zu einem Vertragsverhältnis zwischen den Prozessparteien aufweist, der besondere Gerichtsstand des Art. 7 Nr. 1 Brüssel Ia-VO gerade diese Interessenlage (abschließend) erfassen und den Streit an die Gerichte des Erfüllungsorts verweisen soll. Das Ergebnis einer Subsumtion einer Klagekonstellation unter Art. 7 Nr. 5 Brüssel Ia-VO kann aber häufig zu anderen Ergebnissen führen. Dies gilt schon für den Fall, dass der Erfüllungsort weder beim Beklagten noch am Ort der virtuellen Niederlassung zu lokalisieren ist (Beispiel: Ein deutscher Unternehmer bucht über die deutsche Website einer spanischen Fluggesellschaft ein Online-Ticket für einen Flug von Schweden in die Schweiz. In Deutschland ist weder die beklagte Fluggesellschaft lokalisierbar noch der Vertrag zu erfüllen. Wäre die Website aber als virtuelle Niederlassung in Deutschland zu verorten, könnte der Unternehmer auch dort klagen.). Die Situation verkompliziert sich, wenn der Vertrag gar nicht physisch-geografisch zu erfüllen ist, etwa wenn es sich um digitale Dienstleistungen handelt.[76] In diesen Fällen würde eine besondere Gerichtspflichtigkeit der (virtuellen) Niederlassung Abhilfe schaffen. Festzuhalten ist, dass Art. 7 Nr. 1 und Nr. 5 Brüssel Ia-VO zwar ähnliche Konstellationen erfassen, aber zu anderen Ergebnissen führen (können). Diese stehen jedoch nicht in einem Widerspruch zueinander, sondern können sich ergänzen.[77]

---

[74] *Mankowski*, in: FS Heldrich, S. 867 (886). Andere Niederlassungsverständnisse bestehen im Internationalen Arbeitsrecht, *Albers*, Niederlassung und Hauptniederlassung, S. 90 m.w.N.

[75] *C. v. Bar/Mankowski*, IPR, Bd. 1, § 7 Rn. 39 zum damals europäisch determinierten Art. 28 Abs. 2 S. 2 Var. 1 EGBGB; *Vlas*, in: Magnus/Mankowski, ECPIL, Art. 63 Brussels Ibis Regulation Rn. 6.

[76] *Bogdan*, KCLJ 2006, 97 (99) mit Beispiel; *ders.*, in: Hohloch, Recht und Internet, S. 59 (61); zur Einordnung als Sache i.S.d. Art. 7 Nr. 1 lit. b Lemma 1 Brüssel Ia-VO bzw. als Dienstleistung i.S.d. Art. 7 Nr. 1 lit. b Lemma 2 Brüssel Ia-VO bspw. *Kropholler/v. Hein*, EuZPR, Art. 5 EuGVO Rn. 41; *Mankowski*, in: Magnus/Mankowski, ECPIL, Art. 7 Brussels Ibis Regulation Rn. 108 f.; offenbar vom nationalen deutschen Verständnis ausgehend, da Verweis u.a. auf *Marly*, BB 1991, 432 ff., *Schrammen*, Grenzüberschreitende Verträge im Internet, S. 31 ff., 53 ff.

[77] Insofern zum Wahlrecht des Klägers *Paulus*, in: Geimer/Schütze, Internationaler Rechtsverkehr, Art. 7 VO (EU) 1215/2012 Rn. 9, 232.

dd) Verhältnis zum Deliktsgerichtsstand

Ähnlich wie zum Vertragsgerichtsstand skizziert, erfasst auch Art. 7 Nr. 2 Brüssel Ia-VO nicht alle denkbaren Fälle, sodass ein Anwendungsbereich für Art. 7 Nr. 5 Brüssel Ia-VO in Bezug auf virtuelle Niederlassungen bestehen bleibt. Insbesondere in Bezug auf Delikte, die im Rahmen der virtuellen Niederlassung (auf der oder durch die Internetpräsenz; beispielsweise eine Schadsoftware, die sich bei Abruf der Internetpräsenz auf dem Gerät des Abrufenden installiert und dort einen Schaden verursacht) verwirklicht werden, können eben jener Ort der virtuellen Niederlassung sowie Handlungs- und Erfolgsort an anderen Stellen zu lokalisieren sein und vom Wohnsitz des Beklagten abweichen. Somit steht auch der Deliktsgerichtsstand nicht gegen eine Anerkennung virtueller Niederlassungen.

ee) Verhältnis zum Verbrauchergerichtsstand

In sekundärrechtlicher Hinsicht ist, wie bereits erwähnt, zu beachten, dass das Betreiben einer besonders zugeschnittenen Internetpräsenz gegebenenfalls ein Ausrichten im Sinne des Art. 17 Abs. 1 lit. c Brüssel Ia-VO und damit einen besonderen Verbrauchergerichtsstand begründen kann.[78] Dieses Konkurrenzverhältnis spricht aus mehreren Gründen gegen die Annahme einer virtuellen Niederlassung.

Die verbraucherschützende Sonderregel würde obsolet, wenn schon ein besonderer Gerichtsstand der virtuellen Niederlassung durch den Betrieb einer Internetpräsenz gegeben wäre, was zwar den Verbraucherschutz nicht schmälern, jedoch die Bereichsausnahme des Verbraucherschutzes für Beförderungsverträge in Art. 17 Abs. 3 Brüssel Ia-VO umgehen würde.[79]

Zudem ist zu beachten, dass jenes Ausrichten nur deshalb einen Gerichtsstand eröffnet, da der Verordnungsgeber dem Verbraucherschutz besondere Bedeutung zumisst.[80] Eine Ausweitung dieser eng auszulegenden Ausnahmevorschrift[81] und insbesondere des Ausnahmetatbestands des Ausrichtens ist deswegen nicht möglich. Zwar würde das Tatbestandsmerkmal des Ausrichtens selbst an dieser Stelle nicht weiter als bisher ausgelegt, derselbe Sachverhalt würde

---

[78] Als ein Ausrichten ist wohl auch die „virtuelle Niederlassung" von *Foss/Bygrave* zu verstehen, da sie eine solche nur im Rahmen des Verbrauchergerichtsstandes annehmen, ihr Ergebnis aber nicht auf den auch Nichtverbrauchern zustehenden Gerichtsstand der Niederlassung ausweiten, *Foss/Bygrave*, IntJLIT 2000, 99 (131 ff.); zu den Anhaltspunkten, die ein Ausrichten einer Website begründen können, EuGH Urt. v. 07.12.2010 – C-585/09, C-144/09 (*Pammer/Hotel Alpenhof*), EuZW 2011, 98 (102 ff.) Rn. 79 ff. (Rn. 83 zur Countrycode-Top-Level-Domain, Rn. 84 zur Sprache der Website); *Paulus*, in: Geimer/Schütze, Internationaler Rechtsverkehr, Art. 17 VO (EU) 1215/2012 Rn. 59.
[79] *Bach/Tippner*, EuZW 2020, 481 (484).
[80] Erwägungsgründe 14 und 18 Brüssel Ia-VO.
[81] *Kropholler/v. Hein*, EuZPR, Einl. EuGVO Rn. 72; *Paulus*, in: Geimer/Schütze, Internationaler Rechtsverkehr, Art. 17 VO (EU) 1215/2012 Rn. 31; *Sakka*, Der Konzern im Kompetenzrecht der EuGVVO, S. 62.

jedoch nicht nur ausnahmsweise Verbrauchern, sondern sämtlichen Klägern gem. Art. 7 Nr. 5 Brüssel Ia-VO einen weiteren Gerichtsstand eröffnen, auch Nicht-Verbrauchern. Dies scheint nicht im Sinne des Verordnungsgebers gewesen zu sein. Auch wird eine solche Ausweitung der Zuständigkeit im unternehmerischen Verkehr teilweise – ohne weitere Begründung – für nicht erforderlich gehalten.[82]

Zu beachten ist allerdings, dass ein Ausrichten nicht nur durch Internetsachverhalte, sondern auch auf andere Weise geschehen kann.[83] Insofern kann das Ausrichten also nicht als abschließende Regelung für Internetsachverhalte verstanden werden. Andererseits ist der Vorbehalt in Art. 17 Abs. 1 Brüssel Ia-VO zugunsten des Art. 7 Nr. 5 Brüssel Ia-VO zu beachten. Wenn also selbst Verbrauchern nicht der Weg über den besonderen Gerichtsstand der Niederlassung versperrt sein soll, muss dies erst recht für Kläger gelten, die sich nur auf diesen, und nicht auf Art. 17 Brüssel Ia-VO berufen können. Festzuhalten bleibt also, dass Art. 17 Abs. 1 Brüssel Ia-VO nicht gegen eine Annahme einer virtuellen Niederlassung spricht. Sollte man eine solche annehmen, würde lediglich auch Nicht-Verbrauchern indirekt durch ein Quasi-Ausrichten einer Website ein besonderer Gerichtsstand zugebilligt. Jedoch würde Art. 17 Abs. 3 Brüssel Ia-VO durch Artt. 17 Abs. 1, 7 Abs. 5 Brüssel Ia-VO umgangen. Der Widerspruch zeigt sich also vor allem im Verbraucherschutzrecht selbst.

Um systematische Widersprüche aufzulösen und eine virtuelle Niederlassung anerkennen zu können, ist darauf hinzuweisen, dass die Streitigkeit auch aus dem Betrieb der virtuellen Niederlassung entstehen müsste. Dies verweist zwar nur auf das Merkmal des Betriebsbezugs aus Art. 7 Nr. 5 Brüssel Ia-VO,[84] grenzt die Gerichtspflichtigkeit am Orte der Niederlassung aber durch die zusätzliche Voraussetzung vom Ausrichten ab.[85] Dies soll nur bei aktiven Websites möglich sein, auf denen ein Vertrag geschlossen werden kann, während passive Websites nur ein Ausrichten begründen können.[86] Dennoch betonen *Bach/Tippner*, dass eine virtuelle Niederlassung Verbrauchern zugute kommen kann, wenn die Gesellschaft keinen Wohnsitz in einem Mitgliedstaat im Sinne des Art. 63 Brüssel Ia-VO hat und deshalb nicht gerichtspflichtig wäre, denn nach Art. 17 Abs. 2 Brüssel Ia-VO wird eine Niederlassung dem Wohnsitz wegen des Verbraucherschutzes gleichgestellt.[87] Richtig ist, dass der Niederlassungsbegriff in Art. 17 Abs. 2 Brüssel Ia-VO genauso wie in Art. 7 Nr. 5 Brüs-

---

[82] *Stadler/Krüger*, in: Musielak/Voit, ZPO, Art. 7 EuGVVO Rn. 25.

[83] *Bach/Tippner*, EuZW 2020, 481 (484); auch keine Anhaltspunkte in den Erwägungsgründen der Brüssel Ia-VO.

[84] Eine vergleichbare Kausalität zwischen Ausrichten und Vertragsschluss ist im Rahmen des Art. 17 Abs. 1 lit. c Brüssel Ia-VO nicht erforderlich, EuGH Urt. v. 17.10.2013 hat– C-218/12 (*Emrek*), NJW 2013, 3504 (3505) Rn. 32.

[85] *Bach/Tippner*, EuZW 2020, 481 (484).

[86] *Bach/Tippner*, EuZW 2020, 481 (484).

[87] *Bach/Tippner*, EuZW 2020, 481 (484).

sel Ia-VO zu verstehen ist.[88] Jedoch ist das praktische Bedürfnis für einen Verbraucherschutz durch eine Erweiterung des Niederlassungsbegriffs nicht gegeben. Betrachtet man Art. 18 Abs. 1 Alt. 1 Brüssel Ia-VO, kann ein Verbraucher
seinen Vertragspartner ohnehin an seinem Wohnsitz (der Wohnsitz des Verbrauchers) verklagen. Da aber die als virtuelle Niederlassung zu qualifizierende
Internetpräsenz in der Regel ohnehin auf den Wohnsitz des Verbrauchers zugeschnitten sein wird, würden sich dem Verbraucher keine weiteren als die bereits
nach der *lex lata* bestehenden Gerichtsstände anbieten. Zudem regeln beide Alternativen nicht nur die internationale, sondern auch die örtliche Zuständigkeit
(„vor dem Gericht des Ortes", Artt. 7 Nr. 5, 18 Abs. 1 Alt. 2 Brüssel Ia-VO).[89]
Im Ergebnis entstünde für den Verbraucher kein höheres Schutzniveau, wenn
eine Internetpräsenz als Niederlassung qualifiziert werden sollte.

Zusammenfassend spricht der Verbraucherschutz beziehungsweise sein Verhältnis zum besonderen Gerichtsstand der Niederlassung weder für noch gegen
eine Anerkennung virtueller Niederlassungen.[90] Es ist aber trotz der durchaus
bestehenden Nähe der Sachverhalte zum Verbraucherrecht davon auszugehen,
dass die Anerkennung virtueller Niederlassungen vor allem im unternehmerischen Rechtsverkehr Relevanz erfährt.

ff) Verhältnis zur eCommerce-Richtlinie

Wie bereits dargestellt, kann die eCommerceRL als Ausprägung des niederlassungsrechtlichen Schutzes virtueller Niederlassungen verstanden werden.[91]
Dennoch bestehen Zweifel betreffend das Verhältnis vom Herkunftslandsprinzip der eCommerceRL und Art. 7 Nr. 5 Brüssel Ia-VO:[92] In Erwägungsgrund 19
eCommerceRL geht der Richtliniengeber näher auf den Niederlassungsbegriff
der eCommerceRL ein. Grundsätzlich gilt das Niederlassungsverständnis des
EuGH[93] auch im elektronischen Geschäftsverkehr, wobei die feste Einrichtung
erneut betont wird (Satz 1). Es kommt weder auf den Serverstandort noch auf
die Zugänglichkeit der Website an (Satz 3). Letztere Merkmale müssen auch
für die Niederlassung im Sinne des Art. 7 Nr. 5 Brüssel Ia-VO ausscheiden, da
der Standort des Servers oft zufällig und nicht für den Rechtsverkehr erkennbar

---

[88] *Geimer*, in: Geimer/Schütze, EuZVR, Art. 17 EuGVVO Rn. 28; *Kropholler/v. Hein*,
EuZPR, Art. 15 EuGVO Rn. 28; *Paulus*, in: Geimer/Schütze, Internationaler Rechtsverkehr,
Art. 17 VO (EU) 1215/2012 Rn. 14; *Staudinger*, in: Rauscher, EuZPR/EuIPR, Art. 17 Brüs-
sel Ia-VO Rn. 19.

[89] *Geimer*, in: Geimer/Schütze, EuZVR, Art. 18 EuGVVO Rn. 8; *Kropholler/v. Hein*,
EuZPR, Vor Art. 5 EuGVO Rn. 5, Art. 16 EuGVO Rn. 1; *Leible*, in: Rauscher,
EuZPR/EuIPR, Art. 7 Brüssel Ia-VO Rn. 154; *Paulus*, in: Geimer/Schütze, Internationaler
Rechtsverkehr, Art. 7 VO (EU) 1215/2012 Rn. 229, Art. 18 VO (EU) 1215/2012 Rn. 11;
Staudinger, in: Rauscher, EuZPR/EuIPR, Art. 18 Brüssel Ia-VO Rn. 1.

[90] So auch *C. Berger*, in: Informatik 2001, S. 1002 (1006); im Ergebnis auch *Thode*, jurisPR-BGHZivilR 20/2021 Anm. 1 unter D.

[91] Siehe S. 127 ff.

[92] *Mankowski*, in: Magnus/Mankowski, ECPIL, Art. 7 Brussels Ibis Regulation Rn. 427.

[93] Siehe S. 120.

ist[94] und die Zugänglichkeit einer Website in der Regel nicht eingeschränkt wird, was zu einer ubiquitären Gerichtspflichtigkeit führen könnte. Auch operieren immer mehr Einheiten dezentral, also nicht konzentriert an einem Serverstandort, sondern über viele Server verteilt.[95] Würde man dennoch (ausschließlich) mithilfe jener Merkmale eine Niederlassung lokalisieren, brächte dies (auch für den Kläger) unvorhersehbare, ausufernde und sachfremde Gerichtsstände mit sich.[96] Die hier untersuchten virtuellen Niederlassungen[97] sind aber nicht bloß an anderen Orten zugänglich, sondern individuell auf den Ort, von dem aus die Internetpräsenz freilich zugänglich ist, zugeschnitten. Sollte man also nicht an den Serverstandort oder die bloße Zugänglichkeit einer Internetpräsenz für die Lokalisierung der virtuellen Niederlassung anknüpfen, steht die eCommerceRL schon inhaltlich nicht der virtuellen Niederlassung in Form einer Website entgegen.[98]

Doch selbst wenn die Niederlassungsbegriffe von Erwägungsgrund 19 eCommerceRL und Art. 7 Nr. 5 Brüssel Ia-VO unterschiedlich verstanden würden, würde sich kein unzulässiger Widerspruch ergeben. Die Niederlassung ist als Lokalisierungsmerkmal in der eCommerceRL von Bedeutung, um mit dem Herkunftslandsprinzip den Kanon der Regeln zu ermitteln, den der Unternehmer im Rahmen seines elektronischen Geschäftsverkehrs beachten muss.[99] Auch Art. 1 Abs. 4 eCommerceRL weist darauf hin, dass die Richtlinie weder zusätzliche Regeln im internationalen Privatrecht schafft, noch sich mit der Zuständigkeit der Gerichte befasst.[100] Damit wird deutlich, dass der Regelungsgehalt der eCommerceRL im materiellen Recht und nicht in der Anwendbarkeit oder prozessualen Durchsetzung des Rechts zu verorten ist und die eCommerceRL der Anerkennung virtueller Niederlassungen nicht entgegensteht.

gg) Verhältnis zur DS-GVO

Auch in Erwägungsgrund 22 S. 2 DS-GVO[101] ist der Begriff der Niederlassung legaldefiniert. Danach ist die Ausübung einer Tätigkeit durch eine feste Ein-

---

[94] *Terlau*, in: Moritz/Dreier, E-Commerce, C Rn. 55.

[95] Zu DAOs *Fleischer*, ZIP 2021, 2205 ff.; zur Dezentralisierung *Kaal*, in: FS Schwartze, S. 195 ff.

[96] Im Ergebnis auch *Ganssauge*, Verbraucherverträge im Internet, S. 37.

[97] Siehe S. 141 ff.

[98] *Bogdan*, KCLJ 2006, 97 (102); *Ganssauge*, Verbraucherverträge im Internet, S. 38 f.; a.A. *Albers*, Niederlassung und Hauptniederlassung, S. 82 f.; *Brand*, Internationale Zuständigkeit für ubiquitäre deliktische Schutzrechtsverletzungen, S. 168; *Mankowski*, in: Magnus/Mankowski, ECPIL, Art. 7 Brussels Ibis Regulation Rn. 427.

[99] Zu einem anderen Niederlassungsbegriff im Europäischen Insolvenzrecht *Bogdan*, KCLJ 2006, 97 (102 f.); *Geimer*, in: Geimer/Schütze, EuZVR, Art. 7 EuGVVO Rn. 386.

[100] EuGH Urt. v. 25.10.2011 – C-509/09 (*eDate Advertising*), EuZW 2011, 962 (965) Rn. 60; so auch *Bogdan*, KCLJ 2006, 97 (102); *ders.*, in: Cyberspace 2005, S. 27 (32); *Hörnle*, Internet Jurisdiction, S. 272.

[101] VO (EU) 2016/679 des Europäischen Parlaments und des Rates v. 27.04.2016 zum Schutz natürlicher Personen bei der Verarbeitung personenbezogener Daten, zum freien

richtung erforderlich.[102] Wie diese Festigkeit zu verstehen ist, ist nicht klar. Nach einer Ansicht schließt dies virtuelle Niederlassungen aus.[103] Zu beachten ist zudem, dass es nach Erwägungsgrund 22 S. 3 DS-GVO nicht auf die Rechtsform der Einrichtung ankommt und sie auch als Tochtergesellschaft mit eigener Rechtspersönlichkeit organisiert sein kann. Im Rahmen des Art. 7 Nr. 5 Brüssel Ia-VO kann eine solche Tochtergesellschaft nur bei Vorliegen eines bestimmten Rechtsscheins als Niederlassung angesehen werden. Ebenfalls ist zu bemerken, dass in Art. 79 Abs. 2 DS-GVO ein eigenständiger Gerichtsstand der Niederlassung kodifiziert ist, sodass die Übertragbarkeit auf den Niederlassungsgerichtsstand des Art. 7 Nr. 5 Brüssel Ia-VO zweifelhaft ist. Schließlich ist die datenschutzrechtliche Zuständigkeitsnorm *lex specialis* zu den Vorschriften der Brüssel Ia-VO, vgl. Erwägungsgrund 147 DS-GVO, sodass sich eine Verallgemeinerung vom spezielleren auf den allgemeineren Tatbestand verbietet. Aus der aufgezeigten fehlenden Transferfähigkeit des Niederlassungsbegriffes der DS-GVO folgt, dass aus ihm keine systematischen Bedenken gegen eine virtuelle Niederlassung im Sinne der Brüssel Ia-VO erwachsen.[104]

hh) Verhältnis zum kollisionsrechtlichen Begriff der Niederlassung

Im europäischen Kollisionsrecht der vertraglichen und außervertraglichen Schuldverhältnisse wird ebenso auf Zweigniederlassungen, Agenturen und sonstige Niederlassungen abgestellt.[105] Aufgrund der kohärenten Auslegung der Brüssel Ia-, der Rom I- und der Rom II-VO[106] würde dies bedeuten, dass ein Anerkennen virtueller Niederlassungen im Zuständigkeitsrecht auch auf das Kollisionsrecht einwirken würde.[107] In der Rom I- VO und der Rom II-VO würde eine virtuelle Niederlassung dem gewöhnlichen Aufenthalt

---

Datenverkehr und zur Aufhebung der Richtlinie 95/46/EG (Datenschutz-Grundverordnung), ABl. L 119, S. 1.

[102] Unklar, warum *Specht-Riemenschneider/Schneider*, MMR 2019, 503 (508) eine ortsfeste Einrichtung im Wortlaut erblicken; vgl. *Brand*, Internationale Zuständigkeit für ubiquitäre deliktische Schutzrechtsverletzungen, S. 168.

[103] *Schneider*, ZD 2022, 144 (146) m.w.N.

[104] Im Ergebnis auch *Brand*, Internationale Zuständigkeit für ubiquitäre deliktische Schutzrechtsverletzungen, S. 169.

[105] Artt. 19 Abs. 2 Rom I-VO, 23 Abs. 1 UAbs. 2 Rom II-VO.

[106] Erwägungsgründe 7 Rom I-VO, 7 Rom II-VO; *Altenkirch*, in: Huber, Rome II Regulation, Art. 23 Rn. 7; *Brödermann/Wegen*, in: Prütting/Wegen/Weinreich, BGB, Art. 19 Rom I-VO Rn. 7 m.w.N.; *Ferrari*, in: Ferrari, Internationales Vertragsrecht, Art. 19 Rom I-VO Rn. 16; *Kropholler/v. Hein*, EuZPR, Einl. EuGVO Rn. 74; *Thorn*, in: Grüneberg, BGB, Art. 19 Rom I-VO Rn. 4, Art. 23 Rom II-VO Rn. 1. Es ist zu beachten, dass eine kohärente – im Sinne von identische – Auslegung nach Erwägungsgrund 7 Rom II-VO erzielt werden soll, nicht aber muss. Der von der Kommission vorgeschlagene Zwang, vgl. COM(2006) 83 final, S. 10 Erwägungsgrund 6 „müssen", Erwägungsgrund 7 Rom II-VO „sollen", wurde nicht in die Verordnung übernommen, *Sakka*, Der Konzern im Kompetenzrecht der EuGVVO, S. 67.

[107] Siehe dazu S. 173 ff.

gleichgesetzt. In vertragskollsionsrechtlicher Hinsicht würde dies einen Gleich-lauf von Forum und Ius bedeuten, da aufseiten des Beklagten nicht nur ein Ge-richtsstand in dem Staat, auf den die Website zugeschnitten wurde, begründen, sondern auch regelmäßig das Recht dieses Staates berufen werden würde. Im Falle eines Kaufvertrages, der über eine entsprechende Internetpräsenz ge-schlossen wird, würde nicht nur ein Gerichtsstand in Staat A bestehen, Art. 7 Nr. 5 Brüssel Ia-VO, sondern regelmäßig auch das Recht des Staates A Anwen-dung finden, Art. 4 Abs. 1 lit. a Rom I-VO. Dies dürfte aus denselben Gründen zu rechtfertigen sein wie die Annahme eines besonderen Gerichtsstandes. Erst recht ergibt sich ebenso die Legitimation für außervertragliche Schuldverhält-nisse, in denen die in einem anderen Mitgliedstaat ansässige Gesellschaft bei-spielsweise als Deliktsschuldnerin weniger schutzwürdig ist. Einerseits kann sie sich Sorgfaltsstandards anpassen, andererseits ist sie durch das Merkmal der Betriebsbezogenheit in Art. 23 Abs. 1 UAbs. 2 Rom II-VO hinreichend vor aus-ufernder Haftung geschützt, da der Schaden gerade aus dem Betrieb der (virtu-ellen) Niederlassung, also dem Betrieb der Internetpräsenz, herrühren muss. Der kollisionsrechtliche Niederlassungsbegriff steht der Anerkennung virtuel-ler Niederlassungen nicht entgegen. Im Gegenteil: die Kohärenz der Rechtsma-terien führt zu einem Gleichlauf von Zuständigkeit und anwendbarem Recht.

d) Teleologische Auslegung

Gem. Erwägungsgrund 16 S. 1 Alt. 1 Brüssel Ia-VO müssen Gerichtsstände, die den allgemeinen Gerichtsstand ergänzen, eng mit dem Rechtsstreit verbun-den sein, da sie von der Grundregel *actor sequitur forum rei* abweichen.[108] Frag-lich ist, worin die vorhersehbare enge Verbindung des besonderen Gerichts-stands der Niederlassung zum Streitgegenstand liegt. An dieser Stelle ist klar-zustellen, dass ein weites Verständnis der Niederlassung nicht per se die rest-riktive Auslegung des besonderen Gerichtsstands des Art. 7 Nr. 5 Brüssel Ia-VO konterkariert, da letzterer nicht nur die Niederlassung, sondern als zweite Voraussetzung noch den Betriebsbezug der Streitigkeit fordert, der den beson-deren Gerichtsstand beschränken kann.

aa) Gerichtspflichtigkeit als Preis für Kundenakquise

Dem besonderen Gerichtsstand der Niederlassung liegt der Gedanke zugrunde, dass der Unternehmer, der die Früchte der Erwerbstätigkeit in einem anderen Staat mittels Niederlassung genießt, auch an diesem Ort gerichtspflichtig sein soll.[109] Würde nur am allgemeinen Gerichtsstand des Unternehmens festge-

---

[108] *C. Berger*, in: Informatik 2001, S. 1002 (1005); *G. Wagner*, in: Lutter, Europäische Auslandsgesellschaften, S. 223 (240); vgl. S. 10 f.

[109] *Geimer*, in: Geimer/Schütze, EuZVR, Art. 7 EuGVVO Rn. 357; *ders.* wortgleich, in: Zöller, ZPO, Art. 7 EuGVVO Rn. 117; *Kindler*, in: FS Ulmer, S. 305 (319); *Krophol-ler/v. Hein*, EuZPR, Art. 5 EuGVO Rn. 99; *Leible*, in: Rauscher, EuZPR/EuIPR, Art. 7

halten, könnte der Unternehmer seine Gerichtpflichtigkeit also auf die Orte, an denen die Anknüpfungsmerkmale des Art. 63 Abs. 1 Brüssel Ia-VO belegen sind, beschränken. Dies verstieße gegen den Grundsatz *venire contra factum proprium*.[110] Der Preis des besonderen Gerichtsstands ist für den sich niederlassenden Unternehmer erkennbar und kalkulierbar.[111] Der Gedanke lässt sich auch auf virtuelle Niederlassungen übertragen. Denn wer mithilfe einer bestimmten Internetpräsenz mehr Geschäftspartner im Ausland akquirieren kann, muss im Gegenzug auch an diesen Orten gerichtpflichtig sein, zumal er durch die ausländisch gestaltete Internetpräsenz[112] in jene Rechtsordnungen eindringt.[113] Wie im Rahmen der historischen Auslegung dargelegt, erforderte die Kundenakquise in anderen Ländern früher häufiger eine dortige physische Niederlassung als heute. Da jedoch der Akquisitionsgedanke weiterhin tragfähig ist, ist nicht erkennbar, weshalb er trotz technischer Vereinfachung nicht mehr gelten und nicht mehr zur Begründung einer besonderen Gerichtpflichtigkeit im Akquisitionsstaat führen sollte.

bb) Vorhersehbarkeit und Gläubigerschutz

Dem besonderen Gerichtsstand der Niederlassung ist auch der Gedanke des Gläubigerschutzes immanent.[114] Der Kläger verlässt bei seinem Kontakt mit der Niederlassung aus seiner Sicht nicht die Grenzen seiner Heimatrechtsordnung und muss sich deshalb nicht auf eine Gerichtpflichtigkeit andernorts einstellen.[115] Derselbe Eindruck kann bei Kontakt mit einer Internetpräsenz entstehen. Damit korreliert jedoch auch eine entsprechende Ausgestaltung der Voraussetzungen, unter denen eine Internetpräsenz als (virtuelle) Niederlassung anerkannt wird,[116] damit eine solche Subsumtion von der Erwägung des Gläubigerschutzes getragen werden kann.

cc) Rechtsschein und Rechtssicherheit

Nach dem traditionellen Niederlassungsverständnis genügt für die Begründung einer Niederlassung teilweise schon ein dahingehender Rechtsschein.[117] Ein solcher besteht auch bei einer auf ein bestimmtes Land zugeschnittenen Internetpräsenz. Teilweise wird dies so verstanden, dass der Rechtsverkehr bei dem

---

Brüssel Ia-VO Rn. 152; *Paulus*, in: Geimer/Schütze, Internationaler Rechtsverkehr, Art. 7 VO (EU) 1215/2012 Rn. 229.

[110] *J. Weber*, ZVglRWiss 107 (2008), 193 (205 f.), der den allgemeinen Gerichtsstand undifferenziert nur im „Sitzstaat" lokalisiert.

[111] *C. Berger*, in: Informatik 2001, S. 1002 (1005).

[112] Zu den einzelnen Voraussetzungen der Internetpräsenz sogleich S. 141 ff.

[113] *Bach/Tippner*, EuZW 2020, 481 (484); *C. Berger*, in: Informatik 2001, S. 1002 (1005).

[114] *Leible*, in: Rauscher, EuZPR/EuIPR, Art. 7 Brüssel Ia-VO Rn. 154; *Mansel*, in: FS Prütting, S. 51 (54); *Sakka*, Der Konzern im Kompetenzrecht der EuGVVO, S. 133.

[115] *Bach/Tippner*, EuZW 2020, 481 (484).

[116] Zu den einzelnen Voraussetzungen der Internetpräsenz sogleich S. 141 ff.

[117] Siehe S. 120.

Besuch einer auf einen bestimmten Staat zugeschnittenen Website darauf
schließt, dass der Unternehmer in dem entsprechenden Staat auch eine phy-si-
sche Niederlassung betreibt, die wiederum die Internetpräsenz betreibt.[118] Ein
solcher Schluss verneint zwar die Möglichkeit virtueller Niederlassungen,
macht aber zugleich die Existenz einer physischen Niederlassung obsolet. Im
Ergebnis würde dies somit dennoch zu einer besonderen Gerichtspflichtigkeit
des Unternehmers in einem Staat führen, in dem weder er noch mit ihm assozi-
ierte andere Unternehmer physisch operieren. Damit verglichen ist die Anerkennung einer virtuellen Niederlassung für den Unternehmer günstiger, da es
somit weiterhin auf sein steuerbares Handeln ankommt und die besondere Gerichtspflichtigkeit vorhersehbar bleibt. Fälle, in denen der EuGH eine auf
Rechtsschein beruhende Niederlassung angenommen hat, wiesen eine physische Beziehung zum Niederlassungsstaat auf.[119] Dies soll freilich nicht bedeuten, dass es doch auf eine physische Verbindung zum Niederlassungsstaat an-
käme. Es soll jedoch verdeutlichen, dass der Rechtssicherheit mehr gedient
wäre, würde man unter präzisen Voraussetzungen Internetpräsenzen als virtuelle Niederlassungen anerkennen, als wenn eine Gerichtspflichtigkeit kraft
Rechtsscheins beinahe uferlos begründet wird. Etwaige Unsicherheiten einer
Anknüpfung an einen Rechtsschein können durch eindeutig formulierte Voraussetzungen für die Anerkennung virtueller Niederlassungen ausgemerzt werden. Sofern das Entstehen einer virtuellen Niederlassung von nachvollziehba-
ren und transparenten Kriterien erfolgt, ist auch der Rechtssicherheit und Be-
stimmtheit genüge getan.[120] Aus der Maßgeblichkeit des Rechtsscheins entsteht
für den Kläger der Vorteil einer Häufung der möglichen Beklagten vor den Gerichten eines Staates. Denn für den Fall, dass die Niederlassung als Tochtergesellschaft selbständig in einer inländischen Rechtsform organisiert ist, tritt neben die (allgemeine, Artt. 4, 63 Brüssel Ia-VO) Gerichtspflichtigkeit der Tochtergesellschaft auch die Gerichtspflichtigkeit der die Niederlassung innehaben-
den Muttergesellschaft am Ort der Niederlassung.[121] Diesen Vorteil kann der
Kläger zwar im Zusammenhang mit Internetpräsenzen nicht nutzbar machen,
da einer Internetpräsenz als solcher keine Rechtspersönlichkeit zukommt, die
verklagt werden könnte. Wenn sich aber schon die Zahl der möglichen Beklagten aus Rechtsscheinerwägungen erhöht, sollte dies unter rechtssicheren Voraussetzungen auch im digitalen Kontext und nur hinsichtlich eines Beklagten
möglich sein.

---

[118] Ähnlich *Brand*, Internationale Zuständigkeit für ubiquitäre deliktische Schutzrechtsverletzungen, S. 168; *Mankowski*, in: Magnus/Mankowski, ECPIL, Art. 7 Brussels Ibis Regulation Rn. 427.

[119] Vgl. EuGH Urt. v. 18.05.2017 – C-617/15 (*Hummel Holding*), GRUR 2017, 728 (730)
Rn. 37 ff.

[120] *Ganssauge*, Verbraucherverträge im Internet, S. 38; a.A. *Schu*, IntJLIT 1997, 192
(221 f.).

[121] *Leible*, in: Rauscher, EuZPR/EuIPR, Art. 7 Brüssel Ia-VO Rn. 153; *Thole*, in: Stein/Jo-
nas, ZPO, Art. 7 EuGVVO Rn. 191; *G. Wagner*, in: Lutter, Europäische Auslandsgesellschaften, S. 223 (255).

dd) Sachnähe

Da im Rahmen des Betriebs von Niederlassungen unter anderem Verträge mit dem Rechtsverkehr geschlossen werden, sind die Gerichte an jenem Ort enger verbunden als die Gerichte am allgemeinen Gerichtsstand des Inhabers der Niederlassung.[122] *Bach/Tippner* räumen als Vertreter der Anerkennung virtueller Niederlassungen selbst ein, dass die Sachnähe des Gerichts am Ort der virtuellen Niederlassung nicht aus einer etwaigen erhöhten Beweisnähe, sondern nur aus einer Verfahrensvereinfachung bezüglich der Sprache herrühren kann.[123] Dieser Umstand dürfte nicht zu stark ins Gewicht fallen, da Übersetzungen fremdsprachiger Internetpräsenzen für Gerichte heutzutage immer weniger Aufwand bedeuten, sodass es nicht geboten erscheint, die Gerichte für zuständig zu berufen, deren Amts- oder Verfahrenssprache sich mit der Sprache der streitgegenständlichen Internetpräsenz deckt. Für den außervertraglichen Bereich gilt zudem der besondere Gerichtsstand gem. Art. 7 Nr. 2 Brüssel Ia-VO, obgleich am Gerichtsstand der Niederlassung auch außervertragliche Ansprüche geltend gemacht werden können.[124]

e) Stellungnahme

Nach Auslegung des Niederlassungsbegriffs des Art. 7 Nr. 5 Brüssel Ia-VO ist eine Anerkennung von Internetpräsenzen als Niederlassung *de lege ferenda* möglich. Zwar ist die Norm insofern eher neutral formuliert. Unter anderem die Untersuchung verschiedener Sprachfassungen lässt jedoch eine Perspektive für die Subsumtion von Internetpräsenzen als Niederlassungen erkennen. Betrachtet man zudem die tatsächliche und rechtliche historische Entwicklung sowie das Ziel und den Zweck des besonderen Gerichtsstands, sprechen die besseren Argumente für eine zeitgemäße Interpretation des Niederlassungsbegriffs. Die systematische Auslegung zeigt, dass sich auch keine Widersprüche mit anderen Normen und Rechtsgebieten ergeben. Im Folgenden können deshalb einzelne Voraussetzungen formuliert werden, bei deren Vorliegen eine Internetpräsenz *de lege ferenda* als Niederlassung subsumiert werden kann. Wie bereits angedeutet, werden dabei insbesondere die Rechtssicherheit der Voraussetzungen fokussiert und Erwägungen des Gläubigerschutzes berücksichtigt.

---

[122] *Bach/Tippner*, EuZW 2020, 481 (483); *Thole*, in: Stein/Jonas, ZPO, Art. 7 EuGVVO Rn. 192.

[123] *Bach/Tippner*, EuZW 2020, 481 (484).

[124] EuGH Urt. v. 22.11.1978 – C-33/78 (*Somafer*), BeckRS 2004, 70835 Rn. 13; vgl. *Leible*, in: Rauscher, EuZPR/EuIPR, Art. 7 Brüssel Ia-VO Rn. 152; *Paulus*, in: Geimer/Schütze, Internationaler Rechtsverkehr, Art. 7 VO (EU) 1215/2012 Rn. 240; *Thole*, in: Stein/Jonas, ZPO, Art. 7 EuGVVO Rn. 208. Art. 7 Nr. 2 Brüssel Ia-VO kann auch einen Gerichtsstand in einem dritten Mitgliedstaat begründen, wenn die deliktische Handlung der Niederlassung in jenem dritten Staat einen Deliktserfolg hervorruft. Siehe auch S. 132 f.

4. Voraussetzungen einer virtuellen Niederlassung

a) Bisherige Definitionsansätze

aa)Bogdan (2000)

Unter bestimmten, nicht umfänglich dargestellten Voraussetzungen möchte *Bogdan* in einer Website eine Niederlassung erblicken.[125] Als Voraussetzungen werden jedenfalls zwei genannt: Erstens müsse es sich um eine interaktive Website handeln, die dazu bestimmt ist, mit Abrufern zu verhandeln, etwa indem auf der Website ein Vertrag abgeschlossen werden kann.[126] Zweitens geht *Bogdan* auf eine Identifikation der Heimat der Website ein, die sich anhand einer Countrycode-Top-Level-Domain vollziehen könnte; dabei erkennt *Bogdan*, dass einerseits keine solche Top-Level-Domain gewählt werden und, selbst wenn, eine solche keine besondere Aussagekraft haben müsse.[127] Für den Rechtsverkehr, dem nach der EuGH-Rechtsprechung besondere Bedeutung zukomme, impliziere eine Countrycode-Top-Level-Domain eine langfristige Bindung des Unternehmens an jenen Staat.[128] Sofern die vorgenannten Voraussetzungen erfüllt sind, soll das Unternehmen für Streitigkeiten aus dem Betrieb der Website an dem Ort der Niederlassung gerichtspflichtig sein.[129] Wie bereits dargestellt,[130] erachtet *Bogdan* Websites bereits als mit dem aktuellen, herrschenden Niederlassungsverständnis vereinbar. Deutliche Voraussetzungen stellt er nicht auf. Zwar erwähnt er häufig die Identifikationsmöglichkeit anhand von Countrycode-Top-Level-Domains; teilweise fließen in seine Erwägungen aber auch andere Merkmale wie Sprache und Währung ein, ohne dass deren eigener Bedeutungsgehalt definiert würde.[131]

bb)C. Berger (2001)

C. Berger hält eine Eröffnung der Niederlassungszuständigkeit[132] wegen der Steuerbarkeit und individualstaatlicher Ausrichtung des Unternehmers nur dann für gerechtfertigt, wenn mithilfe einer Website mehr als bloßes Doing Business geschieht.[133] Einerseits müssten streitgegenständliche Verträge online abgeschlossen werden, andererseits müsse auch der Vertragsinhalt einen Online-Bezug aufweisen.[134] Erforderlich sei dies, da auch bei der kollisionsrechtlichen

---

[125] *Bogdan*, in: Hohloch, Recht und Internet, S. 59 (62).
[126] *Bogdan*, in: Hohloch, Recht und Internet, S. 59 (62).
[127] *Bogdan*, in: Hohloch, Recht und Internet, S. 59 (62); *ders.*, KCLJ 2006, 97 (102).
[128] *Bogdan*, KCLJ 2006, 97 (102); *ders.*, in: Cyberspace 2005, S. 27 (31 f.).
[129] *Bogdan*, in: Cyberspace 2005, S. 27 (32).
[130] Siehe S. 121 f.
[131] *Bogdan*, in: Cyberspace 2005, S. 27 (30).
[132] Die Argumentation sei auf Verbraucherklagen gegen nicht unionsansässige Unternehmer, Art. 17 Abs. 2 Brüssel Ia-VO, zu übertragen, *C. Berger*, in: Informatik 2001, S. 1002 (1008).
[133] *C. Berger*, in: Informatik 2001, S. 1002 (1006).
[134] *C. Berger*, in: Informatik 2001, S. 1002 (1006 f.).

Anknüpfung an die Niederlassung eine Leistungserbringung über die Niederlassung erforderlich und dieser Gedanke schon im internationalen Zuständigkeitsrecht entsprechend zu berücksichtigen sei.[135] Dieser Online-Bezug sei anzunehmen, wenn die Leistung „über das Internet" ausgetauscht werden *kann*, was reine online Leistungen und solche umfasst, die zwar auch online erbracht werden können, in concreto aber dennoch offline versendet werden (wie beispielsweise der Datenträger eines Videospiels, das auch hätte vom Käufer heruntergeladen werden können; nicht aber der über das Internet geschlossene Vertrag über eine Balkonreparatur).[136] Sind diese Voraussetzungen gegeben, so sei die virtuelle Niederlassung überall dort zu lokalisieren, wo die Website abrufbar ist.[137] Auf andere objektive Merkmale wie den Ort der Einspeisung der Websiteinhalte, die sprachliche Gestaltung der Website, ihre Top-Level-Domain, die angebotene Währung beziehungsweise Zahlungsweise, die Natur der erbrachten Leistung oder eine Lokalisierung des Vertragspartners soll es, da nicht rechtssicher genug, nicht ankommen.[138] Die einzige Möglichkeit für den Unternehmer, die beinahe weltweite Gerichtspflichtigkeit einzuschränken, sei es, vor Vertragsschluss einen Vorbehalt zu erklären, nach dem bestimmte Staaten von der Gerichtspflichtigkeit ausgenommen werden, oder technische Hindernisse, die die Abrufbarkeit der Website aus bestimmten Staaten einschränkt, einzurichten.[139] Schließe der Unternehmer an von ihm eigentlich vorbehaltenen Abruforten einen Vertrag, müsse er sich dennoch die Gerichtspflichtigkeit am Ort der Niederlassung entgegenhalten lassen.[140] Dies gelte jedoch nicht in dem Falle, in dem der Vertragspartner des Unternehmers wahrheitswidrig einen anderen Abrufort angibt oder einen solchen einer technischen Barriere der Abrufbarkeit vorspiegelt (etwa mittels eines VPN).[141] Schließlich soll – entgegen Art. 7 Brüssel Ia-VO – aber unter Berufung auf Art. 17 Abs. 2 Brüssel Ia-VO – kein Wohnsitz des Unternehmers in einem Mitgliedstaat erforderlich, die virtuelle Niederlassung vielmehr unabhängig von einem solchen zu lokalisieren sein.[142]

Damit wird deutlich, dass *C. Berger* zunächst einen ubiquitären Ansatz verfolgt, denn Ausgangspunkt der Lokalisierung der virtuellen Niederlassung ist die (in der Regel weltweite) Abrufbarkeit der Website. Ebenso prägend für seine Ansicht ist ihr subjektives Element, da der Unternehmer einseitig durch technische Abrufbarkeitseinschränkungen oder einen anderweitig erklärten Vorbehalt die Gerichtspflichtigkeit in bestimmten Staaten verhindern kann. Jedenfalls kann der Begründung der Geltung gegenüber allen Unternehmern, unabhängig von einer Unionsansässigkeit, nicht gefolgt werden. Verbraucher-

---

[135] *C. Berger*, in: Informatik 2001, S. 1002 (1007); vgl. Art. 19 Abs. 2 Rom I-VO.
[136] *C. Berger*, in: Informatik 2001, S. 1002 (1007).
[137] „Unabdingbare Voraussetzung", *C. Berger*, in: Informatik 2001, S. 1002 (1007).
[138] *C. Berger*, in: Informatik 2001, S. 1002 (1007 f.).
[139] *C. Berger*, in: Informatik 2001, S. 1002 (1007 f.).
[140] *C. Berger*, in: Informatik 2001, S. 1002 (1008).
[141] *C. Berger*, in: Informatik 2001, S. 1002 (1007 f.).
[142] *C. Berger*, in: Informatik 2001, S. 1002 (1008).

rechtliche Sondervorschriften können an dieser Stelle nicht zur Begründung herangezogen werden.[143] Auch das Merkmal des Online-Bezugs überzeugt nicht, da es faktisch zur Vermischung der Tatbestandsmerkmale Niederlassung und Betriebsbezug führt.

cc) Ganssauge (2004)

Ganssauge rückt demgegenüber den Rechtsschein für den Kunden in den Vordergrund, nach dem eine virtuelle Niederlassung dann anzunehmen sein soll, wenn der Kunde auf Grundlage der auf einer Website zugänglichen Informationen von einem eigenständig handelnden Anbieter ausgeht.[144] Dies sei unabhängig von einem bloßen Anbieten bestimmter Waren oder, da für den Rechtsverkehr nicht bestimmbar, dem Serverstandort zu beurteilen (und damit auch nicht widersprüchlich zu Erwägungsgrund 19 der eCommerceRL)[145], sondern durch den Bezug einer Website aus einen bestimmten Staat zu ermitteln.[146] Wichtige Indizien seien dabei die Sprache des Angebots, die Countrycode-Top-Level-Domain, die Beschaffenheit des Angebots und Kontaktinformationen betreffend den fraglichen Niederlassungsort.[147]

Im Vordergrund der Betrachtungsweise *Ganssauges* steht also der Rechtsschein, auf den sich der Rechtsverkehr verlassen kann, weshalb er mehrfach auf entsprechende Urteile des EuGH rekurriert.[148] Dieser Rechtsschein könne aber durch den Unternehmer zerstört werden, insbesondere geschehe dies häufig durch entsprechende Angaben im Impressum, soweit dort eine andere Niederlassung genannt wird und der Abrufende der Website nicht mehr von einer eigenständigen Niederlassung ausgehen kann.[149]

Bezüglich des Rechtsscheins steht die Ansicht *Ganssauges* in Widerspruch zur Ansicht des EuGH, denn nach dem EuGH kann eine von einer zweiten Gesellschaft betriebene Niederlassung nur dann als Niederlassung der ersten Gesellschaft angesehen werden, wenn der Rechtsverkehr davon ausgeht, dass es sich bei der zweiten Gesellschaft um eine Außenstelle der ersten Gesellschaft handelt.[150] *Ganssauge* stellt aber gerade darauf ab, dass der Rechtsverkehr von einem eigenständigen Anbieter und eben nicht davon ausgeht, dass die Website von dem dahinterstehenden Unternehmer betrieben wird.

---

[143] Vgl. S. 132 ff.

[144] *Ganssauge*, Verbraucherverträge im Internet, S. 37.

[145] *Ganssauge*, Verbraucherverträge im Internet, S. 39.

[146] *Ganssauge*, Verbraucherverträge im Internet, S. 37.

[147] *Ganssauge*, Verbraucherverträge im Internet, S. 37.

[148] *Ganssauge*, Verbraucherverträge im Internet, S. 35 m.w.N., 39.

[149] *Ganssauge*, Verbraucherverträge im Internet, S. 37 f.; gegenteilig BGH Urt. v. 16.03.2021 – X ZR 9/20, NJW-RR 2021, 777 (778) Rn. 24 ff., wenn er den Betriebsbezug kraft Rechtsscheins durch ebenjene Angaben annimmt.

[150] Siehe die Nachweise unter Fn. 5–7.

dd) Bach/Tippner (2020)

Schließlich haben *Bach/Tippner* die Anerkennung virtueller Niederlassungen befürwortet. Ihrer Ansicht nach könnte eine Internetpräsenz in Form einer Website mit ausländischer Countrycode-Top-Level-Domain, entsprechender Übersetzung des Websiteinhalts und gegebenenfalls der Möglichkeit, Verträge auf dieser Website zu schließen, schon selbst eine virtuelle Niederlassung darstellen, unabhängig davon, von welchem Ort aus diese Internetpräsenz betrieben wird.[151] Die durch die Digitalisierung obsolete personelle und sachliche Ausstattung werde durch die Website in ausländischer Sprachfassung samt entsprechender Countrycode-Top-Level-Domain, der Geschäftsführer werde durch die Möglichkeit des Vertragsschlusses auf dieser Website ersetzt.[152] Unklar ist an dieser Stelle aber, ob die Möglichkeit des Vertragsschlusses schon für die Definition der Niederlassung (dafür „Top-Level-Domain + Sprache + „Bestellen"-Button = Niederlassung"[153]) oder doch erst im Rahmen des Betriebsbezugs der Streitigkeit herangezogen werden soll (dafür „,in ihrem Betrieb' zum Vertragsschluss"[154]).

Bach/Tippner rücken damit die objektiven Voraussetzungen in den Mittelpunkt und verzichten auf ein subjektives Element oder mögliche Korrektive. Höchstens vorgelagert spielt der Wille des Unternehmers eine Rolle, wenn er sich entscheidet, eine solche aktive (anstelle einer passiven) Website einzurichten, also im Rahmen der Auswahl der Anknüpfungspunkte (indirekte Parteiautonomie). Ebenso wie bei der Ansicht *C. Bergers* droht hier ein Vermengen der einzelnen Tatbestandsmerkmale des Art. 7 Nr. 5 Brüssel Ia-VO.

ee) Zwischenergebnis

Die bereits dargestellten Ansichten sind zunächst deshalb zu begrüßen, da sie den Fortschritt der Digitalisierung erkennen und diesen auch im Rahmen des europäischen Zivilprozessrechts beachten. Bedenklich ist jedoch der allen Ansichten immanente – wie auch immer geartete – Bezug zu einem Vertragsschluss, da am Niederlassungsgerichtsstand gem. Art. 7 Nr. 5 Brüssel Ia-VO nicht nur vertragliche, sondern auch und gegebenenfalls ausschließlich außervertragliche, insbesondere deliktische Ansprüche geltend gemacht werden können. Diese haben nicht immer Bezug zu einem Vertrag. Zudem widersprechen sich die bestehenden Ansätze teilweise in ihren Voraussetzungen. Da ihnen verschiedene Ausgangspunkte zugrunde liegen (Fokus auf objektive oder subjektive Merkmale oder den Rechtsschein?), können die Ansichten auch nicht schlicht kombiniert werden. Vielmehr wird unter Aufgreifen einzelner Punkte der dargestellten Meinungen ein neuer, eigener Definitionsvorschlag gemacht.

---

[151] *Bach/Tippner*, EuZW 2020, 481 (484).
[152] *Bach/Tippner*, EuZW 2020, 481 (484).
[153] *Bach/Tippner*, EuZW 2020, 481 (484).
[154] *Bach/Tippner*, EuZW 2020, 481 (484).

b) Eigener Definitionsversuch der virtuellen Niederlassung

aa) Notwendigkeit der Anerkennung

Die Auslegung des Niederlassungsbegriffes hat schon ergeben, dass die Anerkennung von Internetpräsenzen als Niederlassungen möglich ist. Dass sie auch erforderlich ist, wird deutlich, wenn man sich bestehende Lücken bei der Subsumtion vor Augen führt. Eine Internetpräsenz *de lege lata* als Niederlassung eines Hauptunternehmens zu subsumieren, bringt gravierende Probleme mit sich. Zudem wird außerhalb von Verbraucherverträgen, hier sei an Art. 17 Abs. 1 lit. c Brüssel Ia-VO erinnert, keine Notwendigkeit für die Anerkennung virtueller Niederlassungen im Rahmen von Art. 7 Nr. 5 Brüssel Ia-VO gesehen,[155] sodass es bei dem allgemeinen Gerichtsstand des Beklagten bliebe. Zwar mag man für den unternehmerischen Rechtsverkehr teilweise bessere Rechtskenntnisse unterstellen oder erwarten dürfen, sodass es für Unternehmer vorhersehbar wäre, dass sie *de lege lata* ihr Gegenüber nicht dort verklagen können, wo sie ihn aufgrund einer Internetpräsenz vermuten, sondern auf andere Gerichtsstände verwiesen sind. Andererseits verkennt dies, dass auch für den Beklagten, der eine auf einen anderen Staat zugeschnittene Internetpräsenz betreibt, die Vorhersehbarkeit ausländischer Gerichtspflichtigkeit gegeben ist, sodass keine besondere Schutzbedürftigkeit besteht. An dieser Stelle gleichen sich die Vorhersehbarkeitsinteressen vielmehr aus und führen nicht weiter. Da aber der Beklagte von der ausländisch zugeschnittenen Internetpräsenz enorm profitieren kann, muss er – im Einklang mit dem Grundgedanken des Art. 7 Nr. 5 Brüssel Ia-VO – auch das Risiko eines Prozesses an jenem Ort tragen.[156] Es ist also eine Interessenabwägung der (für beide Parteien vorhersehbaren) Prozessrisiken, die zur Begründung des besonderen Gerichtsstands für virtuelle Niederlassungen führt, nicht etwa eine engere Sachnähe des Gerichts am Ort der virtuellen Niederlassung. Die engere Sachnähe des Gerichts am Ort der Niederlassung darin zu sehen, dass das Gericht mit der Sprache der Website vertraut ist,[157] überzeugt nicht. Allerdings lässt sich aus der regelmäßig fremdsprachigen Gestaltung der Internetpräsenz entnehmen, dass sich das Hauptunternehmen eher auch auf einen Prozess in fremder Sprache einlassen möchte als der Kläger, der sich bewusst nicht mit einer (für ihn) ausländischen Website, sondern mit einer solchen auseinandergesetzt hat, die in seiner Sprache (die Sprache des Klägers) gestaltet ist. Eine virtuelle Niederlassung in einer Internetpräsenz zu sehen, überzeugt also. Unter welchen Voraussetzungen dies *de lege ferenda* zu geschehen hat, wird im Folgenden untersucht.

---

[155] *Stadler/Krüger*, in: Musielak/Voit, ZPO, Art. 7 EuGVVO Rn. 25.
[156] Vgl. S. 137 f.
[157] *Bach/Tippner*, EuZW 2020, 481 (484).

bb) Einschluss außervertraglicher Schuldverhältnisse

Wie bereits erläutert, enthalten die bisherigen Ansätze zu virtuellen Niederlassungen stets einen Vertragsbezug, der nicht nachvollziehbar ist.[158] Ein neuer Ansatz darf die außervertraglichen Schuldverhältnisse deswegen nicht außer Acht lassen. Solche außervertraglichen Schuldverhältnisse können zwar vertragsnah, etwa bei Vertragsverhandlungen (culpa in contrahendo), entstehen.[159] Sie lassen sich aber auch durch klassisches deliktisches Handeln, etwa die Verbreitung von Schadsoftware (Malware) oder die Verletzung von Immaterialgüterrechten auf einer Internetpräsenz, begründen.[160] Es ist zu beachten, dass Art. 7 Nr. 2 Brüssel Ia-VO für unerlaubte Handlungen einen besonderen Gerichtsstand enthält. Gerade in diesen Fällen ist ein Auseinanderfallen der durch Art. 7 Nr. 2 Brüssel Ia-VO eröffneten Gerichtsstände am Handlungs- oder Erfolgsort und dem der virtuellen Niederlassung denkbar.[161] Der Handlungsort ist dort zu verorten, wo die Einspeisung ins Internet erfolgt.[162] Der Erfolgsort liegt dort, wo aus der vorangegangenen Handlung eine Verletzung eines geschützten Rechts oder Rechtsguts zu verzeichnen ist.[163] Für besondere Fallkonstellationen, insbesondere Persönlichkeitsverletzungen im Internet, hat die europäische Rechtsprechung Besonderheiten entwickelt. Bei diesen Streudelikten (Erfolgsorte in mehreren Staaten)[164] haben lediglich die Gerichte am Handlungsort und Ort des klägerischen Interessenschwerpunkts volle Kognitionsbefugnis, die Gerichte an einem der Erfolgsorte nur eine auf die im Forumsstaat entstandenen Schäden beschränkte Kognitionsbefugnis (Mosaikprinzip).[165] Ein besonderer

---

[158] *C. v. Bar/Mankowski*, IPR, Bd. 2, § 2 Rn. 194.

[159] Erwägungsgrund 10 Rom I-VO.

[160] Vgl. zur (Ir-)Relevanz bestimmter Website- und Programmkriterien zur Begründung einer markenrechtlichen Zuständigkeit OLG Frankfurt a.M. Beschl. v. 23.04.2020 – 6 W 42/20, GRUR-RS 2020, 19204.

[161] Ein Widerspruch zwischen Art. 7 Nr. 2 Brüssel Ia-VO und der Anerkennung virtueller Niederlassungen besteht nicht, siehe S. 132 f.

[162] *Leible*, in: Rauscher, EuZPR/EuIPR, Art. 7 Brüssel Ia-VO Rn. 142; *Thode*, in: BeckOK ZPO, Art. 7 Brüssel Ia-VO Rn. 87, Stand: 01.12.2022.

[163] EuGH Urt. 16.07.2009 – C-189/08 (*Zuid Chemie*), NJW 2009, 3501 (3502 f.) Rn. 23 zum „Ort, an dem der Schaden eingetreten ist", meint aber nach deutschem Verständnis den Erfolgsort und nicht den (sekundären) Schadensort, vgl. die Differenzierung EuGH a.a.O. Rn. 33 ff.; siehe auch *Geimer*, in: Geimer/Schütze, EuZVR, Art. 7 EuGVVO Rn. 269.

[164] *Kropholler/v. Hein*, EuZPR, Art. 5 EuGVO Rn. 81.

[165] EuGH Urt. v. 07.03.1995 – C-68/93 (*Fiona Shevill I*), NJW 1995, 1881 (1882) Rn. 24, 29 f., 31; Urt. v. 25.10.2011 – C-509/09 (*eDate Advertising*), EuZW 2011, 962 (963 f.) Rn. 42, 44 zur Übertragbarkeit der Rechtsprechung auf Publikationen im Internet, Rn. 48; bestätigt in Urt. v. 17.06.2021 – C-800/19 (*Mittelbayerischer Verlag*), EuZW 2021, 890 (892) Rn. 29, 31, 34; Urt. v. 17.10.2017 – C-194/16 (*Bolagsupplysningen*), EuZW 2018, 91 (92 f.) Rn. 29, 31, 32 ff.; zur Vereinbarkeit des Mosaikprinzips mit Europarecht *R. Schaub*, RabelsZ 66 (2002), 18 (43 f.); kritisch zum Mosaikprinzip *Wiepen*, GVRZ 2022, 3 (Rn. 20). Eine umfassende Kognitionsbefugnis haben ebenfalls die Gerichte an dem Ort, an dem der Verletzte den Mittelpunkt seiner Persönlichkeitsinteressen hat, EuGH Urt. v. 25.10.2011 – C-509/09 (*eDate Advertising*), EuZW 2011, 962 (963 f.) Rn. 48 ff.

Gerichtsstand der virtuellen Niederlassung könnte eine Alternative zu dem soeben Beschriebenen für den Kläger bieten. Etwa dann, wenn Persönlichkeitsrechtsverletzungen über eine Internetpräsenz begangen werden, die nicht dem unmittelbar Verleumdenden gehört, der Kläger aber gegen den Inhaber der Internetpräsenz, etwa als mittelbar Verantwortlichen, vorgehen möchte und die Gerichte am Ort der virtuellen Niederlassung prozessgünstiger als die Gerichte am Handlungs- oder Erfolgsort sind. Auch bei Immaterialgüterrechtsverletzungen ist ein Gerichtsstand am Ort der virtuellen Niederlassung sinnvoll, da das Bestehen einer virtuellen Niederlassung – je nachdem wie deren Voraussetzungen ausgestaltet werden – für den Kläger einfacher zu behaupten und zu beweisen sein könnte als etwa der genaue Ort der Einspeisung im Rahmen des Handlungsorts gem. Art. 7 Nr. 2 Brüssel Ia-VO. Hauptanwendungsfälle im außervertraglichen Bereich sind demnach in der originär-deliktischen Schädigung durch Schadsoftware, der Verletzung von Persönlichkeits- und Immaterialgüterrechten und der (nach deutschem Verständnis vertragsnahen) culpa in contrahendo zu erblicken.

cc) Bewertung möglicher Anknüpfungsmerkmale

Bei der Auslegung des besonderen Gerichtsstands ist wegen der Abweichung vom Grundsatz *actor sequitur forum rei* Vorsicht geboten und restriktiv vorzugehen.[166] Dies gilt jedoch nur für die Annahme eines besonderen Gerichtsstands insgesamt, nicht zwangsweise für die einzelnen Tatbestandsmerkmale eines besonderen Gerichtsstands, sodass sich nicht jede restriktive Handhabe in der Definition der Niederlassung niederschlagen muss, da diese über das danebenstehende Erfordernis des Betriebsbezugs korrigiert werden kann. Zudem müssen Anknüpfungsmerkmale formuliert werden, die eine interessengerechte Transformation einer virtuellen Niederlassung in eine physische Gerichtspflichtigkeit gewährleisten. Denn von der Annahme einer virtuellen Niederlassung auf eine gerade nicht-virtuelle, sondern physisch-geografische Gerichtspflichtigkeit zu schließen, scheint prima facie widersprüchlich.[167] Da es vorliegend um eine Gerichtspflichtigkeit aus dem Betrieb einer Niederlassung geht, ist eine völlige Deckungsgleichheit der Anforderungen an die Niederlassungs-Internetpräsenz mit denen für die Begründung eines deliktischen Gerichtsstands (immerhin werden auch vertragliche Streitigkeiten von Art. 7 Nr. 5 Brüssel Ia-VO erfasst) oder des Verbrauchergerichtsstands (es werden schließlich auch B2B-Sachverhalte erfasst) zu vermeiden.[168]

---

[166] Siehe S. 130 f.

[167] *Schrammen*, Grenzüberschreitende Verträge im Internet, S. 20 mit Hinweis auf pseudokonsequente Formen der Online-Streitbeilegung bei *P. Jung*, K&R 1999, 63 ff.

[168] Siehe zu jenen Anforderungen z.B. *Bogdan*, in: NordicYB of Law and Informatics 2010–2012, S. 160 ff.

(1) Niederlassungsobjekt: Website oder Webseite

Bevor man sich die Frage stellen kann, welche Eigenschaften eine Internetpräsenz aufweisen muss, ist ihre grundlegende Klassifikation festzulegen. Zunächst ist deshalb eine Differenzierung von Website und Webseite geboten.[169]
Unter einer Webseite versteht man eine Dokumentseite im Internet (ist es die
Startseite, spricht man von Homepage), während eine Website die Zusammen-
fassung mehrerer Webseiten unter einer Domain bedeutet.[170] Ein Online-Händ-
ler wird also regelmäßig eine Website (beispielsweise xyhandel.de) mit mehreren Webseiten betreiben, etwa eine Webseite pro Produkt (xyhandel.de/pro-
dukte/buch123), zuzüglich Impressum (xyhandel.de/impressum), Informationen zu Versand (xyhandel.de/versand) etc. Die Differenzierung ist insofern geboten, da von ihr abhängt, ob auch Unternehmer, die ihre geschäftlichen Angebote auf Marktplatz-Plattformen zugänglich machen, eine Niederlassung betreiben. Für das Genügen einer bloßen Webseite spricht das Telos des Art. 7 Nr. 5
Brüssel Ia-VO. Auch ohne eigene Website können Unternehmer besser Kunden
akquirieren, wenn sie bloß Webseiten im Rahmen bestimmter Marktplatz-Plattformen unterhalten. Zu beachten ist aber, dass nicht jede für das Unternehmen
wirtschaftlich förderliche Maßnahme mit dem Preis der besonderen Gerichtspflichtigkeit bezahlt werden muss. Dies ist nicht zuletzt auf das systematische
Gebot der restriktiven Auslegung der Tatbestände des Art. 7 Brüssel Ia-VO zurückzuführen. Auch der Wortlaut spricht gegen eine Einbeziehung von Webseiten. Wie bereits festgestellt, ist dem Wort „Niederlassung" eine gewisse
Dauerhaftigkeit und ein Organisationsaufwand immanent. Bei einer „bloßen
Beteiligung" an anderen Websites betreibt der Unternehmer jedoch nur ein Minimum an Investition und insbesondere keinen besonderen, eigenen Organisationsaufwand. Das Betreiben einer Webseite reicht auch nicht an den Schutz-
gedanken der sekundären Niederlassungsfreiheit heran. Erforderlich ist für eine
virtuelle Niederlassung grundsätzlich das Betreiben einer eigenen Website.[171]
Dafür spricht auch der Eindruck, der für den Rechtsverkehr entsteht. Bei dem
Besuch einer Händler-Webseite im Rahmen einer dritten Handelsplattform entsteht kein Bild einer qualifizierten Einrichtung des jeweiligen Unternehmers.
Es ist für den Rechtsverkehr erkennbar, dass sich der Unternehmer lediglich
beteiligt und keinen eigenen Investitionsaufwand, zugeschnitten auf den Staat,
betrieben hat. Wegen der erläuterten Irrelevanz der eCommerceRL für das Internationale Zuständigkeitsrecht besteht für die Definition der zuständigkeits-
begründenden Internetpräsenz kein Anlass, ein Bereithalten von eigenen oder

---

[169] Nur eine Serverstruktur ohne Webseite oder Website muss mangels Operabilität ausscheiden, *Foss/Bygrave*, IntJLIT 2000, 99 (127).

[170] *P. Fischer/Hofer*, Lexikon der Informatik, S. 397, 991, 994.

[171] Ebenfalls in jenem Falle eine Dauerhaftigkeit in Übereinstimmung mit der EuGH-
Rechtsprechung erkennend *Bogdan*, KCLJ 2006, 97 (101); *ders.*, in: Cyberspace 2005, S. 27
(31).

fremden Telemedien anzuerkennen, was auch durch Anbieten im Rahmen einer Plattform geschehen kann.[172]

Da es nach dem EuGH (auch) auf den Rechtsschein für den Rechtsverkehr ankommt, kann eine Webseite ausnahmsweise aber dann als Niederlassung subsumiert werden, wenn sie dem Rechtsverkehr das Erscheinungsbild einer Website vermittelt. Einer etwaigen Begründung einer virtuellen Niederlassung kraft Rechtsschein steht im Falle einer bloßen Webseite wohl regelmäßig schon das einheitliche Erscheinungsbild der übergeordneten Plattform entgegen, wenngleich dies besondere Einzelfälle nicht ausschließen kann. Denkbar sind Fälle, in denen ein Unternehmer Impressum, seine AGB und Angebote auf einer Webseite einer Plattform darstellt und das Erscheinungsbild der die Website betreibenden Plattform völlig in den Hintergrund gerät.[173]

Grundsätzlich ist eine Internetpräsenz in Form einer Website erforderlich.[174]

(2) Abrufbarkeit der Website

Die Website muss dort abrufbar sein, wo eine virtuelle Niederlassung begründet werden soll.[175] Die Abrufbarkeit kann als Mindestkriterium verstanden werden. Sie ist das übergeordnete Kriterium, das der Unternehmer steuern kann, indem er die Zugänglichkeit für Zugriffsanfragen aus bestimmten Orten einschränkt (Geoblocking). Im Zuge der zunehmenden Europäisierung wurde dieses Geoblocking gem. Art. 3 GeoblockingVO[176] untersagt. Wie aber auch bei der Pflicht hinsichtlich der Impressumsangaben[177] kann sich ein rechtwidriges Geoblocking aber nicht zulasten des Klägers auswirken, dem dadurch die Klagemöglichkeit in einem anderen Staat entzogen würde. Umgekehrt darf das Umgehen eines rechtmäßigen Geoblockings, vgl. Art. 3 Abs. 3 GeoblockingVO, nicht zu einer erhöhten Gerichtspflichtigkeit des Unternehmers führen, der billigerweise nicht mit dieser rechnen musste.[178] Innerhalb des europäischen Binnenmarktes wird Geoblocking deshalb wohl nur eine untergeordnete Rolle spielen.

---

[172] *Martini*, in: BeckOK Informations- und Medienrecht, § 2 TMG Rn. 7a, Stand: 01.08.2022; *Spindler*, in: Spindler/Schmitz, TMG, § 2 Rn. 12 f.

[173] Vgl. zum Telemedienrecht OLG Köln Hinweisbeschl. v. 23.09.2014 – 6 U 115/14, MMR 2014, 817; *Spindler*, in: Spindler/Schmitz, TMG, § 2 Rn. 12.

[174] Implizit auch *Bach/Tippner*, EuZW 2020, 481 (482 ff.); *C. Berger*, in: Informatik 2001, S. 1002 (1006); unklar, da teilweise von „Webseite" und „Homepage" sprechend, *Ganssauge*, Verbraucherverträge im Internet, S. 37 ff.

[175] *C. Berger*, in: Informatik 2001, S. 1002 (1007).

[176] VO (EU) 2018/302 des Europäischen Parlaments und des Rates v. 28.02.2018 über Maßnahmen gegen ungerechtfertigtes Geoblocking und andere Formen der Diskriminierung aufgrund der Staatsangehörigkeit, des Wohnsitzes oder des Ortes der Niederlassung des Kunden innerhalb des Binnenmarkts und zur Anwendung der Verordnungen (EG) Nr. 2006/2004 und (EU) 2017/2394 sowie der Richtlinie 2009/22/EG (GeoblockingVO).

[177] Siehe S. 153 f.

[178] *C. Berger*, in: Informatik 2001, S. 1002 (1007).

Anders ist es um die Frage der Abrufbarkeit in den verschiedenen Formen des Internets generell bestellt. So ist das World Wide Web, der bekannteste Teil des Internets, nur ein Teilbereich des Internets.[179] Außerhalb des World Wide Web ist das sogenannte Darknet anzutreffen. Auch dort sind Anbieterwebsites oder Plattformen zu treffen, die jedoch nicht mit einem klassischen Browser abgerufen werden können. Da jedoch kein Grund ersichtlich ist, weshalb Internetpräsenzen außerhalb des World Wide Web rechtlich privilegiert werden sollten, kann es auf die Unterscheidung World Wide Web und Darknet nicht ankommen. Auch Websites im Darknet sind damit in diesem Sinne abrufbar (wenngleich nur mit anderen technischen Vorrichtungen).

Die Abrufbarkeit – egal wo und wie im Internet – ist das Mindestkriterium, das eine Website erfüllen muss, um sie als virtuelle Niederlassung zu subsumieren. Unabhängig vom konkreten Verhältnis von eCommerceRL und Art. 7 Nr. 5 Brüssel Ia-VO entsteht so auch kein Widerspruch zu Erwägungsgrund 19 eCommerceRL, der die Lokalisierung einer Niederlassung nicht von der Zugänglichkeit einer Website abhängig macht.

(3) Bezug des Beklagten zur Website

Zudem muss zur Begründung einer besonderen Gerichtspflichtigkeit eine Beziehung des Beklagten, zu dessen Lasten von der Grundregel *actor sequitur forum rei* abgewichen wird, zur Website bestehen. Nur so ist die besondere Gerichtspflichtigkeit für den Unternehmer auch vorhersehbar, Erwägungsgrund 15 S. 1 Brüssel Ia-VO. Erforderlich ist im Lichte der Organisation der Website eine der physischen Geschäftsführung äquivalente Beherrschungsgewalt über die Ausgestaltung der Website, denn Niederlassungen müssen grundsätzlich „der Aufsicht und Leitung des Stammhauses unterliegen"[180]. Diese liegt regelmäßig beim Domaininhaber. Auf das Eigentum an dem Server, über den die Website betrieben wird, kann es nicht ankommen, da das organisatorische Betreiben einer Website auch auf fremden Servern möglich ist.[181] Für den Besucher europäischer Websites hilfreich ist insofern das gem. Art. 5 Abs. 1 eCommerceRL (in Deutschland in § 5 Telemediengesetz (TMG) umgesetzt) verpflichtende Impressum, das unter anderem den Namen und eine Anschrift des Betreibers der Website enthält, und so die Transparenz für den unternehmerischen Rechtsverkehr erhöht.[182] Mithilfe dieser Informationen kann der Abrufer einer Website den Beklagten identifizieren. Wegen der dargelegten Irrelevanz der eCommerceRL für das Internationale Zuständigkeitsrecht und das Internationale Privatrecht[183] kann jedoch nicht von der dort angegebenen Niederlassung auf den Ort der virtuellen Niederlassung geschlossen werden. Ein Gleichlauf von Diensteanbieter im Sinne des § 2 TMG und Inhaber einer

---

[179] Vgl. *P. Fischer/Hofer*, Lexikon der Informatik, S. 442, 1012.
[180] EuGH Urt. v. 06.10.1976 – Rs. 14/76 (*De Bloos*), NJW 1977, 490 (491).
[181] *Foss/Bygrave*, IntJLIT 2000, 99 (127).
[182] *Spindler*, in: Spindler/Schmitz, TMG, § 5 Rn. 1 f.
[183] Siehe S. 134 f.

virtuellen Niederlassung ist somit nicht herzustellen. Wie für physische Niederlassungen anerkannt, kann unter Umständen auch ein Rechtsschein einen hinreichenden Bezug des Beklagten zu der fraglichen Website begründen. Dieser muss dem Beklagten zu dessen Schutz zumindest zurechenbar sein.

(4) Serverstandort oder -eigentum

Unabhängig von möglichen Konflikten mit der eCommerce-RL ist der Standort des Servers, über den die betreffende Website abrufbar ist, kein geeignetes Indiz zur Lokalisierung der virtuellen Niederlassung.[184] Nicht nur für den Kläger, sondern teilweise auch für den Unternehmer selbst ist es nicht bekannt oder relevant, sondern vielmehr zufällig, wo die Server zu verorten sind. Insbesondere, wenn man wie der EuGH auf den Eindruck für den Rechtsverkehr abstellt, kann der Serverstandort nicht von Interesse sein.[185] Ebenso stellt der Server nur eine Assistenzvorrichtung für den Geschäftsbetrieb, nicht aber den Geschäftsbetrieb selbst dar.[186] Da der Server zudem schnell gewechselt werden kann, wird dieses Merkmal weder der Dauerhaftigkeit noch der Vorhersehbarkeit der Gerichtspflichtigkeit gerecht.[187] Zwar kann eine Website insgesamt – ebenso wie eine physische Niederlassung – von einem auf den anderen Tag geschlossen werden.[188] Aufgrund des Organisationsaufwands wird die vollständige Abschaltung einer Website aber nicht so spontan erfolgen, wie beispielsweise ein Serverwechsel, der aufgrund konkurrierender Serverangebote unternehmerisch oder aufgrund bestimmter Datenschutzbestimmungen rechtlich möglicherweise sogar geboten sein mag.

(5) Vertragsbezug

Sobald ein Bezug zu einem Vertrag für die Begründung einer Niederlassung gefordert wird,[189] entstehen Probleme, wie mit außervertraglichen Schuldverhältnissen, die ebenfalls am besonderen Gerichtsstand der Niederlassung justiziabel sind,[190] zu verfahren ist. Zwar böte ein Erfordernis eines Online-Vertragsabschlusses auf der als Niederlassung zu qualifizierenden Website Schutz für den potenziellen Beklagten, da er eine solche Möglichkeit nicht anbieten muss. Auch mag ein Vertragserfordernis für Fälle, in denen am besonderen Gerichtsstand der Niederlassung tatsächlich primäre oder sekundäre vertragliche Ansprüche geltend gemacht werden, geeignet sein. Zu beachten ist aber, dass der besondere Gerichtsstand des Erfüllungsorts gem. Art. 7 Nr. 1 Brüssel Ia-

[184] *C. Berger*, in: Informatik 2001, S. 1002 (1007).
[185] *Ganssauge*, Verbraucherverträge im Internet, S. 37.
[186] *Schrammen*, Grenzüberschreitende Verträge im Internet, S. 18.
[187] *Schrammen*, Grenzüberschreitende Verträge im Internet, S. 19.
[188] Auch *Bogdan*, KCLJ 2006, 97 (101) hält dies für unbeachtlich; *Schrammen*, Grenzüberschreitende Verträge im Internet, S. 19 f.
[189] *C. Berger*, in: Informatik 2001, S. 1002 (1006 f.).
[190] Siehe S. 132 f. und S. 146 ff.

VO dem etwaigen Vertragsbezug bereits hinreichend Rechnung trägt. Dieser setzt einen Vertragsbezug zwingend voraus und wird deshalb auch als Vertragsgerichtsstand bezeichnet.[191] Sollte der Vertrag also am Ort der hypothetischen Niederlassung zu erfüllen sein, besteht ohnehin bereits ein besonderer Gerichtsstand am begehrten Ort. Würde man in den Tatbestand des Art. 7 Nr. 5 Brüssel Ia-VO nun einen Vertragsbezug aufnehmen, bedeutete dies eine Vervielfältigung der Gerichtsstände, die nach der Konzeption des Art. 7 Brüssel Ia-VO von dessen Nr. 1 erfasst werden sollten. Ohne einen solchen Fokus besteht aber kein Widerspruch zwischen dem Vertrags- und dem Niederlassungsgerichtsstand.[192] Zu einem unüberwindbaren Erfordernis sollte ein Vertragsbezug schließlich auch wegen der außervertraglichen Geltung des besonderen Gerichtsstands der Niederlassung nicht erkoren werden. Es ist aber zu beachten, dass ein (angebahnter) Vertragsschluss den für Art. 7 Nr. 5 Brüssel Ia-VO neben der Niederlassung ebenfalls erforderlichen Betriebsbezug begründen kann.[193] Somit folgt auch aus der Differenzierung der Tatbestandsmerkmale des Art. 7 Nr. 5 Brüssel Ia-VO, dass ein zu starker Vertragsbezug nicht für die Begründung der Niederlassung erforderlich sein kann.

Auf einen Vertragsbezug ist für die Definition des Tatbestandsmerkmals Niederlassung zu verzichten.

(6) Online-Erfüllung des Vertrags

Schon aus den vorstehenden Gründen kann es nicht (allein) auf einen Vertragsbezug ankommen. Erst recht kann deshalb nicht verlangt werden, dass ein Vertrag auch online erfüllt wird oder werden könnte.[194] Dies belegt ein Vergleich mit physischen Niederlassungen. In diesen Fällen muss der Vertrag auch nicht am Ort der Niederlassung erfüllt werden oder erfüllt werden können.[195] Etwa bei einem Vertrag über die Errichtung eines Gebäudes auf einem Grundstück des späteren Klägers wird nicht verlangt, dass jenes zu errichtende Gebäude auch in der örtlichen Niederlassung aufgebaut werden kann oder gar muss. Selbst wenn man also einen Vertragsbezug als eine von mehreren (alternativen) Voraussetzungen zur Begründung einer virtuellen Niederlassung heranziehen wollte, kann es nicht auf eine Online-Erfüllung ankommen.

(7) Währung

Da es wie bereits dargelegt nicht auf die Möglichkeit eines Vertragsabschlusses auf der Website ankommt, kann eine etwaig angebotene Währung auf einer Website keine zwingende Voraussetzung für die Annahme einer Niederlassung

---

[191] *Wendelstein*, ZEuP 2015, 622 (625).
[192] Siehe S. 131.
[193] EuGH Urt. v. 22.11.1978 – C-33/78 (*Somafer*), BeckRS 2004, 70835 Rn. 13.
[194] A.A. *C. Berger*, in: Informatik 2001, S. 1002 (1007).
[195] *Schlosser*, in: Schlosser/Hess, EuZPR, Art. 7 EuGVVO Rn. 20.

sein.[196] Zwar würde die Zahlungsannahme in (aus Sicht des Unternehmers) ausländischen Währungen die Website noch weiter auf die Staaten, deren Währungen akzeptiert werden, zuschneiden und auch Investitionen des Unternehmers bedeuten, wenn er etwa Fremdwährungen wechseln muss. Allerdings würde in weiten Teilen der Anwendungsbereich faktisch auf vertragliche Streitigkeiten beschränkt, obgleich Art. 7 Nr. 5 Brüssel Ia-VO gleichermaßen für außervertragliche Streitigkeiten gilt. Auf die etwaig angebotenen Währungen auf einer Website kann es folglich nicht ankommen.

(8) Impressumsangaben

Impressumsangaben sind kein geeignetes Indiz zur Feststellung, ob und wo es sich bei der Website um eine virtuelle Niederlassung handelt. Zum einen beruhen die Impressumspflichten[197] gem. § 5 TMG auf der eCommerceRL, die wie bereits erwähnt keinen Einfluss auf das Recht der internationalen Zuständigkeit hat.[198] Zum anderen wäre im Impressum eine Niederlassung angegeben, deren Niederlassungsbegriff sich von dem zuständigkeitsrechtlichen Niederlassungsbegriff unterscheidet. Außerdem handelte es sich um eine Niederlassung, die gar nicht ermittelt werden soll. Es wird gerade nach der Niederlassungseigenschaft der Website selbst gefragt, nicht danach, welche (physische) Niederlassung die Website betreibt.[199] Insofern kommt es auch nicht drauf an, ob ein Büro, welches nur eine Website betreibt, eine Niederlassung darstellt.[200] Schließlich würde eine Relevanz von Impressumsangaben bedeuten, dass sich der Unternehmer unter Umständen der Gerichtspflichtigkeit entziehen und den Schutz der anderen Vertragspartei schmälern könnte, indem er Pflichtangaben zur Vermeidung einer zusätzlichen besonderen Gerichtspflichtigkeit unwahr oder unvollständig angibt, obwohl diese Pflichtangaben den Rechtsverkehr gerade schützen sollen.[201] Impressumsangaben sind nach alledem ungeeignet, um eine virtuelle Niederlassung zu lokalisieren.

---

[196] Dagegen im Ergebnis auch *C. Berger*, in: Informatik 2001, S. 1002 (1008).

[197] Zu den Pflichtangaben des TMG und anderen Normen *Daum*, MMR 2020, 643 ff.

[198] Siehe S. 134 f.

[199] So aber LG Frankfurt a.M. Urt. v. 05.12.2014 – 2-24 S 123/14, NZV 2016, 227 (227); dagegen schon damals *C. Berger*, in: Informatik 2001, S. 1002 (1007), der nicht auf den Ort der Einspeisung ins Internet abstellt.

[200] Vgl. LG Frankfurt a.M. Urt. v. 05.12.2014 – 2-24 S 123/14, NZV 2016, 227 (227); so aber BGH Urt. v. 16.03.2021 – X ZR 9/20, NJW-RR 2021, 777 (778).

[201] *Micklitz/Schrimbacher*, in: Spindler/Schuster, Recht der elektronischen Medien, § 5 TMG Rn. 2 f.; *Ott*, in: BeckOK Informations- und Medienrecht, § 5 TMG Rn. 3, Stand: 01.02.2023.

(9) Sprachliche Gestaltung

Die Gestaltung der Website in einer bestimmten Sprache kann als Indiz für einen bestimmten Zuschnitt auf ein Land herangezogen werden.[202] Denn auch bei physischen Niederlassungen ausländischer Unternehmen ist davon auszugehen, dass das Personal dort nicht die Sprache des Ortes der Hauptniederlassung oder des Satzungssitzes des Unternehmens, sondern diejenige Sprache spricht, die auch am Ort der Niederlassung gesprochen wird. Diese vergleichbare Interessenlage verdeutlicht die Schutzbedürftigkeit des Rechtsverkehrs, der bei Verkehr mit einer Website, die in seiner Heimatsprache verfasst ist, nicht zwangsläufig die Internationalität des Sachverhalts erkennt.[203] Im Lichte der Rechtssicherheit und Vorhersehbarkeit kann nur auf die Qualität als normativ kodifizierte Amtssprache, nicht aber auf bloß tatsächliche Sprachkenntnisse in den einzelnen Staaten abgestellt werden. Außerdem verbindet nur die Amtssprache eines Staates eine Website mit den Gerichtes desselben Staats.

Es bestehen jedoch auch Komplikationen betreffend die Ausgestaltung und damit die Indizwirkung der Übersetzung einer Website. Einerseits ist fraglich, ob eine unternehmenseigene Übersetzung zu verlangen ist. Andererseits stellt sich die Frage, wie mit Sprachen zu verfahren ist, die in mehreren Staaten gesprochen werden.

Heutzutage besteht die Möglichkeit der Übersetzung der Website durch Drittanbieter, bei der der Abrufer einer Website die gewünschte Zielübersetzung auswählen kann und nicht mehr der Unternehmer seine Website im Vorhinein selbst übersetzen muss. Dies könnte dagegensprechen, die Annahme einer virtuellen Niederlassung streng von einer unternehmereigenen Übersetzung des Websiteinhalts abhängig zu machen. Es böte sich aber eine Differenzierung danach an, welche Partei den externen Übersetzungsdienst einsetzt. Sollte der Unternehmer eine Übersetzungsfunktion seinerseits auf seiner Website implementieren, wäre eine erhöhte Gerichtspflichtigkeit im Lichte der Steuerbarkeit des Unternehmers, der sich bewusst an einen unbestimmten sprachlichen Adressatenkreis wendet, eher gerechtfertigt, als wenn der Abrufer der Website selbst zur Vereinfachung der Verständlichkeit ein Übersetzungsdienst einsetzt. Es leuchtet nicht ein, warum der Unternehmer, der sich eine eigene Übersetzung erspart, jedoch eine fremde veranlasst, gegenüber dem eigenmächtig übersetzenden Unternehmer privilegiert sein soll. Eine nachträgliche Übersetzung durch einen Dritten muss genauso behandelt werden wie eine externe Übersetzung im Vorhinein, etwa durch einen Übersetzer, solange die Übersetzung vom Unternehmer veranlasst wurde. Die Maßgeblichkeit des (dem Unternehmer zurechenbaren) Rechtsscheins kann auch hier herangezogen werden, da es für den Geschäftsverkehr in der Regel belanglos ist, wer die Seite für ihn übersetzt hat.

---

[202] *Bach/Tippner*, EuZW 2020, 481 (484); *Ganssauge*, Verbraucherverträge im Internet, S. 37; dagegen, da zu unsicher, *C. Berger*, in: Informatik 2001, S. 1002 (1008).
[203] *Bach/Tippner*, EuZW 2020, 481 (484).

Es kann also keine unternehmereigene, wohl aber eine unternehmerveranlasste Übersetzung verlangt werden.

Zudem ist die Gestaltung einer Website in einer Sprache problematisch, die in mehreren Ländern gesprochen wird (beispielsweise Englisch in diversen Staaten, Deutsch in Deutschland, Österreich und Teilen der Schweiz). Insbesondere die Weltsprache Englisch kann gerade dazu genutzt werden, möglichst großen Teilen des internationalen Geschäftsverkehrs in verständlicher Weise Zugang zu bieten. Daran könnte man im Gegenzug auch ein weites Verständnis der virtuellen Niederlassung koppeln. Jedoch ist dem Niederlassungsbegriff eine Standortindividualisierung immanent, weswegen allzu globale Merkmale keine Niederlassung begründen können. Auch der Gedanke der auf einen Ort bezogenen Investition legt es nahe, einen individuelleren Zuschnitt zu verlangen. Es kann deshalb nur in den Staaten eine Niederlassung angenommen werden, in denen die Sprache der Website auch Amtssprache ist, sodass der Kreis der potenziellen Gerichtspflichtigkeiten auch im Falle der englischen Sprache deutlich eingegrenzt wird. Somit ist eine vom Betreiber der Website veranlasste Übersetzung in eine Amtssprache erforderlich, um in jenem Staat eine Niederlassung annehmen zu können. Zu bedenken ist, dass neben die sprachliche Gestaltung der Website weitere Kriterien, die eine weitergehende Lokalisierung ermöglichen, treten müssen, um eine Niederlassung in einem Staat annehmen zu können.

(10) Countrycode-Top-Level-Domain

Mehrere Stimmen, die für eine Anerkennung von Websites als Niederlassungen plädieren, machen eine solche von der Countrycode-Top-Level-Domain der Website abhängig.[204]

Die Lokalisierungsstärke von Top-Level-Domains ist zweifelhaft. In einem ersten Schritt sind Countrycode-Top-Level-Domains (.de, .fr, .at etc.) von generischen Top-Level-Domains (.com, .org, .net etc.) zu unterscheiden. Letztere geben keinen Hinweis auf einen bestimmten Staat, werden weltweit genutzt und sind deshalb für eine Lokalisierung einer Niederlassung ungeeignet.[205] Websites mit einer generischen Top-Level-Domain müssten, sollte eine Countrycode-Top-Level-Domain zwingende Voraussetzung zur Lokalisierung einer Niederlassung sein, schon deswegen als virtuelle Niederlassungen ausscheiden. Zweifelhaft ist aber, ob jemand, der mit dem Unternehmer über dessen Website einen Vertrag schließt, weniger schutzwürdig ist oder ein anderes Vertrauen bildet, bloß weil die Internetadresse der Website beispielsweise nicht auf .de, sondern auf .org endet. Gerade wenn man bedenkt, dass der Vertragspartner eventuell bloß mit einer Suchmaschine die Internetpräsenz des Unternehmers

---

[204] *Bach/Tippner*, EuZW 2020, 481 (484); als Indiz für Rechtsschein *Ganssauge*, Verbraucherverträge im Internet, S. 37; dagegen, da zu unsicher, *C. Berger*, in: Informatik 2001, S. 1002 (1008).

[205] *Terlau*, in: Moritz/Dreier, E-Commerce, C Rn. 56.

in einer ihm verständlichen Sprache gesucht hat, wird er möglicherweise nicht weiter auf die Top-Level-Domain achten. Nicht von der Hand zu weisen ist aber, dass ein ausländisches Unternehmen, das eine Website mit inländischer Countrycode-Top-Level-Domain betreibt, obwohl es entweder eine generische Top-Level-Domain verwenden oder auf seiner ausländischen Website einen anderweitig auf das Inland zugeschnittenen Bereich einrichten könnte, eine enge Beziehung zum Inland ausdrückt.

In einem zweiten Schritt offenbart sich ein weiteres Problem, denn Unternehmen nutzen immer häufiger nicht die Countrycode-Top-Level-Domains entsprechend ihrem wirtschaftlichen Tätigwerden. Die vom Unternehmer gewählte Countrycode-Top-Level-Domain muss keinen tatsächlichen Bezug zu dem Staat aufweisen, dessen Top-Level-Domain verwendet wird.[206] So werden aus Gründen der Domainästhetik[207] oder der Secondlevel-Domainverfügbarkeit Countrycode-Top-Level-Domains gewählt, die mit der Geschäftätigkeit wenig bis gar nichts zu tun haben (beispielsweise .io oder .to).[208] In diesen Fällen hat keine der beteiligten Parteien ein Interesse daran, einen Rechtsstreit an jenem Ort (im Britischen Territorium im Indischen Ozean (.io) oder in Tonga (.to)) zu führen. (Für einen Deutschen, der auf der englischsprachigen Website eines US-amerikanischen Unternehmens einen Vertrag schließt, entfaltet sich nicht der von Art. 7 Nr. 5 Brüssel Ia-VO intendierte Schutz, wenn sich ihm ein Gerichtsstand im Britischen Territorium im Indischen Ozean eröffnete, denn er möchte regelmäßig nicht dort, sondern in Deutschland klagen.) Es ist jedoch zu beachten, dass Art. 7 Nr. 5 Brüssel Ia-VO nur Gerichtsstände in einem EU-Mitgliedstaat begründen kann, sodass an dieser Stelle nur europäische Countrycode-Top-Level-Domains einen in oben beschriebener Weise sachfremden besonderen Gerichtsstand begründen können.

Eine Countrycode-Top-Level-Domain muss Voraussetzung zur Subsumtion einer Website als Niederlassung sein, da nur so die Interessen von Klägern und Beklagten ausgeglichen werden können. Während der meisten Zeit der Internetnutzung wird dem Benutzer nämlich in der Adresszeile seines Internetprogramms die Top-Level-Domain angezeigt. Und nur dann kann der Kläger davon ausgehen, seine Heimatsrechtsordnung nicht verlassen zu haben.[209] Zudem kann es nicht Ziel sein, jedem Internetnutzer einen besonderen Gerichtsstand an die Hand zu geben, da andernfalls der elektronische Geschäftsverkehr insgesamt das Regel-Ausnahme-Verhältnis von allgemeinem und besonderem Gerichtsstand nach der Brüssel Ia-VO in Frage stellen würde. Schließlich werden potenziell beklagte Unternehmer durch ein Erfordernis von Countrycode-Top-

---

[206] *Bogdan*, KCLJ 2006, 97 (98); *ders.*, in: Hohloch, Internet und Recht, S. 59 (62).

[207] So bedient sich die auf dem Campus der Ruhr-Universität Bochum befindliche Gastronomie Q-West der Countrycode-Top-Level-Domain „.st" des Inselstaats São Tomé und Príncipe im Golf von Guinea (<https://q-we.st>); vgl. auch *Bogdan*, MUJLT 2009, 219 (222).

[208] Zu „Digital Colonialism" <https://www.wired.com/story/the-digital-colonialism-behind-tv-and-ly/> (zuletzt abgerufen: 19.04.2023).

[209] Siehe zur gleichzeitigen Ansässigkeit des Klägers S. 158.

Level-Domains vor zu weitreichender Gerichtspflichtigkeit geschützt, denn sie sind es selbst, die ihre Websites mit jenen Top-Level-Domains verknüpfen.

(11) Einseitige subjektive Beschränkung durch Unternehmer

Fraglich ist, ob der Unternehmer seine besondere Gerichtspflichtigkeit subjektiv durch eine einseitige Erklärung gegenüber seinen Vertragspartnern einschränken darf.[210] Darunter ist bloß eine subjektive Erklärung durch den Unternehmer zu verstehen, der sich auch bei Vorliegen aller anderen Anknüpfungsmerkmale der besonderen Gerichtspflichtigkeit entziehen möchte. Darunter ist nicht die (durchaus auch subjektive) Beeinflussung objektiver Anknüpfungsmerkmale zu verstehen, wie etwa die Begrenzung der Abrufbarkeit einer Website durch Geoblocking, eine nicht erfolgte Übersetzung der Website in eine andere Sprache oder die Auswahl einer generischen Top-Level-Domain.

Für eine einseitige Beschränkungsmöglichkeit spricht die Organisationsgewalt des Unternehmers über seine Niederlassungen. Auch könnte eine – aus Sicht des Unternehmers – ausufernde Gerichtspflichtigkeit dazu führen, dass er sich aus dem elektronischen Geschäftsverkehr zurückzieht, was der Verwirklichung des europäischen Binnenmarkts abträglich wäre. Aus systematischer Hinsicht vermag eine einseitige Bestimmung (Eingrenzung) der Gerichtspflichtigkeit jedoch nicht zu überzeugen, da sie die Regelungen über Prorogation und Derogation umgehen würde. Art. 25 Brüssel Ia-VO, der direkt nur für die Prorogation, für die Derogation aber analog angewendet wird,[211] setzt insoweit stets Zweiseitigkeit voraus („Haben *die* Parteien […] *vereinbart* […]"[212]).[213] Nur wenn diese Zweiseitigkeit neben anderen Voraussetzungen vorliegt, geht der Parteiwille der Anordnung des Art. 7 Nr. 5 Brüssel Ia-VO vor.[214] Ein einseitiger Wille des Unternehmers vermag im Ergebnis nicht den Gerichtsstand der Niederlassung einzuschränken. Die Möglichkeit einer individuellen Prorogations- oder Derogationsvereinbarung wird dadurch nicht eingeschränkt.

(12) Verhältnis der Anknüpfungsmerkmale zueinander

Der relevante Maßstab bei der Auswahl der Anknüpfungsmerkmale ist, dass für den Rechtsverkehr durch Nutzung der Website der Eindruck entsteht, dass er

---

[210] Dafür *C. Berger*, in: Informatik 2001, S. 1002 (1007 f.).

[211] *Geimer*, in: Geimer/Schütze, EuZVR, Art. 25 EuGVVO Rn. 141; *Kropholler/v. Hein*, EuZPR, Art. 23 EuGVO Rn. 15; *Mankowski*, in: Rauscher, EuZPR/EuIPR, Art. 25 Brüssel Ia-VO Rn. 80; *E. Peiffer/M. Peiffer*, in: Geimer/Schütze, Internationaler Rechtsverkehr, Art. 25 VO (EU) 1215/2012 Rn. 14.

[212] Vgl. Art. 25 Abs. 1 S. 1 Brüssel Ia-VO, Hervorhebungen durch den Verfasser.

[213] EuGH Urt. v. 07.02.2013 – C-543/10 (*Refcomp*), EuZW 2013, 316 (318) Rn. 26; *Geimer*, in: Geimer/Schütze, EuZVR, Art. 25 EuGVVO Rn. 75; *Hörnle*, Internet Jurisdiction, S. 277; *E. Peiffer/M. Peiffer*, in: Geimer/Schütze, Internationaler Rechtsverkehr, Art. 25 VO (EU) 1215/2012 Rn. 85 ff.

[214] *C. Berger*, in: Informatik 2001, S. 1002 (1008); *Paulus*, in: Geimer/Schütze, Internationaler Rechtsverkehr, Vor Art. 7 VO (EU) 1215/2012 Rn. 13.

nicht die Grenzen seiner Heimatrechtsordnung verlässt. Somit ist neben einer
(1.) am Ort der zu begründenden Niederlassung abrufbare Website, (2.) deren
Inhalt der Beklagte steuert und insbesondere deren Domain dem Beklagten gehört, eine (3.) vom Beklagten veranlasste Übersetzung in (4.) eine der Amts-
sprachen des Staates erforderlich, in dem die Niederlassung begründet werden
soll. Ebenso wie die Sprache der Website muss (5.) ihre Internetadresse auf eine
Countrycode-Top-Level enden, die dem Staat, in dem die Niederlassung zu lokalisieren sein soll, zuzuordnen sein. Sind diese Voraussetzungen kumulativ
gegeben, offenbart sich dem Websitebesucher nicht, dass er seine Heimatrechtsordnung verlässt, und die Website stellt eine Niederlassung dar.[215]

Im Ergebnis sind die Anknüpfungsmerkmale objektiv zu bestimmen. Um
auch die klägerischen Interessen nicht zu vernachlässigen, muss die Möglichkeit bestehen, einzelne Definitionsmerkmale bei ihrem Nichtvorliegen ausnahmsweise mit einem entsprechenden Rechtsschein überwinden zu können,
soweit die Merkmale dies zulassen. Eine reine Gesamtbetrachtung, welchen
Eindruck die Website auf den Rechtsverkehr macht, ist entgegen *Ganssauge*
aber abzulehnen.[216] Zu weit würde hier die Steuerungsmöglichkeit des später
beklagten Unternehmers vernachlässigt werden.

Ebenso abzulehnen sind von *C. Berger* vorgeschlagene einseitige subjektive
Beschränkungsmöglichkeiten des Beklagten, die dem System der Brüssel Ia-
VO zuwiderliefen. Am ehesten ist deswegen der Ansicht von *Bach/Tippner* zuzustimmen, wenngleich es nicht auf die Möglichkeit eines Online-Vertrags-
schlusses ankommen kann.

dd) Streitigkeiten aus ihrem Betrieb

Die Streitigkeit, die an dem gem. Art. 7 Nr. 5 Brüssel Ia-VO zu begründenden
Gerichtsstand entschieden werden soll, muss aus dem Betrieb der Niederlassung herrühren, da der Gerichtsstand eine besondere Nähe zur Streitigkeit voraussetzt, die ohne eine entsprechende Konnexität nicht gegeben wäre.[217] Nach
der Rechtsprechung des EuGH ist der Betriebsbezug gegeben bei Streitigkeiten,
die aus Errichtung und Unterhaltung der Niederlassung herrühren (beispielsweise Pacht- und Arbeitsverträge), vertraglichen Ansprüchen, die aus der Geschäftstätigkeit mit Dritten für das Hauptunternehmen entstanden sind, sowie
außervertraglichen Ansprüchen, die bei der Ausübung der Tätigkeit für das
Hauptunternehmen entstanden sind.[218] Auch bei dieser Tatbestandsvoraus-

---

[215] Siehe zur gleichzeitigen Ansässigkeit des Klägers S. 158.
[216] *Ganssauge*, Verbraucherverträge im Internet, S. 36 ff.
[217] EuGH Urt. v. 20.05.2021 – C-913/19 (*CNP*), NJW 2021, 1863 (1865 f.) Rn. 50, 52.
[218] EuGH Urt. v. 22.11.1978 – C-33/78 (*Somafer*), BeckRS 2004, 70835 Rn. 13, auf den
Erfüllungsort kommt es wegen Art. 7 Nr. 1 Brüssel Ia-VO seit EuGH Urt. v. 06.04.1995 – C-
439/93 (*Lloyd's Register of Shipping*), EuZW 1995, 409 (410) Rn. 22 nicht mehr an.

setzung genügt Rechtsschein.[219] Dies lässt sich ohne weitere Probleme auf Websites als Niederlassungen übertragen.

Es ist aber geboten, dass der Vertragspartner in dem Staat ansässig ist, auf den der Unternehmer seine Website zugeschnitten hat. Andernfalls könnte es zu vorgelagertem *forum shopping* durch Auswahl der länderspezifischen Website, deren Prozessrecht und materielles Recht der potenzielle Kläger bevorzugt, kommen. Ein solcher Ansässigkeitsvorbehalt verstößt nicht gegen das Verbot eines *forum non conveniens*-Einwandes. Zwar enthält Art. 7 Brüssel Ia-VO nur streitgegenstandsbezogene Anknüpfungsmerkmale und sollte diese Entscheidung des Verordnungsgebers nicht umgangen werden. Nur durch einen Ansässigkeitsvorbehalt lassen sich aber die Interessen der Prozessparteien ausgleichen, denn während der Rechtskreis des Klägers durch eine Subsumtion von Websites als Niederlassung erweitert wird, muss der Unternehmer vor überbordendem *forum shopping* geschützt werden.

5. Örtliche Belegenheit der virtuellen Niederlassung

Sofern aus dem Betrieb einer Website als Niederlassung eine Streitigkeit entsteht, stellt sich weiterhin die Frage, welche Gerichte örtlich zuständig sind.[220] Problematisch ist an dieser Stelle nämlich, dass Art. 7 Nr. 5 Brüssel Ia-VO nicht nur die internationale, sondern auch die örtliche Zuständigkeit regelt, vgl. Art. 7 Nr. 5 Brüssel Ia-VO:[221] „vor den Gerichten *des Ortes*"[222]. Eine auf einen Staat zugeschnittene Website ist aber nicht an einem physischen Ort in jenem Staat zu lokalisieren. Denn beispielsweise die deutsche Sprache oder die deutsche Countrycode-Top-Level-Domain .de sind mit jeder Region und Stadt Deutschlands gleich verbunden. Auch wird die Abrufbarkeit einer Website nicht für einzelne Städte Deutschlands ermöglicht oder eingeschränkt. Welche Gerichte sind aber örtlich zuständig? Jedenfalls darf hier – wegen des Justizgewährungsanspruchs des Klägers – kein faktisches Vakuum der örtlichen Zuständigkeit entstehen.[223]

Bislang wurde ein solches Vakuum nur für Fälle diskutiert, in denen das Unionsrecht lediglich die internationale Zuständigkeit regelt, das nationale Recht aber keine entsprechende örtliche Zuständigkeit bereithält. In diesen Sachverhalten kann man entweder eine Reservezuständigkeit der Gerichte der Haupt-

---

[219] BGH Urt. v. 16.03.2021 – X ZR 9/20, NJW-RR 2021, 777 (778) Rn. 24 ff.; dazu deutlich *Würdinger*, EWiR 2021, 701 (702).

[220] Nicht beantwortet von *Bach/Tippner*, EuZW 2020, 481 ff.; *C. Berger*, in: Informatik 2001, S. 1002 ff.; *Ganssauge*, Verbraucherverträge im Internet, S. 36 ff.

[221] *Kropholler/v. Hein*, EuZPR, vor Art. 5 EuGVO Rn. 5; *Mankowski*, in: Magnus/Mankowski, ECPIL, Art. 7 Brussels Ibis Regulation Rn. 3; *Paulus*, in: Geimer/Schütze, Internationaler Rechtsverkehr, Vor Art. 7 VO (EU) Nr. 1215/2012 Rn. 7.

[222] Hervorhebung des Verfassers.

[223] EuGH Urt. v. 10.03.2016 – C-94/14 (*Flight Refund Ltd*), IPRax 2017, 277 (281 f.) Rn. 73; *Geimer*, in: Geimer/Schütze, EuZVR, Art. 4 EuGVVO Rn. 54; *Paulus*, in: Geimer/Schütze, Internationaler Rechtsverkehr, Vor Art. 4 VO (EU) 1215/2012 Rn. 3; *R. Wagner*, EuZW 2021, 572 (573).

stadt annehmen[224] oder die europäische Regelung so auslegen, dass sie sich auf die örtliche Zuständigkeit erstreckt.[225]

Im Falle von Art. 7 Nr. 5 Brüssel Ia-VO wird aber die örtliche Zuständigkeit durch das Unionsrecht mitgeregelt, sodass das Vakuum nur auf tatsächliche Lokalisierungsschwierigkeiten, nicht auf rechtliche Diskrepanzen zurückzuführen ist. Dennoch wird eine Lösung über das nationale Recht des international zuständigen Staates, etwa durch eine Reservezuständigkeit der Gerichte der Hauptstadt, vorgeschlagen.[226] Dies ist aber abzulehnen, da der Regelungsbereich der Brüssel Ia-VO in Bezug auf die örtliche Zuständigkeit eindeutig ist und auch die Vorhersehbarkeit eine örtliche Notzuständigkeit gem. Art. 7 Nr. 5 Brüssel Ia-VO selbst erfordert.

Da für die Annahme eines besonderen Gerichtsstands der virtuellen Niederlassung der Kläger in dem Staat, auf den die Website zugeschnitten ist, ansässig sein muss,[227] könnten die Gerichte am Wohnsitz des Klägers auch örtlich zuständig sein.[228] Dies scheint konsequent, würde aber erstens einen reinen Klägergerichtsstand bedeuten (*favor actoris*). Gegen eine örtliche Zuständigkeit am Wohnsitz des Klägers spricht zweitens, dass bei einer Streitigkeit aus dem Betrieb physischer Niederlassung der Kläger auch nicht an seinem Wohnsitz, sondern am Orte der Niederlassung klagen kann. Drittens scheint das Vertrauen des Klägers selbst nur hinsichtlich der internationalen Zuständigkeit der Gerichte seiner Heimatrechtsordnung, nicht aber hinsichtlich einer bestimmten örtlichen Zuständigkeit schutzwürdig zu sein. Viertens droht dem beklagten Unternehmer eine ungerechtfertigte Ungleichbehandlung im Vergleich zu Betreibern einer physischen Niederlassung, da mögliche Prozesse nicht am Ort der Niederlassung konzentriert würden, sondern der Unternehmer potenziell an jedem Ort im Staat der virtuellen Niederlassung gerichtspflichtig wäre.

Für eine örtliche Zuständigkeit der Gerichte am Wohnsitz des Klägers spricht jedoch erstens, dass es für den ausländischen Beklagten ohnehin irrelevant ist, wo er im (aus seiner Sicht) Ausland verklagt wird, wenn sonst keine Verbindung zu dem Niederlassungsstaat besteht. Ob nun die Gerichte der Hauptstadt oder die am Wohnsitz des Klägers örtlich zuständig sind, macht für die Interessen des Beklagten in den fraglichen Konstellationen keinen Unterschied. Zweitens kann der Ort einer virtuellen Niederlassung gerade nicht ermittelt werden, sodass eine Gleichbehandlung von virtueller und physischer Niederlassung nicht möglich ist. Drittens darf dem Kläger durchaus mehr zugebilligt werden als das, auf das er vertraut hat, sodass auch ohne dahingehen-

---

[224] *Geimer*, RIW 1994, 59 (61); *ders.*, in: Geimer/Schütze, EuZVR, Art. 25 EuGVVO Rn. 146 bei bloß internationaler, nicht aber örtlicher Prorogation.

[225] *Mankowski*, in: Rauscher, EuZPR/EuIPR, Vorb. Art. 4 Brüssel Ia-VO Rn. 46 m.w.N.; *Paulus*, in: Geimer/Schütze, Internationaler Rechtsverkehr, Vor Art. 4 VO (EU) 1215/2012 Rn. 3.

[226] *Bogdan*, KCLJ 2006, 97 (103).

[227] Siehe S. 158.

[228] Dagegen (schon auf internationaler Ebene) *C. Berger*, in: Informatik 2001, S. 1002 (1007).

des Vertrauen ein besonderer Gerichtsstand am Wohnsitz des Klägers eröffnet werden kann. Dies gilt insbesondere dann, wenn – wie dargelegt – keine Interessen des Beklagten entgegenstehen. Viertens spricht der Umstand, dass der Unternehmer sich im Falle mehrerer Klagen an den Wohnsitzen verschiedener Kläger gerichtlichen Verfahren ausgesetzt sieht, nicht gegen eine örtliche Zuständigkeit am Wohnsitz des Klägers. Das Wesen einer Website als virtuelle Niederlassung ist gerade die – innerhalb eines Staates – ubiquitäre Teilnahme am Rechtsverkehr. Eine räumliche Begrenzung der Teilnahme am Rechtsverkehr findet – insofern anders als beim Betrieb einer physischen Niederlassung – nicht statt. Dass der Unternehmer im Gegenzug auch an jedem Ort des Staates gerichtspflichtig ist, stellt die Kehrseite des ubiquitären Werbens dar. Es ist also überzeugend, die örtliche Zuständigkeit der Gerichte am Wohnsitz des Klägers zu begründen. Im Ergebnis lässt sich an dem Ort die insgesamt engste Verbindung erkennen.

Dieser Grundsatz sollte aber für den Fall eingeschränkt werden, dass der Unternehmer neben der virtuellen auch eine physische Niederlassung im selben Staat betreibt. Dann sollte – obwohl kein Betriebsbezug zu der physischen, sondern nur zur virtuellen Niederlassung besteht – das Gericht am Ort der physischen Niederlassung zuständig sein. Denn im Falle einer physischen Niederlassung hat der Unternehmer einen lokalisierbaren Punkt gewählt, an dem er zweifelsfrei gerichtspflichtig ist. Möglicherweise dient aus Sicht des Unternehmers die Website nur als Ergänzung zur bereits bestehenden physischen Niederlassung. Da der Kläger – wie bereits dargelegt – kein schutzwürdiges Vertrauen hinsichtlich der örtlichen Zuständigkeit hat, werden seine Interessen nicht ungerechtfertigt verkürzt, wenn insofern dem Beklagten entgegengekommen wird. Insoweit überwiegt dann die Vorhersehbarkeit für den Beklagten.

Im Ergebnis sind grundsätzlich die Gerichte am Wohnsitz des Klägers örtlich zuständig. Wenn der Unternehmer aber neben der virtuellen auch eine physische Niederlassung betreibt, sind Klagen wegen Streitigkeiten aus dem Betrieb der virtuellen Niederlassung dennoch am Ort der physischen Niederlassung zu erheben.

II. Allgemeiner Gerichtsstand am Wohnsitz einer Gesellschaft

Wie schon erwähnt,[229] ist der allgemeine Gerichtsstand der Grundsatz der Zuständigkeit. Da er lediglich voraussetzt, dass der Beklagte seinen Wohnsitz in einem der Mitgliedstaaten hat, ist er leicht zu beweisen und kann so für den Kläger prozesstaktisch günstig sein.[230]

---

[229] S. 130 f.

[230] Zur Darlegungs- und Beweislast für zuständigkeitsbegründende Tatsachen *Geimer*, in: Geimer/Schütze, EuZVR, Art. 4 EuGVVO Rn. 277; *Thole*, in: Stein/Jonas, ZPO, vor Art. 4 EuGVVO Rn. 24.

1. Zweck der Regelung

Das in der Brüssel Ia-VO häufig maßgebliche Lokalisierungsmerkmal ist der Wohnsitz einer Partei.[231] Er bestimmt aufseiten des Beklagten nicht nur die Anwendbarkeit der Brüssel Ia-VO, sondern auch seinen allgemeinen Gerichtsstand.[232] Der Wohnsitz ist für Gesellschaften und juristische Personen in Art. 63 Abs. 1 Brüssel Ia-VO verordnungsautonom legal definiert, um Transparenz und Rechtssicherheit bei der Lokalisierung zu schaffen sowie Kompetenzkonflikte zu vermeiden.[233] In der Vorgängerregelung Art. 53 Abs. 1 EuGVÜ wurde zur Sitzbestimmung – wie nun nur noch für natürliche Personen, Art. 62 Abs. 1 Brüssel Ia-VO, und die ausschließliche Zuständigkeit gem. Art. 24 Nr. 2 Brüssel Ia-VO – das Internationale Privatrecht des Forumsstaats herangezogen, was insbesondere negative Kompetenzkonflikte erzeugen konnte.[234] Dadurch dass Artt. 4, 63 Brüssel Ia-VO den allgemeinen Gerichtsstand am Wohnsitz der Gesellschaft begründen, folgen sie dem Grundsatz *actor sequitur forum rei* (*favor defensoris*).[235] Verdrängt wird der allgemeine Gerichtsstand nur durch ausschließliche Gerichtsstände, wie beispielsweise den des Art. 24 Nr. 2 Brüssel Ia-VO.[236] Besondere Gerichtsstände, wie etwa der für Streitigkeiten aus dem Betrieb einer Niederlassung, treten hingegen bloß neben den allgemeinen Gerichtsstand.

2. Definitionen der Anknüpfungsmerkmale

Der Wohnsitz einer Gesellschaft ist gem. Art. 63 Abs. 1 Brüssel Ia-VO am satzungsmäßigen Sitz, der Hauptverwaltung oder der Hauptniederlassung der Gesellschaft zu verorten. Somit stehen dem Kläger je nach seiner Wahl des Definitionsmerkmals mehrere Optionen zur Lokalisierung des allgemeinen Gerichtsstands einer Gesellschaft zur Verfügung. Die Wahl des konkreten Definitionsmerkmals wird, da sie das Internationale Privatrecht des Forums und damit das auf den Rechtsstreit anwendbare Recht beeinflusst sowie Auswirkungen auf

---

[231] *Paulus*, in: Geimer/Schütze, Internationaler Rechtsverkehr, Vor Art. 4 VO (EU) 1215/2012 Rn. 11; *G. Wagner*, in: Lutter, Europäische Auslandsgesellschaften, S. 223 (241); zu konzernrechtlichen Implikationen in der Brüssel Ia-VO *Sakka*, Der Konzern im Kompetenzrecht der EuGVVO (2019).

[232] *Paulus*, in: Geimer/Schütze, Internationaler Rechtsverkehr, Art. 62 VO (EU) 1215/2012 Rn. 1.

[233] Erwägungsgrund 15 Brüssel Ia-VO; *Kern*, in: GroßkommZPO, Art. 63 Brüssel Ia-VO Rn. 1; *Sakka*, Der Konzern im Kompetenzrecht der EuGVVO, S. 80; *Wedemann*, ZIP 2021, 2257 (2257).

[234] COM(1999) 348 final, S. 27; *Geimer*, in: Geimer/Schütze, EuZVR, Art. 63 EuGVVO Rn. 3; *ders.*, in: Zöller, ZPO, Art. 63 EuGVVO Rn. 1; *Gottwald*, in: MüKoZPO, Art. 63 Brüssel Ia-VO Rn. 1; *Kropholler/v. Hein*, EuZPR, Art. 60 EuGVO Rn. 1; *Schack*, IZVR, Rn. 304 f.; *Schnyder*, in: FS Schütze, S. 767 (768).

[235] *Gottwald*, in: MüKoZPO, Art. 4 Brüssel Ia-VO Rn. 19; *Linke/Hau*, in: Linke/Hau, IZVR, § 5 Rn. 5.2.; *Stadler/Krüger*, in: Musielak/Voit, ZPO, Art. 4 EuGVVO Rn. 1; *Thole*, in: Stein/Jonas, ZPO, Art. 4 EuGVVO Rn. 1.

[236] Siehe S. 98 ff.

die Anerkennung und Vollstreckbarkeit des Urteils hat, nach prozesstaktischen Erwägungen getroffen (*forum shopping*). Die Definitionsmerkmale des Art. 63 Abs. 1 Brüssel Ia-VO zur Bestimmung des Wohnsitzes der Gesellschaft entsprechen denen des Art. 54 AEUV, weshalb sie parallel dazu auszulegen sind.[237] In Ermangelung einer Definition der Gesellschaften und juristischen Personen in Art. 63 Brüssel Ia-VO ist deshalb auf die Definition im Rahmen des Art. 54 AEUV zu verweisen.[238] Ebenso kann und sollte dieselbe Definition der Gesellschaft, wie sie im gesellschaftsrechtlichen Kollisionsrecht zu verwenden ist,[239] hier ihre Entsprechung finden.[240]

a) Satzungsmäßiger Sitz, Art. 63 Abs. 1 lit. a Brüssel Ia-VO

Unter dem satzungsmäßigen Sitz ist der Sitz zu verstehen, der in der Satzung der Gesellschaft angegeben ist.[241] Die Wirksamkeit der herangezogenen Satzung bestimmt sich nach dem Gründungsrecht der Gesellschaft.[242] Die Ermittlung des formell in der Satzung genannten und damit einigermaßen statischen Sitzes ist für den Kläger dann unkompliziert, wenn ebenjene Satzung in einem öffentlichen Register ersichtlich ist.[243] Die Digitalisierung der Justiz vereinfacht die Einsichtnahme in solche Registerdokumente.[244] Ist die Satzung der Gesellschaft und damit auch deren Sitz aber nicht öffentlich einsehbar, etwa weil es sich um eine nichtregistrierte Gesellschaft handelt, bietet eine rechtssichere Ermittlung ihres Satzungssitzes für den Kläger, gerade im Vorfeld eines Prozesses, gravierende Probleme. Eine rechtsformunabhängige Vorhersehbarkeit ist dem Definitionsmerkmal des Satzungssitzes damit nicht zu attestieren.

Auf der Seite der beklagten Gesellschaft ist die Vorhersehbarkeit ungleich größer. Nicht nur ist der Gesellschaft und ihren Gesellschaftern jede Fassung ihrer Satzung bekannt, vielmehr hat die Gesellschaft privatautonom ihren satzungsmäßigen Sitz gewählt. Um die Vorhersehbarkeit, vgl. Erwägungsgrund 15 Brüssel Ia-VO, auch für den Kläger sicherzustellen, darf es auf eine

---

[237] BGH Urt. v. 14.11.2017 – VI ZR 73/17, NZG 2018, 259 (260); COM(1999) 348 final, S. 27; *Dörner*, in: Saenger, ZPO, Art. 63 EuGVVO Rn. 3; *Ringe*, IPRax 2007, 388 (389); *Staudinger*, in: Rauscher, EuZPR/EuIPR, Art. 63 Brüssel Ia-VO Rn. 1; vor dem Hintergrund der verschiedenen Regelungsziele zurückhaltend *Wedemann*, ZIP 2021, 2257 (2257 f.).

[238] Siehe S. 23 f.; *Thole*, in: Stein/Jonas, ZPO, Art. 63 EuGVVO Rn. 6. Ein Konzern fällt, anders als die den Konzern bildenden Gesellschaften, nicht unter die Definition der Gesellschaft, *Sakka*, Der Konzern im Kompetenzrecht der EuGVVO, S. 79.

[239] Siehe S. 71 ff.

[240] Für eine solche weite Auslegung zur umfassenden Zuständigkeitsbegründung *Geimer*, in: Geimer/Schütze, EuZVR, Art. 63 EuGVVO Rn. 1; *Kropholler/v. Hein*, Art. 60 EuGVO Rn. 1; *Thole*, in: Stein/Jonas, ZPO, Art. 63 EuGVVO Rn. 7.

[241] *Geimer*, in: Geimer/Schütze, EuZVR, Art. 63 EuGVVO Rn. 5.

[242] BGH Urt. v. 14.11.2017 – VI 73/17, NZG 2018, 259 (260) Rn. 13.

[243] *Vlas*, in: Magnus/Mankowski, ECPIL, Art. 63 Brussels Ibis Regulation Rn. 4.

[244] Im deutschen Recht beispielsweise durch Artt. 7, 9 DiRUG.

Form des operativen Geschäfts am Satzungssitz nicht ankommen.[245] Auch ein Umkehrschluss aus den Art. 63 Abs. 1 lit. b und c Brüssel Ia-VO offenbart, dass es nicht auf realwirtschaftliches Tätigwerden für die Satzungssitzbestimmung ankommen kann.[246] Ebenfalls in systematischer Hinsicht kommt es auch im Rahmen des Art. 54 AEUV nicht auf einen realwirtschaftlichen Bezug an.[247] Beim satzungsmäßigen Sitz handelt sich nach alledem um ein „formale[s] Kriterium"[248]. Dieses ist – bei öffentlicher Einsehbarkeit der Satzung – leicht zu beweisen,[249] was diesem zuständigkeitsbegründendem Merkmal im Rahmen des – schon Art. 63 immanenten[250] – *forum shoppings* unter Umständen den Vorzug gewähren kann.

b) Hauptverwaltung, Art. 63 Abs. 1 lit. b Brüssel Ia-VO

Die Hauptverwaltung ist an dem Ort zu lokalisieren, an dem die grundlegenden unternehmerischen Entscheidungen getroffen werden (Willensbildung).[251] Dieser Ort fällt regelmäßig mit dem Ort der Geschäftsleitung zusammen.[252] Welches Organ zur Geschäftsleitung und Willensbildung bestimmt ist, richtet sich nach dem Gesellschaftsstatut.[253] Es macht keinen Unterschied, ob eine dritt- oder mitgliedstaatlich gegründete Gesellschaft ihren Willen in einem der Mitgliedstaaten bildet.[254]

c) Hauptniederlassung, Art. 63 Abs. 1 lit. c Brüssel Ia-VO

Unter der Hauptniederlassung ist von mehreren Niederlassungen diejenige zu verstehen, die den Schwerpunkt des gesellschaftsexternen Rechtsverkehrs bildet, regelmäßig verbunden mit einer Konzentration von Personal- und Sachmit-

---

[245] BGH Urt. v. 14.11.2017 – VI 73/17, NZG 2018, 259 (260 f.); *Dörner*, in: Saenger, ZPO, Art. 63 EuGVVO Rn. 4; *Hess*, in: Schlosser/Hess, EuZPR, Art. 63 EuGVVO Rn. 2; *Thole*, in: Stein/Jonas, ZPO, Art. 63 EuGVVO Rn. 10.

[246] BGH Urt. v. 14.11.2017 – VI 73/17, NZG 2018, 259 (260) Rn. 19.

[247] BGH Urt. v. 14.11.2017 – VI 73/17, NZG 2018, 259 (261) Rn. 22.

[248] BGH Urt. v. 14.11.2017 – VI 73/17, NZG 2018, 259 (260) Rn. 20.

[249] *Hess*, in: Schlosser/Hess, EuZPR, Art. 63 EuGVVO Rn. 2.

[250] *E. Peiffer/M. Peiffer*, in: Geimer/Schütze, Internationaler Rechtsverkehr, Art. 63 VO (EU) 1215/2012 Rn. 10; *Thole*, in: Stein/Jonas, ZPO, Art. 63 EuGVVO Rn. 3.

[251] *Geimer*, in: Geimer/Schütze, EuZVR, Art. 63 EuGVVO Rn. 6; *Kropholler/v. Hein*, EuZPR, Art. 60 EuGVO Rn. 2; *E. Peiffer/M. Peiffer*, in: Geimer/Schütze, Internationaler Rechtsverkehr, Art. 63 VO (EU) 1215/2012 Rn. 8.

[252] *Kropholler/v. Hein*, EuZPR, Art. 60 EuGVO Rn. 2; *E. Peiffer/M. Peiffer*, in: Geimer/Schütze, Internationaler Rechtsverkehr, Art. 63 VO (EU) 1215/2012 Rn. 8; *Thole*, in: Stein/Jonas, ZPO, Art. 63 EuGVVO Rn. 11.

[253] BAG Urt. v. 23.01. 2008 – 5 AZR 60/07, NJW 2008, 2797 (2798) Rn. 18.

[254] *Stadler/Krüger*, in: Musielak/Voit, Art. 63 EuGVVO Rn. 1.

teln.[255] Auf den Schwerpunkt der Produktion kommt es nicht an.[256] Auch Websites können Niederlassungen darstellen,[257] sodass eine Internetpräsenz in der Folge auch als Hauptniederlassung zu subsumieren ist, wenn sie den Schwerpunkt des gesellschaftsexternen Rechtsverkehrs darstellt.[258] Im Rahmen des Vergleichs der einzelnen (schlichten) Niederlassungen zur Ermittlung der Hauptniederlassung darf konsequenterweise nicht zwischen physischen und virtuellen Niederlassungen unterschieden werden. Es kommt wie zwischen rein physischen Niederlassungen nur auf die Lokalisierung des Schwerpunkts an, um die Hauptniederlassung zu ermitteln. Dabei ist die bedeutungsvollste Niederlassung zu ermitteln, jedenfalls mithilfe des Beitrags zur Bilanzsumme des gesamten Unternehmens.[259] Im Falle virtueller Niederlassungen kann es darüber hinaus auf umfangreiche Sach- und Personalmittel auch im Rahmen der Bestimmung der Hauptniederlassung nicht mehr ankommen. Es wäre sinnwidrig, wenn eine schlichte virtuelle Niederlassung, die solche Mittel nicht benötigt, nicht auch als Hauptniederlassung qualifiziert werden könnte.

Da der allgemeine Gerichtsstand losgelöst von konkreten Parteibeziehungen festgestellt wird, kann es bei der Anwendung der Voraussetzungen einer virtuellen Niederlassung nicht auf eine etwaige Ansässigkeit des Klägers ankommen. Vielmehr müssen sich die einzelnen Merkmale der virtuellen Niederlassung (Abrufbarkeit, sprachliche Gestaltung und Countrycode-Top-Level-Domain) auf ein und denselben Staat beziehen. Aus den so zu ermittelnden virtuellen Niederlassungen (beispielsweise je eine länderspezifische Website für Frankreich, Italien und Spanien) ist mit einer Schwerpunktanalyse zunächst die bedeutendste virtuelle Niederlassung zu ermitteln (beispielsweise ist die französische Website am bedeutendsten, unter anderem wegen ihres Beitrags zur Bilanzsumme) und diese dann schließlich mit der bedeutendsten physischen Niederlassung zu vergleichen, um im Ergebnis die Hauptniederlassung zu ermitteln (ist die französische Website für das Unternehmen auch bedeutender als jedwede physische Präsenz, so ist sie als Hauptniederlassung zu subsumieren).

---

[255] BAG Urt. v. 24.09.2009 – 8 AZR 305/08, TranspR 2010, 310 (312) Rn. 31; OLG München Urt. v. 06.07.2021 – 5 U 710/20, NZG 2021, 1121 (1123) Rn. 30 (Revision beim BGH anhängig unter Az. VI ZR 233/21); *C. v. Bar/Mankowski*, IPR, Bd. 1, § 7 Rn. 39 zum damals europäisch determinierten Art. 28 Abs. 2 S. 2 Var. 1 EGBGB; *Korte*, in: Calliess/Ruffert, Art. 54 AEUV Rn. 19; *Staudinger*, in: Rauscher, EuZPR/EuIPR, Art. 63 Brüssel Ia-VO Rn. 1; *Wedemann*, ZIP 2021, 2257 (2259).

[256] *Thole*, in: Stein/Jonas, ZPO, Art. 63 EuGVVO Rn. 12.

[257] Siehe S. 119 ff.

[258] Zweifelnd bezüglich einer Bedeutungsidentität von Art. 7 Nr. 5 und Art. 63 Abs. 1 lit. c Brüssel Ia-VO *Vlas*, in: Magnus/Mankowski, ECPIL, Art. 63 Brussels Ibis Regulation Rn. 7.

[259] So noch OLG München Urt. v. 06.07.2021 – 5 U 710/20, NZG 2021, 1121 (1123) Rn. 33 (Revision beim BGH anhängig unter Az. VI ZR 233/21); zustimmend *Wedemann*, ZIP 2021, 2257 (2260).

d) Verhältnis der Anknüpfungsmerkmale zueinander

Die drei Anknüpfungsmerkmale stehen in einem gleichwertigen Alternativitätsverhältnis, sodass dem Kläger ein Wahlrecht dahingehend zusteht, welches Anknüpfungsmerkmal er zur Begründung des Wohnsitzes und damit der Gerichtspflichtigkeit der Gesellschaft heranzieht.[260] Sollten zwei oder gar drei der Anknüpfungsmerkmale in verschiedenen Mitgliedstaaten zu lokalisieren sein, kann es zu positiven Kompetenzkonflikten kommen. Diese sind gem. Artt. 29 Abs. 1 ff. Brüssel Ia-VO nach dem Prioritätsprinzip zu lösen.[261]

aa) Kein Vorrang des Satzungssitzes

Teilweise wird im Lichte der Niederlassungsfreiheit aber eine Beschränkung auf den Satzungssitz vorgeschlagen, da die alternative Anknüpfung die Niederlassungsfreiheit beschränke und damit der Entscheidung des EuGH zugunsten der Gründungstheorie widerspreche.[262] Die Orientierung bei Auswahl der Anknüpfungsmerkmale an denen des die Niederlassungsfreiheit eröffnenden Art. 54 AEUV sei ungerechtfertigt, da dieselbe Anknüpfungsvielfalt im Rahmen des Art. 63 Abs. 1 Brüssel Ia-VO gerade zu vermehrten Beschränkungen der (bewusst weitgehend) eröffneten Niederlassungsfreiheit führe.[263] Der Ort der Hauptverwaltung oder der Hauptniederlassung solle deshalb nur dann maßgebend sein, wenn sich der Satzungssitz nicht feststellen lasse, was bei europarechtskonformer Auslegung zu einer Anknüpfungsleiter führe.[264] Eine solche Anknüpfungsmethodik sei im Falle Irlands, Zyperns und des Vereinten Königreichs ohnehin schon in Art. 63 Abs. 2 Brüssel Ia-VO vorgesehen.[265]

---

[260] *Geimer*, in: Geimer/Schütze, EuZVR, Art. 63 EuGVVO Rn. 4; *Kropholler/v. Hein*, EuZPR, Art. 60 EuGVO Rn. 2; *E. Peiffer/M. Peiffer*, in: Geimer/Schütze, Internationaler Rechtsverkehr, Art. 63 VO (EU) 1215/2012 Rn. 6, 10; *Staudinger*, in: Rauscher, EuZPR/EuIPR, Art. 63 Brüssel Ia-VO Rn. 1; *Thole*, in: Stein/Jonas, ZPO, Art. 63 EuGVVO Rn. 3; *G. Wagner*, in: Lutter, Europäische Auslandsgesellschaften. S. 223 (248); *Wedemann*, ZIP 2021, 2257 (2258).
[261] *Geimer*, in: Geimer/Schütze, EuZVR, Art. 63 EuGVVO Rn. 3 geht nicht von umfassender Konfliktauflösung aus; *Kropholler/v. Hein*, EuZPR, Art. 60 EuGVO Rn. 2; *E. Peiffer/M. Peiffer*, in: Geimer/Schütze, Internationaler Rechtsverkehr, Art. 63 VO (EU) 1215/2012 Rn. 10; *Staudinger*, in: Rauscher, EuZPR/EuIPR, Art. 63 Brüssel Ia-VO Rn. 1; *Thole*, in: Stein/Jonas, ZPO, Art. 63 EuGVVO Rn. 2; *Vlas*, in: Magnus/Mankowski, ECPIL, Art. 63 Brussels Ibis Regulation Rn. 3.
[262] Bereits *de lege lata Anliker*, Internationale Zuständigkeit bei gesellschaftlichen Streitigkeiten, S. 259 ff., 263; *Hess*, EuZPR, Rn. 4.11; *ders.*, in: FS Lindacher, S. 53 (60 ff.); a.A. *v. Hein*, RabelsZ 85 (2021), 446 (448 ff.).
[263] *Hess*, in: FS Lindacher, S. 53 (60 f.)
[264] *Anliker*, Internationale Zuständigkeit bei gesellschaftlichen Streitigkeiten, S. 263; *Hess*, in: FS Lindacher, S. 53 (61).
[265] *Hess*, in: FS Lindacher, S. 53 (61 f.).

Andere sehen die Möglichkeit der alternativen Definition des Wohnsitzes einer Gesellschaft zurecht als mit der Niederlassungsfreiheit vereinbar an.[266] Als Ausnahmeregelung kann die Wertung des Art. 63 Abs. 2 Brüssel Ia-VO nicht auf die Grundregel des Art. 63 Abs. 1 Brüssel Ia-VO übertragen werden. Vielmehr wurde die alternative Anknüpfung des Art. 63 Abs. 2 Brüssel Ia-VO bei Schaffung der Brüssel Ia-VO beibehalten und gerade nicht, wie von *Hess* gewünscht,[267] im Sinne einer abgestuften Anknüpfung neu formuliert. Zudem haben die Gesellschaft und ihre Gesellschafter das etwaige Auseinanderfallen der drei Anknüpfungsmerkmale selbst bestimmt und eine Vervielfältigung ihres allgemeinen Gerichtsstands selbst herbeigeführt.[268] Betrachtet man schließlich die EuGH-Judikatur zur Niederlassungsfreiheit, so betrifft sie völlig andere Bereiche (Nichtanerkennung der Gesellschaft oder auf sie anwendbare Kapitalvorschriften) als den der Gerichtspflichtigkeit.[269] Das Auftreten der Gesellschaft im Rechtsverkehr, etwa bei der Eingehung von Verträgen oder Schädigungen Dritter, ist nicht vom Gesellschaftsstatut erfasst (obgleich in der EuGH-Rechtsprechung keine Kollisionsnorm in Form der Gründungstheorie zu erblicken ist). Für bestimmte solche dem Gesellschaftsstatut zugehörige Binnenrechtsstreitigkeiten besteht der Gerichtsstand des Art. 24 Nr. 2 Brüssel Ia-VO.[270] Die alternative Gerichtspflichtigkeit an anderen Orten gegenüber dem Rechtsverkehr nach Art. 63 Brüssel Ia-VO beeinträchtigt deshalb entweder schon nicht die Niederlassungsfreiheit oder ist aber als deutlich weniger intensive Beeinträchtigung zugunsten des Rechtsverkehrs zu rechtfertigen.[271] Schließlich kann eine Gesellschaft nicht den Anspruch haben, in jedweder Beziehung nur vor den Gerichten am Orte ihres Satzungssitzes gerichtspflichtig zu sein.[272] Es besteht im Rahmen des Art. 63 Abs. 1 Brüssel Ia-VO kein ungeschriebener Vorrang des satzungsmäßigen Sitzes gegenüber den Anknüpfungsmerkmalen aus Art. 63 Abs. 1 lit. b und c Brüssel Ia-VO.

bb) Kein Vorrang der Hauptverwaltung

Um die Anknüpfung an die Hauptverwaltung nicht zu unterlaufen, wird vorgeschlagen, an die Hauptniederlassung nur dann anzuknüpfen, wenn keine Hauptverwaltung auszumachen ist.[273] Für den Fall, dass eine Hauptverwaltung vorliegt, sei sie ohnehin nur schwer von der Hauptniederlassung abzugrenzen, sodass durch Anknüpfung an letztere nur eine Gerichtspflichtigkeit am Ort der

---

[266] *Gottwald*, in: MüKoZPO, Art. 4 Brüssel Ia-VO Rn. 21; *Ringe*, IPRax 2007, 388 (389 f.); *Wedemann*, ZIP 2021, 2257 (2258, 2260); sowie implizit die unter Fn. 260 zitierten Stimmen.

[267] *Hess*, in: FS Lindacher, S. 53 (61).

[268] *Kropholler/v. Hein*, EuZPR, Art. 60 EuGVO Rn. 2.

[269] Vgl. S. 22 ff.

[270] Siehe S. 98 ff.

[271] *Ringe*, IPRax 2007, 388 (390).

[272] *v. Hein*, ZGR 34 (2005), 528 (550); *Ringe*, IPRax 2007, 388 (390).

[273] *Thole*, in: Stein/Jonas, ZPO, Art. 63 EuGVVO Rn. 12.

wichtigsten Produktionsstätte eröffnet würde.[274] Dem ist jedoch schon im Grundsatz entgegenzuhalten, dass eines von mehreren, gleichwertigen Anknüpfungsmerkmalen nicht wie befürchtet „unterlaufen" werden kann.[275] Auch ist die Abgrenzung verhältnismäßig leicht zu vollziehen: Während, wie dargelegt, die Haupt*verwaltung* am Zentrum der gesellschafts*internen* Willensbildung zu verorten ist, liegt am Ort der Haupt*niederlassung* der Schwerpunkt des gesellschafts*externen* Handelns.[276] Eine tatsächliche Abgrenzung ist im Übrigen ebenso einfach wie die rechtliche Abgrenzung zu vollziehen. Für den Rechtsverkehr, der an die zu lokalisierende Gesellschaft herantritt, ist die Hauptniederlassung regelmäßig auch besser vorherzusehen als die Hauptverwaltung.[277] Es besteht im Rahmen des Art. 63 Abs. 1 Brüssel Ia-VO also auch kein ungeschriebener Vorrang der Hauptverwaltung gegenüber der Hauptniederlassung.

Im Ergebnis bleibt es somit bei einer uneingeschränkten Alternativität zwischen den drei Anknüpfungsmerkmalen des Wohnsitzes einer Gesellschaft gem. Art. 63 Abs. 1 Brüssel Ia-VO.

3. Verhältnis zum allgemeinen Gerichtsstand gem. § 17 ZPO

Der allgemeine Gerichtsstand des § 17 ZPO findet wegen des Anwendungsvorrangs sekundären Unionsrechts nur dann Anwendung für die Bestimmung der internationalen Zuständigkeit, wenn die Brüssel Ia-VO keine Anwendung findet, also Art. 63 Abs. 1 lit. a–c Brüssel Ia-VO nicht erfüllt ist.[278] Da Artt. 4, 63 Abs. 1 Brüssel Ia-VO aber nur die internationale, aber nicht die örtliche Zuständigkeit der Gerichte bestimmen, ist auf § 17 ZPO zur Bestimmung der örtlichen Zuständigkeit stets auch dann zurückzugreifen, wenn gem. Artt. 4, 63 Abs. 1 Brüssel Ia-VO deutsche Gerichte international zuständig sind. Auch im nationalen Zuständigkeitsrecht kommt es für die Lokalisierung einer Gesellschaft auf deren Sitz an, § 17 Abs. 1 S. 1 ZPO. Darunter ist primär der Satzungssitz zu verstehen; lediglich wenn ein solcher nicht existiert, ist auf den tatsächlichen Sitz der Hauptverwaltung zurückzugreifen, § 17 Abs. 1 S. 2 ZPO.[279] Dies führt zu Problemen, da damit die internationalen Zuständigkeiten gem. Art. 63 Abs. 1 lit. b und c Brüssel Ia-VO keine Entsprechung im deutschen Zuständigkeitsrecht zur Ermittlung der örtlichen Zuständigkeit finden.[280] So kann es zu einem Normenmangel kommen, wenn die internationale Zuständigkeit deutscher

---

[274] *Thole*, in: Stein/Jonas, ZPO, Art. 63 EuGVVO Rn. 12.

[275] Vgl. *Wedemann*, ZIP 2021, 2257 (2260).

[276] *E. Peiffer/M. Peiffer*, in: Geimer/Schütze, Internationaler Rechtsverkehr, Art. 63 VO (EU) 1215/2012 Rn. 8 f.

[277] Nach Debitoren und Kreditoren differenzierend *Hess*, EuZPR, Rn. 6.51.

[278] *Kropholler/v. Hein*, EuZPR, vor Art. 2 EuGVO Rn. 16 ff.; *Paulus*, in: Geimer/Schütze, Internationaler Rechtsverkehr, Vor Art. 4 VO (EU) 1215/2012 Rn. 2.

[279] *Paefgen*, in: FS Aderhold, S. 305 (319 f.); *Schack*, IZVR, Rn. 303.

[280] *Eichel*, in: GroßkommZPO, Art. 63 Brüssel Ia-VO Rn. 5; *Gottwald*, in: MüKoZPO, Art. 4 Brüssel Ia-VO Rn. 28, Art. 63 Brüssel Ia-VO Rn. 13; *Paulus*, in: Geimer/Schütze, Internationaler Rechtsverkehr, Vor Art. 4 VO (EU) 1215/2012 Rn. 2; *Thole*, IPRax 2007, 519 (523).

Gerichte aufgrund der Hauptverwaltung oder Hauptniederlassung begründet wird, der Satzungssitz, für die örtliche Zuständigkeit nach § 17 Abs. 1 S. 2 ZPO relevant, aber im Ausland liegt. Dann würde von den international zuständigen deutschen Gerichten keines örtlich zuständig sein. Es besteht jedoch eine Pflicht der Mitgliedstaaten, der Zuständigkeitsanordnung durch die Brüssel Ia-VO entsprechend ein zuständiges Gericht bereitzustellen.[281]

Um diesen Konflikt zu lösen, wird teils eine europarechtskonforme Auslegung von § 17 Abs. 1 S. 2 ZPO vor dem Hintergrund des Art. 63 Abs. 1 Brüssel Ia-VO vorgeschlagen,[282] teils auch eine implizite örtliche Zuständigkeit in Art. 63 Brüssel Ia-VO gesehen.[283] Wie bereits richtig erkannt,[284] kommen beide Ansichten zum selben Ergebnis, sodass der Streit um die rechtstechnisch vorzugswürdige Methode offenbleiben kann.

4. Kritik an den alternativen Anknüpfungsmerkmalen

a) Bewertung der Leistungsfähigkeit

aa) Satzungsmäßiger Sitz

Durch die zunehmende Digitalisierung können sich Probleme bei der Ermittlung der Anknüpfungsmerkmale ergeben. Probleme ergeben sich zwar noch nicht für das erste Merkmal des satzungsmäßigen Sitzes, da ein solcher formaler Sitz auch bei fortschreitender Digitalisierung von den Gesellschaftern vereinbart werden kann. Problematisch ist aber, dass neue Formen der Gesellschaftsfähigkeit entstehen, die ihrerseits von starker Digitalisierung und Internationalisierung geprägt sind. Gesellschaften sind teilweise nicht mehr darauf angewiesen, von einem Staat Rechtsfähigkeit zu erlangen. Als Beispiel dafür dienen die bereits in der Einleitung erwähnten DAOs.[285] Ebenso wird durch die vermehrte Nutzung von Kryptowährungen und die Verlagerung der Geschäftstätigkeiten in das sogenannte Metaverse der Bezug zu staatlichen Institutionen wie Währung, Realeigentum und Recht im Allgemeinen verringert. Freilich ließen sich derartige Zusammenschlüsse nach nationalem Recht als Personenge-

---

[281] *Geimer*, in: Geimer/Schütze, EuZVR, Art. 4 EuGVVO Rn. 54 ff.; *Paulus*, in: Geimer/Schütze, Internationaler Rechtsverkehr, Vor Art. 4 VO (EU) 1215/2012 Rn. 3; *R. Wagner*, EuZW 2021, 572 (573). Andernfalls käme es zur Negierung der rechtlichen Existenz einer Gesellschaft, was gerade durch die Niederlassungsfreiheit verboten ist, vgl. S. 24 ff.

[282] *Eichel*, in: GroßkommZPO, Art. 63 Brüssel Ia-VO Rn. 5 „wenn sich nicht ein anderes ergibt", § 17 Abs. 1 S. 2 ZPO); mit Hinweis auf den *effet utile Ringe*, IPRax 2007, 388 (391); *G. Wagner*, in: Lutter, Europäische Auslandsgesellschaften, S. 223 (251).

[283] *Anliker*, Internationale Zuständigkeit bei gesellschaftlichen Streitigkeiten, S. 102 – mit Verweis auf *Ringe*, IPRax 2007, 388 (391) und *G. Wagner*, in: Lutter, Europäische Auslandsgesellschaften, S. 223 (251).

[284] *Ringe*, IPRax 2007, 388 (391); *G. Wagner*, in: Stein/Jonas, ZPO (22. Aufl.), Art. 60 EuGVVO Rn. 18.

[285] Siehe S. 3 ff.

sellschaft *ipso iure* subsumieren.[286] Den Interessen aller Beteiligten wird dies aber nicht gerecht, da sie sich oftmals bewusst gegen staatlich regulierte Optionen entscheiden. Der Umgang mit dieser progressiven Art der gemeinsamen Zweckerreichung ist jedoch vorrangig materiellrechtlicher Natur.[287] Für das Internationale Zivilprozessrecht bleibt deswegen nur festzustellen, dass bestehende Regelungsmechanismen an dieser Stelle nicht immer geeignet, mangels besserer Alternative aber dennoch anzuwenden sind.

Im Übrigen wird auch im Rahmen der Gründungstheorie vertreten, dass der satzungsmäßige Sitz das relevante Anknüpfungsmerkmal darstelle, sodass im Hinblick auf die Leistungsfähigkeit insofern auf die Ausführungen an jener Stelle verwiesen werden kann.[288]

bb) Hauptverwaltung

Umso größer sind aber die Hürden bei der Ermittlung des zweiten Anknüpfungsmerkmals, der Hauptverwaltung. Im Vergleich zu dem satzungsmäßigen Sitz ist die Feststellung des Orts der Hauptverwaltung schwieriger, da dieser Ort nicht von formellen, sondern lediglich von tatsächlichen Umständen abhängt.[289] Da physische Zusammenkünfte heutzutage nicht mehr erforderlich sind, verschärfen sich die Probleme. Neben tatsächliche Ermittlungshürden treten auch normative. Sollte die Hauptverwaltung nur virtuell zusammenkommen und das, ohne einen besonderen Bezug zu einem Staat aufzuweisen, etwa weil jedes Verwaltungsorgan aus einem anderen Staat teilnimmt, kann ein gemeinsamer Ort der Entscheidungsfindung nicht mehr ausgemacht werden. Zuständigkeitsrechtlich stünde die Gesellschaft in der Folge ohne Hauptverwaltung dar.

Durch die Regel-Konnexität von Geschäftsführung und Hauptverwaltung[290] wird nur scheinbar eine einfache Lokalisierung der Hauptverwaltung ermöglicht. Wie im Rahmen der Sitztheorie bereits ausgeführt, bedarf es durch die Digitalisierung keiner analogen, an einem Ort zusammenkommenden Geschäftsleitung mehr. Eine virtuelle Hauptverwaltung ermöglicht hingegen keine Lokalisierung im Rahmen des Art. 63 Abs. 1 lit. b Brüssel Ia-VO. Sollte man sich damit abfinden, dass Gesellschaften, die ihren Willen grenzüberschreitend und rein virtuell bilden, de facto nicht nach Art. 63 Abs. 1 lit. b Brüssel Ia-VO gerichtspflichtig werden können, blieben nur die Anknüpfungen an den satzungsmäßigen Sitz und die Hauptniederlassung im Rahmen des allgemeinen Gerichtsstands. Ebenso wie der satzungsmäßige Sitz dient die Hauptverwaltung bereits im Internationalen Gesellschaftsrecht als Anknüpfungsmerkmal, soweit

---

[286] *Fleischer*, ZIP 2021, 2205 (2209 ff.); *Mienert*, RDi 2021, 384 (388 ff.); *Schwemmer*, AcP 221 (2021), 555 (570 f.).

[287] Vgl. zu dem DAO-Gesetz aus Wyoming *Fleischer*, ZIP 2021, 2205 (2207); *Mienert*, RDi 2021, 384 (388 ff.).

[288] Siehe S. 50 f. und S. 60 f.

[289] *Vlas*, in: Magnus/Mankowski, ECPIL, Art. 63 Brussels Ibis Regulation Rn. 5.

[290] Siehe S. 164.

man der Sitztheorie folgt. Insofern sind an dieser Stelle auch jene Erwägungen zu beachten.[291]

cc) Hauptniederlassung

Auch die Hauptniederlassung steht vor besonderen Hürden der Digitalisierung. Wie bereits erläutert, betreiben einige Gesellschaften keine physischen Niederlassungen. Die Digitalisierung führt im Gegenteil dazu, dass immer mehr Geschäftsmodelle ausschließlich im Internet beheimatet sind. Da aber auch Internetpräsenzen als Niederlassungen anzuerkennen sind,[292] ergeben sich an dieser Stelle weniger Schwierigkeiten. Sollte man die Anerkennung ablehnen, stünde eine Gesellschaft, die ihre Interna sowie Externa vollständig digitalisiert hat, nicht nur ohne Hauptverwaltung, sondern auch ohne Hauptniederlassung dar. Konsequenterweise und parallel zu physischen Niederlassungen sind aber Internetpräsenzen auch als Hauptniederlassung im Sinne des Art. 63 Abs. 1 lit. c Brüssel Ia-VO anzuerkennen.[293]

b) Gefahr positiver und negativer Kompetenzkonflikte

Obwohl Art. 63 Abs. 1 Brüssel Ia-VO dem Kläger gleich drei alternativ nebeneinanderstehende Anknüpfungsmerkmale zur Lokalisierung des allgemeinen Gerichtsstands an die Hand gibt, besteht je nach gewählter Rechtsform der Gesellschaft und durch die wegen der Digitalisierung fortschreitende Obsoleszenz physischer Präsenzen möglicherweise ein Mangel an lokalisierbaren Anknüpfungsmerkmalen. Es offenbart sich ein Widerspruch von Regelungstechnik und Rechtswirklichkeit. Während erstere gerade das Fehlen allgemeiner Gerichtsstände durch eine Vervielfältigung der Anknüpfungsmerkmale verhindern soll, sind diese Merkmale tatsächlich nicht immer existent oder lassen sich jedenfalls nicht immer ermitteln, was die Gerichtspflichtigkeit im Ergebnis wieder begrenzt. Vorschläge, nach denen die alternativen Anknüpfungsmerkmale des Art. 63 Abs. 1 Brüssel Ia-VO begrenzt werden sollten, sind also abzulehnen, da sie rechtstatsächlich in mehr Fällen dazu führen könnten, dass eine Gesellschaft gar keinen (ermittelbaren) allgemeinen Gerichtsstand hätte. Sollte es aber bei Ermittelbarkeit und Auseinanderfallen der drei Merkmale durch die alternative Anknüpfung zur Annahme mehrerer Wohnsitze einer Gesellschaft und damit entgegen Erwägungsgrund 15 S. 3 Brüssel Ia-VO zu positiven Kompetenzkonflikten kommen,[294] ist diesen mit den Artt. 29 ff. Brüssel Ia-VO zu begegnen.[295] Diese Litispendenzregeln können die *Gefahr* von positiven Kompetenzkon-

---

[291] Siehe S. 40 ff.
[292] Siehe S. 119 ff.
[293] Siehe zu den einzelnen Voraussetzungen S. 145 ff.
[294] *Kropholler/v. Hein*, EuZPR, Art. 60 EuGVO Rn. 2; *Ringe*, IPRax 2007, 388 (389); *Staudinger*, in: Rauscher, EuZPR/EuIPR, Art. 63 Brüssel Ia-VO Rn. 1.
[295] *E Peiffer/M. Peiffer*, in: Geimer/Schütze, Internationaler Rechtsverkehr, Art. 63 VO (EU) 1215/2012 Rn. 10; *Thole*, in: Stein/Jonas, ZPO, Art. 63 EuGVVO Rn. 2.

flikten entschärfen. Eine vermeintliche Gefahr positiver Kompetenzkonflikte mag zwar aufgrund der Regelungstechnik prima facie bestehen, Rechtswirklichkeit und Folgeregelungen sprechen jedoch dagegen. Im Übrigen ist erneut darauf hinzuweisen, dass die beklagte Gesellschaft durch ihre grenzüberschreitende Organisation selbst erst die Gründe dafür schafft, dass es zu alternativen Gerichtspflichtigkeiten in mehreren Staaten kommen kann.

Auf der anderen Seite können sich trotz der beschriebenen Regelungstechnik negative Kompetenzkonflikte ergeben. Erkennt man jedoch Internetpräsenzen als (virtuelle) Niederlassungen und konsequenterweise auch als Hauptniederlassungen an, ist dieses Problem jedoch auch zeitgemäß zu bewältigen. Im Übrigen bieten die alternativen Anknüpfungsmerkmale des Art. 63 Abs. 1 Brüssel Ia-VO immerhin die Möglichkeit, möglichst viele Gesellschaften zu erfassen. Am Orte des satzungsmäßigen Sitzes können Kläger weiterhin unproblematisch ihre Klage erheben. Ebenso liegt es, wenn die Gesellschaft eine lokalisierbare Hauptverwaltung oder Hauptniederlassung aufweist. Verlegt eine mitgliedstaatlich gegründete Gesellschaft aber bevor die Klage erhoben wird[296] ihren satzungsmäßigen Sitz in einen Drittstaat, kommt eine mitgliedstaatliche Gerichtspflichtigkeit nicht mehr in Betracht.

c) Stellungnahme

Betrachtet man nun zusammenfassend Regelungstechnik und Rechtstatsächlichkeit des Art. 63 Abs. 1 Brüssel Ia-VO, ist festzuhalten, dass die Norm bei zeitgemäßer Interpretation ihrer Anknüpfungsmerkmale durchaus leistungsfähig ist. Mit positiven oder negativen Kompetenzkonflikten ist regelmäßig nicht zu rechnen. Zwar dürften Erwägungen zum Zeitpunkt der Schaffung der Norm überholt oder durch andere Erwägungen ersetzt worden sein. Dennoch bedarf es keiner Reform des allgemeinen Gerichtsstandes für Gesellschaften gem. Artt. 4 Abs. 1, 63 Abs. 1 Brüssel Ia-VO.

---

[296] *Mankowski*, in: Rauscher, EuZPR/EuIPR, Art. 4 Brüssel Ia-VO Rn. 10; *Thole*, in: Stein/Jonas, ZPO, vor Art. 4 EuGVVO Rn. 28 ff., Art. 4 EuGVVO Rn. 12 ff.

B. Gesellschaftsexterne Rechtsverhältnisse im Kollisionsrecht

Um das auf einen Sachverhalt anwendbare Recht zu bestimmten, lokalisiert die Rom I-VO ebenso wie die Rom II-VO die Gesellschaft an ihrem gewöhnlichen Aufenthalt, der am Ort der Hauptverwaltung zu verzeichnen[1] und nur ausnahmsweise am Orte einer Niederlassung zu fingieren ist.[2] In den Rom-Verordnungen ist keine Differenzierung zwischen mitgliedstaatlichen und drittstaatlichen Rechtsordnungen angelegt.[3] Dies erspart vor allem Abgrenzungsfragen von drittstaatlichen und Binnenmarktsachverhalten,[4] die fehlende Differenzierung drückt aber auch die Gleichwertigkeit der potenziell zu berufenden Rechtsordnungen aus und dass das Prinzip der engsten Verbindung insoweit vorherrscht. Bei der Auslegung des gewöhnlichen Aufenthalts sind auch die Ziele und Zwecke der Verordnungen und insbesondere die ihnen vorangestellten Erwägungsgründe zu berücksichtigen.

I. Die Gesellschaft als Vertragspartner

Das Kollisionsrecht der vertraglichen Schuldverhältnisse ist in der Rom I-VO kodifiziert. Im Rahmen der Rom I-VO kommt es, sofern keine Rechtswahl der Parteien vorliegt, häufig auf den gewöhnlichen Aufenthalt einer der Parteien an.[5]

1. Art. 19 Abs. 1 UAbs. 1 Rom I-VO

Der gewöhnliche Aufenthalt einer Gesellschaft ist grundsätzlich am Ort ihrer Hauptverwaltung zu lokalisieren, Art. 19 Abs. 1 UAbs. 1 Rom I-VO. Durch die Auswahl des Anknüpfungsmerkmals der Hauptverwaltung soll das Recht mit der engsten Beziehung zum Vertrag berufen werden.[6] Der Begriff der Hauptverwaltung ist nicht national, sondern unionsautonom in Übereinstimmung mit

---

[1] Für die Zwecke dieser Untersuchung sind die Artt. 19 Abs. 1 UAbs. 1 Rom I-VO, 23 Abs. 1 Rom II-VO deshalb gleich zu verstehen. Auf die Unterschiede bezüglich beruflich handelnder natürlicher Personen kommt es hier wegen des Fokus auf juristische Personen und Gesellschaften nicht an, *Junker*, in: MüKoBGB, Art. 23 Rom II-VO Rn. 6; vgl. auch *R. Wagner*, IPRax 2008, 377 (385).

[2] Artt. 19 Abs. 2 Rom I-VO, 23 Abs. 1 UAbs. 2 Rom II-VO, *Wedemann*, in: v. Hein/Rühl, Kohärenz im Internationalen Privat- und Verfahrensrecht, S. 182 (184 f.).

[3] Artt. 2 Rom I-VO, 3 Rom II-VO; *Martiny*, in: MüKoBGB, Art. 2 Rom I-VO Rn. 1; *Paulus*, in: BeckOGK Rom I-VO, Art. 2 Rn. 2, Stand: 01.03.2023.

[4] *Cziupka*, in: Rauscher, EuZPR/EuIPR, Art. 3 Rom II-VO Rn. 2; *Magnus*, in: Staudinger, BGB, Art. 2 Rom I-VO Rn. 2; *Martiny*, in: MüKoBGB, Art. 2 Rom I-VO Rn. 3; *Paulus*, in: BeckOGK Rom I-VO, Art. 2 Rn. 4, Stand: 01.03.2023.

[5] *Bogdan*, MUJLT 2009, 219 (221); *Mansel*, in: FS Prütting, S. 51 (51); *Rass-Masson*, in: BeckOGK Rom I-VO, Art. 19 Rn. 8 f., Stand: 01.09.2021.

[6] *Rass-Masson*, in: BeckOGK Rom I-VO, Art. 19 Rn. 16, Stand: 01.09.2021.

Artt. 54 AEUV, 63 Abs. 1 lit. b Brüssel Ia-VO zu bestimmen.[7] Dass eine Definition für natürliche Personen nicht erfolgt ist, sei hier nur am Rande erwähnt.[8] Die Gesellschaft ist aber – anders als im Rahmen des Internationalen Zuständigkeitsrechts – nicht alternativ an verschiedenen Orten zu lokalisieren, denn anders als in Art. 63 Abs. 1 Brüssel Ia-VO werden nicht verschiedene, sondern nur das Anknüpfungsmerkmal der Hauptverwaltung zur Verfügung gestellt. Dies soll eine eindeutige Bestimmung des anwendbaren Rechts ermöglichen, da im Rahmen vertraglicher Schuldverhältnisse der gewöhnliche Aufenthalt einer Gesellschaft besser vorhersehbar und die Vorschrift deshalb rechtssicherer sein soll, vgl. Erwägungsgründe 16 und 39 der Rom I-VO.[9]

a) Rechtliche Probleme der Anknüpfung an die Hauptverwaltung

Teilweise wird zur Stärkung der Vorhersehbarkeit und Rechtssicherheit konsequenterweise gefordert, dass Dritte den Ort der Hauptverwaltung erkennen und vorhersehen könnten.[10] Eine solche Vorhersehbarkeit ist aber regelmäßig nicht gegeben, da es sich bei der Hauptverwaltung um ein gesellschaftsinternes Merkmal handelt, während die Bestimmung des Vertragsstatuts nach der Rom I-VO regelmäßig in Rechtsverhältnissen zwischen der Gesellschaft und Gesellschaftsexternen relevant ist. Diese Dritten treten regelmäßig nicht mit der Hauptverwaltung in Kontakt, sodass sie diese nicht erkennen können.[11] Die Vorhersehbarkeit im Einzelfall lässt sich auch nicht mit einer vermeintlichen Regel-Konnexität von Hauptniederlassung und Hauptverwaltung begründen.[12]

Denn erstens muss sich die unternehmensexterne Partei nicht an die Hauptniederlassung wenden, sondern sie kann sich auch an jede schlichte Niederlassung wenden zwecks Abschluss oder Erfüllung eines Vertrags, vgl. Art. 19 Abs. 2 Rom I-VO. Die Hauptniederlassung stellt eine besondere Niederlassung dar. Im Rahmen der grundsätzlichen Lokalisierung der Gesellschaft am Ort ihrer Hauptverwaltung gem. Art. 19 Abs. 1 UAbs. 1 Rom I-VO auf einen Sonderfall der Niederlassung abzustellen, um sodann damit aufgrund einer Regel-Konnexität auf die Lokalisierung der Hauptverwaltung am selben Ort zu schließen, ist regelungstechnisch abzulehnen. Die Anliegen der Vorhersehbarkeit und

---

[7] Zweifelnd *Kropholler/v. Hein*, EuZPR, Art. 60 EuGVO Rn. 2; *Magnus*, in: Staudinger, BGB, Art. 19 Rom I-VO Rn. 7, 10; *Rass-Masson*, in: BeckOGK Rom I-VO, Art. 19 Rn. 7, 11.1, 15, Stand: 01.09.2021; *Thorn*, in: Rauscher, EuZPR/EuIPR, Art. 19 Rom I-VO, Rn. 9; siehe S. 164.

[8] Vgl. *C. v. Bar/Mankowski*, IPR, Bd. 2, § 1 Rn. 226; zur Definitionsfeindlichkeit des Begriffs *Dutta*, IPRax 2017, 139 (145); *Lurger*, in: v. Hein/Rühl, Kohärenz im Internationalen Privat- und Verfahrensrecht, S. 202 (207); *Rentsch*, Der gewöhnliche Aufenthalt, S. 210 ff.

[9] *Ferrari*, in: Ferrari, Internationales Vertragsrecht, Art. 19 Rom I-VO Rn. 2; *Kropholler/v. Hein*, EuZPR, Art. 60 EuGVO Rn. 1a; *Rass-Masson*, in: BeckOGK Rom I-VO, Art. 19 Rn. 16, Stand: 01.09.2021; *Spickhoff*, in: BeckOK BGB, Art. 19 VO (EG) 593/2008 Rn. 1, Stand: 01.05.2022; *Thorn*, in: Rauscher, EuZPR/EuIPR, Art. 19 Rom I-VO Rn. 9.

[10] *Rass-Masson*, in: BeckOGK Rom I-VO, Art. 19 Rn. 16, Stand: 01.09.2021.

[11] *Martiny*, in: MüKoBGB, Art. 19 Rom I-VO Rn. 15.

[12] A.A. *Rass-Masson*, in: BeckOGK Rom I-VO, Art. 19 Rn. 16, Stand: 01.09.2021.

Rechtssicherheit müssen auf andere, pragmatischere Art und Weise realisiert werden.

Zweitens ist nicht ersichtlich, weshalb Hauptniederlassung und Hauptverwaltung regelmäßig am selben Ort belegen sein müssten.[13] Gerade Art. 63 Abs. 1 Brüssel Ia-VO impliziert, dass es regelmäßig gerade nicht derselbe Ort ist, da es andernfalls nicht zwei alternativer Anknüpfungsmerkmale bedürfte.

Somit besteht in regelungstechnischer Hinsicht das Problem, dass das Vertragsstatut nach der Rom I-VO, das insbesondere für Rechtsverhältnisse zwischen der Gesellschaft und Dritten ermittelt werden muss, von dem Schwerpunkt des gesellschafts*internen* Handelns abhängt.[14] Gesellschaftsexterne Personen haben jedoch regelmäßig keinen Kontakt zu der Hauptverwaltung,[15] sondern mit einer Stelle des gesellschaftsexternen Handelns, wie im Übrigen auch für den Sonderfall in Art. 19 Abs. 2 Rom I-VO vorgesehen.

b) Tatsächliche Probleme der Anknüpfung an die Hauptverwaltung

Da grundsätzlich nicht an Modalitäten des Vertragsschlusses angeknüpft wird,[16] lässt sich Art. 19 Abs. 1 UAbs. 1 Rom I-VO auch auf Vertragsschlüsse im Internet anwenden.[17] Gerade diese bereiten immer größere tatsächliche Schwierigkeiten bei der Anknüpfung, denn physische und damit lokalisierbare Hauptverwaltungen sind nicht mehr erforderlich,[18] sodass die Lokalisierung einer Gesellschaft im Rahmen der Rom I-VO nicht immer gelingen kann. Dies beeinträchtigt die verfolgte Rechtssicherheit de facto genauso wie ein in rechtlicher Hinsicht unbestimmtes Anknüpfungsmerkmal.

c) Stellungnahme und Reformvorschlag

Es wird bereits vorgeschlagen, das Anknüpfungsmerkmal der Hauptverwaltung in Art. 19 Abs. 1 UAbs. 2 Rom I-VO zu ersetzen.[19] Dies ist in Anbetracht der rechtlichen und tatsächlichen Probleme, denen nur teilweise und nur mit Verlegenheitslösungen (siehe die vorgeschlagene Regel-Konnexität von Hauptverwaltung und Hauptniederlassung) begegnet wird, zu begrüßen.

---

[13] *Magnus*, in: Staudinger, BGB, Art. 19 Rom I-VO Rn. 13.

[14] *C. v. Bar/Mankowski*, IPR, Bd. 2, § 1 Rn. 223; *Magnus*, in: Staudinger, BGB, Art. 19 Rom I-VO Rn. 13.

[15] Gesellschaftsexterne Personen haben regelmäßig auch keine Kenntnis darüber, wo die Hauptverwaltung belegen ist, *de Lima Pinheiro*, in: Magnus/Mankowski, ECPIL, Art. 19 Rome I Regulation Rn. 38.

[16] Anders teilweise für besondere Vertragstypen im Sinne der Artt. 5 ff. Rom I-VO.

[17] *Magnus*, in: Staudinger, BGB, Art. 19 Rom I-VO Rn. 9; *Spickhoff*, in: BeckOK BGB, Art. 19 VO (EG) 593/2008 Rn. 1, Stand: 01.05.2022.

[18] Siehe S. 43 ff.

[19] *de Lima Pinheiro*, in: Magnus/Mankowski, ECPIL, Art. 19 Rome I Regulation Rn. 38.

aa) Keine Anknüpfung an den Satzungssitz oder Registerort der Gesellschaft

Denkbar wäre eine Anknüpfung an den Satzungssitz der Gesellschaft. Dafür spräche das in Erwägungsgrund 11 als „Eckstein[…] des Systems der Kollisionsnormen im Bereich der vertraglichen Schuldverhältnisse" beschriebene Prinzip der Parteiautonomie.[20] Die privatautonome Entscheidung der Gründer einer Gesellschaft zugunsten eines bestimmten Satzungssitzes würde so ihre kollisionsrechtliche Entsprechung finden. Eine Partei, die mit der Gesellschaft in Kenntnis ihres Satzungssitzes einen Vertrag schließt, könnte ermitteln, welches Recht auf etwaige Streitigkeiten aus diesem Vertrag Anwendung findet. Damit der Satzungssitz aber auch tatsächlich für die Dritte erkennbar ist, müssten Transparenzpflichten zur Angabe des Satzungssitzes im Rechtsverkehr geschaffen werden, denn beim Satzungssitz handelt es sich um ein gesellschaftsinternes Merkmal. Den Rechtsverkehr braucht ein solches grundsätzlich nicht zu interessieren. Problematisch ist in diesem Zusammenhang, dass diese Transparenzpflichten wohl dem materiellen Recht, also dem Recht, das unter Heranziehung des Satzungssitzes erst ermittelt werden muss, angehören würden. Außerdem müssen nicht alle Personenzusammenschlüsse, die unter Art. 19 Abs. 1 UAbs. 1 Rom I-VO fallen, einen Sitz in ihre Satzung aufnehmen.[21] Stattdessen an eine ebenso transparente Registrierung der Gesellschaft anzuknüpfen, ist ebenso aussichtslos, da sich auch nicht alle Personenzusammenschlüsse in ein öffentliches Register eintragen müssen.[22]

Sollte der Vertragspartner den Satzungssitz oder Registrierungsort der Gesellschaft im Einzelfall dennoch kennen, käme es zu einer rechtssicheren und vorhersehbaren Rechtsanwendung. Die engste Verbindung zwischen Vertrag und dem so bestimmten Recht wäre aber nicht sichergestellt, Erwägungsgrund 16 S. 2. Eine Anknüpfung an den satzungsmäßigen Sitz oder den Ort der Registrierung ist deshalb abzulehnen.

bb) Anknüpfung an die Hauptniederlassung

Da es im Rahmen der Rom I-VO vornehmlich um gesellschaftsexterne Rechtsverhältnisse geht, sollte konsequenterweise auch ein gesellschaftsexternes und somit für die Parteien besser vorhersehbares und damit rechtssicheres Anknüpfungsmerkmal gewählt werden – nämlich das der Hauptniederlassung. Auch im Rahmen des Art. 19 Abs. 1 UAbs. 1 Rom I-VO sind konsequenterweise Websites als Niederlassungen anzuerkennen. Damit wird auch das tatsächliche Problem der Nichtlokalisierbarkeit digitalisierter Hauptverwaltungen gelöst, da entsprechende Unternehmen regelmäßig eine (virtuelle) Hauptniederlassung haben, wenn sie mit dem Rechtsverkehr in Kontakt treten. Eine Anknüpfung an die Hauptniederlassung entspricht dem Prinzip der engsten Verbindung, Erwägungsgrund 16 S. 2 Rom I-VO. Zudem besteht so auch ein Gleichlauf von

---

[20] Siehe auch S. 12 ff.
[21] Siehe schon S. 60 f.
[22] Siehe schon S. 60 f.

juristischen und natürlichen Personen, da für letztere schon nach dem Wortlaut des Art. 19 Abs. 1 UAbs. 2 Rom I-VO deren Hauptniederlassung maßgeblich ist.[23] Mit einer Anknüpfung an die *Haupt*niederlassung ergibt sich auch kein Widerspruch zwischen Artt. 19 Abs. 1 UAbs. 1 und 19 Abs. 2 Rom I-VO, da letztere Norm bloß an die schlichte (virtuelle) Niederlassung anknüpft, dafür aber auch einen Vertragsbezug voraussetzt. Vergleichbar ist dies mit dem Verhältnis des allgemeinen Gerichtstandes gem. Artt. 4 Abs. 1, 63 Abs. 1 lit. b Brüssel Ia-VO zum besonderen Gerichtsstand gem. Art. 7 Nr. 5 Brüssel Ia-VO. Auch dort gehen grundsätzliche Anknüpfung an die Hauptniederlassung einerseits und besondere Anknüpfung an eine schlichte Niederlassung mit Vertragsbezug andererseits miteinander einher. Im Lichte der Kohärenz zwischen den Verordnungen gem. Erwägungsgrund 7 Rom I-VO findet die zuständigkeitsrechtliche Wertung durch die vorgeschlagene Anknüpfung auch im Kollisionsrecht ihre Entsprechung.[24] Im Ergebnis ist der gewöhnliche Aufenthalt von Gesellschaften grundsätzlich am Ort ihrer Hauptniederlassung zu verorten.

2. Art. 19 Abs. 2 Rom I-VO

a) Anwendungsbereich

Sofern der Vertrag entweder im Rahmen einer Niederlassung geschlossen wurde oder diese für die Vertragserfüllung verantwortlich ist, ist der für die Bestimmung des anwendbaren Rechts relevante gewöhnliche Aufenthalt am Orte jener Niederlassung zu verorten.[25] Als Spezialregel geht Abs. 2 der Grundregel des Abs. 1 vor.[26] Das führt bereits *de lege lata* dazu, dass sich in vielen Fällen die Schwierigkeiten der Anknüpfung gem. Art. 19 Abs. 1 UAbs. 1 Rom I-VO nicht auswirken.

Die Anknüpfung an die Niederlassung mit konkretem Vertragsbezug dient der Ermittlung der engsten Verbindung – auch innerhalb des Art. 19 Rom I-VO, Erwägungsgrund 16 S. 2 Rom I-VO.[27] Zugleich wird die Vorhersehbarkeit des anwendbaren Rechts gefördert. Denn wegen Art. 19 Abs. 2 Rom I-VO findet nicht überraschenderweise das Recht des Ortes der Hauptverwaltung (nur *de lege lata*; *de lege ferenda*: Hauptniederlassung), sondern das Recht Anwendung, mit dem der Vertragspartner der Gesellschaft aufgrund der konkreten

---

[23] Dies liegt daran, dass natürliche Personen keine Hauptverwaltung haben, *C. v. Bar/Mankowski*, IPR, Bd. 2, § 1 Rn. 225.

[24] Vgl. *Bitter*, IPRax 2008, 96 (100); *Mansel*, in: FS Prütting, S. 51 (54); *Martiny*, in: MüKoBGB, Art. 19 Rom I-VO Rn. 2.

[25] Vgl. zur früheren europäischen Regelung Art. 4 Abs. 2 S. 2 EVÜ bzw. zum früheren nationalen, deutschen Vertragskollisionsrecht Art. 28 Abs. 2 S. 2 EGBGB a.F.; *C. v. Bar/Mankowski*, IPR, Bd. 1, § 7 Rn. 39; *Doehner*, in: NK-BGB, Art. 19 Rom I-VO Rn. 2; *Thorn*, in: Rauscher, EuZPR/EuIPR, Art. 19 Rom I-VO Rn. 2 f.

[26] *Mansel*, in: FS Prütting, S. 51 (53, 56); *Martiny*, in: MüKoBGB, Art. 19 Rom I-VO Rn. 13.

[27] *Magnus*, in: Staudinger, BGB, Art. 19 Rom I-VO Rn. 22.

Beziehung rechnen durfte.[28] Da nach hier vertretener Ansicht schon im Rahmen des Art. 19 Abs. 1 Rom I-VO sowohl bei juristischen als auch bei natürlichen Personen auf deren Hauptniederlassung abzustellen ist, findet Art. 19 Abs. 2 Rom I-VO nur dann Anwendung,[29] wenn der Vertrag nicht in der Haupt-, sondern in einer anderen (schlichten) Niederlassung geschlossen wurde oder dort zu erfüllen ist. Besteht im Einzelfall eine individuelle Verbindung zur Hauptniederlassung, so kann es dahinstehen, ob der Fall von Art. 19 Abs. 1 UAbs. 1 oder Abs. 2 Rom I-VO erfasst wird, da der gewöhnliche Aufenthalt der Gesellschaft im Ergebnis am selben Ort zu lokalisieren ist. Auf den Betriebsbezug kommt es dann ebenso wenig an.

b) Niederlassungsbegriff

Um insoweit auch im Rahmen des Art. 19 Abs. 2 Rom I-VO zeitgemäß zu lokalisieren, müssen Websites auch hier (virtuelle) Niederlassungen darstellen. Der Begriff der Niederlassung ist also parallel zum international-zivilprozessrechtlichen Begriff der Niederlassung im Sinne des Art. 7 Nr. 5 Brüssel Ia-VO auszulegen.[30] Da im Rahmen der Rom I-VO (Erwägungsgrund 16 S. 2) stärker als in der Brüssel Ia-VO das Prinzip der engsten Verbindung und weniger das der Rechtssicherheit und Vorhersehbarkeit gilt, ist die Anerkennung virtueller Niederlassungen hier erst recht möglich. Andererseits ist zu beachten, dass es aufgrund der kodifizierten Ausweich- und Auffangklauseln in Art. 4 Abs. 3 und 4 Rom I-VO einer expliziten Anerkennung virtueller Niederlassungen vor dem Hintergrund des traditionellen Niederlassungsbegriffs nicht bedarf. Im Einzelfall kann nach diesen Normen nämlich schon *de lege lata* das Recht des Staates, an dem eine virtuelle Niederlassung belegen ist (ohne diese so zu benennen) Geltung erlangen.

II. Die Gesellschaft als außervertraglich handelnde Einheit

Auch bei einem außervertraglichen Kontakt mit einer Gesellschaft wird zur Lokalisierung einer Gesellschaft grundsätzlich nur ihre Hauptverwaltung herangezogen, die übereinstimmend mit Artt. 54 AEUV, 63 Abs. 1 lit. b Brüssel Ia-

---

[28] *Bitter*, IPRax 2008, 96 (100); *Mansel*, in: FS Prütting, S. 51 (57); *Martiny*, in: Reithmann/Martiny, Internationales Vertragsrecht, Rn. 2.298; *Thorn*, in: Rauscher, EuZPR/EuIPR, Art. 19 Rom I-VO Rn. 18.

[29] Zweifelnd zur Frage, wann welcher Absatz anzuwenden ist, *Spickhoff*, in: BeckOK BGB, Art. 19 VO (EG) 593/2008 Rn. 4, Stand: 01.05.2022; Art. 19 Abs. 2 Rom I-VO ist aber wie bereits dargelegt *lex specialis* und deshalb vorrangig anzuwenden, *Mansel*, in: FS Prütting, S. 51 (53, 56); *Martiny*, in: MüKoBGB, Art. 19 Rom I-VO Rn. 13.

[30] *C. v. Bar/Mankowski*, IPR, Bd. 2, § 1 Rn. 224; *Mankowski*, in: FS Heldrich, S. 867 (887); *Mansel*, in: FS Prütting, S. 51 (54); *Spickhoff*, in: BeckOK BGB, Art. 19 VO (EG) 593/2008 Rn. 3, Stand: 01.05.2022.

VO zu verstehen ist.[31] Art. 23 Abs. 1 UAbs. 1 Rom II-VO entspricht somit Art. 19 Abs. 1 UAbs. 1 Rom I-VO.[32] Um auch bei außervertraglichen Sachverhalten das Prinzip der engsten Verbindung zu wahren, kann subsidiär auf den Ort einer Niederlassung abgestellt werden, wenn aus ihrem Betrieb ein schadensbegründendes Ereignis folgt, Art. 23 Abs. 1 UAbs. 2 Rom II-VO.[33] Der Begriff der Niederlassung ist, ebenso wie im Rahmen der Rom I-VO, entsprechend dem Begriff der Brüssel Ia-VO zu verstehen.[34]

Aufgrund der Parallelität bei der Lokalisierung des gewöhnlichen Aufenthalts von Gesellschaften in der Rom I-VO und der Rom II-VO kann insoweit auf die Ausführungen zu der Rom I-VO verwiesen werden.[35] Insbesondere sollte auch im Rahmen des Art. 23 Abs. 1 UAbs. 1 Rom II-VO zukünftig an die Hauptniederlassung angeknüpft werden, da außervertragliche Schuldverhältnisse regelmäßig mit Gesellschaftsexternen entstehen. Dabei, sowie auch im Rahmen des Art. 23 Abs. 1 UAbs. 2 Rom II-VO, müssen Websites als (virtuelle) Haupt- und schlichte Niederlassungen anerkannt werden, um insbesondere deliktische Handlungen über Websites dem sachnächsten Recht zu unterwerfen.

---

[31] *Rass-Masson*, in: BeckOGK Rom II-VO, Art. 23 Rn. 10.1, 14, Stand: 01.09.2021; *Ratka*, in: Soergel, BGB, Art. 23 Rom II-VO Rn. 9; *Schulze*, in: NK-BGB, Art. 23 Rom II-VO Rn. 7; *Stürner*, in: Erman, BGB, Art. 23 Rom II-VO Rn. 1.

[32] *Franzina*, in: Magnus/Mankowski, ECPIL, Art. 23 Rome II Regulation Rn. 2; *Ratka*, in: Soergel, BGB, Art. 23 Rom II-VO Rn. 9; *Schulze*, in: NK-BGB, Art. 23 Rom II-VO Rn. 3, 7; *Stürner*, in: Erman, BGB, Art. 23 Rom II-VO Rn. 1.

[33] *Rass-Masson*, in: BeckOGK Rom II-VO, Art. 23 Rn. 16, Stand: 01.09.2021.

[34] *Mansel*, in: FS Prütting, S. 51 (54).

[35] Siehe S. 173 ff.

C. Regelungsvorschlag zu Kapitel 3

I. Vorschlag zur Änderung der Brüssel Ia-VO

Ergänzung des bestehenden Erwägungsgrundes 16

Als Niederlassung kann insbesondere auch eine Website angesehen werden, die im Niederlassungsstaat abrufbar ist, vom Beklagten kontrolliert wird und deren Domain der Beklagte innehat. Niederlassungsstaat kann nur der Staat sein, in dessen Amtssprache der Beklagte eine Übersetzung der Website veranlasst hat und dessen Countrycode-Top-Level-Domain der Website zugewiesen ist. Um ausufernden Gerichtspflichtigkeiten vorzubeugen, muss der Kläger im Rahmen von Artikel 7 Nummer 5 auch im Mitgliedstaat der Niederlassung ansässig sein. Im Rahmen des allgemeinen Gerichtsstands ist eine solche Ansässigkeit nicht erforderlich.

II. Vorschlag zur Änderung der Rom I-VO

Ergänzung des bestehenden Erwägungsgrundes 7

Aufgrund der kohärenten Auslegung mit der Brüssel Ia-VO und der Rom II-VO können Websites unter den dort genannten Voraussetzungen auch im Anwendungsbereich dieser Verordnung Niederlassungen darstellen.

Artikel 19 (Gewöhnlicher Aufenthalt) n.F.[1]

(1) Für die Zwecke dieser Verordnung ist der Ort des gewöhnlichen Aufenthalts von Gesellschaften, Vereinen und juristischen Personen der Ort ihrer *Hauptniederlassung*. […]

III. Vorschlag zur Änderung der Rom II-VO

Ergänzung des bestehenden Erwägungsgrundes 7

Aufgrund der kohärenten Auslegung mit der Brüssel Ia-VO und der Rom I-VO können Websites unter den dort genannten Voraussetzungen auch im Anwendungsbereich dieser Verordnung Niederlassungen darstellen.

Artikel 23 (Gewöhnlicher Aufenthalt) n.F.[2]

(1) Für die Zwecke dieser Verordnung ist der Ort des gewöhnlichen Aufenthalts von Gesellschaften, Vereinen und juristischen Personen der Ort ihrer *Hauptniederlassung*. […]

---

[1] Die kursiv gedruckte Formulierung dient der Hervorhebung der beabsichtigten Änderung.

[2] Die kursiv gedruckte Formulierung dient der Hervorhebung der beabsichtigten Änderung.

Kapitel 4:

Zusammenfassung der Untersuchungs-ergebnisse in Thesen

1. Die zunehmende Digitalisierung des Rechtsverkehrs zwingt zu einem Neudenken etablierter Strukturen des Internationalen Zivilprozess- und Privatrechts. Tatsächliche Sachverhaltsermittlungen stoßen an ihre Grenzen, wo physische Elemente des Rechtslebens obsolet werden.

   Physische Anknüpfungsmerkmale können aber sowohl im Innen- als auch im Außenverhältnis *de lege ferenda* ersetzt werden. Im Innenverhältnis ist den Gesellschaftern weitergehend Parteiautonomie einzuräumen (dazu Kapitel 1, S. 21 ff.), im Außenverhältnis können digitale Verhaltensweisen eine weiterreichende Gerichtspflichtigkeit der Gesellschaft gegenüber Gesellschaftsexternen begründen (Kapitel 2, S. 118 ff.).

2. Der Streit um die Bestimmung des Gesellschaftsstatuts ist nach wie vor aktuell. Das Internationale Gesellschaftsrecht der einzelnen Mitgliedstaaten ist, wenn überhaupt kodifiziert, unterschiedlich von der Gründungs- oder der Sitztheorie geprägt. Der Judikatur des EuGH sind, da es sich bloß um eine Unvereinbarkeitskontrolle handelt, keine Vorgaben hinsichtlich der Anwendung von Gründungs- oder Sitztheorie zu entnehmen (Kapitel 2 A.II., S. 22 ff.). Für eine Harmonisierung ist eine Kodifizierung des Internationalen Gesellschaftsrechts auf unionsrechtlicher Ebene erforderlich.

3. Das international-privatrechtliche Prinzip der Gleichwertigkeit der Rechtsordnungen sollte den Gesetzgeber ermutigen, parallel zu den Rom-Verordnungen mutige Schritte zu gehen und auf die Gesellschaftsrechte anderer, auch drittstaatlicher Rechtsordnungen zu vertrauen, denn für mitglied- und drittstaatliche Gesellschaften sollen dieselben Kollisionsregeln gelten (Kapitel 2 A.IV.4.g), S. 68 f. und Kapitel 2 A.V.2.d)ee), S. 79 f.).

4. Für registrierte Gesellschaften bildet das Recht des Registerorts das Gesellschaftsstatut (Kapitel 2 A.IV.4.g), S. 68 f.).

5. Ist die Gesellschaft nicht registriert, muss dennoch ein Recht Anwendung finden. Dabei ist zunächst der Anknüpfungsgegenstand „Gesellschaft" autonom zu verstehen und nicht länger nach der Geschöpfthese durch nationales Recht zu bestimmen (Kapitel 2 A.V.2., S. 71 ff.). Eine Gesellschaft ist bei Vorliegen eines verselbständigten Gebildes, einer Zweckbestimmung, einer Handlungsorganisation und von Mitwirkungspflichten anzunehmen (Kapitel 2 A.V.2.d)hh), S. 82 f.).

6. Sodann können die Gesellschafter parteiautonom das Recht des Staates, in dem sich die Hauptverwaltung der Gesellschaft befindet, des Staates, in dem sich die Hauptniederlassung der Gesellschaft befindet, oder eines Mitgliedstaats wählen (Kapitel 2 A.V.3.e), S. 87 f.). Sekundär ist auf objektive Anknüpfungsmerkmale abzustellen (Kapitel 2 A.V.4., S. 88 ff.). Lediglich wenn sich auch nach diesen Kriterien keine Zuordnung zu einer Rechtsordnung treffen lässt, ist die *lex fori* maßgeblich (Kapitel 2 A.V.5., S. 95 ff.).

7. Die Kodifikation des Internationalen Gesellschaftsrechts auf europäischer Ebene erfordert eine Änderung des Art. 24 Nr. 2 Brüssel Ia-VO. Eine Delegation an mitgliedstaatliches Internationales Privatrecht ist dann nicht länger nötig. Für registrierte Gesellschaften ist ein ausschließlicher Gerichtsstand am Ort des Registers anzunehmen (Kapitel 2 B.V.3.a), S. 112 f.). Da gesellschaftsrechtliche Streitigkeiten bereits in weiten Teilen schiedsfähig sind, wird nichtregistrierten Gesellschaften die Möglichkeit zur freien Prorogation auch staatlicher Gerichte eingeräumt (Kapitel 2 B.V.3.b), S. 113 ff.). Wird von der Möglichkeit kein Gebrauch gemacht, so gelten zur Ermittlung der internationalen Zuständigkeit dieselben objektiven Hilfsanknüpfungen wie im Kollisionsrecht. Faktisch entsteht so ein Gleichlauf von Forum und Ius.

8. Im Bereich des gesellschaftsexternen Verkehrs sind Internetpräsenzen als (virtuelle) Niederlassungen anzuerkennen (Kapitel 3 A.I., S. 118 ff.). Dies betrifft vor allem die Gerichtspflichtigkeiten gem. Artt. 7 Nr. 5, 4 Abs. 1, 63 Abs. 1 Brüssel Ia-VO sowie den kollisionsrechtlichen Niederlassungsbegriff der Artt. 19 Rom I-VO, 23 Rom II-VO.

9. Für das Bestehen einer (virtuellen) Niederlassung in einem Mitgliedstaat müssen folgende Voraussetzungen gegeben sein (Kapitel 3 A.I.4.b)cc), S. 146 ff.): (1) Vorliegen einer Website; (2) Abrufbarkeit der Website in jenem Mitgliedstaat;

(3) Kontrolle der Website durch den Beklagten; (4) eine vom Beklagten veranlasste Übersetzung der Website in die Amtssprache des Mitgliedstaats; (5) Zuordnung der Website zur Countrycode-Top-Level-Domain des Mitgliedstaats.

Für die Betriebsbezogenheit muss der Kläger auch im Mitgliedstaat der virtuellen Niederlassung ansässig sein (Kapitel 3 A.I.4.b)dd), S. 157).

10. Die von Art. 7 Nr. 5 Brüssel Ia-VO mitgeregelte örtliche Zuständigkeit der Gerichte ist grundsätzlich am Wohnsitz des Klägers zu verorten. Wenn der Beklagte aber neben einer virtuellen auch eine physische Niederlassung in jenem Mitgliedstaat betreibt, sind die Gerichte am Ort der physischen Niederlassung auch für Streitigkeiten aus dem Betrieb der virtuellen Niederlassung örtlich zuständig (Kapitel 3 A.I.5., S. 158 ff.).

11. In Fällen, in denen Art. 24 Nr. 2 Brüssel Ia-VO nicht einschlägig ist, bleibt die Gesellschaft grundsätzlich an ihrem Wohnsitz international gerichtspflichtig, Art. 4 Abs. 1 Brüssel Ia-VO. Dieser bestimmt sich gem. Art. 63 Abs. 1 Brüssel Ia-VO, der keiner Korrektur bedarf (Kapitel 3 A.II.4.c), S. 171 f.). Sieht das nationale Zuständigkeitsrecht keine korrelierende örtliche Zuständigkeit vor, ist diese ebenfalls nach den Anknüpfungsmerkmalen des Art. 63 Abs. 1 Brüssel Ia-VO zu bestimmen (Kapitel 3 A.II.3., S. 167 f.).

12. Konsequenterweise können virtuelle Niederlassungen *de lege ferenda* auch Hauptniederlassungen im Sinne des Art. 63 Abs. 1 lit. c Brüssel Ia-VO darstellen. Die Erweiterung des allgemeinen Gerichtsstandes am Ort der Hauptniederlassung ist gerechtfertigt, da bei digital operierenden Gesellschaften die Anknüpfung an die Hauptverwaltung aufgrund von Lokalisierungsschwierigkeiten weniger bedeutsam wird (Kapitel 3 A.II.2.c), S. 163 f.).

13. Zur Ermittlung des gewöhnlichen Aufenthalts im Sinne der Artt. 19 Abs. 1 UAbs. 1 Rom I-VO, 23 Abs. 2 Rom II-VO ist nicht mehr an die Hauptverwaltung, sondern *de lege ferenda* an die (virtuelle) Hauptniederlassung anzuknüpfen (Kapitel 3 B.I.1.c)bb), S. 175 f. und Kapitel 3 B.II., S. 177 f.). Der Begriff der Hauptniederlassung ist identisch mit dem in Art. 63 Abs. 1 lit. b Brüssel Ia-VO (Kapitel 3 B.I.2.b., S. 177 und Kapitel 3 B.II., S. 177 f.).

Literaturverzeichnis

Abendroth, Matthias: Parteiautonome Zuständigkeitsbegründung im Europäischen Zivilverfahrensrecht, Berlin 2016 (zit.: *Abendroth*, Parteiautonome Zuständigkeitsbegründung)

Ahrens, Claus: Europäisches und Internationales Wirtschaftsprivatrecht, 2. Auflage, Stuttgart 2017 (zit.: *C. Ahrens*, Wirtschaftsprivatrecht)

Ahrens, Hans-Jürgen: Die Prüfung der internationalen Zuständigkeit: Verschiebung von der Zulässigkeit zur Begründetheit?, in: Grothe, Helmut / Mankowski, Peter (Hrsg.), Europäisches und Internationales Privatrecht, Festschrift für Christian von Bar zum 70. Geburtstag, München 2022, S. 1–9 (zit.: *H.-J. Ahrens*, in: FS v. Bar)

Albers, Christiane: Die Begriffe der Niederlassung und der Hauptniederlassung im Internationalen Privat- und Zivilverfahrensrecht, Jena 2010 (zit.: *Albers*, Niederlassung und Hauptniederlassung)

Alexy, Robert: Theorie der Grundrechte, Baden-Baden 1985

Altmeppen, Holger: Anwendung deutschen Gläubigerschutzrechts auf die EU-Scheinauslandsgesellschaft, Auswirkungen des Kornhaas-Urteils des EuGH, IWRZ 2017, 107–115

–: Änderungen der Kapitalersatz- und Insolvenzverschleppungshaftung aus „deutsch-europäischer" Sicht, NJW 2005, 1911–1915

–: Existenzvernichtungshaftung und Scheinauslandsgesellschaften, in: Crezelius, Georg / Hirte, Heribert / Vieweg, Klaus (Hrsg.), Festschrift für Volker Röhricht zum 65. Geburtstag, Köln 2005, S. 3–24 (zit.: *Altmeppen*, in: FS Röhricht)

–: Schutz vor „europäischen" Kapitalgesellschaften, NJW 2004, 97–104

ders. / Wilhelm, Jan: Gegen die Hysterie um die Niederlassungsfreiheit der Scheinauslandsgesellschaften, DB 2004, 1083–1089

Anders, Monika / Gehle, Burkhard (Hrsg.): Zivilprozessordnung mit GVG und anderen Nebengesetzen, 81. Auflage, München 2023 (zit.: *Bearbeiter*, in: Anders/Gehle, ZPO)

Anliker, Gerhard: Die internationale Zuständigkeit bei gesellschaftlichen Streitigkeiten im Rechtsrahmen des europäischen Binnenmarktes, Baden-Baden 2018 (zit.: *Anliker*, Internationale Zuständigkeit bei gesellschaftlichen Streitigkeiten)

Arnold, Arnd: Die Sitzverlegung von Stiftungen, in: Kubis, Sebastian / Peifer, Karl-Nikolaus / Raue, Benjamin / Stieper, Malte (Hrsg.), Ius Vivum: Kunst – Internationales – Persönlichkeit, Festschrift für Haimo Schack zum 70. Geburtstag, Tübingen 2022, S. 1–13 (zit.: *A. Arnold*, in: FS Schack)

Arnold, Stefan: Künstliche Intelligenz und Parteiautonomie – Rechtsfähigkeit und Rechtswahlfähigkeit im Internationalen Privatrecht, IPRax 2022, 13–22

Aufderheide, Sophie C.: Dezentrale Autonome Organisationen (DAO) – Smart Contracts aus der Perspektive des Gesellschaftsrechts, WM 2022, 264–271

Bach, Ivo / Tippner, Hanna: Internationale Zuständigkeit am Gerichtsstand der virtuellen Niederlassung, Zugleich Besprechung von OLG Frankfurt, Urt. v. 16.1.2020 – 16 U 208/18, EuZW 2020, 481–485

Bachmann, Gregor: Zum Entwurf eines Gesetzes zur Modernisierung des Personengesellschaftsrechts (MoPeG), NZG 2020, 612–619

Balthasar, Stephan: Gesellschaftsstatut und Gläubigerschutz: ein Plädoyer für die Gründungstheorie, Zugleich Besprechung von BGH, RIW 2009, 79, RIW 2009, 221–227

Bar, Carl Ludwig von: Theorie und Praxis des Internationalen Privatrechts, Band 1, 2. Auflage, Hannover 1889 (Neudruck, Aalen 1966) (zit.: *C. L. v. Bar*, Theorie und Praxis des IPR, Bd. 1)

–: Theorie und Praxis des Internationalen Privatrechts, Band 2, 2. Auflage, Hannover 1889 (Neudruck, Aalen 1966) (zit.: *C. L. v. Bar*, Theorie und Praxis des IPR, Bd. 2)

Bar, Christian von: Internationales Privatrecht, Zweiter Band, Besonderer Teil, 1. Auflage, München 1991 (zit.: *C. v. Bar*, IPR, Bd. 2 (1. Aufl.))

– (Begr.) / *Mankowski, Peter*: Internationales Privatrecht, Band I, Allgemeine Lehren, 2. Auflage, München 2003 (zit.: *C. v. Bar/Mankowski*, IPR, Bd. 1)

–: Internationales Privatrecht, Band 2, 2. Auflage, München 2019 (zit.: *C. v. Bar/Mankowski*, IPR, Bd. 2)

Basedow, Jürgen: Kohärenz im Internationalen Privat- und Verfahrensrecht der Europäischen Union, Eine einleitende Orientierung, in: Hein, Jan von / Rühl, Giesela (Hrsg.), Kohärenz im Internationalen Privat- und Verfahrensrecht der Europäischen Union, Tübingen 2016, S. 3–26 (zit.: *Basedow*, in: v. Hein/Rühl, Kohärenz im Internationalen Privat- und Verfahrensrecht)

–: Theorie der Rechtswahl oder Parteiautonomie als Grundlage des Internationalen Privatrechts, RabelsZ 75 (2011), 32–59

beck-online.GROSSKOMMENTAR Handels- und Gesellschaftsrecht: Henssler, Martin (Gesamthrsg.)

– AktG: Spindler, Gerald / Stilz, Eberhard (Hrsg.), München (zit.: *Bearbeiter*, in: BeckOGK AktG, Stand)

beck-online.GROSSKOMMENTAR Zivilrecht: Gsell, Beate / Krüger, Wolfgang / Lorenz, Stephan / Reymann, Christoph (Gesamthrsg.)

– BGB: Artz, Markus et al. (Hrsg.), München (zit.: Bearbeiter, in: BeckOGK BGB, Stand)

– EGBGB: Budzikiewicz, Christine et al. (Hrsg.), München (zit.: Bearbeiter, in: BeckOGK EGBGB, Stand)

– Rom I-VO: Budzikiewicz, Christine / Weller, Marc-Philippe / Wurmnest, Wolfgang (Hrsg.), München (zit.: Bearbeiter, in: BeckOGK Rom I-VO, Stand)

– Rom II-VO: Budzikiewicz, Christine / Weller, Marc-Philippe / Wurmnest, Wolfgang (Hrsg.), München (zit.: Bearbeiter, in: BeckOGK Rom II-VO, Stand)

Beck'scher Online-Kommentar

– BGB: Hau, Wolfgang / Poseck, Roman (Hrsg.), 65. Edition, München (zit.: Bearbeiter, in: BeckOK BGB, Stand)

– GG: Epping, Volker / Hillgruber, Christian (Hrsg.), 54. Edition, München (zit.: Bearbeiter, in: BeckOK GG, Stand)

– GmbHG: Ziemons, Hildegard / Jaeger, Carsten / Pöschke, Moritz (Hrsg.), 55. Edition, München (zit.: Bearbeiter, in: BeckOK GmbHG, Stand)

– Informations- und Medienrecht: Gersdorf, Hubertus / Paal, Boris P. (Hrsg.), 39. Edition, München (zit.: Bearbeiter, in: BeckOK Informations- und Medienrecht, Stand)

– ZPO: Vorwerk, Volkert / Wolf, Christian (Hrsg.), 47. Edition, München (zit.: Bearbeiter, in: BeckOK ZPO, Stand)

Behme, Caspar: Rechtsformwahrende Sitzverlegung und Formwechsel von Gesellschaften über die Grenze, Tübingen 2015 (zit.: *Behme*, Rechtsformwahrende Sitzverlegung)

Behrens, Peter: Gemeinschaftsrechtliche Grenzen der Anwendung inländischen Gesellschaftsrechts auf Auslandsgesellschaften nach Inspire Art (zu EuGH, 30.9.2003 – Rs. C-167/02 – Kamer van Koophandel en Fabrieken voor Amsterdam/Inspire Art Ltd.), IPRax 2004, 20–26

–: Das Internationale Gesellschaftsrecht nach dem Überseering-Urteil des EuGH und den Schlussanträgen zu Inspire Art, IPRax 2003, 193–207

– (Hrsg.): Die Gesellschaft mit beschränkter Haftung im internationalen und europäischen Recht, 2. Auflage, Berlin/New York 1997 (zit.: *Bearbeiter*, in: Behrens, Die GmbH im internationalen und europäischen Recht)

–: Die grenzüberschreitende Sitzverlegung von Gesellschaften in der EWG, IPRax 1989, 354–361

–: Niederlassungsfreiheit und Internationales Gesellschaftsrecht, RabelsZ 52 (1988), 498–525

Beitzke, Günther: Grundgesetz und Internationalprivatrecht, Vortrag gehalten vor der Berliner Juristischen Gesellschaft am 3. März 1961, Berlin 1961 (zit.: *Beitzke*, GG und IPR)

Berger, Andreas / Brem, Alexander: Digitalisierung und Unternehmensgründung: Ein kritischer Blick auf die notarielle Beurkundung im Rahmen des neuen EU-Rechtsrahmens für Online-Gründungen, GWR 2021, 413–416

Berger, Christian: Gerichtspflichtigkeit infolge Internetpräsenz nach der neuen Verordnung über die gerichtliche Zuständigkeit und die Anerkennung und Vollstreckung von Entscheidungen in Zivil- und Handelssachen (EuGVVO)? – Zugleich: Plädoyer für einen Gerichtsstand der „virtuellen Niederlassung", in: Bauknecht, Kurt / Brauer, Wilfried / Mück, Thomas A. (Hrsg.), Informatik 2001, Wirtschaft und Wissenschaft in der Network Economy – Visionen und Wirklichkeit, Tagungsband der GI/OCG Jahrestagung 2001, 25.–28. September 2001, Universität Wien, Band 2, Wien 2001, S. 1002–1009 (zit.: *C. Berger*, in: Informatik 2001)

Bitter, Anna-Kristina: Auslegungszusammenhang zwischen der Brüssel I- Verordnung und der künftigen Rom I-Verordnung, IPRax 2008, 96–101

Blach, Joshua: Globale Unternehmenshaftung im Lichte des IPR, Ein Plädoyer für das kollisionsrechtliche Neutralitätsgebot, in: Duden, Konrad et al. (Hrsg.), IPR für eine bessere Welt, Vision – Realität – Irrweg?, Tübingen 2022, S. 71–87 (zit.: *Blach*, in: IPR für eine bessere Welt)

Blücher, Henning / Spiering, Maximilian: Zum Schicksal der britischen Ltd. nach dem Brexit, GWR 2023, 97–100

Bogdan, Michael: Website Accessibility as Basis for Jurisdiction Under the Brussels I Regulation in View of New Case Law of the ECJ, in: Svantesson, Dan Jerker B. / Greenstein, Stanley (Hrsg.), Internationalisation of Law in the Digital Information Society: Nordic Yearbook of Law and Informatics 2010–2012, Kopenhagen 2013, S. 159–172 (zit.: *Bogdan*, in: NordicYB of Law and Informatics 2010–2012)

–: Contracts in Cyberspace and the new Regulation „Rome I", MUJLT 2009, 219–225

–: The Brussels/Lugano Lis Pendens Rule and the "Italian Torpedo", Scandinavian Studies in Law 51 (2007), 89–97

–: Web-Sites, Establishment and Private International Law, KCLJ 2006, 97–104

–: Can a Web-site Constitute an Establishment for the Purposes of Jurisdiction and Applicable Law?, in: Polčak, Radim / Škop, Martin / Šmahel, David (Hrsg.), Cyberspace 2005, Conference organized by Masaryk University, Faculty of Law with School of Social Studies on November 7–8 2005, Brno 2006, S. 27–33 (zit.: *Bogdan*, in: Cyberspace 2005)

–: Cross-Border Transactions on the Internet, in: Hohloch, Gerhard (Hrsg.), Recht und Internet, 6. „Deutsch-Schwedisches Juristentreffen" vom 31. März bis 2. April 2000 in Lund, Baden-Baden 2000, S. 59–69 (zit.: *Bogdan*, in: Hohloch, Recht und Internet)

– / *Maunsbach, Ulf*: Domain Names as Jurisdiction-Creating Property in Sweden, MUJLT 2009, 175–182

Bombe, Bertram: Die Abgrenzung von Gesellschafts- und Insolvenzstatut im Lichte des Kornhaas-Urteils des EuGH, Berlin 2023

Borges, Georg: Die Sitztheorie in der Centros-Ära: Vermeintliche Probleme und unvermeidliche Änderungen, Zugleich Besprechung von Frankfurt a.M., RIW 1999, 783, RIW 2000, 167–178

Bork, Reinhard / Schäfer, Carsten (Hrsg.): GmbHG, Kommentar zum GmbH-Gesetz, 5. Auflage, Köln 2022 (zit.: *Bearbeiter*, in: Bork/Schäfer, GmbHG)

Braegelmann, Tom / Kaulartz, Markus (Hrsg.): Rechtshandbuch Smart Contracts, München 2019 (zit.: *Bearbeiter*, in: Braegelmann/Kaulartz, Smart Contracts)

Brand, Thimo: Internationale Zuständigkeit für ubiquitäre deliktische Schutzrechtsverletzungen, Zur Bedeutung der Staats- und Parteiinteressen für die Streitbeilegung in der EU, Berlin 2022

(zit.: *Brand*, Internationale Zuständigkeit für ubiquitäre deliktische Schutzrechtsverletzungen)

Britz, Gabriele: Kooperativer Grundrechtsschutz in der EU, Aktuelle Entwicklungen im Lichte neuerer Rechtsprechung des BVerfG, NJW 2021, 1489–1495

Brödermann, Eckart: Paradigmenwechsel im Internationalen Privatrecht, Zum Beginn einer neuen Ära seit 17.12.2009, NJW 2010, 807–813

– / *Rosengarten, Joachim*: Internationales Privat- und Zivilverfahrensrecht, 8. Auflage, München 2019 (zit.: *Brödermann/Rosengarten*, IPR/IZVR)

Bryant, Jennifer / Dehne, Bodo: Schiedsfähigkeit gesellschaftsrechtlicher Beschlussmängelstreitigkeiten – Eine Bestandsaufnahme, KSzW 2013, 152–161

Buchner, Benedikt: Kläger- und Beklagtenschutz im Recht der internationalen Zuständigkeit, Lösungsansätze für eine zukünftige Gerichtsstands- und Vollstreckungskonvention, Tübingen 1998 (zit.: *Buchner*, Kläger- und Beklagtenschutz im IZVR)

Calliess, Christian: Staatsrecht III, 4. Auflage, München 2022

– / Ruffert, Matthias (Hrsg.), EUV/AEUV Kommentar, 6. Auflage, München 2022 (zit.: *Bearbeiter*, in: Calliess/Ruffert)

Canaris, Claus-Wilhelm: Die Feststellung von Lücken im Gesetz, Eine methodologische Studie über Voraussetzungen und Grenzen der richterlichen Rechtsfortbildung praeter legem, 2. Auflage, Berlin 1983 (zit.: *Canaris*, Lücken im Gesetz)

Christ, Caroline: Englische Private Limited und französische Société à Responsabilité Limitée, Ein Ausweg aus den Fesseln der deutschen GmbH?, Baden-Baden 2008 (zit.: *Christ*, Ltd. und S.à.r.l.)

Coester-Waltjen, Dagmar: Das Spannungsverhältnis zwischen Privat- und Parteiautonomie einerseits und staatlichen Schutz- und Ordnungsinteressen im Privatrecht andererseits, JZ 2017, 1073–1080

–: Parteiautonomie in der internationalen Zuständigkeit, in: Lorenz, Stephan et al. (Hrsg.), Festschrift für Andreas Heldrich zum 70. Geburtstag, München 2005, S. 549–561 (zit.: *Coester-Waltjen*, in: FS Heldrich)

Daum, Oliver: Pflichtangaben auf Webseiten, Das Problem mit Impressums- und Datenschutz-Generatoren, MMR 2020, 643–647

Deck, Florian: Rechtliche Grenzen der Missbrauchskontrolle von Zustimmungsbeschlüssen zu grenzüberschreitenden Strukturmaßnahmen, Zugleich Besprechung von JMerc Madrid Beschl. v. 10.9.2019 – no 461/2019 sowie AAP Madrid Beschl. v. 14.2.2020 – no 32/2020, NZG 2021, 629–638

Dreier, Horst (Hrsg.): Grundgesetz-Kommentar (zit.: *Bearbeiter*, in: Dreier, GG)
   – Band 1, 3. Auflage, Tübingen 2013
   – Band 3, 3. Auflage, Tübingen 2018

Drögemüller, Jonas: Blockchain-Netzwerke und Krypto-Token im Internationalen Privatrecht, Baden-Baden 2023 (zit.: *Drögemüller*, Blockchain-Netzwerke und Krypto-Token im IPR)

Dutta, Anatol: Gleichlauf von forum und ius – ein legitimes Ziel des internationalen Privatrechts?, in: Benicke, Christoph / Huber, Stefan (Hrsg.), National, International, Transnational: Harmonischer Dreiklang im Recht, Festschrift für Herbert Kronke zum 70. Geburtstag am 24. Juli 2020, Bielefeld 2020, S. 51–60 (zit.: *Dutta*, in: FS Kronke)

–: Der gewöhnliche Aufenthalt – Bewährung und Perspektiven eines Anknüpfungsmoments im Lichte der Europäisierung des Kollisionsrechts, IPRax 2017, 139–146

Ebenroth, Carsten Thomas: Neuere Entwicklungen im deutschen internationalen Gesellschaftsrecht – Teil 1, JZ 1988, 18–30

– (Begr.) / Boujong, Karlheinz (Begr.) / Joost, Detlev (Begr. u. Hrsg.) / Strohn, Lutz (Hrsg.): Handelsgesetzbuch, Band 1, §§ 1–342e, 4. Auflage, München 2020 (zit.: *Bearbeiter*, in: EBJS, HGB)

– / *Eyles, Uwe*: Der Renvoi nach der Novellierung des deutschen Internationalen Privatrechts, IPRax 1989, 1–12

Ego, Alexander: Internationale Organ- und Gesellschafterhaftung 20 Jahre nach „Centros", Zwischenruf zur Niederlassungsfreiheit von EU-Kapitalgesellschaften, IWRZ 2019, 243–251

Ehlers, Dirk (Hrsg.): Europäische Grundrechte und Grundfreiheiten, 4. Auflage, Berlin/Boston 2014 (zit.: *Bearbeiter*, in: Ehlers, Europäische Grundrechte und Grundfreiheiten)

Eidenmüller, Horst (Hrsg.): Ausländische Kapitalgesellschaften im deutschen Recht, München 2004 (zit.: *Bearbeiter*, in: Eidenmüller, Ausländische Kapitalgesellschaften)

–: Anmerkung zu BGH Urt. v. 13.3.2003 – VII ZR 370/98, JZ 2003, 526–529

–: Wettbewerb der Gesellschaftsrechte in Europa, Zugleich Besprechung des Urteils des Europäischen Gerichtshofs vom 5.11.2002 in der Rechtssache C-208/00 (Überseering BV gegen Nordic Construction Company Baumanagement GmbH), ZIP 2002, 2233–2245

– / *Rehm, Gebhard M.*: Niederlassungsfreiheit versus Schutz des inländischen Rechtsverkehrs: Konturen des Europäischen Internationalen Gesellschaftsrechts, Zugleich eine Besprechung der Entscheidung Inspire Art, EuGH NJW 2003, 3331, ZGR 33 (2004), 159–188

–: Gesellschafts- und zivilrechtliche Folgeprobleme der Sitztheorie, ZGR 26 (1997), 89–114

Emmert, Carolin: Gesellschaftsrechtliche Streitigkeiten in institutionellen Schiedsverfahren, Baden-Baden 2020

Enneccerus, Ludwig / Nipperdey, Hans Carl: Allgemeiner Teil des Bürgerlichen Rechts, Erster Halbband: Allgemeine Lehren, Personen, Rechtsobjekte, 15. Auflage, Tübingen 1959 (zit.: *Enneccerus/Nipperdey*, BGB AT)

Erman: Bürgerliches Gesetzbuch, Handkommentar mit AGG, EGBGB (Auszug), ErbbauRG, LPartG, ProdHaftG, VBVG, VersAusglG und WEG, Band II: Westermann, Harm Peter / Grunewald, Barbara / Maier-Reimer, Georg (Hrsg.), 16. Auflage, Köln 2020 (zit.: *Bearbeiter*, in: Erman, BGB)

Fedke, Tibor: Verwaltungssitz und Rechtsfähigkeit inländischer Personengesellschaften bei Auslandsbezug, ZIP 2019, 799–805

Fehrenbach, Markus: Die reformierte Europäische Insolvenzverordnung (Teil I), GPR 2016, 282–294

Ferrari, Franco et al.: Internationales Vertragsrecht, 3. Auflage, München 2018 (zit.: *Bearbeiter*, in: Ferrari, Internationales Vertragsrecht)

Fischer, Hans-Jörg: Die Niederlassung von EU-Kapitalgesellschaften in Deutschland nach dem Brexit – ein Überblick, NZG 2021, 483–494

Fischer, Peter / Hofer, Peter: Lexikon der Informatik, 15. Auflage, Heidelberg/Dordrecht/London/New York 2011

Fischinger-Corbo, Berina: Umwandlung der Niederlassungsfreiheit in eine Gesellschaftsrechtswahlfreiheit?, Berlin 2023

Fleischer, Holger: Ein erstes Rechtskleid für die Decentralized Autonomous Organization: Die Wyoming DAO LLC – Vorbild auch für Deutschland?, ZIP 2021, 2205–2214

– (Hrsg.): Personengesellschaften im Rechtsvergleich, München 2021 (zit.: *Bearbeiter*, in: Fleischer, Personengesellschaften im Rechtsvergleich)

–: Kapitalschutz und Durchgriffshaftung bei Auslandsgesellschaften, in: Lutter, Marcus (Hrsg.), Europäische Auslandsgesellschaften in Deutschland, Mit Rechts- und Steuerfragen des Wegzugs deutscher Gesellschaften, Köln 2005, S. 49–129 (zit.: *Fleischer*, in: Lutter, Europäische Auslandsgesellschaften)

Flessner, Axel: Fakultatives Kollisionsrecht, RabelsZ 38 (1970), 547–584

Fogt, Morten M.: Die lex fori im internationalen Privatrecht, in: Kubis, Sebastian / Peifer, Karl-Nikolaus / Raue, Benjamin / Stieper, Malte (Hrsg.), Ius Vivum: Kunst – Internationales – Persönlichkeit, Festschrift für Haimo Schack zum 70. Geburtstag, Tübingen 2022, S. 406–416 (zit.: *Fogt*, in: FS Schack)

Foss, Morten / Bygrave, Lee A.: International Consumer Purchases through the Internet: Jurisdictional Issues pursuant to European Law, IntJLIT 2000, 99–138

Franke, Lena: Das Internationale Privatrecht der europäischen Verordnungen und Drittstaatsverträge, Eine Analyse aus deutscher Perspektive und zur Stärkung des europäischen

Kollisionsrechts, Berlin 2022 (zit.: *Franke*, Das IPR der europäischen Verordnungen und Drittstaatsverträge)

Frankenstein, Ernst: Internationales Privatrecht (Grenzrecht), Erster Band, Berlin 1926 (zit.: *Frankenstein*, IPR, Bd. 1)

Frenzel, Ralf: Regionalgericht Szeged versus OLG München: Verstößt die Ablehnung der Eintragung einer grenzüberschreitenden Sitzverlegung gegen die Niederlassungsfreiheit?, EWS 2008, 130–135

Fricke, Martin: Die teleologische Reduktion des § 48 VVG bei Streitigkeiten aus Versicherungsverträgen, die im Internet abgeschlossen wurden (§ 48 VVG) – Zugleich ein Überblick über die Möglichkeiten des Abschlusses von Versicherungsverträgen über das Internet –, VersR 2001, 925–936

Funken, Katja: Das Anerkennungsprinzip im internationalen Privatrecht, Perspektiven eines europäischen Anerkennungskollisionsrechts für Statusfragen, Tübingen 2009 (zit.: *Funken*, Das Anerkennungsprinzip im IPR)

Ganssauge, Niklas: Internationale Zuständigkeit und anwendbares Recht bei Verbraucherverträgen im Internet, Eine rechtsvergleichende Betrachtung des deutschen und des US-amerikanischen Rechts, Tübingen 2004 (zit.: *Ganssauge*, Verbraucherverträge im Internet)

Geimer, Reinhold: Internationales Zivilprozessrecht, 8. Auflage, Köln 2020 (zit.: *Geimer*, IZPR)

–: Anmerkung zu OLG München, Entscheidung vom 21. Juli 1992 – 25 U 2987/21, RIW 1994, 59–62

–: Verfassungsrechtliche Vorgaben bei der Normierung der internationalen Zuständigkeit, in: Matscher, Franz / Seidl-Hohenveldern, Ignaz (Hrsg.), Europa im Aufbruch, Festschrift für Fritz Schwind zum 80. Geburtstag, Wien 1993, S. 17–42 (zit.: *Geimer*, in: FS Schwind)

– / *Schütze, Rolf A.*: Europäisches Zivilverfahrensrecht, 4. Auflage, München 2020 (zit.: *Bearbeiter*, in: Geimer/Schütze, EuZVR)

– / *Schütze, Rolf A.* / Hau, Wolfgang (Hrsg.): Internationaler Rechtsverkehr in Zivil- und Handelssachen: Loseblatt-Handbuch mit Texten, Kommentierungen und Länderberichten, 65. Ergänzungslieferung, München 2022 (zit.: *Bearbeiter*, in: Geimer/Schütze, Internationaler Rechtsverkehr)

Geisler, Stephan: Die engste Verbindung im Internationalen Privatrecht, Berlin 2001 (zit.: *Geisler*, Engste Verbindung im IPR)

Goette, Wulf: EuGH: Niederlassungsfreiheit zwingt Nationalstaaten nicht zur Erlaubnis des uneingeschränkten Wegzugs von Unternehmen in einen anderen EU-Staat, Anmerkung zu EuGH Urt. v. 16.12.2008 – C-210/06 – Cartesio, DStR 2009, 121–128

Grabitz, Eberhard (Begr.) / Hilf, Meinhard / Nettesheim, Martin (Hrsg.): Das Recht der Europäischen Union (zit.: *Bearbeiter*, in: Grabitz/Hilf/Nettesheim, Recht der EU)

  – Band I, EUV/AEUV, 79. Ergänzungslieferung, München 2023

  – Band IV, A. Verbraucher- und Datenschutzrecht, B. Öffentliches Auftragswesen, 40. Ergänzungslieferung, München 2009

Grasmann, Günther: System des internationalen Gesellschaftsrechts, Außen- und Innenstatut der Gesellschaften im internationalen Privatrecht, Herne/Berlin 1970 (zit.: *Grasmann*, System des IntGesR)

Grigoleit, Hans Christoph (Hrsg.): Aktiengesetz Kommentar, 2. Auflage, München 2020 (zit.: *Bearbeiter*, in: Grigoleit, AktG)

Gröpl, Christoph: Staatsrecht I, Staatsgrundlagen, Staatsorganisation, Verfassungsprozess mit Einführung in das juristische Lernen, 14. Auflage, München 2022 (zit.: *Gröpl*, Staatsrecht I)

Großfeld, Bernhard: Zur Geschichte der Anerkennungsproblematik bei Aktiengesellschaften, RabelsZ 38 (1974), 344–371

– : Die Anerkennung der Rechtsfähigkeit juristischer Personen, RabelsZ 31 (1967), 1–50

Großkommentar Aktiengesetz (zit.: *Bearbeiter*, in: GroßkommAktG)

  – Hirte, Heribert / Mülbert, Peter O. / Roth, Markus (Hrsg.): Band 1, §§ 1–22, 5. Auflage, Berlin/Boston 2017

– Hopt, Klaus J. / Wiedemann, Herbert (Hrsg.): Band 1, Einleitung; §§ 1–53, 4. Auflage, Berlin 2004

Großkommentar Zivilprozessordnung und Nebengesetze: Wieczorek, Bernhard (Begr.) / Schütze, Rolf A. / Gebauer, Martin (Hrsg.) (zit.: *Bearbeiter*, in: GroßkommZPO)
  – Erster Band, Einleitung; §§ 1–49 ZPO, 5. Auflage, Berlin/Boston 2020
  – Vierzehnter Band, Brüssel Ia-VO, 5. Auflage, Berlin/Boston 2022

Grundmann, Stefan / Riesenhuber, Karl: Die Auslegung des Europäischen Privat- und Schuldvertragsrechts, JuS 2001, 529–536

Grüneberg, Christian (Hrsg.): Bürgerliches Gesetzbuch mit Nebengesetzen, 82. Auflage, München 2023 (zit.: *Bearbeiter*, in: Grüneberg, BGB)

Guski, Roman: Rechtsmissbrauch als Paradoxie, Negative Selbstreferenz und widersprüchliches Handeln im Recht, Tübingen 2019 (zit.: *Guski*, Rechtsmissbrauch als Paradoxie)

Habersack, Mathias / Casper, Matthias / Löbbe, Marc (Hrsg.): Gesetz betreffend die Gesellschaften mit beschränkter Haftung (GmbHG), Großkommentar, Band I, Einleitung; §§ 1 bis 28, 3. Auflage, Tübingen 2019 (zit.: *Bearbeiter*, in: Habersack/Casper/Löbbe, GmbHG)

– / *Verse, Dirk A.*: Europäisches Gesellschaftsrecht, Einführung für Studium und Praxis, 5. Auflage, München 2019 (zit.: *Habersack/Verse*, Europäisches Gesellschaftsrecht)

Habighorst, Magnus: Brexit: Keine Parteifähigkeit für britische Limited mit deutschem Verwaltungssitz, Anmerkung zu OLG München Urt. v. 05.08.2021 – 2411/21 Kart, EuZW 2021, 955–959

Hadding, Walther: Zur Rechtsfähigkeit und Parteifähigkeit der (Außen-)Gesellschaft bürgerlichen Rechts sowie zur Haftung ihrer Gesellschafter für Gesellschaftsverbindlichkeiten, Zugleich Besprechung des Urteils BGH WM 2001, 408, ZGR 30 (2001), 712–743

Hahn, Christopher: Die Decentralized Autonomous Association (DAA), Governance Dezentralisierter Autonomer Organisationen (DAO) qua (Ideal-)Verein?, NZG 2022, 684–694

Heckschen, Heribert / Knaier, Ralf: Das DiRUG in der Praxis, NZG 2021, 1093–1100

Heckschen, Heribert / Nolting, Ekkehard: Das MoPeG ist verkündet – Verbesserungen am Gesetz noch auf der Zielgeraden, BB 2021, 2946–2955

Hegel, Georg Wilhelm Friedrich: Grundlinien der Philosophie des Rechts, Frankfurt a.M. 1979 (zit.: *Hegel*, Philosophie des Rechts)

Heidel, Thomas / Schall, Alexander (Hrsg.): Handelsgesetzbuch, Handkommentar, 3. Auflage, Baden-Baden 2020 (zit.: *Bearbeiter*, in: Heidel/Schall, HGB)

Heiderhoff, Bettina: Europäisches Privatrecht, 5. Auflage, Heidelberg 2020 (zit.: *Heiderhoff*, Europäisches Privatrecht)

Hein, Jan von: Buchbesprechung zu *Gerhard, Anliker*: Die internationale Zuständigkeit bei gesellschaftlichen Streitigkeiten im Rechtsrahmen des europäischen Binnenmarktes. (Zugl.: Regensburg, Univ., Diss., 2017/18.) – Baden-Baden: Nomos 2018. 309 S. (Schriften zum gesamten Unternehmensrecht. 12.) (Buchbesprechung), RabelsZ 85 (2021), 446–452

–: Der Renvoi im europäischen Kollisionsrecht, in: Leible, Stefan / Unberath, Hannes (Hrsg.), Brauchen wir eine Rom 0-Verordnung?, Überlegungen zu einem Allgemeinen Teil des europäischen IPR, Jena 2013, S. 341–396 (zit.: *v. Hein*, in: Leible/Unberath, Rom 0-Verordnung)

–: Zur Kodifikation des europäischen Übernahmekollisionsrechts, ZGR 34 (2005), 528–567

Henssler, Martin / Strohn, Lutz (Hrsg.): Gesellschaftsrecht, 5. Auflage, München 2021 (zit.: *Bearbeiter*, in: Henssler/Strohn, GesR)

Herdegen, Matthias: Internationales Wirtschaftsrecht, Ein Studienbuch, 13. Auflage, München 2023 (zit.: *Herdegen*, Int. Wirtschaftsrecht)

Hess, Burkhard: Europäisches Zivilprozessrecht, 2. Auflage, Berlin/Boston 2021 (zit.: *Hess*, EuZPR)

–: Die allgemeinen Gerichtsstände der Brüssel I-Verordnung, in: Hau, Wolfgang / Schmidt, Hubert (Hrsg.), Facetten des Verfahrensrechts, Liber amicorum Walter F. Lindacher zum 70. Geburtstag am 20. Februar 2007, Köln/Berlin/München 2007, S. 53–63 (zit.: *Hess*, in: FS Lindacher)

Hirte, Heribert / Bücker, Thomas (Hrsg.): Grenzüberschreitende Gesellschaften, Praxishandbuch für ausländische Kapitalgesellschaften mit Sitz im Inland, Köln 2005 (zit.: *Bearbeiter*, in: Hirte/Bücker, Grenzüberschreitende Gesellschaften)

Hoffmann, Jochen: Die stille Bestattung der Sitztheorie durch den Gesetzgeber, ZIP 2007, 1581– 1589

–: Das Anknüpfungsmoment der Gründungstheorie, ZVglRWiss 101 (2002), 283–308

– / *Horn, Simon*: Die Neuordnung des internationalen Personengesellschaftsrechts, RabelsZ 86 (2022), 65–90

Hopt, Klaus J. (Hrsg.): Handelsgesetzbuch mit GmbH & Co., Handelsklauseln, Bank- und Kapitalmarktrecht, Transportrecht (ohne Seerecht), 42. Auflage, München 2023 (zit.: *Bearbeiter*, in: Hopt, HGB)

Hörnle, Julia: Internet Jurisdiction, Law and Practice, Oxford 2021 (zit.: *Hörnle*, Internet Jurisdiction)

Huber, Peter (Hrsg.): Rome II Regulation, Pocket Commentary, München 2011 (zit.: *Bearbeiter*, in: Huber, Rome II Regulation)

Hübner, Leonhard: Die Restgesellschaft der gelöschten Limited, IPRax 2017, 575–580

Ipsen, Jörn / Kaufhold, Ann-Katrin / Wischmeyer, Thomas: Staatsrecht I – Staatsorganisationsrecht, 34. Auflage, München 2023 (zit.: Ipsen/Kaufhold/Wischmeyer, Staatsrecht I)

Jarass, Hans D. / Pieroth, Bodo (Begr.): Grundgesetz für die Bundesrepublik Deutschland, Kommentar, 17. Auflage, München 2022 (zit.: *Bearbeiter*, in: Jarass/Pieroth, GG)

John, Uwe: Die organisierte Rechtsperson, System und Probleme der Personifikation im Zivilrecht, Berlin 1977 (zit.: *John*, Die organisierte Rechtsperson)

Jung, Peter: Rechtsfragen der Online-Schiedsgerichtsbarkeit, K&R 1999, 63–70

Jung, Stefanie / Krebs, Peter / Stiegler, Sascha (Hrsg.): Gesellschaftsrecht in Europa, Handbuch, Baden-Baden 2019 (zit.: *Bearbeiter*, in: Jung/Krebs/Stiegler, Gesellschaftsrecht in Europa)

Junker, Abbo: Internationales Privatrecht, 5. Auflage, München 2022 (zit.: *Junker*, IPR)

–: Internationales Zivilprozessrecht, 5. Auflage, München 2020 (zit.: *Junker*, IZPR)

Kaal, Wulf A.: Decentralization – Past, Present, and Future, in: Laimer, Simon / Kronthaler, Christoph / Koch, Bernhard A. (Hrsg.), Europäische und internationale Dimensionen des Privatrechts, Festschrift für Andreas Schwartze, Wien 2021, S. 195–221 (zit.: *Kaal*, in: FS Schwartze)

Kaulen, Dorothee M.: Zur Bestimmung des Anknüpfungsmoments unter der Gründungstheorie, Unter besonderer Berücksichtigung des deutsch-US-amerikanischen Freundschaftsvertrags, IPRax 2008, 389–395

Kegel, Gerhard: Die Ermittlung ausländischen Rechts, in: Max-Planck-Institut für ausländisches und internationales Privatrecht (Hrsg.), Die Anwendung ausländischen Rechts im internationalen Privatrecht, Festveranstaltung und Kolloquium anläßlich des 40jährigen Bestehens des Max-Planck-Instituts für ausländisches und internationales Privatrecht vom 6.–8. Juli 1966 in Hamburg, S. 157–184 (zit.: *Kegel*, in: Anwendung ausländischen Rechts im IPR)

– / *Schurig, Klaus*: Internationales Privatrecht, Ein Studienbuch, 9. Auflage, München 2004 (zit.: *Kegel/Schurig*, IPR)

Kieninger, Eva-Maria: Internationales Gesellschaftsrecht zwischen Polbud, Panama und Paradise, ZEuP 2018, 309–319

–: Die weitere Kodifikation des europäischen IPR, IPRax 2017, 200–208

Kindler, Peter: Die „rechtsfähige Gesellschaft" als juristische Person – erste Befunde und Überlegungen zum Gesetz zur Modernisierung des Personengesellschaftsrechts (MoPeG), ZfPW 8 (2022), 409–424

–: Zuständigkeitsfragen beim Binnenstreit in der Auslandsgesellschaft, NZG 2010, 576–578

–: Internationales Gesellschaftsrecht 2009: MoMiG, Trabrennbahn, Cartesio und die Folgen, IPRax 2009, 189–202

–: GmbH-Reform und internationales Gesellschaftsrecht, Auswirkungen auf grenzüberschreitend strukturierte Kapitalgesellschaften, AG 2007, 721–731

–: Gesellschafterinnenhaftung in der GmbH und internationale Zuständigkeit nach der Verordnung (EG) Nr. 44/2001, in: Habersack, Mathias / Hommelhoff, Peter / Hüffer, Uwe / Schmidt, Karsten (Hrsg.), Festschrift für Peter Ulmer zum 70. Geburtstag am 2. Januar 2003, Berlin 2003, S. 305–322 (zit.: *Kindler*, in: FS Ulmer)

–: Rechtfähigkeit einer nach englischem Recht wirksam gegründeten „Offshore-Gesellschaft" („Nixtecs"), EWiR 1999, 1081–1082

– / Lieder, Jan (Hrsg.): European Corporate Law, Article-by-Article-Commentary, Baden-Baden 2021 (zit.: *Bearbeiter*, in: Kindler/Lieder, European Corporate Law)

Kleinert, Jens / Probst, Peter: Erneute klare Absage an Wegzugsbeschränkungen durch EuGH und Kommission, NJW 2004, 2425–2428

Klinke, Ulrich: Kollisionsnormen und Gemeinschaftsrecht – Zur Architektur des europäischen Vaterhauses, in: Krüger, Hilmar / Mansel, Heinz-Peter (Hrsg.), Liber Amicorum Gerhard Kegel, München 2002, S. 1–32 (zit.: *Klinke*, in: FS Kegel)

Klöpfer, Matthias: Missbrauch im Europäischen Zivilverfahrensrecht, Tübingen 2016 (zit.: *Klöpfer*, Missbrauch im EuZVR)

Knaier, Ralf: Unionales Umwandlungsrecht, Die Zukunft der Unternehmensmobilität im Binnenmarkt, GmbHR 2018, 607–624

Knapp, Andreas: Am Vorabend zur Anerkennung grenzüberschreitender Umwandlungen, DNotZ 2005, 723–730

Knobbe-Keuk, Brigitte: Umzug von Gesellschaften in Europa, ZHR 154 (1990), 325–356

Koch, Jens: Freie Sitzwahl für Personenhandelsgesellschaften, ZHR 173 (2009), 101–118

Kohler, Christian: Eingriffsnormen und gerichtliche Zuständigkeit, Bemerkungen zu einer unterschätzen Beziehung, in: Kubis, Sebastian / Peifer, Karl-Nikolaus / Raue, Benjamin / Stieper, Malte (Hrsg.), Ius Vivum: Kunst – Internationales – Persönlichkeit, Festschrift für Haimo Schack zum 70. Geburtstag, Tübingen 2022, S. 676–686 (zit.: *Kohler*, in: FS Schack)

–: Parteiautonomie, zwingendes Recht und loyale Zusammenarbeit in der EU, in: Benicke, Christoph / Huber, Stefan (Hrsg.), National, International, Transnational: Harmonischer Dreiklang im Recht, Festschrift für Herbert Kronke zum 70. Geburtstag am 24. Juli 2020, Bielefeld 2020, S. 253–264 (zit.: *Kohler*, in: FS Kronke)

–: Einheit, Vielheit und Relativität im Kollisionsrecht der EG-Mitgliedstaaten, Skizze aus Anlaß des 85. Geburtstages von Wilhelm Wengler, IPRax 1992, 277–284

Köck, Manuela: Die einheitliche Auslegung der Rom I-, Rom II- und Brüssel I-Verordnung im europäischen internationalen Privat- und Verfahrensrecht, Berlin 2014 (zit.: *Köck*, Die einheitliche Auslegung der Rom I-, Rom II- und Brüssel I-Verordnung)

Kroll-Ludwigs, Kathrin: Die Rolle der Parteiautonomie im europäischen Kollisionsrecht, Tübingen 2013 (zit.: *Kroll-Ludwigs*, Parteiautonomie im europäischen Kollisionsrecht)

Kropholler, Jan: Internationales Privatrecht, einschließlich der Grundbegriffe des Internationalen Zivilverfahrensrechts, 6. Auflage, Tübingen 2006 (zit.: *Kropholler*, IPR)

– (Begr.) / Hein, Jan von: Europäisches Zivilprozessrecht, Kommentar zu EuGVO, Lugano-Übereinkommen 2007, EuVTVO, EuMVVO und EuGFVO, 9. Auflage, Frankfurt a. M. 2011 (zit.: *Kropholler/v. Hein*, EuZPR)

Langheld, Georg / Haagen, Christian: Decentralized Autonomous Organizations – verbandsrechtliche Einordnung und Gestaltungsmöglichkeiten, NZG 2021, 724–729

Lehmann, Matthias: Auf der Suche nach dem Sitz des Rechtsverhältnisses: Savigny und die Rom I-Verordnung, in: Bernreuther, Jörn / Freitag, Robert / Leible, Stefan / Sippel, Harald / Wanitzek, Ulrike (Hrsg.), Festschrift für Ulrich Spellenberg zum 70. Geburtstag, München 2010, S. 245–260 (zit.: *Lehmann*, in: FS Spellenberg)

Leible, Stefan: Rechtswahl im IPR der außervertraglichen Schuldverhältnisse nach der Rom II-Verordnung, RIW 2008, 257–264

–: Parteiautonomie im IPR – Allgemeines Anknüpfungsprinzip oder Verlegenheitslösung?, in: Mansel, Heinz-Peter / Pfeiffer, Thomas / Kronke, Herbert / Kohler, Christian / Hausmann, Rainer (Hrsg.), Festschrift für Erik Jayme, Band I, München 2004, S. 485–503 (zit.: *Leible*, in: FS Jayme)

– / *Hoffmann, Jochen*: „Überseering" und das (vermeintliche) Ende der Sitztheorie, Anmerkung zu EuGH, Urteil vom 5.11.2002 – Rs. C-208/00, RIW 2002, 945 – Überseering, RIW 2002, 925–936

Leitzen, Mario: Die GmbH mit Verwaltungssitz im Ausland, NZG 2009, 728–733

Lessig, Lawrence: Foreword, Stanford Law Review 52 (2000), 987–1001

Lieder, Jan: Die Bedeutung des Vertrauensschutzes für die Digitalisierung des Gesellschaftsrechts, NZG 2020, 81–92

–: Digitalisierung des Europäischen Unternehmensrechts: Online-Gründung, Online-Einreichung, Online-Zweigniederlassung, NZG 2018, 1081–1091

– / *Bialluch, Martin*: Keine Berufung einer britischen private company limited by shares auf Niederlassungsfreiheit nach Brexit („All in One Star Ltd."), EWiR 2021, 423–425

– / *Hilser, Raphael*: Das Internationale Personengesellschaftsrecht des MoPeG, ZHR 185 (2021), 471–506

Linke, Hartmut (Begr.) / Hau, Wolfgang (Hrsg.): Internationales Zivilverfahrensrecht, 8. Auflage, Köln 2021 (zit.: *Bearbeiter*, in: Linke/Hau, IZVR)

Loose, Sven: Der grenzüberschreitende Formwechsel von Kapitalgesellschaften, Eine rechtsvergleichende Gesamtschau zur identitätswahrenden Unternehmensmobilität in Deutschland und Frankreich mit Blick auf die Rechtsprechung des EuGH bis Polbud, Berlin 2019 (zit.: *Loose*, Der grenzüberschreitende Formwechsel von Kapitalgesellschaften)

Lurger, Brigitta: Die Verortung natürlicher Personen im europäischen IPR und IZVR, Wohnsitz, gewöhnlicher Aufenthalt und Staatsangehörigkeit, in: Hein, Jan von / Rühl, Giesela (Hrsg.), Kohärenz im Internationalen Privat- und Verfahrensrecht der Europäischen Union, Tübingen 2016, S. 202–236 (zit.: *Lurger*, in: v. Hein/Rühl, Kohärenz im Internationalen Privat- und Verfahrensrecht)

Lutter, Marcus / Bayer, Walter / Schmidt, Jessica: Europäisches Unternehmens- und Kapitalmarktrecht, Grundlagen, Stand und Entwicklung nebst Texten und Materialien, ZGR-Sonderheft 1, Teil 1, 6. Auflage, Berlin/Boston 2018 (zit.: *Lutter/Bayer/Schmidt*, Europäisches Unternehmensrecht)

Lüttringhaus, Jan D.: Eingriffsnormen im internationalen Unionsprivat- und Prozessrecht: Von Ingmar zu Unamar (zu EuGH, 17.10.2013 – Rs. C-184/12 – United Antwerp Maritime Agencies (Unamar) NV ./. Navigation Maritime Bulgare), IPRax 2014, 146–152

Magnus, Ulrich / Mankowski, Peter (Hrsg.): European Commentaries in Private International Law, ECPIL (zit.: *Bearbeiter*, in: Magnus/Mankowski, ECPIL)
– Volume I, Brussels Ibis Regulation, 2. Auflage, Köln 2023
– Volume II, Rome I Regulation, 1. Auflage, Köln 2017
– Volume III, Rome II Regulation, 1. Auflage, Köln 2019

–: Brussels I on the Verge of Reform – A Response to the Green Paper on the Review of the Brussels I Regulation –, ZVglRWiss 109 (2010), 1–41

Mangoldt, Hermann von (Begr.) / Klein, Friedrich / Starck, Christian / Huber, Peter M. / Voßkuhle, Andreas (Hrsg.): Grundgesetz Kommentar, Band 3, Artikel 83–146, 7. Auflage, München 2018 (zit.: *Bearbeiter*, in: v. Mangoldt/Klein/Starck, GG)

Mankowski, Peter: Struktur- und Methodenfragen des europäischen Internationalen Privatrechts im 21. Jahrhundert, in: Grothe, Helmut / Mankowski, Peter (Hrsg.), Europäisches und Internationales Privatrecht, Festschrift für Christian von Bar zum 70. Geburtstag, München 2022, S. 225–250 (zit.: *Mankowski*, in: FS v. Bar)

–: Anmerkung zu OLG Frankfurt a.M., Urt. v. 16.01.2020 – 16 U 208/18, TranspR 2020, 195–200

–: Über den Standort des Internationalen Zivilprozessrechts, Zwischen Internationalem Privatrecht und Zivilprozessrecht, RabelsZ 82 (2018), 576–617

–: Anmerkung zu OLG Frankfurt a.M. Urt. v. 03.02.2010 – 21 U 54/09, ZIP 2010, 800–803

–: Internationale Zuständigkeit und anwendbares Recht – Parallelen und Divergenzen, in: Lorenz, Stephan et al. (Hrsg.), Festschrift für Andreas Heldrich zum 70. Geburtstag, München 2005, S. 867–897 (zit.: *Mankowski*, in: FS Heldrich)

–: Das Internet im Internationalen Vertrags- und Deliktsrecht, RabelsZ 63 (1999), 203–294

Mann, F. A.: Zum Problem der Staatsangehörigkeit der juristischen Person, in: von Caemmerer, Ernst / Hallstein, Walter / Mann, F. A. / Raiser, Ludwig (Hrsg.), Festschrift für Martin Wolff: Beiträge zum Zivilrecht und internationalen Privatrecht, Tübingen 1952, S. 271–286 (zit.: *F. A. Mann*, in: FS Wolff)

Mansel, Heinz-Peter: Gesellschaften, Unternehmen und Kaufleute und ihr Niederlassungsaufenthalt im internationalen Vertragsrecht, Auslegungsfragen des Art. 19 Abs. 2 Rom I-VO, in: Brinkmann, Moritz / Effer-Uhe, Daniel Oliver / Völzmann-Stickelbrock, Barbara / Wesser, Sabine / Weth, Stephan (Hrsg.), Dogmatik im Dienst von Gerechtigkeit, Rechtssicherheit und Rechtsentwicklung, Festschrift für Hanns Prütting zum 70. Geburtstag, Köln 2018, S. 51–62 (zit.: *Mansel*, in: FS Prütting)

–: Parteiautonomie, Rechtsgeschäftslehre der Rechtswahl und Allgemeinen Teil des europäischen Kollisionsrechts, in: Leible, Stefan / Unberath, Hannes (Hrsg.), Brauchen wir eine Rom 0-Verordnung?, Überlegungen zu einem Allgemeinen Teil des europäischen IPR, Jena 2013, S. 241–292 (zit.: *Mansel*, in: Leible/Unberath, Rom 0-Verordnung)

Marly, Jochen: Die Qualifizierung der Computerprogramme als Sache nach § 90 BGB, BB 1991, 432–436

Martens, Sebastian A. E.: Methodenlehre des Unionsrechts, Tübingen 2013

Mäsch, Gerald: Der Renvoi – Plädoyer für die Begrenzung einer überflüssigen Rechtsfigur, RabelsZ 61 (1997), 285–312

Maultzsch, Felix: Parteiautonomie im Internationalen Privat- und Zivilverfahrensrecht, in: Hein, Jan von / Rühl, Giesela (Hrsg.), Kohärenz im Internationalen Privat- und Verfahrensrecht der Europäischen Union, Tübingen 2016, S. 153–181 (zit.: *Maultzsch*, in: v. Hein/Rühl, Kohärenz im Internationalen Privat- und Verfahrensrecht)

Maunz, Theodor / Dürig, Günter (Begr.) / Herzog, Roman / Scholz, Rupert / Herdegen, Matthias / Klein, Hans H. (Hrsg.): Grundgesetz Kommentar, 99. Ergänzungslieferung, München 2022 (zit.: *Bearbeiter*, in: Maunz/Dürig/Herzog/Scholz, GG)

Melchior, George: Die Grundlagen des deutschen internationalen Privatrechts, Berlin/Leipzig 1932 (zit.: *Melchior*, Grundlagen des deutschen IPR)

Mienert, Biyan: Dezentrale autonome Organisationen (DAOs) und Gesellschaftsrecht, Zum Spannungsverhältnis Blockchain-basierter und juristischer Regeln, Tübingen 2022 (zit.: *Mienert*, DAOs und Gesellschaftsrecht)

–: Wyomings DAO-Gesetz, Blaupause für die Regulierung Blockchain-basierter dezentraler autonomer Organisationen?, RDi 2021, 384–392

Mincke, Wolfgang: Die Parteiautonomie: Rechtswahl oder Ortswahl?, IPRax 1985, 313–317

Möller, Christoph R.: Lex Sportiva, Zur Verfassung der transnationalen Dopingregulierung, Tübingen 2022 (zit.: *Möller*, Lex Sportiva)

Moritz, Hans-Werner / Dreier, Thomas (Hrsg.): Rechts-Handbuch zum E-Commerce, 2. Auflage, Köln 2005 (zit.: *Bearbeiter*, in: Moritz/Dreier, E-Commerce)

Möslein, Florian: Smart Contracts im Zivil- und Handelsrecht, ZHR 183 (2019), 254–293

Münch, Ingo von / Kunig, Philip (Begr.) / Kämmerer, Jörn-Axel / Kotzur, Markus (Hrsg.): Grundgesetz, Kommentar, Band 2, Art. 70 bis 146, 7. Auflage, München 2021 (zit.: *Bearbeiter*, in: v. Münch/Kunig, GG)

Münchener Handbuch des Gesellschaftsrechts, Band 6, Internationales Gesellschaftsrecht, Grenzüberschreitende Umwandlungen: Leible, Stefan / Reichert, Jochem (Hrsg.), 5. Auflage, München 2022 (zit.: *Bearbeiter*, in: Münchener Handbuch des Gesellschaftsrechts, Bd. 6)

Münchener Kommentar zum Aktiengesetz: Goette, Wulf / Habersack, Mathias (Hrsg.), Band 7, Europäisches Aktienrecht, SE-VO, SEBG, Europäische Niederlassungsfreiheit, 5. Auflage, München 2021 (zit.: *Bearbeiter*, in: MüKoAktG)

Münchener Kommentar zum Bürgerlichen Gesetzbuch: Säcker, Frank Jürgen / Rixecker, Roland / Oetker, Hartmut / Limperg, Bettina (Hrsg.) (zit.: *Bearbeiter*, in: MüKoBGB)

– Band 7: Schuldrecht – Besonderer Teil IV, §§ 705–853, Partnerschaftsgesellschaftsgesetz, Produkthaftungsgesetz 8. Auflage, München 2020

- Band 12: Internationales Privatrecht I, Europäisches Kollisionsrecht, Einführungsgesetz zum Bürgerlichen Gesetzbuche (Art. 1–26), 8. Auflage, München 2020
- Band 13: Internationales Privatrecht II, Internationales Wirtschaftsrecht, Einführungsgesetz zum Bürgerlichen Gesetzbuche (Art. 50–253) 8. Auflage, München 2021

Münchener Kommentar zum Gesetz betreffend die Gesellschaften mit beschränkter Haftung: Fleischer, Holger / Goette, Wolfgang (Hrsg.), Band 1, §§ 1–34, 4. Auflage, München 2022 (zit.: *Bearbeiter*, in: MüKoGmbHG)

Münchener Kommentar zum Handelsgesetzbuch
- Band 2: Zweites Buch, Handelsgesellschaften und stille Gesellschaft, Erster Abschnitt, Offene Handelsgesellschaft, §§ 105–160: Schmidt, Karsten / Ebke, Werner F. (Hrsg.), 4. Auflage, München 2016 (zit.: *Bearbeiter*, in: MüKoHGB (4. Aufl.))
- Band 2: Zweites Buch, Handelsgesellschaften und stille Gesellschaft, Konzernrecht der Personengesellschaften: Drescher, Ingo / Fleischer, Holger / Schmidt, Karsten (Hrsg.), 5. Auflage, München 2022 (zit.: *Bearbeiter*, in: MüKoHGB)

Münchener Kommentar zur Insolvenzordnung: Stürner, Rolf / Eidenmüller, Horst / Schoppmeyer, Heinrich (Hrsg.), Band 4, EuInsVO 2015, Art. 102a–102c EGInsO, Länderberichte, 4. Auflage, München 2021 (zit.: *Bearbeiter*, in: MüKoInsO)

Münchener Kommentar zur Zivilprozessordnung mit Gerichtsverfassungsgesetz und Nebengesetzen: Krüger, Wolfgang / Rauscher, Thomas (Hrsg.) (zit.: *Bearbeiter*, in: MüKoZPO)
- Band 1: §§ 1–354, 6. Auflage, München 2020
- Band 3: §§ 946–1120, EGZPO, GVG, EGGVG, UKlaG, Internationales und Europäisches Zivilprozessrecht, 6. Auflage, München 2022

Musielak, Hans-Joachim / Voit, Wolfgang (Hrsg.): Zivilprozessordnung mit Gerichtsverfassungsgesetz, 20. Auflage, München 2023 (zit.: *Bearbeiter*, in: Musielak/Voit, ZPO)

Nagel, Heinrich / Gottwald, Peter: Internationales Zivilprozessrecht, 8. Auflage, Köln 2020

Nappenbach, Celina: Parteiautonomie im Internationalen Gesellschaftsrecht, Berlin 2002 (zit.: *Nappenbach*, Parteiautonomie im IntGesR)

Nazari-Khanachayi, Arian: Anpassungsvorschläge zum Entwurf eines Gesetzes zur Modernisierung des Personengesellschaftsrechts (MoPeG), WM 2020, 2056–2063

Neuhaus, Paul Heinrich: Die Grundbegriffe des internationalen Privatrechts. 2. Auflage, Tübingen 1976 (zit.: *Neuhaus*, Grundbegriffe des IPR)

Nietner, Sarah: Internationaler Entscheidungseinklang im europäischen Kollisionsrecht, Tübingen 2016 (zit.: *Nietner*, Internationaler Entscheidungseinklang)

NomosKommentar BGB: Dauner-Lieb, Barbara / Heidel, Thomas / Ring, Gerhard (Gesamthrsg.) (zit.: *Bearbeiter*, in: NK-BGB)
- Band 1, Allgemeiner Teil, EGBGB: Heidel, Thomas / Hüßtege, Rainer / Mansel, Heinz-Peter / Noack, Ulrich (Hrsg.), 4. Auflage, Baden-Baden 2021
- Band 6, Rom-Verordnungen: Hüßtege, Rainer / Mansel, Heinz-Peter (Hrsg.), 3. Auflage, Baden-Baden 2019

Noack, Max: Der Regierungsentwurf eines Gesetzes zur Modernisierung des Personengesellschaftsrechts (MoPeG), Ausgewählte Aspekte im rechtsgebietsübergreifenden Überblick, BB 2021, 643–648
–: Von Maurach in die Welt – Der Gesetzentwurf der Expertenkommission zur Modernisierung des Personengesellschaftsrechts im Überblick, NZG 2020, 581–585

Nussbaum, Arthur: Deutsches Internationales Privatrecht, Unter besonderer Berücksichtigung des österreichischen und schweizerischen Rechts, Tübingen 1932 (zit.: *Nussbaum*, IPR)

Omlor, Sebastian: Digitalisierung im EU-Gesellschaftsrechtspaket: Online-Gründung und Registerführung im Fokus, DStR 2019, 2544–2549
– / Link, Mathias (Hrsg.): Kryptowährungen und Token, 2. Auflage, Frankfurt am Main 2023 (zit.: *Bearbeiter*, in: Omlor/Link, Kryptowährungen und Token)

Paefgen, Walter G.: Der Sitz der Gesellschaft bürgerlichen Rechts – de lege lata und de lege ferenda, in: Freiherr v. Erffa, Hubertus / Lehleiter, Gunther / Prigge, Thorsten (Hrsg.), Streit und Streitvermeidung im Familienunternehmen, Festschrift für Lutz Aderhold zum 70. Geburtstag, Köln 2021, S. 305–329 (zit.: *Paefgen*, in: FS Aderhold)

Peiffer, Max Christoph: Grenzüberschreitende Titelgeltung in der Europäischen Union, Die Wirkungen der Anerkennung, Vollstreckbarerklärung und Vollstreckbarkeit ausländischer Entscheidungen und gemeinschaftsweiter Titel, Berlin 2012 (zit.: *M. Peiffer*, Grenzüberschreitende Titelgeltung in der EU)

Pichler, Rufus: Internationale Zuständigkeit im Zeitalter globaler Vernetzung, München 2008 (zit.: *Pichler*, Internationale Zuständigkeit)

Pieroth, Bodo: Was bedeutet „Gesetz" in der Verfassung?, JURA 2013, 248–254

Pontier, Jannet A. / Burg, Edwige: EU Principles on Jurisdiction and Recognition and Enforcement of Judgements in Civil and Commercial Matters according to the case law of the European Court of Justice, Den Haag 2004 (zit.: *Pontier/Burg*, EU Principles)

Prütting, Hanns / Gehrlein, Markus (Hrsg.): Zivilprozessordnung, Kommentar, 14. Auflage, Hürth 2022 (zit.: *Bearbeiter*, in: Prütting/Gehrlein, ZPO)

Prütting, Hanns / Wegen, Gerhard / Weinreich, Gerd (Hrsg.): Bürgerliches Gesetzbuch, Kommentar, 17. Auflage, Hürth 2022 (zit.: *Bearbeiter*, in: Prütting/Wegen/Weinreich, BGB)

Rabel, Ernst: The Conflict of Laws, A Comparative Study, Volume Two: Foreign Corporations: Torts: Contracts in General, 2. Auflage, Michigan 1960 (zit.: *Rabel*, Conflict of Laws II)

–: Das Problem der Qualifikation, RabelsZ 5 (1931), 241–288

Rauscher, Thomas (Hrsg.): Europäisches Zivilprozess- und Kollisionsrecht, EuZPR/EuIPR (zit.: *Bearbeiter*, in: Rauscher, EuZPR/EuIPR)

– Band I, Brüssel Ia-VO, 5. Auflage, Köln 2021

– Band II, EG-VollstrTitelVO, EG-MahnVO, Eu-KPfVO, HProrogÜbk 2005, EG-ZustVO 2007, EG-BewVO, EG-InsVO, 5. Auflage, Köln 2022

– Band III, Rom I-VO, Rom II-VO, 4. Auflage, Köln 2016

–: Internationales Privatrecht, Mit internationalem Verfahrensrecht, 5. Auflage, Heidelberg 2017 (zit.: *Rauscher*, IPR)

Reithmann, Christoph (Begr.) / Martiny, Dieter (Hrsg.): Internationales Vertragsrecht, Das internationale Privatrecht der Schuldverträge, 9. Auflage, Köln 2022 (zit.: *Bearbeiter*, in: Reithmann/Martiny, Internationales Vertragsrecht)

Remien, Oliver: Engste Verbindung und Ausweichklauseln, in: Leible, Stefan / Unberath, Hannes (Hrsg.), Brauchen wir eine Rom 0-Verordnung?, Überlegungen zu einem Allgemeinen Teil des europäischen IPR, Jena 2013, S. 223–240 (zit.: *Remien*, in: Leible/Unberath, Rom 0-Verordnung)

Rentsch, Bettina: Der gewöhnliche Aufenthalt im System des Europäischen Kollisionsrechts, Tübingen 2017 (zit.: *Rentsch*, Der gewöhnliche Aufenthalt)

Reuter, Stefan: Grenzüberschreitende Gesellschaftervereinbarungen, RIW 2019, 21–32

Riesenhuber, Karl (Hrsg.): Europäische Methodenlehre, 4. Auflage, Berlin/Boston 2021 (zit.: *Bearbeiter*, in: Riesenhuber, Europäische Methodenlehre)

Ringe, Wolf-Georg: Überseering im Verfahrensrecht – Zu den Auswirkungen der EuGH-Rechtsprechung zur Niederlassungsfreiheit von Gesellschaften auf das Internationale Zivilprozessrecht, IPRax 2007, 388–395

Rosenberg, Leo / Schwab, Karl Heinz / Gottwald, Peter: Zivilprozessrecht, 18. Auflage, München 2018

Roth, Günter H.: Vorgaben der Niederlassungsfreiheit für das Kapitalgesellschaftsrecht, München 2010 (zit.: *G. H. Roth*, Vorgaben der Niederlassungsfreiheit)

Roth, Wulf-Henning: Öffentliche Interessen im internationalen Privatrechtsverkehr, AcP 220 (2020), 458–537

–: Internationalprivatrechtliche Aspekte der Personengesellschaften, ZGR 43 (2014), 168–216

Röthel, Anne: Lex mercatoria, lex sportiva, lex technica – Private Rechtsetzung jenseits des Nationalstaats?, JZ 2007, 755–763

Saenger, Ingo: Zivilprozessordnung, Familienverfahren, Gerichtsverfassung, Europäisches Verfahrensrecht, Handkommentar, 9. Auflage, Baden-Baden 2021 (zit.: *Bearbeiter*, in: Saenger, ZPO)

– / *Splittgerber, Daniel*: Gesellschafterstreitigkeiten im Kapitalgesellschaftsrecht – Zur Perspektive der schiedsgerichtlichen Streitbeilegung, DZWIR 2010, 177–183

Sakka, Samy: Der Konzern im Kompetenzrecht der EuGVVO, Unternehmensgruppe und internationale Zuständigkeit, Berlin 2019 (zit.: *Sakka*, Der Konzern im Kompetenzrecht der EuGVVO)

Sandrock, Otto: Die Schrumpfung der Überlagerungstheorie, Zu den zwingenden Vorschriften des deutschen Sitzrechts, die ein fremdes Gründungsstatut überlagern können, ZVglRWiss 102 (2003), 447–504

–: Nach Inspire Art – Was bleibt vom deutschen Sitzrecht übrig?, BB 2003, 2588–2589

–: Sitztheorie, Überlagerungstheorie und der EWG-Vertrag: Wasser, Öl und Feuer, RIW 1989, 505–513

–: Die Konkretisierung der Überlagerungstheorie in einigen zentralen Einzelfragen, Ein Beitrag zum internationalen Gesellschaftsrecht, in: Sandrock, Otto (Hrsg.), Festschrift für Günther Beitzke zum 70. Geburtstag am 26. April 1979, Berlin/New York 1979, S. 669–696 (zit.: *Sandrock*, in: FS Beitzke)

–: Die Multinationalen Korporationen im Internationalen Privatrecht, in: Deutsche Gesellschaft für Völkerrecht (Hrsg.), Internationalrechtliche Probleme multinationaler Korporationen (International Law Problems of Multinational Corporations), Heidelberg/Karlsruhe 1978, S. 169–261 (zit.: *Sandrock*, in: Internationalrechtliche Probleme multinationaler Korporationen)

Savigny, Friedrich Carl von: System des heutigen römischen Rechts, Band 8, Berlin 1849 (zit.: *v. Savigny*, System, Bd. 8)

Schack, Haimo: Internationales Zivilverfahrensrecht mit internationalem Insolvenzrecht und Schiedsverfahrensrecht, 8. Auflage, München 2021 (zit.: *Schack*, IZVR)

–: Anmerkung zu EuGH Urt. v. 12.05.2011 – C-144/10 (BVG/JPMorgan), ZEuP 2012, 189–201

Schall, Alexander: Eine dogmatische Kritik am „Mauracher Entwurf" zur Modernisierung des Personengesellschaftsrechts, ZIP 2020, 1443–1451

Schanze, Erich / Jüttner, Andreas: Die Entscheidung für Pluralität: Kollisionsrecht und Gesellschaftsrecht nach der EuGH-Entscheidung „Inspire Art", AG 2003, 661–671

–: Anerkennung und Kontrolle ausländischer Gesellschaften – Rechtslage und Perspektiven nach der Überseering-Entscheidung des EuGH, AG 2003, 30–36

Schaper, Martin: Internationale Zuständigkeit nach Art. 22 Nr. 2 EuGVVO und Schiedsfähigkeit von Beschlussmängelstreitigkeiten – Implikationen für den europäischen Wettbewerb der Gesellschaftsrechte (zu OLG Frankfurt a.M., 3.2.2010 – 21 U 54/09), IPRax 2010, 513–520

Schaub, Renate: Die Neuregelung des Internationalen Deliktsrechts in Deutschland und das europäische Gemeinschaftsrecht, RabelsZ 66 (2002), 18–65

Scheuermann, Isabel: Internationales Zivilverfahrensrecht bei Verträgen im Internet, Tübingen 2004 (zit.: *Scheuermann*, IZVR bei Verträgen im Internet)

Schillig, Michael: Die ausschließliche internationale Zuständigkeit für gesellschaftsrechtliche Streitigkeiten vor dem Hintergrund der Niederlassungsfreiheit – Zur Anwendung des Art. 22 Nr. 2 EuGVVO auf eine englische limited mit Verwaltungssitz in Deutschland, IPRax 2005, 208–218

Schlosser, Peter F. / Hess, Burkhard: EU-Zivilprozessrecht, EuGVVO, EuVTVO, EuMVVO, EuGFVO, EuZVO, EuBVO, EuKtPVO, 5. Auflage, München 2021 (zit.: *Bearbeiter*, in: Schlosser/Hess, EuZPR)

Schlüter, Maximilian: Nichtigkeit von gesellschaftsrechtlichen Schiedsklauseln über Beschlussmängelstreitigkeiten, Besprechung des BGH-Beschlusses vom 23.9.2021 – I ZB 13/21 – Schiedsfähigkeit IV, DZWIR 2022, 639, DZWIR 2022, 605–612

Schmidt, Andreas (Hrsg.): EuInsVO, Europäische Insolvenzordnung mit Restschuldbefreiung und Nachlassinsolvenz in der EU, Kommentar, Köln 2020 (zit.: *Bearbeiter*, in: A. Schmidt, EuInsVO)

Schmidt, Jessica: Im Labyrinth des Gesellschaftskollisionsrechts: Gründungstheorie statt „zurück auf die Trabrennbahn", EuZW 2021, 613–620

–: DiRUG-RefE: Ein Digitalisierungs-Ruck für das deutsche Gesellschafts- und Registerrecht, ZIP 2021, 112–123

Schmidt, Karsten: Beschlussmängel und Beschlussmängelstreitigkeiten nach der Modernisierung des Personengesellschaftsrechts, Reformgesetzgebung und Rechtsfortbildung im Dialog, ZHR 187 (2023), 107–122

–: Gesellschaftsrecht, 4. Auflage, Köln/Berlin/Bonn/München 2002

– / *Lutter, Marcus* (Hrsg.): Aktiengesetz Kommentar, Bd. 1, 4. Auflage, Köln 2020 (zit.: *Bearbeiter*, in: K. Schmidt/Lutter, AktG)

Schmitz, Melanie: Die Rechtswahlfreiheit im Europäischen Kollisionsrecht, Berlin 2017 (zit.: *Schmitz*, Rechtswahlfreiheit)

Schneider, Ruben: Internationaler Gerichtsstand und Gerichtsstandsvereinbarungen in der DS-GVO, Art. 79 Abs. 2 DS-GVO als Grundbaustein datenschutzrechtlicher Prozessführung, ZD 2022, 144–148

Schnyder, Anton K.: Der Sitz von Gesellschaften im Internationalen Zivilverfahrensrecht, in: Geimer, Reinhold (Hrsg.), Wege zur Globalisierung des Rechts, Festschrift für Rolf A. Schütze zum 65. Geburtstag, München 1999, S. 767–775 (zit.: *Schnyder*, in: FS Schütze)

Schollmeyer, Eberhard: Geht es für die britische Ltd. nach dem Brexit zurück auf die Trabrennbahn?, Vorlageaufhebungsbeschluss des BGH v. 16.2.2021 – II ZB 25/17, NZG 2021, 702, NZG 2021, 692–696

Schön, Wolfgang: Die Personengesellschaft im europäischen Gesellschaftsrecht, ZHR 187 (2023), 123–163

Schöne, Franz-Josef: Dienstleistungsfreiheit in der EG und deutsche Wirtschaftsaufsicht, Köln/Berlin/Bonn/München 1989 (zit.: *F.-J. Schöne*, Dienstleistungsfreiheit)

Schrammen, Johanna: Grenzüberschreitende Verträge im Internet: Internationale Gerichtszuständigkeit und anwendbares Recht, Göttingen 2005 (zit.: *Schrammen*, Grenzüberschreitende Verträge im Internet)

Schröder, Jochen: Internationale Zuständigkeit, Entwurf eines Systems von Zuständigkeitsinteressen im zwischenstaatlichen Privatverfahrensrecht aufgrund rechtshistorischer, rechtsvergleichender und rechtspolitischer Betrachtungen, Opladen 1971 (zit.: *Schröder*, Internationale Zuständigkeit)

Schu, Reinhard: The Applicable Law to Consumer Contracts Made Over the Internet: Consumer Protection Through Private International Law?, IntJLIT 1997, 192–229

Schütze, Rolf A.: Deutsches Internationales Zivilprozessrecht unter Einschluss des Europäischen Zivilprozessrechts, 2. Auflage, Berlin 2005 (zit.: *Schütze*, IZPR/EuZPR)

Schwemmer, Sophia Anja: Dezentrale (autonome) Organisationen, AcP 221 (2021), 555–595

–: Anknüpfungsprinzipien im Europäischen Kollisionsrecht, Integrationspolitische Zielsetzungen und das Prinzip der engsten Verbindung, Tübingen 2018 (zit.: *Schwemmer*, Anknüpfungsprinzipien)

Schwerdtfeger, Armin (Hrsg.): Gesellschaftsrecht, Kommentar, 3. Auflage, Köln 2015 (zit.: *Bearbeiter*, in: Schwerdtfeger, Gesellschaftsrecht)

Simmchen, Christoph: Blockchain (R)Evolution, Verwendungsmöglichkeiten und Risiken, MMR 2017, 162–165

Soergel, Hans Theodor (Begr.): Kommentar zum Bürgerlichen Gesetzbuch (zit.: *Bearbeiter*, in: Soergel, BGB)

– Band 10, Einführungsgesetz, 12. Auflage, Stuttgart 1996

– Band 27/1, Rom II-VO; Internationales Handelsrecht; Internationales Bank- und Kapitalmarktrecht, 13. Auflage, Stuttgart 2019

Sonnenberger, Hans Jürgen (Hrsg.): Vorschläge und Berichte zur Reform des europäischen und deutschen internationalen Gesellschaftsrechts, Tübingen 2007 (zit.: *Sonnenberger*, Vorschläge und Berichte zum IntGesR)

Specht-Riemenschneider, Louisa, / Schneider, Ruben: Die gemeinsame Verantwortlichkeit im Datenschutzrecht, Rechtsfragen des Art. 26 DS-GVO am Beispiel „Facebook-Fanpages", MMR 2019, 503–509

Spellenberg, Ulrich: Die Vereinbarung des Erfüllungsortes und Art. 5 Nr. 1 des Europäischen Gerichtsstands- und Vollstreckungsübereinkommens (zu EuGH, 17.1.1980, RS 56/79; BGH 7.7.1980, III ZR 15/78), IPRax 1981, 75–79

Spickhoff, Andreas: Internationales Handelsrecht vor Schiedsgerichten und staatlichen Gerichten, RabelsZ 56 (1992), 116–141

Spindler, Gerald: Blockchaintypen und ihre gesellschaftsrechtliche Einordnung, Unter besserer Berücksichtigung der *decentralized autonomous organization* (DAO), RDi 2021, 309–317

–: Gesellschaftsrecht und Digitalisierung, ZGR 47 (2018), 17–55

– / *Schmitz, Peter / Liesching, Marc*: Telemediengesetz mit Netzwerkdurchsetzungsgesetz, 2. Auflage, München 2018 (zit.: *Bearbeiter*, in: Spindler/Schmitz, TMG)

– / *Schuster, Fabian* (Hrsg.): Recht der elektronischen Medien, Kommentar, 4. Auflage, München 2019

Staudinger, Ansgar: Rechtsvereinheitlichung innerhalb Europas: Rom I und Rom II, AnwBl 2008, 8–16

–: Der Gerichtsstand des Erfüllungsorts bei der Luftbeförderung nach der Brüssel I-VO (Verordnung (EG) Nr. 44/2001), Zugleich Rezension des Urteils OLG München, RRa 2007, 182, RRa 2007, 155–160

Staudinger, Julius von (Begr.): Kommentar zum Bürgerlichen Gesetzbuch mit Einführungsgesetz und Nebengesetzen (zit.: *Bearbeiter*, in: Staudinger, BGB)

– Art. 3, 3a, 4 EGBGB, Anh. zu Art. 4 EGBGB (IPR – Anwendungsbereich, Renvoi und Länderberichte), Berlin Neubearbeitung 2019

– Art. 1–10 Rom I-VO (Internationales Vertragsrecht I – Internationales Devisenrecht), Berlin Neubearbeitung 2021

– Art. 11–20 Rom I-VO; Art. 46b–d EGBGB; IntVertrVerfR (Internationales Vertragsrecht 2 – Internationaler Verbraucherschutz und Internationales Vertragsverfahrensrecht), Berlin Neubearbeitung 2021

– EGBGB/IPR, Einleitung zum Internationalen Privatrecht, Berlin Neubearbeitung 2019

– EGBGB/IPR, Internationales Gesellschaftsrecht, Dreizehnte Bearbeitung, Berlin 1998

Stein, Friedrich (Begr.) / Jonas, Martin: Kommentar zur Zivilprozessordnung (zit.: *Bearbeiter*, in: Stein/Jonas, ZPO)

– Band 1, Einleitung, §§ 1–77, 23. Auflage, Tübingen 2014

– Band 10, EuGVVO, GVG, 22. Auflage, Tübingen 2011

– Band 12, EuGVVO, 23. Auflage, Tübingen 2022

Steinrötter, Björn: Einheitliche Anknüpfung an den Gründungsort im Internationalen Gesellschaftsrecht – wider die „Geschöpf-" und die „Wechselbalgtheorie", GPR 2012, 119–129

Streinz, Rudolf (Hrsg.): EUV/AEUV, Vertrag über die Europäische Union, Vertrag über die Arbeitsweise der Europäischen Union, Charta der Grundrechte der Europäischen Union, 3. Auflage, München 2018 (zit.: *Bearbeiter*, in: Streinz, EUV/AEUV)

Sujecki, Bartosz: Die Möglichkeiten und Grenzen der Abschaffung des ordre public-Vorbehalts im Europäischen Zivilprozessrecht, ZEuP 2008, 458–479

Teichmann, Christoph: Die digitale GmbH-Gründung: Ein Entwicklungssprung für die vorsorgende Rechtspflege, GmbHR 2021, 1237–1248

–: Digitalisierung und Gesellschaftsrecht, ZfPW 5 (2019), 247–272

–: Gesellschaftsrecht im System der Europäischen Niederlassungsfreiheit, ZGR 40 (2011), 639–689

–: Binnenmarktmobilität von Gesellschaften nach „Sevic", Zugleich Besprechung von EuGH v. 13.12.2005 – Rs C-411/03, ZIP 2005, 2311, ZIP 2006, 355–363

Teipel, Klemens: Die Bedeutung der lex fori im Internationalen Gesellschaftsrecht, in: Stiefel, Ernst C. et al. (Hrsg.), Iusto Iure, Festgabe für Otto Sandrock zum 65. Geburtstag, Heidelberg 1995, S. 125–134 (zit.: *Teipel*, in: FS Sandrock)

Thode, Reinhold: Internationale Zuständigkeit der Zweigniederlassung gemäß Art. 7 Nr. 5 Brüssel Ia-VO: Zweigniederlassung an der im Impressum einer Buchungsplattform bezeichneten Betriebsstätte, jurisPR-BGHZivilR 20/2021 Anm. 1

Thole, Christoph: Vertrauliche Restrukturierungsverfahren: Internationale Zuständigkeit, anwendbares Recht und Anerkennung, ZIP 2021, 2153–2162

–: Die Reichweite des Art. 22 Nr. 2 EuGVVO bei Rechtsstreitigkeiten über Organbeschlüsse (zu EuGH, 12.5.2011 – Rs. C-144/10 – Berliner Verkehrsbetriebe (BVG), Anstalt des öffentlichen Rechts ./. JPMorgan Chase Bank NA, Frankfurt Branch), IPRax 2011, 541–548

–: Die internationale Zuständigkeit deutscher Gerichte bei Klagen gegen Scheinauslandsgesellschaften (zu OLG Köln, 31.1.2006 – 22 U 109/05), IPRax 2007, 519–524

Thölke, Ulrich: Die Entstehungssitztheorie, Die Rechtsfolgen der Verwaltungssitzverlegung in das Inland und in das Ausland – zugleich ein Beitrag zur Lehre vom Statutenwechsel, Berlin 2003 (zit.: *Thölke*, Die Entstehungssitztheorie)

Thomale, Chris: Gerichtsstands- und Rechtswahl im Kapitalmarktdeliktsrecht, RabelsZ 84 (2020), 841–863

–: Die international-privatrechtliche Behandlung von Wohnungseigentümergemeinschaften (zu EuGH, 8.5.2019 – Rs. C-25/18 – Brian Andrew Kerr ./. Pavlo Postnov und Natalia Postnova), IPRax 2020, 18–21

– / *Lukas, Christoph*: Die scheinbritische Einpersonen-Limited (zu OLG München, 5.3.2021 – 29 U 2411/21 Kart), IPRax 2023, 162–169

Uhlenbruck, Insolvenzordnung, Kommentar, Band 2, EuInsVO: Hirte, Heribert / Vallender, Heinz (Hrsg.), 16. Auflage, München 2023 (zit.: *Bearbeiter*, in: Uhlenbruck, InsO)

Ungerer, Johannes, Nudging in Private International Law, The Design of Connecting Factors in Light of Behavioural Economics, RabelsZ 86 (2022), 1–31

Voet, Pauli: De statutis, eorumque concursu, liber singularis, Amsterdam 1661 (zit.: *Voet*, De statutis)

Wagner, Gerhard: Scheinauslandsgesellschaften im Europäischen Zivilprozessrecht, in: Lutter, Marcus (Hrsg.), Europäische Auslandsgesellschaften in Deutschland, Mit Rechts- und Steuerfragen des Wegzugs deutscher Gesellschaften, Köln 2005, S. 223–306 (zit.: *G. Wagner*, in: Lutter, Europäische Auslandsgesellschaften)

–: Prozeßverträge, Privatautonomie im Verfahrensrecht, Tübingen 1998 (zit.: *G. Wagner*, Prozeßverträge)

Wagner, Rolf: Internationale und örtliche Zuständigkeit nach der EuGVVO, EuZW 2021, 572–579

–: Der Grundsatz der Rechtswahl und das mangels Rechtswahl anwendbare Recht (Rom I-Verordnung), Ein Bericht über die Entstehungsgeschichte und den Inhalt der Artikel 3 und 4 Rom I-Verordnung, IPRax 2008, 377–386

Weber, Charlotte: Digitalisierung im Gesellschaftsrecht, Die elektronische Gründung von Kapitalgesellschaften nach dem EU-Company Law Package, Baden-Baden 2021 (zit.: *C. Weber*, Digitalisierung im Gesellschaftsrecht)

Weber, Johannes: Gesellschaftsrecht und Gläubigerschutz im Internationalen Zivilverfahrensrecht, Die internationale Zuständigkeit bei Klagen gegen Gesellschafter und Gesellschaftsorgane vor und in der Insolvenz, Tübingen 2011 (zit.: *J. Weber*, Gesellschaftsrecht und Gläubigerschutz im IZVR)

–: Internationale Zuständigkeit und Gläubigerschutz nach dem Wegzug von Gesellschaften, ZVglRWiss 107 (2008), 193–229

Wedemann, Frauke: Der Sitz von Gesellschaften im Europäischen Zuständigkeitsrecht – eine Klärung im Lichte von Cum-Ex- und anderen Streitigkeiten, ZIP 2021, 2257–2260

–: Gesellschaftervereinbarungen im IPR, NZG 2021, 1443–1447

–: Die Verortung juristischer Personen im europäischen IPR und IZVR, in: Hein, Jan von / Rühl, Giesela (Hrsg.), Kohärenz im Internationalen Privat- und Verfahrensrecht der Europäischen Union, Tübingen 2016, S. 182–201 (zit.: *Wedemann*, in: v. Hein/Rühl, Kohärenz im Internationalen Privat- und Verfahrensrecht)

–: Die Qualifikation von (Ehegatten-)Innengesellschaften, ehebezogenen Zuwendungen und familienrechtlichen Kooperationsverträgen (zu BGH, 10.6.2015 – IV ZR 69/14), IPRax 2016, 252–257

–: Der Begriff der Gesellschaft im Internationalen Privatrecht, Neue Herausforderungen durch den entrepreneur individuel à responsabilité limitée, RabelsZ 75 (2011), 541–580

–: Kein „Supertorpedo" für Gesellschaften und ihre Mitglieder – Neues vom EuGH zu Art. 22 Nr. 2 EuGVO, NZG 2011, 733–735

Weller, Marc-Philippe: Das autonome Unternehmenskollisionsrecht, IPRax 2017, 167–178

–: Der „gewöhnliche Aufenthalt" – Plädoyer für einen willenszentrierten Aufenthaltsbegriff, in: Leible, Stefan / Unberath, Hannes (Hrsg.), Brauchen wir eine Rom 0-Verordnung?, Überlegungen zu einem Allgemeinen Teil des europäischen IPR, Jena 2013, S. 293–323 (zit.: *M.-P. Weller*, in: Leible/Unberath, Rom 0-Verordnung)

–: Unternehmensmitbestimmung für Auslandsgesellschaften, in: Erle, Bernd et al. (Hrsg.), Festschrift für Peter Hommelhoff zum 70. Geburtstag, Köln 2012, S. 1275–1297 (zit.: *M.-P. Weller*, in: FS Hommelhoff)

–: Die „Wechselbalgtheorie", in: Habersack, Mathias / Hommelhoff, Peter (Hrsg.), Festschrift für Wulf Goette zum 65. Geburtstag, München 2011, S. 583–599 (zit.: *M.-P. Weller*, in: FS Goette)

–: Europäische Rechtsformwahlfreiheit und Gesellschafterhaftung, Zur Anwendung der Existenzvernichtungshaftung auf Scheinauslandsgesellschaften nach „Überseering" und „Inspire Art", Köln/Berlin/München 2004 (zit.: *M.-P. Weller*, Europäische Rechtsformwahlfreiheit)

–: Zum identitätswahrenden Wegzug deutscher Gesellschaften, DStR 2004, 1218–1220

– / *Benz, Nina / Thomale, Chris*: Rechtsgeschäftsähnliche Parteiautonomie, ZEuP 2017, 250–282

Weller, Matthias (Hrsg.): Europäisches Kollisionsrecht, Baden-Baden 2016 (zit.: *Bearbeiter*, in: Weller, Europäisches Kollisionsrecht)

Wendehorst, Christiane: Kollisionsnormen im primären Europarecht?, in: Lorenz, Stephan et al. (Hrsg.), Festschrift für Andreas Heldrich zum 70. Geburtstag, München 2005, S. 1071–1088 (zit.: *Wendehorst*, in: FS Heldrich)

Wendelstein, Christoph: Der Handel von Kryptowährungen aus der Perspektive des europäischen Internationalen Privatrechts, RabelsZ 86 (2022), 644–686

–: Wechselseitige Begrenzung von Vertrags- und Deliktsgerichtsstand im Rahmen des europäischen Zuständigkeitsrechts, Anmerkung zu Entscheidung des EuGH vom 13. März 2014, ZEuP 2015, 622–636

Wengler, Wilhelm: Die Anknüpfung des zwingenden Schuldrechts im internationalen Privatrecht, Eine rechtsvergleichende Studie, ZVglRWiss 54 (1941), 168–212

Wicke, Hartmut: Gesetz betreffend die Gesellschaften mit beschränkter Haftung (GmbHG) Kommentar, 4. Auflage, München 2020 (zit.: *Wicke*, GmbHG)

Wiedemann, Herbert: Gesellschaftsrecht, Ein Lehrbuch des Unternehmens- und Verbandsrechts

– Band 1 – Grundlagen, München 1980 (zit.: *Wiedemann*, Gesellschaftsrecht, Bd. 1)

– Band 2 – Recht der Personengesellschaften, München 2004 (zit.: *Wiedemann*, Gesellschaftsrecht, Bd. 2)

–: Internationales Gesellschaftsrecht, in: Lüderitz, Alexander / Schröder, Jochen (Hrsg.), Internationales Privatrecht und Rechtsvergleichung im Ausgang des 20. Jahrhunderts: Bewahrung oder Wende?, Festschrift für Gerhard Kegel, Frankfurt am Main 1977, S. 187–211 (zit.: *Wiedemann*, in: FS Kegel)

Wiepen, Moses: SLAPP-Klagen de lege lata und de lege ferenda, GVRZ 2022, 3

Wilhelm, Jan: Paradigmenwechsel im Recht der bürgerlich-rechtlichen Gesellschaft, Der Mauracher Entwurf eines Gesetzes zur Modernisierung des Personengesellschaftsrechts, NZG
2020, 1041–1044

–: Kapitalgesellschaftsrecht, Mit Grundzügen des Kapitalmarktrechts, 5. Auflage, Berlin/Bos-
ton 2020 (zit.: *Wilhelm*, Kapitalgesellschaftsrecht)

Wilhelmi, Rüdiger: EuGH, 16.12.2008 – Rs. C-210/06 CARTESIO Oktató és Szolgáltató bt.
Beschränkung des Wegzugs von Gesellschaften (Anmerkung), JZ 2009, 409–413

Wolff, Martin: Das Internationale Privatrecht Deutschlands, 3. Auflage, Berlin/Göttingen/Hei-
delberg 1954 (zit.: *M. Wolff*, IPR)

Würdinger, Markus: Das Ziel der Rechtssicherheit im Zuständigkeitssystem der Brüssel Ia-Ver-
ordnung, in: Kubis, Sebastian / Peifer, Karl-Nikolaus / Raue, Benjamin / Stieper, Malte
(Hrsg.), Ius Vivum: Kunst – Internationales – Persönlichkeit, Festschrift für Haimo Schack
zum 70. Geburtstag, Tübingen 2022, S. 912–922 (zit.: *Würdinger*, in: FS Schack)

–: Internationale Zuständigkeit am im Impressum einer Website angegebenen Ort einer vom
Hauptsitz abweichenden Betriebsstätte, EWiR 2021, 701–702

–: Das Prinzip der Einheit der Schuldrechtsverordnungen im Europäischen Internationalen Pri-
vat- und Verfahrensrecht, Eine methodologische Untersuchung über die praktische Konkor-
danz zwischen Brüssel I-VO, Rom I-VO und Rom II-VO, RabelsZ 75 (2011), 102–126

Zimmer, Daniel: Grenzüberschreitende Rechtspersönlichkeit, ZHR 168 (2004), 355–368

–: Ein Internationales Gesellschaftsrecht für Europa, RabelsZ 67 (2003), 298–317

–: Internationales Gesellschaftsrecht, Das Kollisionsrecht der Gesellschaften und sein Verhältnis zum Internationalen Kapitalmarktrecht und zum Internationalen Unternehmensrecht, Heidelberg 1996 (zit.: *Zimmer*, Internationales Gesellschaftsrecht)

Zimmermann, Anton S.: Blockchain-Netzwerke und Internationales Privatrecht – oder: der Sitz
dezentraler Rechtsverhältnisse, IPRax 2018, 566–573

Zimmermann, Jennifer: Schiedsfähigkeit von Beschlussmängelstreitigkeiten in Personengesell-
schaften, Unter Zuhilfenahme einer vergleichenden Betrachtung zur Schiedsfähigkeit von
Beschlussmängelstreitigkeiten in Kapitalgesellschaften, Berlin 2020 (zit.: *J. Zimmermann*,
Schiedsfähigkeit von Beschlussmängelstreitigkeiten in Personengesellschaften)

Zöller, Richard (Begr.): Zivilprozessordnung, 34. Auflage, Köln 2022 (zit.: *Bearbeiter*, in: Zöller, ZPO)

Zweigert, Konrad: Die dritte Schule im internationalen Privatrecht, Zur neueren Wissenschafts-
geschichte des Kollisionsrechts, in: Ipsen, Hans Peter (Hrsg.), Festschrift für Leo Raape zu
seinem siebzigsten Geburtstag, 14. Juni 1948, Hamburg 1948, S. 35–52 (zit.: *Zweigert*, in:
FS Raape)

–: Nichterfüllung auf Grund ausländischer Leistungsverbote, RabelsZ 14 (1942), 283–307

Sachregister